엑스포지멘터리

역대상

1 Chronicles

엑스포지멘터리 역대상

초판 1쇄 발행 2014년 12월 5일
2판 1쇄 발행 2020년 9월 30일

지은이 송병현

펴낸곳 도서출판 이엠
등록번호 제25100-2015-000063
주소 서울시 구로구 공원로 3번지
전화 070-8832-4671
E-mail empublisher@gmail.com

내용 및 세미나 문의 스타선교회: 02-520-0877 / EMail: starofkorea@gmail.com / www.star123.kr

ISBN 979-11-86880-03-6 93230

「이 도서의 국립중앙도서관 출판시 도서목록(CIP)은 서지정보유통지원시스템 홈페이지(http://seoji.nl.go.kr)와 국가자료공동목록시스템(http://www.nl.go.kr/kolisnet)에서 이용하실 수 있습니다. (CIP제어번호:CIP2015000753)」

엑스포지멘터리

역대상

1 Chronicles

| 송병현 지음 |

EXPOSItory comMENTARY

EM Exposi Mentary

한국 교회를 위한 하나의 희망

저의 서재에는 성경 본문 연구에 관한 많은 책이 있습니다. 그중에는 주석서들도 있고 강해서들도 있습니다. 그러나 그중에 송병현 교수가 시도한 이런 책은 없습니다. 엑스포지멘터리, 듣기만 해도 가슴이 뛰는 책입니다. 설교자와 진지한 성경학도 모두에게 꿈의 책이 아닐 수 없습니다. 이런 책이 좀 더 일찍 나올 수 있었다면 한국 교회가 어떠했을까를 생각해 봅니다. 저는 이 책을 꼼꼼히 읽어 보면서 가슴 깊은 곳에서 큰 자긍심을 느꼈습니다.

이 책은 지금까지 복음주의 교회가 쌓아 온 모든 학문적 업적을 망라하고 있을 뿐만 아니라 한국 교회 강단이 목말라하는 모든 실용적 갈망에 해답을 던져 줍니다. 이 책에서는 실제로 활용할 수 있는 충실한 신학적 정보가 일목요연하게 제시됩니다. 그러면서도 또한 위트와 감탄을 자아내는 감동적인 적용들도 제공됩니다. 얼마나 큰 축복이며 얼마나 신나는 일이며 얼마나 큰 은총인지요. 저의 사역에 좀 더 일찍 이런 학문적 효과를 활용하지 못한 것이 아쉽기만 합니다. 진실로 한국 교회의 내일을 위해 너무나 소중한 기여라고 생각합니다.

일찍이 한국 교회 1세대를 위해 박윤선 목사님과 이상근 목사님의 기여가 컸습니다. 그러나 이제 한국 교회는 새 시대의 리더십을 열어야 하는 교차로에 서 있습니다. 저는 송병현 교수가 이런 시점을 위해 준비된 선물이라고 생각합니다. 진지한 강해 설교를 시도하고자 하는 모든 이와 진지한 성경 강의를 준비하고자 하는 모든 성경공부 지도자에게 어떤 대가를 지불하고서라도 우선 이 책을 소장하고 성경을 연구하는 책상 가까운 곳에 두라고 권면하고 싶습니다. 앞으로 계속 출판될 책들이 참으로 기다려집니다.

한국 교회는 다행스럽게 말씀과 더불어 그 기초를 놓을 수 있었습니다. 이제는 그 말씀으로 어떻게 미래의 집을 지을 것인가를 고민하고 있습니다. 이 〈엑스포지멘터리 시리즈〉는 분명한 하나의 해답, 하나의 희망입니다. 이 책과 함께 성숙의 길을 걸어갈 한국 교회의 미래가 벌써 성급하게 기다려집니다. 더 나아가 한국 교회 역사의 성과물 중의 하나인 이 책이 다른 열방에도 나누어졌으면 합니다. 이제 우리는 복음에 빚진 자로서 열방을 학문적으로도 섬겨야 하기 때문입니다. 이 책을 한국 교회에 허락하신 우리 주님께 감사와 찬양을 드립니다.

이동원(지구촌교회 원로목사)

총체적 변화를 가져다 줄 영적 선물

교회사를 돌이켜 볼 때, 교회가 위기에 처해 있었다면 결국 강단에서 하나님의 말씀이 제대로 선포되지 못한 데서 그 근본 원인을 찾을 수 있습니다. 영적 분별력이 있는 사람이라면 모두 이에 대해 동의할 것입니다. 사회가 아무리 암울할지라도 강단에서 선포되는 말씀이 살아 있는 한, 교회는 교회로서의 기능이 약화되지 않고 오히려 사회를 선도하고 국민들의 가슴에 희망을 안겨 주었습니다. 백 년 전 영적 부흥이 일어났던 한국의 초대교회가 그 좋은 예입니다. 이러한 영적 부흥은 살아 있는 하나님의 말씀이 강단에서 영적 권위를 가지고 "하나님께서 이렇게 말씀하셨다"라고 선포되었을 때 나타났던 현상입니다.

오늘날에는 날이 갈수록 강단에서 선포되는 말씀이 약화되거나 축소되고 있습니다. 이런 상황 속에서 출간되는 송병현 교수의 〈엑스포지멘터리 시리즈〉는 한국 교회와 전 세계에 흩어진 7백만 한인 디아스포라에게 주는 커다란 영적 선물이 아닐 수 없습니다. 이 시리즈는 하나님의 말씀을 쉽게 이해할 수 있도록 풀이한 것으로, 목회자와 선교사는 물론이고 평신도들의 경건생활과 사역에도 큰 도움이 될 것입니다. 무엇보다도 저는 이 시리즈가 강단에서 원 저자이신 성령님의 의도대로 하나님 나라 복음이 선포되게 하여 믿는 이들에게 총체적 변화(total transformation)를 다시 경험할 수 있는 계기를 마련해 주리라 확신합니다.

송병현 교수는 지금까지 구약학계에서 토의된 학설 중 본문을 석의

하는 데 불필요한 내용들은 걸러내는 한편, 철저하게 원 저자가 전하고자 하는 메시지를 현대인들이 가장 잘 이해할 수 있도록 전하고자 부단히 애를 썼습니다. 이 시리즈를 이용하는 모든 이에게 저자의 이런 수고와 노력에 걸맞은 하나님의 축복과 기쁨과 능력이 함께하실 것을 기대하면서 이 시리즈를 적극 추천합니다.

이태웅(GMTC 초대 원장, 글로벌리더십포커스 원장)

주석과 강해의 적절한 조화를 이뤄낸 시리즈

한국 교회는 성경 전체를 속독하는 '성경통독' 운동과 매일 짧은 본문을 읽는 '말씀 묵상'(QT) 운동이 세계 어느 나라 교회보다 활성화 되어 있습니다. 얼마나 감사한 일인지 모릅니다. 그러나 상대적으로 책별 성경연구는 심각하게 결핍되어 있는 것이 사실입니다. 때때로 교회 지도자들 중에도 성경해석의 기본이 제대로 갖춰져 있지 않아 성경 저자가 말하려는 의도와 상관없이 본문을 인용해서 자신이 하고 싶은 말을 하는 분들이 적지 않음을 보고 충격을 받은 일도 있습니다. 앞으로 한국 교회가 풀어야 할 과제가 '진정한 말씀의 회복'이라면 이를 위해 가장 중요한 것은 바른 말씀의 세계로 인도해 줄 좋은 주석서와 강해서를 만나는 일일 것입니다.

좋은 주석서는 지금까지 축적된 다른 성경학자들의 연구 결과가 잘 정돈되어 있을 뿐 아니라 저자의 새로운 영적·신학적 통찰이 번뜩이는 책이어야 합니다. 또한 좋은 강해서는 자기 견해를 독자들에게 강요하는(impose) 책이 아니라, 철저한 본문 석의 과정을 거친 후에 추출되는 신학적·실제적 교훈을 잘 드러내는(expose) 책이어야 합니다. 또한 독자가 성경의 교훈을 자기 상황에 적용할 수 있도록 안내해 주는 인문학적·사회과학적 연구가 배어 있는 책이어야 할 것이며, 글의 표현이 현학적이지 않은, 독자들에게 친절한 저술이어야 할 것입니다.

그러나 솔직히 말씀드리면, 저는 서점에서 한국인 저자의 주석서나 강해서를 만나면 한참을 망설이다가 내려놓게 됩니다. 또 주석서를 시리즈로 사는 것은 어리석은 행동이라는 말을 신학교 교수들에게 들은 뒤로 여간해서 시리즈로 책을 사지 않습니다. 이는 아마도 풍성한 말씀의 보고(寶庫) 가운데로 이끌어 주는 만족스러운 주석서를 아직까지 발견하지 못했기 때문일 것입니다. 그러나 제가 처음으로 시리즈로 산 한국인 저자의 책이 있는데, 바로 송병현 교수의 〈엑스포지멘터리 시리즈〉입니다.

송병현 교수의 〈엑스포지멘터리 시리즈〉야말로 제가 가졌던 좋은 주석서와 강해서에 대한 모든 염원을 실현해 내고 있습니다. 이 주석서는 분명 한국 교회 목회자들과 평신도 성경 교사들의 고민을 해결해 줄 하나님의 값진 선물입니다. 지금까지 없었던, 주석서와 강해서의 적절한 조화를 이뤄낸 신개념의 해설주석이라는 점도 매우 신선하게 다가옵니다. 또한 쉽고 친절한 글이면서도 우물 깊은 곳에서 퍼 올린 생수와 같은 깊이가 느껴집니다. 이 같은 주석 시리즈가 한국에서 나왔다는 사실에 저는 감격하지 않을 수 없습니다. 이 땅에서 말씀으로 세상에 도전하고자 하는 모든 목회자와 평신도에게 이 주석 시리즈를 적극 추천합니다.

이승장(예수마을교회 목사, 성서한국 공동대표)

시리즈 서문

"너는 50세까지는 좋은 선생이 되려고 노력하고, 그 이후에는 좋은 저자가 되려고 노력해라." 내가 시카고 근교에 위치한 트리니티 신학교(Trinity Evangelical Divinity School) 박사과정을 시작할 즈음에 지금은 고인이 되신 스승 맥코미스키(Thomas E. McComiskey)와 아처(Gleason L. Archer) 두 교수님께서 주신 조언이었다. 너무 일찍 책을 쓰면 훗날 아쉬움이 많이 남는다며 하신 말씀이었다. 박사학위를 마치고 1997년에 한국에 들어와 신대원에서 가르치기 시작하면서 나는 이 조언을 마음에 새겼다. 사실 이 조언과 상관없이 내가 당시에 당장 책을 출판한다는 일은 불가능한 일이었다. 중학교를 다니던 70년대 중반에 캐나다로 이민을 갔다가 20여 년 만에 귀국하여 우리말로 강의하는 일 자체가 당시 나에게는 매우 큰 도전이었으며, 책을 출판하는 일은 사치로 느껴졌기 때문이다.

세월이 지나 어느덧 나는 선생님들이 말씀하신 50을 눈앞에 두었다. 1997년에 귀국한 후 지난 10여 년 동안 나는 구약 전체에 대한 강의안을 만드는 일을 목표로 삼았다. 나 자신에게 동기를 부여하기 위해서 내가 몸담고 있는 신대원 학생들에게 매 학기마다 새로운 구약 강해과목을 개설해 주었다. 감사한 것은 지혜문헌을 제외한 구약 모든 책의 본문관찰을 중심으로 한 강의안을 13년 만에 완성할 수 있었다는 점이다. 앞으로 수년에 걸쳐 이 강의안들을 대폭 수정하여 매년 2-3권씩을 책으로 출판하려 한다. 지혜문헌은 잠시 미루어두었다. 시편 1권(1-41편)에 대해서 강의안을 만든 적이 있었는데, 본문관찰과 주해는 얼마든지

할 수 있었지만, 무언가 아쉬움이 남았다. 삶의 연륜이 가미되지 않은 데서 비롯된 부족함이었다. 그래서 나는 지혜문헌에 대한 주석은 60을 바라볼 때쯤 집필하기로 작정했다. 삶을 조금 더 경험한 후로 미루어 놓은 것이다. 아마도 이 시리즈가 완성될 때쯤이면, 자연스럽게 지혜문헌에 대한 책들을 출판할 때가 되지 않을까 싶다.

이 시리즈는 설교를 하고 성경공부를 인도해야 하는 중견목회자들과 평신도 지도자들을 마음에 두고 집필한 것이다. 나는 이 시리즈의 성향을 expositmentary("해설주석")이라고 부르고 싶다. Exposimentary라는 단어는 내가 만들어낸 용어이다. 해설/설명을 뜻하는 expository라는 단어와 주석을 뜻하는 commentary를 합성하였다. 대체적으로 expository는 본문과 별 연관성이 없는 주제와 묵상으로 치우치기 쉽고, commentary는 필요 이상으로 논쟁적이고 기술적일 수 있다는 한계를 의식해서 이러한 상황을 의도적으로 피하고 가르치는 사역에 조금이나마 실용적이고 도움이 되는 교재를 만들기 위해서 만들어낸 개념이다. 나는 본문의 다양한 요소와 이슈들에 대해서 정확하게 석의하면서도 전후 문맥과 책 전체의 문형(文形; literary shape)을 최대한 고려하여 텍스트의 의미를 설명하고 우리의 삶과 연결하려고 노력했다. 또한 히브리어 사용은 최소화했다.

이 시리즈를 내놓으면서 감사할 사람이 참 많다. 먼저, 지난 25년 동안 나의 인생의 동반자가 되어 아낌없는 후원과 격려를 해주었던 아내

임우민에게 감사한다. 아내를 생각할 때마다 참으로 현숙한 여인을(cf. 잠 31:10-31) 배필로 주신 하나님께 감사할 뿐이다. 아빠의 사역을 기도와 격려로 도와준 지혜, 은혜, 한빛에게도 고마운 마음을 표한다. 평생 기도와 후원을 아끼지 않는 친가와 처가 친척들에게도 감사하다는 말을 전하고 싶다. 항상 옆에서 돕고 격려해준 평생 친구 장병환·윤인옥, 박선철·송주연 부부들에게도 고마움을 표하는 바이며, 시카고 유학시절에 큰 힘이 되어주셨던 이선구 장로·최화자 권사님 부부에게도 이 자리를 빌려 평생 빚진 마음을 표하고 싶다. 우리 가족이 20여 년 만에 귀국하여 정착할 수 있도록 배려를 아끼지 않으신 백석학원 설립자 장종현 목사님에게도 감사하는 바이다. 우리 부부의 영원한 담임목자이신 이동원목사님에게도 고마움을 표하고 싶다.

- 2009년 겨울 방배동에서

감사의 글

『엑스포지멘터리 역대상』을 허락해 주신 하나님께 감사 드립니다. 스타선교회의 사역에 물심양면으로 헌신하여 오늘도 하나님의 말씀이 온 세상에 선포되는 일에 기쁜 마음으로 동참하시는 김성남, 김형국, 백영걸, 조선호, 정진성, 장병환, 이명순, 임우민, 정채훈, 이진옥, 강숙희, 송은혜 이사님들께 감사의 마음을 전하고 싶습니다. 이사님들의 헌신이 있기에 세상은 조금 더 살맛 나는 곳이 되고 있습니다.

- 2014년 개나리와 벚꽃이 함께 어우러진 방배동에서

일러두기

엑스포지멘터리(expositmentary)는 "해설/설명"을 뜻하는 엑스포지토리(expository)라는 단어와 "주석"을 뜻하는 코멘터리(commentary)를 합성한 단어이다. 본문의 뜻과 저자의 의도와는 별 연관성이 없는 주제와 묵상으로 치우치기 쉬운 엑스포지토리(expository)의 한계와 필요이상으로 논쟁적이고 기술적일 수 있는 코멘터리(commentary)의 한계를 극복하여 목회현장에서 가르치고 선포하는 사역에 실질적으로 도움이 되도록 하는 새로운 장르이다. 본문의 다양한 요소와 이슈들에 대하여 정확하게 석의하면서도 전후 문맥과 책 전체의 문형(文形; literary shape)을 최대한 고려하여 텍스트의 의미를 설명하고 성도의 삶과 연결하려고 노력하는 설명서이다. 엑스포지멘터리는 다음과 같은 원칙을 바탕으로 인용한 정보를 표기한다.

1. 참고문헌을 모두 표기하지 않고 선별된 참고문헌으로 대신한다.
2. 출처를 표기할 때 각주(foot note) 처리는 하지 않는다.
3. 출처 표기는 괄호 안에 하되 페이지는 밝히지 않는다.
4. 여러 학자들이 동일하게 해석할 때 모든 학자들을 표기하지 않고 일부만 표기한다.
5. 한 출처를 인용하여 설명할 때, 설명이 길어지더라도 각 문장마다 출처를 표기하지 않는다.

주석은 목적과 주 대상에 따라 인용하는 정보 출처와 참고문헌 표기가 매우 탄력적으로 제시되는 장르이다. 참고문헌이 없이 출판되는 주석들도 있고, 각주가 전혀 없이 출판되는 주석들도 있다. 또한 각주와 참고문헌이 없이 출판되는 주석들도 있다. 엑스포지멘터리 시리즈는 이 같은 장르의 탄력적인 성향을 고려하여 제작된 주석이다.

선별된 약어표

개역	성경전서 개역한글판
개정	성경전서 개역개정판
공동	공동번역
새번역	성경전서 새번역
현대	현대인의 성경
아가페	아가페 쉬운성경
BHK	Biblica Hebraica Kittel
BHS	Biblica Hebraica Stuttgartensia
ESV	English Standard Version
CSB	Nashville: Broadman & Holman, Christian Standard Bible
KJV	King James Version
LXX	칠십인역(Septuaginta)
MT	마소라 사본
NAB	New American Bible
NAS	New American Standard Bible
NEB	New English Bible
NIV	New International Version
NRS	New Revised Standard Version
TNK	Jewish Publication Society Tanakh
TNIV	Today's New International Version
AAR	American Academy of Religion

AB	Anchor Bible
ABD	The Anchor Bible Dictionary
ABRL	Anchor Bible Reference Library
ACCS	Ancient Christian Commentary on Scripture
AJSL	American Journal of Semitic Languages and Literature
ANET	J. B. Pritchard, ed., The Ancient Near Eastern Texts Relating to the Old Testament. 3rd. ed. Princeton: Princeton University Press, 1969.
ANETS	Ancient Near Eastern Texts and Studies
AOTC	Abingdon Old Testament Commentary
ASORDS	American Schools of Oriental Research Dissertation Series
BA	Biblical Archeologist
BAR	Biblical Archeology Review
BASOR	Bulletin of the American Schools of Oriental Research
BBR	Bulletin for Biblical Research
BCBC	Believers Church Bible Commentary
BDB	F. Brown, S. R. Driver & C. A. Briggs, A Hebrew and English Lexicon of the Old Testament. Oxford: Clarendon Press, 1907.
BETL	Bibliotheca Ephemeridum Theoloicarum Lovaniensium
BibOr	Biblia et Orientalia
BibSac	Bibliotheca Sacra
BibInt	Biblical Interpretation
BJRL	Bulletin of the John Rylands Library
BJS	Brown Judaic Studies
BLS	Bible and Literature Series
BN	Biblische Notizen
BO	Berit Olam: Studies in Hebrew Narrative & Poetry

BR	Bible Review
BRS	The Biblical Relevancy Series
BSC	Bible Student Commentary
BT	The Bible Today
BV	Biblical Viewpoint
BTCB	Brazos Theological Commentary on the Bible
BZAW	Beihefte zur Zeitschrift für die alttestamentliche
CAD	Chicago Assyrian Dictionary
CBC	Cambridge Bible Commentary
CBSC	Cambridge Bible for Schools and Colleges
CBQ	Catholic Biblical Quarterly
CBQMS	Catholic Biblical Quarterly Monograph Series
CB	Communicator's Bible
CHANE	Culture and History of the Ancient Near East
DSB	Daily Study Bible
EBC	Expositor's Bible Commentary
ECC	Eerdmans Critical Commentary
EncJud	Encyclopedia Judaica
EvQ	Evangelical Quarterly
ET	Expository Times
ETL	Ephemerides Theologicae Lovanienses
FOTL	Forms of Old Testament Literature
GCA	Gratz College Annual of Jewish Studies
GKC	E. Kautszch and A. E. Cowley, Gesenius' Hebrew Grammar. Second English edition. Oxford: Clarendon Press, 1910.
GTJ	Grace Theological Journal
HALOT	L. Koehler and W. Baumgartner, The Hebrew and Aramaic Lexicon of the Old Testament. Trans. by M. E. J.

	Richardson. Leiden: E. J. Brill, 1994-2000.
HBT	Horizon in Biblical Theology
HSM	Harvard Semitic Monographs
HOTC	Holman Old Testament Commentary
HUCA	Hebrew Union College Annual
IB	Interpreter's Bible
ICC	International Critical Commentary
IDB	Interpreter's Dictionary of the Bible
ISBE	G. W. Bromiley (ed.), The International Standard Bible Encyclopedia. 4 vols. Grand Rapids: 1979-1988.
ITC	International Theological Commentary
J-M	P. Joüon-T. Muraoka, A Grammar of Biblical Hebrew. Part One: Orthography and Phonetics. Part Two: Morphology. Part Three: Syntax. Subsidia Biblica 14/I-II. Rome: Editrice Pontificio Istituto Biblico, 1991.
JAAR	Journal of the American Academy of Religion
JANES	Journal of Ancient Near Eastern Society
JNES	Journal of Near Eastern Studies
JBL	Journal of Biblical Literature
JBQ	Jewish Bible Quarterly
JJS	Journal of Jewish Studies
JSJ	Journal for the Study of Judaism
JNES	Journal of Near Eastern Studies
JSOT	Journal for the Study of the Old Testament
JSOTSup	Journal for the Study of the Old Testament Supplement Series
JPSTC	JPS Torah Commentary
LCBI	Literary Currents in Biblical Interpretation

MHUC	Monographs of the Hebrew Union College
MOT	Mastering the Old Testament
MSG	Mercer Student Guide
NAC	New American Commentary
NCB	New Century Bible
NCBC	New Century Bible Commentary
NEAEHL	E. Stern (ed.), The New Encyclopedia of Archaeological Excavations in the Holy Land. 4 vols. Jerusalem: Israel Exploration Society & Carta, 1993.
NIB	New Interpreter's Bible
NIBC	The New International Biblical Commentary
NICOT	New International Commentary on the Old Testament
NIDOTTE	W. A. Van Gemeren, ed., The New International Dictionary of Old Testament Theology and Exegesis. Grand Rapids: Zondervan, 1996.
NIVAC	New International Version Application Commentary
OBC	Oxford Bible Commentary
Or	Orientalia
OTA	Old Testament Abstracts
OTE	Old Testament Essays
OTG	Old Testament Guides
OTL	Old Testament Library
OTM	Old Testament Message
OTS	Old Testament Series
OTWAS	Ou-Testamentiese Werkgemeenskap in Suid-Afrika
PBC	People's Bible Commentary
PEQ	Palestine Exploration Quarterly
PSB	Princeton Seminary Bulletin

RevExp	Review and Expositor
RTR	Reformed Theological Review
SBJT	Southern Baptist Journal of Theology
SBLDS	Society of Biblical Literature Dissertation Series
SBLMS	Society of Biblical Literature Monograph Series
SBLSymS	Society of Biblical Literature Symposium Series
SHBC	Smyth & Helwys Bible Commentary
SJOT	Scandinavian Journal of the Old Testament
SJT	Scottish Journal of Theology
SSN	Studia Semitica Neerlandica
TBC	Torch Bible Commentary
TynBul	Tyndale Bulletin
TD	Theology Digest
TDOT	G. J. Botterweck and H. Ringgren (eds.), Theological Dictionary of the Old Testament. Vol. I-. Grand Rapids: Eerdmans, 1974-.
TGUOS	Transactions of the Glasgow University Oriental Society
THAT	Theologisches Handwörterbuch zum Alten Testament. 2 vols. Munich: Chr. Kaiser, 1971-1976.
TJ	Trinity Journal
TOTC	Tyndale Old Testament Commentaries
TS	Theological Studies
TWAT	Theologisches Wörterbuch zum Alten Testament. Stuttgart: W. Kohlhammer, 1970-.
TWBC	The Westminster Bible Companion
TWOT	R. L. Harris, G. L. Archer, Jr., and B. K. Waltke (eds.), Theological Wordbook of the Old Testament, 2 vols. Chicago: Moody, 1980.

TZ	Theologische Zeitschrift
UBT	Understanding Biblical Themes
VT	Vetus Testament
VTSup	Vetus Testament Supplement Series
W-O	B. K. Waltke and M. O'Connor, An Introduction to Biblical Hebrew Syntax. Winona Lake: Eisenbrauns, 1990.
WB	Westminster Bible Companion
WBC	Word Biblical Commentary
WCS	Welwyn Commentary Series
WEC	Wycliffe Exegetical Commentary
WTJ	The Westminster Theological Journal
ZAW	Zeitschrift für die Alttestamentliche Wissenschaft

선별된 참고문헌

Ackroyd, P. R. *I & II Chronicles, Ezra, Nehemiah*. Torch Bible. London: SCM, 1973.

________. "History and Theology in the Writings of the Chronicler." Concordia Theological Monthly 38 (1967): pp. 501-515.

Allen, L. C. "The First and Second Books of Chronicles." pp. 297-659 in *The New Interpreter's Bible*, vol. 3. Nashville: Abingdon Press, 1999.

________. *1, 2 Chronicles*. ComC. Waco, Tex.: Word, 1987.

Braun, R. L. *1 Chronicles*. WBC. Waco, Tex.: Word, 1986.

________. "The Message of Chronicles: Rally 'Round the Temple." Concordia Theological Monthly 42 (1971): pp. 502-514.

Curtis, E. L.; A. A. Madsen. *The Books of Chronicles*. ICC. Edinburgh: T & T Clark, 1910.

Day, P. *An Adversary in Heaven: Satan in the Hebrew Bible*. Atlanta: Scholars Press, 1988.

De Vries, S. J. *1 and 2 Chronicles*. FOTL. Grand Rapids: Eerdmans, 1989.

Dillard, R. B. *2 Chronicles*. WBC. Waco, Tex.: Word, 1987.

________. "Reward and Punishment in Chronicles: the Theology of Immediate Retribution. WTJ 46 (1984): pp. 164-172.

________. "The Literary Structure of the Chronicler's Solomon Narrative." JSOT 30 (1984): pp. 85-93.

Dirksen, P. B. *1 Chronicles. Historical Commentary on the Old Testament*. Leuven: Peeters Publishers, 2005.

Duke, R. K. *The Persuasive Appeal of the Chronicler: A Rhetorical Analysis*. JSOTSS. Sheffield: JSOT Press, 1990.

Dumbrell, W. J. "The Purpose of the Books of Chronicles. JETS 27.3(Sept. 1984): pp. 257-266.

Hill, A. E. *1 &2 Chronicles*. NIVAC. Grand Rapids: Zondervan, 2003.

Elmslie, W. A. L. "The First and Second Books of Chronicles." pp. 339-548 in *The Interpreter's Bible*, vol. 3. Nashville: Abingdon Press, 1954.

Eskenazi, T. C. *In an Age of Prose: A Literary Approach to Ezra—Nehemiah*. SBLMS. Atlanta: Scholars Press, 1988.

Evans, P. "Divine Intermediaries in Chronicles 21 An Overlooked Aspect of the Chronicler's Theology." Biblica 85 (2004): pp. 545-558.

Goldingay, J. "The Chronicler as Theologian." BTB 5 (1975): pp. 99-126.

Graham, M. P. The Chronicler as Theologian: Essays in Honor of Ralph W. Klein. JSOTSS. Sheffield: Sheffield Academic Press, 2003.

Graham, M. P.; S. L. McKenzie, eds. *The Chronicler as Author: Studies in Text and Texture*. JSOTSS. Sheffield: Sheffield Academic Press, 1999.

Hamilton, V. P. *Handbook on the Historical Books*. Grand Rapids: Baker Books, 2004.

Hanks, T. D. "The Chronicler: Theologian of Grace." EQ 51 (1981): pp. 16-28.

Hill, A. E. *1 & 2 Chronicles*. NIVAC. Grand Rapids: Zondervan, 2003.

Japhet, S. *I & II Chronicles*. OTL. Louisville: Westminster/John Knox, 1993.

________. "The Supposed Common Authorship of Chronicles and Ezra-

Nehemiah Investigated Anew." VT 18 (1968): pp. 330-371.

_______. "Conquest and Settlement in Chronicles." JBL 98 (1979): pp. 205-218.

_______. "The Historical Reliability of Chronicles." JSOT 33 (1985): pp. 83-107.

Johnson, M. D. *The Purpose of the Biblical Genealogies*. SNTSMS. Cambridge: Cambridge University Press, 1969.

Johnstone, W. *1 and 2 Chronicles. Volume 1: 1Chronicles 1-2Chronicles 9: Israel's Place among the Nations*. JSOTSS. Sheffield: Sheffield Academic Press, 1997.

_______. *1 and 2 Chronicles. Volume 2: 2Chronicles 10-36: Guilt and Atonement*. JSOTSS. Sheffield: Sheffield Academic Press, 1997.

Jones, G. H. *1 & 2 Chronicles*. OTG. Sheffield: Sheffield Academic Press, 1999.

Kalimi, I. *The Reshaping of Ancient Israelite History in Chronicles*. Winnona Lake, Ind.: Eisenbrauns, 2004.

Kitchen, K. *On the Reliability of the Old Testament*. Grand Rapids: Eerdmans, 2003.

Klein, R. W. *1 Chronicles*. Hermenia. Philadelphia: Augsburg Fortress, 2006.

Knoppers, G. N. *I Chronicles 1-9: A New Translation with Introduction and Commentary*. AB. New York: Doubleday, 2004.

_______. *I Chronicles 10-29: A New Translation with Introduction and Commentary*. AB. New York: Doubleday, 2004

Knoppers, G. N.; P. B. Harvey. "Omitted and Remaining Matters: On the Names Given to the Book of Chronicles in Antiquity." JBL 121 (2002): pp. 227-243.

Mabie, F. J. "1 and 2 Chronicles." pp. 23-336 in *The Expositor's Bible Commentary*. rev. ed. Ed. by T. Longman and D. E. Garland. Grand Rapids: Zondervan, 2010.

McConville, J. G. *I & II Chronicles*. DSB. Philadelphia: Westminster, 1984.

McCarter, P. K. *II Samuel*. AB. New York: Doubleday, 1984.

Newsone, J. D. "Toward a New Understanding of the Chronicler and His Purposes. JBL 94 (1975): pp. 204-217.

Myers, J. M. "The Kerygma of the Chronicler: History and Theology in the Service of Religion." Interpretation 20 (1966): pp. 259-273.

Noth, M. *The Chronicler's History*. Sheffield: Sheffield Academic Press, 1987

North, R. "The Theology of the Chronicler." JBL 82 (1963): pp. 369-381.

Payne, J. B. "The Validity of the Numbers in Chronicles, Part I." BibSac 136 (1979): pp. 109-128.

________. "The Validity of the Numbers in Chronicles, Part II." BibSac 136 (1979): pp. 206-222.

Pechawer, L. *The Lost Prayer of Jabez*. Joplin, Missouri: Mireh Publishing Co., 2001.

Richardson, H. N. "The Historical Reliability of Chronicles." JBR 26 (1958): pp. 9-12.

Rudolph, W. "Problems of the Books of Chronicles." VT 4 (1954): pp. 401-409.

Sailhamer, J. "1 Chronicles 21:1—A Study of Inter-Biblical Interpretation." TJ 10 (1989): pp. 33-48.

Selman, M. J. *1 Chronicles*. TOTC. Downers Grove, Ill.: InterVarsity Press, 1994.

________. *2 Chronicles*. TOTC. Downers Grove, Ill.: InterVarsity Press, 1994.

Sugimoto, T. "Chronicles as Independent Literature." JSOT 55 (1992): pp. 61-74.

Thiele, E. R. *The Mysterious Numbers of the Hebrew Kings*. 3rd ed. Grand Rapids: Zondervan, 1983.

Thompson, J. A. *1, 2 Chronicles*. NAC. Nashville: Broadman & Holman, 1994.

Throntveit, M. *When Kings Speak: Royal Speech and Royal Prayer in Chronicles*. SBLDS. Chico, Cal.: Atlanta: Scholars Press, Press, 1987.

_______. "Linguistic Analysis and the Question of Authorship in Chronicles, Ezra and Nehemiah." VT 32 (1978): pp. 9-36.

Townsend, J. L. "The Purpose of 1 and 2 Chronicles." BibSac 144 (1987): pp. 277-292.

Von Rad, G. "The Levitical Sermon in I and II Chronicles." pp. 267-280 in *The Problem of the Hexateuch and Other Essays*. Edinburgh: Oliver & Boyd, 1966.

Watson, W.G.E. "Archaic Elements in the Language of Chronicles." Biblica 53 (1972): pp. 191-207.

Wilcock, M. *The Message of Chronicles: One Church, One Faith, One Lord*. BST. Leicester: IVP, 1987

Williamson, H. G. M. *1 and 2 Chronicles*. NCBC. Eugene, Oregon: Wipf & Stock, 1982.

_______. *Israel in the Books of Chronicles*. London: Cambridge University Press, 1977.

Wright, J. W. "The Innocence of David in 1 Chronicles 21." JSOT 60 (1993): pp. 87-105.

_______. "The Legacy of David in Chronicles: The Narrative Function of 1 Chronicles 23-27. JBL 110 (1991): pp. 229-242.

차례

역대상

역대기

네 씨 곧 네 아들 중 하나를 세우고 그 나라를 견고하게 하리니 … 나는 그의 아버지가 되고 그는 나의 아들이 되리니 나의 인자를 그에게서 빼앗지 아니하기를 … 내가 영원히 그를 내 집과 내 나라에 세우리니 그의 왕위가 영원히 견고하리라 하셨다 하라
(대상 17:11–14)

내 이름으로 일컫는 내 백성이 그들의 악한 길에서 떠나 스스로 낮추고 기도하여 내 얼굴을 찾으면 내가 하늘에서 듣고 그들의 죄를 사하고 그들의 땅을 고칠지라(대하 7:14)

소개

역대기는 구약의 그 어느 책보다도 해석자들에게 도전을 주는 책이다. 가장 큰 이유는 역대기 저자가 책 내용의 50% 이상을 당시 이미 정경으로 간주했던 사무엘서와 열왕기를 직접 인용하여 저작했기 때문이다. 인용한다는 것은 해석을 전제하는 행위이므로 "역대기 기자가 어떤 기준을 가지고 사무엘서-열왕기의 자료를 해석하고 편집하여 인용했을까?" 하는 이슈는 성경학자들의 지대한 관심사가 되었다. 해석학적 차원에서도 이 이슈는 구약이 구약을 해석하는 원리, 혹은 정경이 정경을 해석하는 원리와 연관되어 있기에 역대기는 성경 해석학 분야에서도 매우 중요한 자리를 차지한다.

물론 창세기, 열왕기 등을 포함한 성경의 여러 책도 집필 과정에서 다른 출처들을 인용했다. 그러나 이 책들이 인용한 자료들은 우리에게 전수되지 않았으며, 영감을 받아 저작된 정경이라고 간주할 수도 없다. 다만 성경 저자들이 인용한 부분만 성경에 삽입되면서 영감을 받은 것이다. 반면에 역대기의 출처들은 그대로 보전되어 우리에게 전수되었을 뿐만 아니라, 유대교-기독교 정경의 일부분을 구성하고 있다. 그러므로 역대기 기자가 다른 것도 아닌 성경을 재해석하고 있다는 점은 역대기 연구가 얼마나 중요한가를 깨닫게 한다. 특히 저자가 일부 사건들을 묘사하면서 사무엘서-열왕기에 언급하지 않은 정보를 추가하는가 하면, 다른 사건들을 기재하는 과정에서 상당한 양의 정보를 삭제하거나 요약하고 있다는 사실은 자연스럽게 독자들의 호기심을 자극한다.

역대기는 여러 가지 신학적 보석을 지닌 책이다(De Vries). 그러나 역대기는 우리의 인내심을 시험하는 책이기도 하다. 처음 아홉 장은 오직 계보로만 구성되어 있는데, 잘 모르는 사람들의 이름을 나열하는 계보를 계속 읽어 내려가는 것은 결코 쉬운 일이 아니다. 아마도 잠 못 이루는 성도들에게 역대상 1-9장보다 더 좋은 수면제는 없을 것이다. 성경에 보면 잠 못 이루는 밤에 역대기와 비슷한 장르의 책자를 수면제로 사용하여 잠을 청한 사람이 있다. 페르시아의 아하수에로 왕이다(에 6:1). 그는 이런 문서들의 '진가'를 알고 있었던 것이다! 물론 역대기 저자도 계보가 독자들을 잠재울 것이란 사실을 알고 있었을 텐데, 그럼에도 불구하고 그는 왜 계보를 이렇게 장대하게 정리하고 있는 것일까?

우리는 계보로 구성되어 있는 책의 첫 섹션을 통과해야만 역대기의 신학적 보석들을 찾을 수 있다. 그래서 한 주석가는 계보 섹션을 "역대기의 문을 지키고 있는 사자"(Allen)라며 우리 모두는 이 "무시무시한 사자"가 지키고 있는 문을 지나야만 역대기의 세계로 들어갈 수 있다고 표현한다. 일단 이 사자가 지키는 문만 통과하면 성경에서 "가장 감동적이고 용감하고 위대한 세상"에 도착하게 된다(Elmslie).

계보를 정리한 부분이 끝나면 사울과 다윗의 이야기로 흥미로워질까 기대해 보지만 곧바로 다시 상당한 지루함을 느끼게 된다. 사울과 다윗 이야기뿐만 아니라 역대기에 묘사된 모든 사건 사이에 목록과 계보들이 끊임없이 삽입되어 있기 때문이다. 게다가 저자는 분열왕국 시대로 접어들면서 파란만장하고 흥미로운 이야깃거리가 많은 북 왕국의 역사는 거의 언급하지 않는다. 북 왕국과 그 왕들의 이야기는 오직 남 왕국 이야기와 연관된 범위에서만 회고한다. 남 왕국의 역사에 초점을 맞춰 이야기를 진행하기 때문이다.

저자는 왜 이렇게 목록과 계보에 많은 관심을 쏟는 것일까? 이 질문에 대한 답은 역대기를 집필한 목적과 직접적인 관계가 있다. 저자는 바빌론 포로기 이후 시대를 살고 있다. 바빌론에서 돌아온 사람들의 가장 큰 신학적 관심사는 "우리와 과거의 이스라엘은 어떤 관계가 있는가, 선조들에게 주어진 언약이 아직도 우리에게 유효한가, 왕정이 없어져 버린 지금 다윗 언약은 무슨 의미를 지니고 있는가?" 등이었다. 저자는 많은 목록과 계보를 이용해서 이런 신학적·정치적 질문들에 답하고자 한다. 즉, 지루하고 따분한 계보들을 정리함으로 포로기 이후 시대를 살아가는 이스라엘 공동체의 정체성을 정의하고 있다(cf. 메시지와 이슈 부분). 이러한 사실을 깨닫고 나면, 역대기에 수록된 계보들이 꼭 지루한 것만은 아니며, 포로기 이후 예루살렘에 형성된 믿음 공동체가 신학적 정체성을 확립하기 위해 역동적으로 발버둥 치고 노력한 산물이라는 것을 알게 된다. 계보들은 더 이상 죽은 자들의 기록이 아니라, 살아있는 사람들의 이야기이기에 점점 더 흥미로워진다.

1. 저자와 저작연대

탈무드(Talmud)는 에스라가 역대기를 저작한 것으로 보며(Baba Bathra 15a), 많은 중세기 유태인 학자들과 기독교 주석가들도 대체로 이 주장을 수용했다. 만일 에스라가 역대기를 저작했다면, 책의 저작연대는 주전 5세기 후반부가 된다. 그러나 20세기에 접어들면서 역대기의 저작연대를 일찍 보는 사람은 주전 6세기 초 에스겔 시대까지 끌어올리며(Welch), 늦게 보는 사람은 주전 2세기 마카비 시대까지 끌어내린다(Lods). 학자들의 견해에 따라 400여 년의 차이를 보이는 것이다. 반면에 대부분의 학자들은 중간 입장을 취한다. 이들은 대체로 5세기 말에서 4세기 말까지를 고수한다(Williamson, Johnstone, McConville, Hill, Japhet). 만일 에스라가 역대기를 집필했다고 전제하면 가장 이른 시기로 5세기 중반이 가능하다(cf. Albright).

아직도 많은 학자가 에스라를 역대기의 저자로 보는 이유는 역대기가 끝나고 자연스럽게 이어지는 '속편'과 같은 책이 바로 에스라-느헤미야서이기 때문이다. 역대기는 고레스 왕의 "종교 자유 선포문"을 책의 마지막 사건으로 싣는다(대하 36:22-23). 에스라-느헤미야서는 똑같은 선포문을 책의 서두로 삼는다(스 1:1-4). 이러한 현상이 역대기와 에스라-느헤미야서를 한 저자가 집필한 한 쌍으로 보게 하는 연결 고리 역할을 한다.

그러나 오래전부터 이러한 결론에 반론을 제기하는 학자들이 많이 있었다. 이미 19세기 몇몇 주석가들은 에스라가 역대기를 저작한 것이 아니라, 역대기 저자가 에스라-느헤미야서를 저작한 것이라고 했다(Zunz, Movers). 이러한 주장이 제기된 이후 많은 학자가 이 견해를 수용하게 되었다. 학자들이 역대기와 에스라-느헤미야서가 같은 저자에 의해 집필된 것이라고 생각하게 된 것은 두 책이 모두 고레스의 칙령을 담고 있으며, 이 책들 안에서 사용되는 단어와 문체들이 비슷하기 때문이었다.

최근에 와서 역대기 저자와 에스라-느헤미야서의 저자는 서로 다른 사람이라고 결론짓는 사람들이 늘고 있다(Eskenazi, cf. Allen). 특히 한 학자는 많은 논문과 자신의 역대기 주석에서 이러한 주장을 일관성 있게 펼친다(cf. Japhet). 저작권에서 에스라를 배제하면 누가 역대기를 집필한 것일까? 일부 주석가들은 레위 지파에 속한 아삽의 악사 중 한 사람이 역대기를 저작했다고 한다. 이 학설은 역대기가 레위 지파에 대해서 지대한 관심을 쏟고 있다는 데에서 나온 추측이다. 그러나 역시 역대기가 저자의 이름을 밝히지 않은 상태로 우리에게 전수되었기 때문에 모든 학설과 주장은 추측으로 남을 수밖에 없다. 지금까지 학계의 전폭적인 지지를 얻는 견해는 없다.

책의 저작 시기는 역대상 3:17-24의 계보에 "여고냐"(여호야긴)와 스룹바벨이 그들의 2세들과 같이 언급되는 것을 고려하면 포로기 시대 이후가 확실한 것 같다. 역대기 저자는 다윗 왕이 성전을 건축할 때 사람들이 건축 비용으로 낸 헌금을 "다릭"(אֲדַרְכֹנִים)으로 표현하는데(cf. 대상 29:7), 다릭은 페르시아의 화폐이며 다리오(Darius) 왕의 이름에서 비롯된 단위이다. 이 동전은 주전 515년 이전에는 사용되지 않은 것으로 알려진다. 그렇다면 이 부분은 515년 이후에 처음으로 문서화된 것일까? 아니면 이미 문서화되어 돌던 것을 훗날 누군가가 개정하면서 새로운 세대를 위해서 이 단위로 환산해서 표기한 것일까? 역사적 정황과 책이 언급하고 있는 시대적·문화적 요소들을 감안하면 역대기는 포로생활을 끝낸 세대들이 예루살렘으로 돌아온 지 얼마 되지 않은 때에 저작했을 가능성이 가장 큰 것으로 생각된다.

학자들의 역대기 저작연대에 대한 견해는 다양하지만 대체로 비슷한 시대를 제안한다(cf. Mabie). 어떤 주석가는 역대기가 주전 350년에 완성되었다고 하고(Williamson), 다른 학자는 역대기가 주전 515년쯤에 맨 처음 저작되었다가 350-300년까지 지속해서 개정되었다고 주장한다(Braun, cf McConville). 심지어는 주전 2세기 마카비 시대에 저작된 것이라는 관점도 있다. 저작 시기를 논할 때 중요한 이슈 한 가지는 주전 333년 이후로 고대 근동은 알렉산더 대왕의 정복 활동으로 인해 헬라 문화와 언어의 지대한 영향을 받게 되는데, 역대기에는 이러한 헬라 문화와 언어의 영향이 반영되어 있지 않다는 점이다(Japhet). 그러므로 대부분의 학자들은 역대기가 주전 333년 전에 집필된 것으로 간주한다.

주전 5세기 초 이스라엘이 바빌론 포로에서 돌아온 이후에 예루살렘에서 저작되었다는 주장이 있는가 하면(Sailhammer), 주전 5세기 중반에서 4세기 초 사이에 집필되었을 것이라는 추측도 있다(Longman, Allen). 에스라가 이 책을 저작했다고 생각하는 학자들은 대체로 주전 450-400년경을 제시한다. 필자는 에스라가 역대기를 저작했다고 생각하지는 않지만, 저작된 시기는 주전 450-400년쯤으로 간주하면 무난할 것으로 생각한다(cf. Mabie). 무엇보다도 주전 538년에 첫 번째 귀향민들을 이끌고 예루살렘으로 돌아온 스룹바벨과 그 자손들에 대한 계보(대상 3:19-24)가 그의 시대부터 2세대(Mabie, Hamilton)[1] 더 내려가기 때문이다.

유다가 하나님의 심판을 받아 바빌론으로 끌려간 주전 586년부터 책의 저작 시기로 여겨지는 주전 400년대 말까지, 유다와 귀향민 공동체는 영적으로 흥분되는 순간과 낙심되는 순간을 여러 차례 경험했다. 결과적으로 영적 르네상스와 절망을 몇 차례 경험한 역대기의 첫 독자들은 쉽게 흥분하거나 좌절하지 않고 그저 묵묵히 현실을 받아들이는 냉담한 마음으로 책을 대했을 것으로 생각된다. 한 주석가는 이때의 유다와 귀향민의 경험을 다음과 같이 그래프를 통해 표현한다(Mabie).

귀향민들이 경험한 소망과 절망 순환

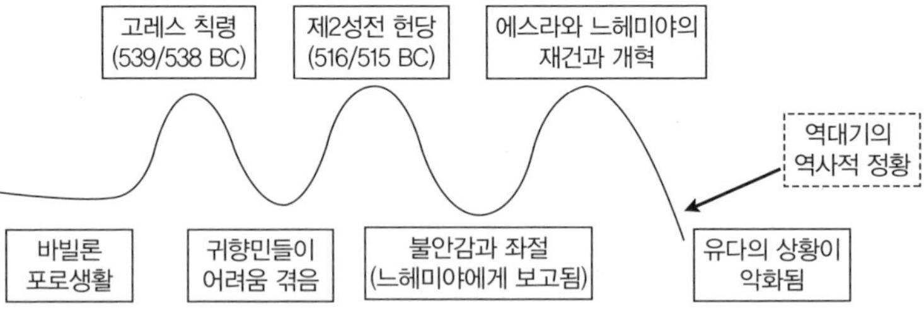

---

1 일부 학자들은 이 본문이 스룹바벨의 자손들을 6-7세대에 이르기까지 정리하고 있다고 생각한다(Hill). 이렇게 간주할 경우 책의 최종 저작연대는 300년대로 내려간다.

2. 역사적 정황

역대기는 구약의 그 어느 역사서보다도 최근의 책이다. 구약 정경 중 가장 늦게 집필된 것으로 간주되는 역대기는 중간사 시대(intertestamental period)의 시작을 눈앞에 두었다. 책이 구약 정경 중 가장 늦은 시기에 저작되었다는 것은 구약의 다른 책들에서 발견되는 주요 테마와 신학이 반영되고 발전되었을 것을 암시한다. 그뿐만 아니라, 구약의 가장 마지막 책으로서 아직 현실화되지 않은 미래를 기대하게 한다. 그래서 디브리스(De Vries)는 역대기에 대해서 "나는 성경에서 역대기가 가장 훌륭한 영적 광산(spiritual mine) 중 하나라고 생각한다"라고 평가했다(cf. Elmslie).

역대기에 대해서 이 같은 태도를 보인 것은 그리 오래된 일이 아니다. 학자들이 지난 2000년 동안 역대기를 일종의 "2등급 정경"으로 간주해 왔다. 역대기 사가가 저술하는 내용이 새로운 것들이 아니라 대부분 성경 다른 곳에서 찾아볼 수 있는 것들이라는 점에서 비롯된 편견이었다. 결과적으로 역대기는 구약에서 가장 연구되지 않은 책 중 하나가 되어 오늘에 이르게 된 것이다. 다행히 최근에 와서 책의 위치와 위상이 재평가되고 있다. 역대기는 포로기 이후 시대의 신학을 조명하는 매우 중요한 역할을 할 뿐만 아니라, 정경이 정경을 해석하는 원리를 파악하는 데 좋은 여건을 제공해 준다는 것이다. 그러나 역대기 연구는 아직도 초보적인 단계에 있기 때문에 앞으로 어느 정도 시간이 흘러야 중요한 결과물이 나올 것으로 생각된다.

역대기에서 묘사된 시대의 범위는 구약의 그 어느 책보다 넓다. 책은 온 인류의 조상인 아담으로 시작해 고레스 왕의 "종교 자유 선포"(538 BC)로 끝난다. 그러나 책의 대부분을 차지하는 내러티브(narrative) 섹션(대상 10장-대하 36장)은 사울-다윗 시대(ca. 주전 11세기 중반) 때부터 주전 6세기 중반까지 총 500여 년을 집중적으로 정리하고 있다.

3. 저작 목적

저자가 역대기를 저작하게 된 가장 큰 동기는 포로기 이후 시대 이스라엘 백성들에게 역사를 조명해서 신학적 정체성을 확립시키기 위함이었다. 그러나 역대기가 집필될 때에는 이미 열왕기가 그 역할을 상당 부분 감당하고 있었기에 이스라엘의 역사를 정리하는 것만이 역대기의 집필 목적은 아니었을 것이다. 한 걸음 더 나아가 역대기 사가는 이스라엘이 주전 586년에 여호와께로부터 엄청난 징벌을 받긴 했지만 여전히 여호와의 특별한 선민이라는 점과 이스라엘을 향한 하나님의 관심과 사랑은 변함이 없음을 강조한다. 여호와 하나님과 이스라엘의 관계는 다시 회복될 수 있다는 것이다. 포로생활에서 돌아와 초라하게 살아가는 이스라엘 귀향민들에게 선민(選民)으로서의 역사의식을 심어주기 위해서 역대기를 집필했던 것이다.

저자는 또한 이스라엘이 다가올 미래에 열방 중에서 매우 중요한 역할을 할 것을 확신한다. 이러한 낙관적 미래의 근거는 바로 "성전"과 "다윗 언약"(cf. 삼하 7장)이다. 저자는 다윗 언약이 아직도 유효하다는 사실을 강조하며, 하나님의 백성들이 영구적으로 예배드릴 곳인 성전의 중요성을 부각시킨다. 저자는 이러한 노력을 통해 바빌론에서 돌아와 어렵게 살아가던 백성들이 재건한 성전이 여호와께서 내리실 큰 복의 근원이 될 것이라며 미래에 대한 소망을 갖게 한다. 그는 하나님의 섭리가 유다를 중심으로 펼쳐지는 것은 사실이지만 이미 오래전에 흔적도 없이 사라져 버린 북 왕국도 이러한 하나님의 계획에 포함되어 있음을 강력하게 시사한다. 또한 넓은 의미에서 "온 이스라엘"은 이스라엘 사람들뿐만 아니라 이방인들도 포함하고 있다는 사실도 강조한다.

열왕기는 포로민들이 던진 하나님의 능력에 대한 질문들에 답한다. "시온 불가침설"과 "다윗 언약의 영원성"은 오용과 남용될 소지를 다분히 지닌 신학적 사상이다. 그렇기 때문에 우리는 유다가 망하고 전쟁 포로가 되어 바빌론으로 끌려갔을 때 이스라엘 사람들이 얼마나 큰 충격을 받았을지 충분히 상상할 수 있다. 바빌론으로 끌려간 사람들은 아마도 다음과 같은 질문을 던지며 혼란스러워했을 것이다. "온 우주를 창조하시고 인류의 역사를 주관하시는 여호와 하나님의 백성인 이스라엘이 바빌론으로 끌려가게 된 것은 여호와께서 더 이상 이스라엘을 사랑하지 않는다는 것일까? 아니면 이스라엘의 수호신인 여호와가 무능해서 바빌론의 신 마르둑(Marduk)에게 무릎을 꿇어 자신의 백성을 내준 것일까?"

이와 같은 질문에 대해 열왕기 저자는 주의 백성이 바빌론으로 끌려가게 된 것은 하나님이 이스라엘을 버리셨거나 여호와가 무능력해서가 아니라 오히려 그분의 능력을 나타낸 사건이라고 답한다. 여호와 하나님이 지난 수백 년 동안 죄와 반역만 일삼던 이스라엘 백성에게 새로운 기회를 주기 위해 하신 일이라는 것이다. 바빌론 포로생활은 이스라엘의 재탄생에 필연적인 용광로였으며, 이 일은 온 세상의 주권자이신 여호와께서 바빌론을 도구로 사용하여 직접 진행하신 일이다.

역대기는 또한 바빌론 포로민의 후예 중 예루살렘으로 돌아온 사람들이 자신들과 주전 586년 이전에 여호와의 백성이었던 옛 이스라엘의 관계에 관해 던진 질문들에 대해서도 답한다. "하나님이 시내 산 언약을 준수하지 않은 주의 백성을 심판하여 바빌론으로 내치셨는데, 시내 산 언약은 아직도 유효한가? 유다 땅으로 돌아온 바빌론 포로민의 후예들은 아직도 하나님의 백성인가?" 이와 같은 질문에 역대기 저자는 모두 긍정적으로 답한다. 백성들의 반역 때문에 586년에 끊어진 역사는 귀향민을 통해 다시 맥을 잇게 되며, 하나님의 진노는 모두 옛일이 되었다는 것이다. 또한 이스라엘은 아직도 하나님의 백성으로 그분의 자비와 은혜를 구하고 받을 자격이 있다는 것이 저자의 주장이다.

이러한 차원에서 역대기는 포로기 이후 시대를 살던 이스라엘 사람들의 삶에 소망과 활력을 불어넣어 준 책이다. 주전 538년에 세스바살과 스룹바벨을 앞세우고 바빌론에서 유다로 돌아온 귀향민들은 침략자들에 의해 파괴된 여호와의 성전만 재건하면 예루살렘에 여호와의 유토피아가 임할 것이며, 곧 자신들이 누리게 될 영적·물질적 르네상스가 도래할 것을 기대했다(cf. 사 40-55장). 그러나 귀향민들이 마주한 유다와 예루살렘의 현실은 매우 참담했고, 그들의 기대는 오래지 않아 완전히 무너졌다. 결국 귀향민들로 구성된 예루살렘 공동체는 좌절감과 패배감으로 가득하게 되었다.

이 같은 상황에서 역대기는 독자들에게 미래에 대한 비전을 제시한다. 하나님은 신실하신 분이시므로 약속하신 대로 다윗 왕국은 반드시 재건될 것이며, 그분의 백성은 하나님의 확실한 보호를 받을 것이다. 그러나 이 일은 자동적으로 이루어지는 것이 아니며, 비전이 현실이 되려면 주의 백성들의 많은 기도와 영적 회복이 필요하다고 한다. 즉, 저자는 자신의 시대를 살아가는 사람들의 세계관과 영성에 도전을 주기 위해서 이 책을 집필한 것이다.

4. 정경 안에서의 위치

칠십인역(LXX)은 이 책을 "삭제된 것들"(Paraleipomenon; "things left out")이라고 이름했다.[2] 역대기의 역할이 사무엘서, 열왕기에 기록된 내용을 보충해 줄 뿐, 독창적인 신학과 메시지를 담고 있는 책으로 간주하지 않은 것이다(cf. Sugimoto). 이와 같은 편견은 오랜 시간 동안 교회가 역대기를 바라보는 시각에 결정적인 영향을 미쳤다. 결과적으로 지난 2000년 동안 교회는 이 책의 중요성을 제대로 인식하지 못했다. 한 비평학자는 역대기 저자가 자신이 인용한 출처를 재편집하고 변경했을 뿐만 아니라 역사적 사실을 왜곡했다고 주장하기도 했다(De Wette). 역

2 이외 고대 사람들은 이 책을 다양한 이름으로 불렀다(cf. Knoppers & Harvey).

대기를 역사적 신빙성이 전혀 없는 책으로 간주한 것이다. 이와 같은 맥락에서 한 주석가는 "구약비평에서 다음 사항보다 더 확고한 사실은 없다. 즉, 역대기 기자는 전혀 신임할 수 없는 역사가라는 점이다. 그는 역사적 사실들과 자신이 인용하는 출처들을 의도적으로, 그리고 습관적으로 왜곡했다. 이 책을 집필하면서 수많은 장(章)을 최대한의 자유(viz., 허구)를 가지고 창안했다"라고 단언했다(Torrey).

그러나 역대기에 대한 이와 같은 평가는 저자의 창의성과 선택권을 전혀 인정하지 않는 행위일 뿐만 아니라, 근대적이고 서양적인 역사관과 기준으로 고서(古書)를 평가하려는 무모함에서 비롯된 것에 불과하다. 우리는 고서들을 접할 때 우리의 선입견을 최소화하려고 항상 노력해야 한다. 저자들의 세계관과 사고체계 안에서 그들의 창의성을 인정해야 하며, 사가들의 작품을 우리의 기준에 맞추려는 열망을 의도적으로 억눌러야 한다. 오히려 우리가 그들의 세계를 세심하게 살펴 그들의 세상과 사고체계에서 작품을 해석하고 이해하도록 노력해야 한다.

히브리어 성경은 역대기에 "그날/그 시대의 일들"(דִּבְרֵי הַיָּמִים; "affairs of the day")이라는 이름을 붙였다. 이 표현은 역대기 안에서 33차례나 사용된다. 기독교 성경과 칠십인역 안에서 역대기는 열왕기 다음에, 그리고 에스라-느헤미야서 이전에 등장한다. 이 책이 조명하고 있는 시대를 감안하면 잘 어울리는 위치다. 그러나 히브리어 정경(viz., 유태인 성경) 안에서 이 책은 세 번째 섹션인 성문서 중 하나로 등장한다. 성문서 섹션 안에서도 역대기는 에스라-느헤미야서를 뒤따르며 구약의 마지막에 있다. 역대기가 히브리어 성경 안에서 차지하는 위치에 대해서 여러 가지 설이 있다. 그중 다음 세 가지가 학계에서 가장 많은 지지를 받는다.

첫째, 에스라-느헤미야서는 역대기보다 더 빨리 정경으로 채택되었다. 그리고 역대기는 구약의 책들 중 가장 늦게 정경으로 자리를 잡았기 때문에 유태인 성경의 마지막 책으로 등장한 것이다. 이 주장은 구약의 책들이 상당한 시간을 지나서 공동체의 심의를 거쳐 정경으로 채택된 점을 전제로 하는데, 역사적으로 정경을 채택한 모임이나 과정에 대한 기록은 찾아볼 수가 없다. "책이 어떻게 정경으로 인준되는가?" 하는 문제는 풀리지 않는 수수께끼로 남을 수 밖에 없다. 한 가지 확실한 사실은 성경에 기록된 역사적 정황들이 한결같이 하나님의 말씀이 선포되자 곧바로 정경으로 권위를 인정받은 것을 증언한다는 점이다.

둘째, 정경의 순서를 정리하는 사람들이 역대기에 담긴 미래에 대한 낙관적인 요소들을 헤아려 구약 정경의 마지막 자리에 갖다 놓았다(Gordon). 역대기의 마지막 두 절은 고레스 왕의 "종교 자유 선포"로 되어 있다(대하 36:22-23). 이 섹션은 "누구든지 성경을 읽는 자는 이와 같이 '자유'를 누리게 될 것이다"라는 메세지를 담고 있다. 첫 번째 설에 제기된 문제점이 이 두 번째 주장에도 그대로 적용된다. 그뿐만 아니라, 미래에 대한 낙관적인 견해 때문에 이 책을 구약의 마지막 책으로 삼았다는 것은 큰 설득력이 없어 보인다. 그런 목적이라면 차라리 선지서들, 특히 이사야서가 훨씬 더 효과적일 것이다.

셋째, 히브리어 성경에서 역대기가 마지막 책이 된 것은 구약시대의 역사를 최종적으로 정리하고 있기 때문이다(Beckwith). 그러나 이러한 목적이라면 에스라-느헤미야서 혹은 다니엘서(주전 2세기의 근동 역사를 예언하고 있음)를 구약의 마지막 책으로 삼는 것이 더 설득력 있지 않을까? 게다가 에스라-느헤미야서는 역대기가 기록하고 있는 마지막 사건인 고레스 왕의 "종교 자유 선포"를 기점으로 그 이후의 이스라엘 역사를 묘사하는 책이다.

필자의 개인적인 견해는 이렇다. 역대기가 히브리어 정경의 마지막 책이 된 것은 다양하고 포괄적인 세계관과 역사관 때문이다. 저자는 이스라엘 역사의 중요성을 아담 때부터 시작된 인류 역사의 흐름 속에서 이해한다. 이스라엘은 여호와의 선민으로서 특권을 누리고 있지만, 이 특별한 지위는 한 사람(아담)에게서 비롯된 온 인류라는 정황 속에서 의미를 찾아야 한다는 것이다. 저자는 이스라엘이 장차 온 세상에 영향을 미치게 될 것을 확신한다. 이 점을 강조하고자 자기 세대에 이르는 이스라엘 계보를 이스라엘의 선조 아브라함이 아닌 모든 인류의 시조인 아담에서부터 시작한다. 저자의 관점은 이스라엘 역사 속에서 아시리아, 바빌론을 포함한 이방 나라들의 역할을 정의하는 데 큰 영향을 미친 것으로 생각된다. 하나님은 온 우주의 창조주이자 세상의 역사를 주관하시는 분이시기에 이스라엘이 이방 나라들로부터 당한 고통은 하나님의 뜻이었다는 세계관을 가진 것이다. 온 세상이 하나라는 관점은 북 왕국과 남 왕국의 역사를 하나로 처리하는 데에서도 엿볼 수 있다.

저자의 역사관에 의하면 여호와만이 온 인류 역사의 유일한 주인이시기 때문에, 저자는 미래에 대해 매우 낙관적이다. 그는 새 시대의 시작을 갈망하고 있다. 포로시대 이전의 이스라엘은 성전과 예식을 통해서 하나님과의 관계를 유지했다. 제사와 성전을 부적처럼 여긴 것이다. 역대기 저자는 그 누구보다도 성전의 중요성에 대해서 잘 알고 있었지만, 결코 성전 자체가 어떤 신비력을 지녔다고 생각하지 않았다. 그는 성전의 중요성을 다른 곳에서 찾았다. 저자는 성전 재건을 통해서 주전 586년 이전의 이스라엘 역사와 포로기 이후 시대 이스라엘 귀향민의 역사를 연결하려고 했던 것이다. 끊어져 버린 이스라엘 역사의 맥을 잇는 일에 있어서 성전의 중요성을 본 것이다. 그렇기에 저자는 성전의 중요성을 강조하면서도, 동시에 기도의 힘을 더욱더 부각시킨다. 역대기는 구약의 역사서 중에서 기도에 대한 언급을 가장 많이 하는 책이다. 진정한 영성은 기도와 같이 비제도화된 신앙에 있지 결코 겉으로 드러나는 종교적 예식에 있지 않다는 사실을 말해주고 있다.

역대기 저자는 예배와 기도에 참석한 사람들에게 "온 이스라엘"이라는 표현을 자주 사용한다. 솔로몬의 죄로 이스라엘이 남 왕국과 북 왕국으로 나뉜 후에도, 북 왕국이 멸망한 후에도 이 용어를 꾸준히 사용한다. 통일왕국 시대에나 사용할 표현을 저자는 왜 분열왕국 시대에,

더 나아가 북 왕국이 망한 주전 722년 이후에도 지속적으로 사용하는 것일까? 그것은 무엇이 진정한 이스라엘 공동체를 형성하는가를 단적으로 보여주기 위함이다. 역대기 저자에 의하면 하나님 백성의 범위는 지리적으로 또는 수적으로 제한될 수 없다. 하나님을 사랑하는 사람들이 모였을 때 그 모임은 곧 "온 이스라엘"이 된다. 특히 저자가 마지막으로 기록하고 있는 고레스 왕의 "종교 자유 선포" 배경을 살펴보면 저자는 고레스를 마치 여호와를 경외하는 사람(viz., "온 이스라엘"의 한 구성원)으로 묘사하고 있는 듯하다(cf. 대하 36:22-23).

저자의 이러한 관점은 매우 포괄적이어서 온 인류가 진정으로 하나님의 백성이 될 수 있는 가능성을 제시한다. 특히 계보 정리가 온 인류의 첫 사람인 아담부터 시작하여 예루살렘 성전을 재건하고 있는 세대에서 끝나고 있는 것은 저자가 어떤 신학을 가지고 있는가를 암시한다. 성전재건은 하나님이 행하신 천지창조 사역의 확장(extension)이다. 그러므로 예루살렘 성전은 온 세상 사람들이 여호와를 알 수 있게 하는 역할을 한다고 볼 수 있다. 저자의 세계관은 이처럼 매우 넓고 포괄적이다. 이러한 점 때문에 필자는 역대기가 구약의 마지막 책인 것으로 생각한다.

예수님 시대에는 구약을 모세오경, 선지서, 성문서 등으로 구분한 히브리어 성경의 구조가 보편화되어 있었으며 예수님은 각 섹션에 속한 책들의 순서도 익히 알고 계신 것으로 여겨진다. 역대기와 연관해서 한 예를 생각해 보자. 예수님은 복음서에서 "사가랴의 순교"에 대해서 말씀하셨다(마 23:35; 눅 11:51). 그러면 이 사가랴와 우리에게 한 권의 책을 남긴 스가랴 선지자는 어떤 관계가 있는가?[3] 그리고 왜 많은 사람들 중에서 사가랴를 언급하신 것일까? 예수님이 언급하신 순교자 사가랴는 베레갸의 아들로 기록되어 있으며, 이 사가랴는 곧 선지자 스가랴이

3 구약의 스가랴를 신약에서는 사가랴라고 한다.

다(cf. 슥 1:1). 그러나 그의 죽음에 대해서 구약성경은 어떠한 언급도 하지 않는다. 역대하 24:20-22에 의하면 여호야다의 아들 스가랴가 요아스 시대에 성전 뜰에서 하나님의 정의를 외치다가 순교했다. 많은 학자는 여호야다를 스가랴의 할아버지, 즉 베레갸의 아버지로 이해함으로 이 스가랴가 예수님이 언급하시는 사가랴일 것으로 생각한다. 그렇다면 예수님께서 지금 성경의 첫 책인 창세기에 기록된 인류 최초의 순교자 아벨과 구약 정경의 마지막 책인 역대기에 기록된 마지막 순교자를 언급함으로써, 마치 "창세기에서 계시록까지"(영어로는 "A to Z")의 총체적인 의미로 말씀하고 계시다는 것이 학자들의 생각이다. 그러므로 예수님 시대에도 구약성경에서 역대기가 마지막 위치를 차지하고 있다는 것이 확실해진다.

5. 에스라-느헤미야서와의 관계

역대기와 에스라-느헤미야서는 동일한 텍스트 두 개를 지니고 있다. 고레스 왕의 칙령(대하 36:22-23//스 1:1-3)과 예루살렘으로 돌아온 귀향민 목록이다(대상 9:2-21//느 11:3-19). 이와 같은 현상에 대해서 세 가지로 추측할 수 있다. 첫째, 역대기가 에스라-느헤미야서를 인용하고 있다(Allen). 둘째, 에스라-느헤미야서가 역대기를 인용하고 있다. 셋째, 역대기와 에스라-느헤미야서가 제3의 출처를 공통으로 인용하고 있다. 이 세 가지 중 세 번째 가능성은 별로 없어 보인다. 이 텍스트들이 제3의 출처를 공통으로 인용한다고 보기에는 너무 비슷하기 때문이다. 그러므로 역대기가 에스라-느헤미야서를 인용하거나, 혹은 그 반대일 가능성이 크다. 학자들은 대체로 역대기가 에스라-느헤미야서를 인용하고 있다고 생각한다(cf. Japhet).[4] 왜냐하면 구약 정경 중 마지막으로 저

4 역대기가 에스라-느헤미야서를 인용하고 있다는 주장의 예로는 스 1:1-3이 대하 36:22-23에서 인용된 것, 느 11:3-19이 대상 9:2-17에서 인용된 것 등이 있다.

작된 책이 역대기라고 생각하기 때문이다. 만일 역대기가 마지막 책이라면, 에스라-느헤미야서는 역대기가 저작된 때보다 최소한 수년 전에 저작되었을 것이고, 이미 정경으로 자리잡은 에스라-느헤미야서를 역대기가 인용한 것으로 볼 수 있는 것이다. 전통적으로 학자들은 역대기와 에스라-느헤미야서 안에서 사용되는 단어, 문체가 비슷하다는 점을 지적해 왔다. 또한 이 두 책의 전반적인 관점, 관심, 신학 성향 등과 함께 시대적 배경도 비슷하다고 했다. 그러나 최근 들어 이러한 전통적인 견해가 설득력을 잃었다. 이 두 책의 단어, 문구, 문체 등이 서로 다른 사람에 의해 저작되었음을 입증한다고 본다(Japhet, Thompson, Hill). 역대기와 에스라-느헤미야서는 다음과 같은 차이를 보인다.

첫째, 이스라엘 남자들이 이방 여인들과 결혼한 일이 에스라-느헤미야서에서는 심각한 비판을 받지만 역대기에서는 별다른 어려움 없이 수용된다. 둘째, 포로기 이전 시대의 역사를 조명하는 일에 있어서 에스라-느헤미야서는 모세와 출애굽 사건을 부각시키고 역대기는 다윗과 다윗 왕조의 지속성을 강조한다.

셋째, 북 왕국 이스라엘의 멸망에 대해서 역대기는 거의 언급하지 않는 반면 에스라 4장은 구체적으로 언급한다. 넷째, 역대기는 인간의 죄에 대한 하나님의 즉결 심판을 수차례 회고하며 이 원리를 강조하는(cf. McConville) 반면에 에스라-느헤미야서는 이러한 현상이나 원리를 전혀 언급하지 않는다. 다섯째, 이스라엘의 역사를 회고하고 전개하는 방식에 있어서 역대기 저자는 많은 선지자와 기적들을 언급하지만, 에스라-느헤미야서는 선지자나 이적들에 대한 언급이 전혀 없다.

그러나 가장 큰 차이는 역대기에는 "다윗적 메시아 사상"(Davidic messianism)과 "새로운 출애굽"(second exodus)에 대한 갈망, "온 이스라엘"(whole Israel) 사상으로 가득한데 에스라-느헤미야서에서는 이러한 테마들을 거의 찾아볼 수 없다는 점이다(Japhet). 이러한 차이를 근거로 이 책들이 서로 다른 저자에 의해 집필되었다고 보는 것이 바람직하다.

6. 출처

역대기 저자는 출처를 직접 언급하지 않지만 인용하는 출처가 상당수에 이른다. 그가 정경을 인용하는 경우는 전혀 출처에 대한 언급이 없다. 저자가 아담에서 야곱의 아들들에 이르는 계보를 정리하는 섹션(1:1-2:2)에서 창세기의 계보를 집중적으로 인용하는 것은 당연한 일이다. 그러나 저자는 이 과정에서 창세기에 기록된 데이터를 모두 반영한 것이 아니라, 상당히 제한적이고 선별적으로 자신의 필요에 맞게 엮어 간다. 또한 창세기에 기록된 계보라고 할지라도 부분적으로 인용하거나 아예 언급하지 않는 부분들도 있다. 이 같은 부류에 속하는 계보 정보는 아담에서 아브라함에 이르는 직선적인 족보에서 벗어난 것이다. (1) 가인(창 4:17-26), (2) 데라(창 11:26-32), (3) 나홀(창 22:21-24). 그러므로 역대상 1장은 창세기에 등장하는 모든 계보를 인용한 것이 아니라, 창세기에 등장하는 여러 계보에 대한 요약이라고 할 수 있다(cf. Japhet).

역대기 저자는 창세기뿐만 아니라 오경의 다른 부분, 특히 레위 사람들의 역할, 종교적 절기, 제사 제도에 관한 율법에 관해서 많은 지식을 가지고 있다. 여호수아서에서 시므온 지파의 족보(수 19:2-8; 대상 4:28-33), 레위 지파에게 주어진 성읍 목록(수 21:10-39; 대상 6:54-81) 등을 인용했으며, 사무엘서-열왕기에서 인용된 정보가 역대기의 중추적 역할을 하고 있다.

역대기 사가는 정경을 인용하는 경우 출처를 밝히지 않고 이용하지만, 정경에 들어가지 않은 책들의 경우 자신이 인용하고 있는 출처를 지속적으로 언급한다. 최소한 32개의 인용 자료를 밝힌다. 이처럼 역대기가 인용한 출처들을 상세하게 밝히는 것은 열왕기의 경우 확실하게 밝히는 출처가 세 개에 불과하다는 점과 대조를 이룬다. 저자가 가장 많이 인용하고 있는 정경은 단연 사무엘서와 열왕기이다. 그중에서도 여러 왕들의 행보를 기록한 열왕기가 훨씬 더 많이 인용된다. 이 두 책과 역대기의 관계에 대해서 다음 도표를 참조하라.

사무엘/열왕기	주제	역대기
	계보	대상 1-9장
삼상 1-3, 7장	사무엘	
삼상 4-6장	언약궤를 빼앗김	
삼상 8-15장	사울	대상 10장
삼상 16-31장	다윗의 소년 시절	
삼하 1-10장	다윗의 성공	대상 11:1-9; 13-20장
삼하 11-12장	다윗과 밧세바	
삼하 13-21장	다윗의 위기	
삼하 22-23장	그 외 다윗 언급	대상 11:10-12:40; 22-29장
삼하 24장	다윗의 인구조사	대상 21장
왕상 1-3장	솔로몬의 지혜	대하 1장
왕상 5:1-9:9	성전	대하 2-7장
왕상 4, 9-10장	그 외 솔로몬 언급	대하 8-9장
왕상 11장	솔로몬의 위기	
왕상 12:1-24; 14:21-31	르호보암	대하 10-12장
왕상 11:26-40; 12:25-14:20	*여로보암*	
왕상 15:1-8	아비얌/아비야	대하 13장
왕상 15:9-24	아사	대하 14-16장
왕상 15:25-31	*나답*	
왕상 15:27-28, 32-34절; 16:1-7	*바아사*	
왕상 16:8-14	*엘라*	
왕상 16:15-20	*시므리*	
왕상 16:21-28	*오므리*	
왕상 16:29-34; 20:1-22:40	*아합*	
왕상 17-19장	엘리야	
왕상 22:41-50	여호사밧	대하 17-20장
왕상 22:51-53; 왕하 1장	*아하시야*	

사무엘/열왕기	주제	역대기
왕하 2:1–8:15	엘리사	
왕하 8:16–24	여호람	대하 21장
왕하 3:1–3; 9:14–24	*여호람/요람*	
왕하 8:25–29; 9:21–29	아하시야	대하 22:1–9
왕하 9–10장	*예후*	
왕하 11장	아달랴	대하 22:10–23:21
왕하 12장	요아스	대하 24장
왕하 13:1–9	*여호아하스*	
왕하 13:10–25; 14:8–16	*요아스*	
왕하 14:1–22	아마샤	대하 25장
왕하 14:23–29	*여로보암 2세*	
왕하 15:1–7	아사랴(웃시야)	대하 26장
왕하 15:8–12	*스가랴*	
왕하 15:13–15	*살룸*	
왕하 15:16–22	*므나헴*	
왕하 15:32–38	요담	대하 27장
왕하 15:23–26	*브가히야*	
왕하 15:27–31	*베가*	
왕하 16장	아하스	대하 28장
왕하 17:1–6	*호세아*	
왕하 17:7–41	사마리아의 멸망	
왕하 18:1–20:21	히스기야	대하 29–32
왕하 21:1–18	므낫세	대하 33:1–20
왕하 21:19–26	아몬	대하 33:21–25
왕하 22:1–23:30	요시야	대하 34–35
왕하 23:31–34	여호아하스	대하 36:1–3
왕하 23:35–24:7	여호야김	대하 36:4–8
왕하 24:8–17	여호야긴	대하 36:9–10

사무엘/열왕기	주제	역대기
왕하 24:18-20	시드기야	대하 36:11-14
왕하 25:1-21	예루살렘의 멸망	대하 36:15-21
왕하 25:22-26	그달리야	
왕하 25:27-30	여호야긴의 포로생활	
	고레스의 선포	대하 36:22-23

*이탤릭 체는 북 왕국 왕들의 이름이다.

위 도표에서 드러나는 것처럼 역대기 저자는 북 왕국 왕들에 대해서 어떠한 언급도 하지 않는다. 간혹 남 왕국 왕들과 연관된 이야기를 전개하는 과정에서 필요에 따라 북 왕국 왕들을 언급할 뿐이다. 저자는 철저하게 남 왕국 유다의 관점에서 북 왕국을 대한다. 그러다 보니 저자는 남 왕국을 다스린 왕조의 근간이 된 다윗 언약을 근거로 북 왕국을 다스린 정권들에 대한 정당성을 인정하지 않는다. 즉, 통일왕국이 주전 931년에 남과 북으로 분열된 것은 하나님의 뜻이 아니며, 인간의 죄가 빚어낸 결과라는 것이다. 그러므로 저자는 다윗 언약에 근거하여 오직 남 왕국을 통치하는 다윗 왕조를 중심으로 이스라엘의 역사를 조명하고 있다.

역대기가 언급하는 32개의 출처는 공식적인 기록(official annals), 계보 기록(genealogical records), 그리고 선지자들의 기록(prophetic records)의 세 가지로 분류한다. 공식적인 기록들(official annals)에 대해서는 역대상 9:1; 27:24 역대하 16:11; 20:34; 24:27; 25:26; 27:7; 28:26; 32:32; 33:18; 35:4, 27; 36:8 등에서 언급하고 있다. 역대기에 언급된 공식적인 기록들은 다음과 같다.

	공식적인 기록	성경 본문
1	다윗 왕의 역대지략	대상 27:24
2	이스라엘과 유다 열왕기	대하 27:7; 35:27; 36:8
3	유다와 이스라엘 열왕기	대하 16:11; 25:26; 28:26; 32:32
4	이스라엘 왕조실록/이스라엘 열왕기	대상 9:1; 대하 20:34
5	이스라엘 왕들의 행장	대하 33:18
6	열왕기 주석	대하 24:27
7	이스라엘 왕 다윗의 글과 다윗의 아들 솔로몬의 글	대하 35:4

계보를 기록한 책들(genealogical records)에 대해서는 역대상 4:33; 5:17; 7:9, 40; 9:1, 22; 역대하 12:15 등이 인용한다. 역대기는 다음과 같이 계보들을 언급한다.

	계보 기록	성경 본문
1	시므온 자손의 계보	대상 4:33
2	갓 자손의 계보	대상 5:17
3	베냐민 자손의 계보	대상 7:9
4	아셀 자손의 계보	대상 7:40
5	르호보암의 계보	대하 12:15
6	모든 이스라엘의 계보	대상 9:1
7	문지기들의 계보	대상 9:22

선지자들의 기록(prophetic records)에 대해서는 역대상 29:29; 역대하 9:29; 12:15; 13:22; 20:34; 26:22; 32:32; 33:19 등에서 언급하고 있다. 다음 도표를 참조하라. 역대하 20:34와 32:32에 의하면 "유다/이스라엘 열왕기"가 선지자들의 기록을 먼저 인용한 것을 역대기 기자가 재인용한 것으로 생각된다.

	선지자들의 글	성경 본문
1	선견자 사무엘의 글	대상 29:29
2	선견자 나단의 글	대상 29:29; 대하 9:29
3	선견자 갓의 글	대상 29:29
4	실로 사람 아히야의 예언	대하 9:29
5	선견자 잇도의 묵시 책	대하 9:29
6	선지자 스마야의 족보책	대하 12:15
7	선견자 잇도의 족보책	대하 12:15
8	선지자 잇도의 주석 책	대하 13:22
9	하나니의 아들 예후의 글	대하 20:34
10	아모스의 아들 선지자 이사야의 기록	대하 26:22
11	아모스의 아들 선지자 이사야의 묵시 책	대하 32:32
12	호새의 사기(선견자들의 기록)	대하 33:19

열왕기와 비교했을 때 역대기 기자는 열왕기 저자가 언급한 출처들을 자신의 책 안에서도 똑같은 위치에 언급한다. 열왕기 기자가 출처를 언급하지 않을 때는 역대기 기자도 언급하지 않는다. 그런데 중요한 것은 출처를 밝힐 때 역대기 기자는 열왕기 저자가 언급한 출처와 다른 출처를 언급하기도 한다. 예를 들면, 솔로몬의 아들 르호보암에 대해서 열왕기 저자는 "이스라엘 왕 역대지략"에 자세한 사항이 기록되어 있다고 하는데(왕상 14:19), 열왕기를 인용해 책을 정리한 역대기 저자는 르호보암에 관한 자세한 정보는 "선지자 스마야와 선견자 잇도의 족보책"을 참조하라고 한다(대하 12:15). 열왕기는 아비얌 왕의 행보에 대한 자세한 기록은 "유다 왕 역대지략"에 있다고 하는 것에 비해(왕상 15:7), 역대기 저자는 "선지자 잇도의 주석 책"을 보라고 한다(대하 13:22).

이러한 현상을 어떻게 이해해야 하는가? 역대기 저자가 책을 저작하는 과정에서 열왕기를 집중적으로 인용하고 있는 것을 감안하면 결코 쉽게 설명될 문제는 아니다. 한 학자는 역대기 기자가 언급하고 있는 다양한 자료들의 대부분은 독자적인 자료가 아니라, 열왕기 사가가 인용한 두 자료—"이스라엘 왕 역대지략"과 "유다 왕 역대지략"—에 대한 다른 이름으로 보아야 한다고 한다(Childs). 역대기 기자가 각 왕의 행보를 언급할 때 이 정보가 기록되어 있는 출처의 이름을 변경하여 "이스라엘"이라는 단어가 포함되도록 한 일에서도 이러한 사실을 알 수 있다는 것이다(cf. 다음 도표). 물론 저자가 이스라엘이란 이름이 첨가된 이름을 가진 독자적인 책을 인용한 것으로 생각할 수도 있지만, 그보다는 역대기 기자가 하나님의 계획안에서 "이스라엘"의 위치를 강조하기 위해서 열왕기에서는 이스라엘이라는 이름이 들어가지 않은 자료명에 이스라엘이라는 이름을 첨가했을 가능성이 더 높다는 것이 학자들의 일반적인 견해이다.

이러한 설명이 열왕기와 역대기의 모든 차이를 모든 사람이 만족할 정도로 충분히 설명할 수 있는 것은 아니다. 아예 전혀 연관성이 없는 출처들을 언급할 때는 더욱더 그렇다. 그러므로 이러한 학자들의 견해에 한 가지를 더해야 한다. 역대기 저자가 꾸준히 열왕기와 다른 책을 언급하는 현상의 상당 부분은 1차 출처(primary source)와 2차 출처(secondary source)의 차이로 설명할 수 있다. 열왕기가 인용한 왕들의 역대지략에서 인용한 출처들을 역대기 저자가 직접 접할 수 있었기에 그 출처들을 직접 언급하고 있다. 두 책이 같은 출처를 다른 이름으로 밝히고 있는 곳들에 대해서 다음 도표를 참조하라(cf. Hamilton, Hill).

열왕기		역대기	
상 14:29	유다 왕 역대지략	하 12:15	선지자 스마야와 선견자 잇도의 족보책
상 15:7	유다 왕 역대지략	하 13:22	선지자 잇도의 주석 책
상 15:23	유다 왕 역대지략	하 16:11	유다와 이스라엘 열왕기
상 22:45	유다 왕 역대지략	하 20:34	하나니의 아들 예후의 글에 다 기록되었고 그 글은 이스라엘 열왕기에 올랐더라

열왕기		역대기	
하 14:18	유다 왕 역대지략	하 25:26	유다와 이스라엘 열왕기
하 15:6	유다 왕 역대지략	하 26:22	아모스의 아들 선지자 이사야의 글
하 15:36	유다 왕 역대지략	하 27:7	이스라엘과 유다 열왕기
하 16:19	유다 왕 역대지략	하 28:26	유다와 이스라엘 열왕기
하 20:20	유다 왕 역대지략	하 32:32	아모스의 아들 선지자 이사야의 묵시 책과 유다와 이스라엘 열왕기
하 21:17	유다 왕 역대지략	하 33:18	이스라엘 열왕의 행장
하 23:28	유다 왕 역대지략	하 35:27	이스라엘과 유다 열왕기
하 24:5	유다 왕 역대지략	하 36:8	이스라엘과 유다 열왕기

역대기는 시편도 인용한다. 법궤가 예루살렘으로 들어올 때 부른 노래(대상 16:8-36)는 몇 편의 시를 인용하여 편집한 것이다. 역대상 16:8-36은 시편을 다음과 같이 인용하였다.

16:8–22	시 105:1–15
16:23–33	시 96:1–13
16:34	시 106:1
16:35–36	시 106:47–48

7. 역대기의 정경해석

역대기가 다른 정경을 어떻게 해석하고 인용했는지는(특히 책의 50% 이상이 사무엘서-열왕기를 인용한 것이다) 학자들의 비상한 관심이다. 그동안 역대기 기자는 인용에 참고한 출처를 왜곡했다고 비난 받아왔다. 그러나 최근 학계의 추세는 저자가 출처를 왜곡한 것이 아니라 자신이 집필하는 작품의 필요에 적합하게 재해석하고 적용한 것으로 이해한다. 다음 예들은 역대기 저자가 사무엘서-열왕기에 기록된 내용들을 인용하는 과정에서 보이는 재해석이다.

사무엘서에서는 사울이 블레셋과의 전쟁에서 패하여 스스로 자살한 것으로 기록되어 있다(cf. 삼상 31장). 아울러 사무엘서 저자는 사울이 전쟁터에 나가기 전에 엔돌에 있는 점쟁이를 찾아간 일(cf. 삼상 28장)에 대해서 신학적으로 평가하지 않았다. 사울의 죽음과 신접한 여인을 찾아간 일에 대해서 직접적인 평가를 자제한 것이다. 반면에 역대기 사가는 그의 죽음과 점쟁이를 찾아간 사건을 하나로 묶어 사울이 일생 하나님을 거역한 일의 대표적인 예로 삼았다(대상 10:13-14). 사울이 일생 하나님의 마음을 아프게 하는 불신의 삶을 살았기 때문에 결국 그 죗값으로 전쟁에서 죽게 되었다는 결론을 제시하는 것이다.

열왕기에 의하면 여호람은 매우 나쁜 왕이었으며 하나님을 섬기지 않았던 사람이다(cf. 왕하 8장). 역대기도 그의 삶에 대해서 같은 평가를 한다. 그러나 역대기 사가는 여호람에 대해서 더 자세한 기록을 하고 있을 뿐만 아니라 그가 하나님의 징계를 받아 창자가 흘러나오는 병에 걸려 죽게 된 내용도 기재하고 있다(cf. 대하 21장). 이미 앞에서 언급한 것처럼 역대기 저자는 죄인들에 대한 하나님의 즉결 심판을 자주 언급하는데, 여호람의 최후에 대해서도 이러한 면모를 추가함으로써 이 불손한 왕에 대한 부정적인 평가를 한층 더 강화한다.

요시야는 참으로 위대한 왕이었다. 그의 마음은 하나님을 향했고, 그의 삶은 율법을 준수했다(cf. 왕하 22-23장). 그러나 여호와 종교의 르네상스 시대를 가져왔던 이 왕은 므깃도에서 이집트의 왕 느고의 칼에 죽고 말았다. 하나님 앞에서 참되고 진실하게 살았던 왕의 죽음은 신실한 삶에 대한 내세적인 축복보다는 현세의 축복을 갈망하고 강조하던 당시로는 신학적으로 설명하기에 참으로 어려운 문제였다. 열왕기 저자는 요시야의 죽음에 대해서 어떠한 신학적 평가도 하지 않은 채 그의 이야기를 마무리한다(cf. 왕하 23장). 반면에 역대기 저자는 이 위대한 왕의 죽음을 묘사하는 과정에서 확실한 입장을 밝힌다. 비록 요시야가 평생 여호와를 사랑하고 신실하게 섬겼지만, 그의 일생의 마지막 사건에서는 여호와를 거역했기 때문에 죽게 되었다는 것이다(대하 35:22).

이 외에도 사무엘서-열왕기와 역대기가 보이는 여러 가지 차이점을 감안할 때, 역대기 저자는 이미 정경화된 책이 기록한 사건들의 중요성을 재해석해 자신의 시대에 맞게 적용한 해석자임이 확실하다. 그러므로 현 학계의 관심은 그가 어떤 원칙과 원리를 가지고 정경을 재해석했느냐에 초점이 맞추어져 있다. 역대기 기자에 대한 현 학계의 이러한 이해는 앞으로 역대기 연구를 새로운 방향으로 이끌어 나갈 수 있는 중요한 이정표가 될 것이다. 그러나 이와 같은 역대기에 대한 논의가 진행되기 전에 "역대기 기자의 해석"에 대한 이해의 폭이 많이 넓어져야 한다. 역대기 저자의 성경 해석 방법을 연구하는 데 있어 "해석"(interpretation)이란 용어가 의미를 지니려면 다음 사항들을 수용해야 한다. 첫째, 세부사항을 더하고 빼는 것도 해석하는 행위이다. 둘째, 단순 인용도 해석하는 행위이다. 셋째, 성경으로서 역대기의 위치와 책의 영감성과 무오성, 그리고 정경성이 전제되어야 한다.

그렇다면 역대기 기자는 정경을 인용하면서 어떠한 해석적 기술을 사용했는가? 차일즈(Childs)는 역대기 기자의 성경 해석기술을 다음과 같이 크게 네 가지로 정의한다. 첫째, 조화(harmonization)이다. 저자는 곳곳에서 사무엘서-열왕기와 성경의 다른 부분, 특히 오경에 기록된 율법과 조화를 이루기 위해 정보를 더하거나 특정한 사항을 강조한다. 예를 들면, 사무엘하 6장은 법궤가 기럇여아림(Kiriath-Jearim)에서 예루살렘으로 옮겨질 때, 레위 사람들이 옮겼다는 사실을 언급하지 않는다. 반면에 역대기 기자가 같은 사건을 재조명할 때, 레위 사람들이 법궤를 옮겼다고 한다(대상 15:26-27). 이러한 사실은 율법과 다윗의 행위를 조화시키고자 하는 저자의 의도를 반영한다. 사무엘서 저자의 경우 법궤는 레위 사람들만 옮길 수 있다는 사실을 당연시하기에 레위 사람들이 법궤를 옮겼다는 사실을 굳이 언급할 필요를 느끼지 못했다.

반면에 율법의 세부사항에 익숙하지 않았던 귀향민들을 위해서 책을 쓴 역대기 저자는 이 점을 명백히 함으로써 오해의 소지를 아예 차단한다. 신명기 10:8에 의하면 레위 사람들만이 법궤를 옮길 수 있는데, 다윗은 이 율법을 범하지 않았다는 것을 확실히 해둔다. 조화의 또 다른 예는 다음과 같다. 사무엘서에 의하면 다윗이 아라우나의 타작마당에 단을 쌓고 거기에 소들을 번제물로 드렸다(삼하 24장). 그런데 사무엘서 기자는 다윗이 그 외 다른 것을 같이 드렸다는 말을 기록하지 않았다. 역대기 기자는 같은 사건을 인용하면서 다윗이 밀을 곡물 제물로 같이 드렸다는 말을 더한다(대상 21:23). 이것은 아마도 번제물을 드릴 때는 반드시 곡물도 함께 드리라는 율법을 의식한 행위일 것이다(cf. 민 15:1-4). 사무엘서 저자는 자신의 독자들이 율법을 잘 알고 있기 때문에 번제물에 대해 언급하면 곡물도 함께 드려진 것으로 이해할 것을 전제하는데, 역대기 저자는 율법에 익숙하지 않은 귀향민들에게 이 점을 추가로 설명해야 하는 필요성을 느낀 것이다.

둘째, 보완(supplementation)이다. 역대기 저자는 필요에 따라 자신이 사용하는 출처의 내용을 다른 자료들로 보완하였다. 다음 예들을 생각해 보라. 역대기의 히스기야 왕에 대한 기록(대하 29-32장)을 살펴보면 열왕기 저자가 전혀 언급하지 않은 내용을 담고 있다(cf. 왕하 18-20장). 역대기 저자는 히스기야가 이미 아시리아의 손에 망해 버린 북 왕국 이스라엘 백성들과 유월절을 함께 지내기 위해서 땅을 두루 다니면서 백성들을 예루살렘으로 초청했다고 하는데, 열왕기에는 이러한 내용이 전혀 없다. 또, 다윗이 법궤를 예루살렘으로 들여오는 이야기를 기재하는 과정에서 역대상 15:1-24는 사무엘서를 의존하지 않고 오늘날까지 보존되지 않은 완전히 다른 자료를 인용한 것으로 생각된다. 이 자료는 모세의 율법과 법궤 운송 사건을 아주 긴밀하게 연결한 것으로 보인다.

셋째, 모형(typology)이다. 많은 학자들이 역대기 기자는 인물 묘사에 있어서 옛날 인물이 기억나도록 의도적으로 책을 정리하고 있다는 점을 지적했다. 이러한 관점에서 솔로몬의 일생은 학자들의 집중적인 관심을 받았다. 다음 일을 생각해 보자. 다윗이 죽기 전에 솔로몬에게 왕권을 넘겨주는 것은 마치 모세가 여호수아에게 지휘봉을 넘겨주는 일과 많은 공통점을 지니고 있다. 모세와 다윗은 둘 다 자신이 추구하던 것을 이루지 못했다. 모세는 백성들을 이끌고 가나안에 입성하고자 했지만 하나님이 허락하지 않으셨고, 다윗은 성전을 건축하려 했지만 하나님이 막으셨다. 결국 이들이 추구했던 일들을 두 사람의 후임들이 이루었다(cf. 신 1:37-38; 31:2-8; 대상 22:5-13; 28:2-8). 여호수아는 백성들을 이끌고 가나안에 입성했으며, 성전은 솔로몬이 지었다. 모세-여호수아와 다윗-솔로몬의 이야기는 장르뿐만 아니라, 사용하는 문구에서까지 비슷한 점을 포함하고 있다(cf. 대상 22, 28장; 수 1장). "강하고 담대하라", "두려워하지 말고 놀라지 말라", "여호와 하나님이 너와 함께하리라", "너를 절대 떠나지 아니하시며 버리지 아니하시리라." 또한 두 이야기에서 율법을 지켜야만 얻어지는 축복이 강조된다. 심지어는 모세와 다윗이 여호수아와 솔로몬을 자신들의 후계자로 지명하자마자, 이 후계자들이 백성들의 즉각적인 지지를 받게 되는 것도 같다(신 34:9; 수 1:16-18; 대상 29:23-24). 이와 같은 모형 관계를 성립함으로써 역대기 저자는 다윗과 솔로몬이 모든 일을 율법에 맞게 잘했으므로, 하나님이 모세와 여호수아에게 하셨던 것같이 이들을 축복하셨다는 사실을 강조한다.

넷째, 성경의 상호해석(interbiblical interpretation)이다. 역대기 저자는 성경의 다른 부분을 인용하는 과정에서 작지만 매우 중요한 단어 대치를 사용한다. 이 작은 대치들은 저자의 관점이나 신학을 이해하는 데 크게 기여한다. 한 예를 생각해 보자. 다윗이 인구조사를 하게 된 동기를 역대기 저자는 "사탄이 일어나 이스라엘을 대적하고 다윗을 충동하여 이스라엘을 계수하게 하니라"(שָׂטָן עַל־יִשְׂרָאֵל וַיָּסֶת אֶת־דָּוִיד לִמְנוֹת אֶת־יִשְׂרָאֵל וַיַּעֲמֹד)(대상 21:1)라고 기록한다. 다윗이 사탄의 농간에 놀아나 인구조사를 하게 되었다는 것이다. 그러나 사무엘하 24:1은 “여호와께서 다시 이스라엘을 향하여 진노하사 그들을 치시려고 다윗을 격동시키사 가서 이스라엘과 유다의 인구를 조사하라 하신지라”(וַיֹּסֶף אַף־יְהוָה לַחֲרוֹת בְּיִשְׂרָאֵל וַיָּסֶת אֶת־דָּוִד בָּהֶם לֵאמֹר לֵךְ מְנֵה אֶת־יִשְׂרָאֵל וְאֶת־יְהוּדָה)라고 기록한다. 사무엘서 저자는 다윗이 인구조사를 하도록 유도한 자는 사탄이 아니라 하나님이라고 한다. 이 둘의 차이를 어떻게 이해해야 하는가?

전통적으로 주석가들은 역대기 저자가 사무엘서의 내용을 사탄과 연관시켜 해석하고 있다고 생각했다. 사탄이 하나님의 ‘허가’하에 다윗을 유혹했다는 것이다. 하나님이 다윗이 인구조사를 하도록 유도하실 때(삼하 24:1), 사탄으로 하여금 그를 유혹하게 하셨다는 의미이다(대상 21:1, cf. Hill, Selman, Johnstone).

8. 신학

이미 언급한 것처럼 역대기는 매우 깊고 다양한 신학적 메시지를 지닌 책이다. 히브리어 정경 중 마지막으로 저작된 책답게 1000여 년 동안 축적된 여호와 종교의 신학을 다양하면서도 깊이 있게 묘사하고 있다. 그뿐만 아니라 미래를 지향하면서도 과거를 되돌아보는 역대기는 이스라엘이 그동안 잘못 이해한 하나님의 섭리와 계획에 대해서 많은 것을 깨우쳐 주는 책이다. 그중 몇 가지만 간추려 생각해 보자.

(1) 이스라엘과 열방의 관계

포로기 이후 시대를 살아가던 저자는 선민이라는 자부심 속에 매우 편협한 세계관을 가지고 있던 이스라엘에게, 창조주 하나님과 피조물인 온 인류의 관계를 조명하고자 한다. 이스라엘은 분명 하나님의 선민이지만, 열방도 여호와의 피조물로 그분에게 매우 소중하다. 그러므로 하나님의 선민으로서 각별한 은총을 누리는 이스라엘은 여호와의 모양과 형상대로 창조된 열방을 무시해서는 안될 뿐만 아니라, 하나님의 섭리적 테두리 안에서 열방과 적절한 관계설정을 해야 하며, 그들과 함께 하나님의 역사를 펼쳐 나가야 하는 것을 강조한다. 이 부분을 강조하기 위해서 저자는 이스라엘의 계보를 정리하면서 아브라함이 아닌, 아담부터 시작한다(cf. 대상 1:1). 또한 책의 마지막 사건으로 기록한 페르시아 왕 고레스의 "종교 자유 선포"를 역대기 사가는 고레스를 마치 신실한 "여호와의 종"(cf. 이사야서)으로 제시함으로써 열방 사람들 중 누구든지, 심지어는 이방인 왕도 하나님의 백성이 될 수 있고, 여호와의 종이 될 수도 있음을 시사한다(대하 36장). 역대기 안에서 하나님의 백성과 종의 범위가 인종적 벽을 뛰어넘은 것이다.

그렇다면 선민으로서 이스라엘의 특별한 역할은 끝난 것인가? 그렇지 않다. 역대기 저자는 온 열방을 "이스라엘 공동체"로 초청하는 일과 앞으로 세상 모든 민족이 모인 공동체 속에서 이스라엘 민족이 감당해야 할 역할을 논하는 일에 초점을 맞춘다. 이 과정에서 이상적 이스라엘의 모습과 그 모습을 갖추는 데 실패한 이스라엘이 빚어내는 갈등을 묘사한다. 이러한 관점에서 역대기는 크게 두 부분으로 나눈다. (1) 세상/열방 속에서 이스라엘의 위치(대상 1장-대하 9장), (2) 죄와 속죄(대하 10-36장). 저자는 첫 번째 부분(대상 1장-대하 9장)을 통해 열방에 대한 이스라엘의 사명을 깨달아가는 과정을 회고한다. 둘째 부분(대하 10-36장)에서는 이 사명대로 살아가는 일에 이스라엘이 어떻게 실패했으며, 실패한 이들에게 아직도 어떤 소망이 있는가에 대해서 논한다.

이와 같은 저자의 통찰은 그 시대에 매우 시기적절한 메시지였다. 그는 고레스 왕이 종교의 자유를 선포하고 상당한 시간이 흐른 뒤에 이 책을 집필하였다. 에스라-느헤미야서가 보여주는 것처럼, 세스바살, 스룹바벨, 에스라, 느헤미야 등과 함께 상당수의 유태인들이 예루살렘에 도착하면 시온에 여호와의 유토피아가 형성될 것을 꿈꾸면서 바빌론에서 약속의 땅으로 돌아왔다. 그러나 귀향민들을 기다린 것은 낙원이 아니라 잔인한 가난과 멸시였다. 결국 귀향민들의 기대는 실망으로 끝났으며 좌절감과 패배의식이 그들을 괴롭혔다.

이러한 상황에서 저자는 이스라엘은 "귀향"을 기다려야 한다고 가르친다. 그렇다면 이미 바빌론에서부터 귀향한 주의 백성은 아직도 어떤 "귀향"을 기다려야 한단 말인가? 저자는 이스라엘이 여호와를 믿고 의지하여 조상들에게 주신 땅으로 돌아오긴 했지만, 여전히 여호와께 반역하고 있는 신실하지 못한 백성이라고 한다. 그들은 물리적으로는 바빌론을 탈출했지만 신학적으로는 아직도 "포로생활" 중에 있었던 것이다. 저자는 여호와에 대한 백성들의 반역이 지속되는 한, 그들이 기대하는 유토피아는 임하지 않을 것이라고 단언한다. 이 점을 강조하기 위해서 "부정"으로 해석하는 히브리어 단어(מַעַל)를 책 곳곳에 매우 전략적으로 사용하여 고레스 왕의 "종교 자유 선포"를 종말론적으로 재해석한다. 아직 이스라엘은 "자유의 날"을 기다려야 한다.

저자는 주의 백성들에게 모든 죄에서 자유할 그날을 갈망하며 기다리라고 한다. 비록 그날이 세상에 임하지 않았지만 그리 멀지 않을 것으로 생각했다. 그는 이러한 생각을 아주 특별한 숫자를 염두에 두고 계보를 정리함으로써 드러내고 있다. 그는 아담부터 노아까지를 10세대, 노아의 아들 셈부터 아브라함까지를 10세대, 그리고 아브라함부터 요시야까지를 30세대로 정리하고 있다. 아브라함이 두 번 계산된 점을 감안해, 아담에서 요시야까지는 49세대이며 포로로 끌려간 세대가 바로 50번째 세대가 된다. 즉, 역대기 저자는 49년 만에 한 번씩 찾아오는 희년(year of jubilee)을 염두에 두고 온 인류의 계보를 정리한 것이다(Johnstone).

(2) 주의 백성과 "온 이스라엘"

역대기 저자는 유다가 하나님의 심판을 받아 바빌론으로 끌려간 이후 많은 세월이 지났고, 북 왕국 이스라엘이 멸망한 지도 몇백 년이 지난 시대를 살고 있지만 아직도 "온 이스라엘"(כָּל־יִשְׂרָאֵל)을 매우 의미 있는 개념으로 사용한다. 사무엘서에 의하면 사울이 죽은 후 다윗은 헤브론에서 유다 지파 사람들에 의해 유다의 왕으로 추대되고 7년 동안 사울 집안과 내란을 치렀다(cf. 삼하 2장). 반면에 역대기 기자는 다윗을 왕으로 세우기 위해서 헤브론으로 유다 지파 사람들만 온 것이 아니라 "온 이스라엘"과 "이스라엘의 모든 장로들"이 왔다고 기록한다(대상 11:1, 3, 4, 10). 이러한 회고는 다윗이 유다 지파의 왕이 되어 7년을 지낸 일과 아브넬의 중재로 온 이스라엘의 왕이 된 일을 하나로 묶어 회고하기 때문에 빚어진 일이라고도 할 수 있지만, 12장의 내용을 감안하면 다윗이 헤브론에서 유다의 왕이 된 일을 말하는 것임이 거의 확실하다.

저자는 다윗을 왕으로 세우기 위해서 "온 이스라엘"의 각 지파에서 많은 사람들이 헤브론으로 왔다는 말을 더한다(cf. 대상 12:23-40). 또한 역대기 저자는 다윗이 헤브론에서 "유다의 왕"으로 세움을 받았다는 사실을 언급하지 않는다(cf. 삼하 2:1-4). 다윗은 "온 이스라엘"에 의해서 "온 이스라엘의 왕"이 되었기 때문이다. 그 외에도 역대기 저자에 의하면 히스기야는 "온 이스라엘과 유다"에서 사람들을 초청해 유월절을 지냈다(대하 30:1, 6, 10, 11, 18; 31:1). 또한 요시야의 개혁은 "온 이스라엘"에 영향을 미쳤다고 한다(대하 34:6-7, 9). 이처럼 "온 이스라엘"이라는 말을 상당히 자유롭게 사용한다.

저자가 인용한 자료들과 "온 이스라엘"이란 표현의 연관성을 살펴보자. 첫째, 저자는 인용한 출처에서 "온 이스라엘"이라는 표현이 나오면 역대기에서도 같은 지점에서 이 표현을 활용한다(대상 18:14; 19:17; 대하 7:8; 9:30; 10:1; 10:16a). 둘째, 인용한 출처에서 "온"(כָּל)이라는 말을 사용하지 않더라도 본인이 강조하고자 하는 점을 적절하게 표현한다고 생각하면 이 수식어를 새로이 추가한다(대상 11:1, 4; 13:5, 6, 8; 14:8; 15:28; 21:4, 5; 대하 10:3, 16b; 11:3). 셋째, 사무엘서-열왕기 외의 출처를 인용할 때도 이 표현을 자주 사용한다(대상 9:1; 11:10; 12:38; 15:3; 28:4, 8; 29:21, 23, 25, 26; 대하

1:2a, b; 7:6; 11:13; 12:1; 13:4, 15; 29:24a, b; 30:1; 31:1; 35:3). 저자는 자신이 인용하고 있는 출처들보다 훨씬 더 광범위하게 "온 이스라엘"이라는 말을 사용한다.

"온 이스라엘"이라는 표현은 구약 성경에서 105차례 등장한다. 그중 40%를 차지하는 40차례가 역대기에서 사용되었다. 저자가 인용하는 출처에서 이 용어가 발견된 것을 그대로 사용하는 사례가 6번, 인용하는 출처에 "이스라엘"이라고만 표기된 것을 "온 이스라엘 지파/온 이스라엘"로 바꾼 사례는 12번이다. 또한 "온 이스라엘"이란 표현이 역대하 10-36장에 14차례 사용되는데, 이 부분이 솔로몬 이후 분열왕국 시대를 정리하고 있는 점을 감안하면 매우 의미심장하다. 이스라엘이 남 왕국과 북 왕국으로 나누어진 이후 다시는 하나님 앞에서 한 백성으로 선 적이 없었는데, 저자는 "온 이스라엘"이라는 말을 주저하지 않고 사용한다. 그의 관점에서 볼 때 "온 이스라엘"은 정치적·종교적 분열뿐만 아니라 백성의 수적 분열에 대한 개념이다. 더욱더 의미심장한 것은 북 왕국이 망해서 아시리아로 끌려간 이후의 시대를 조명하는 역대하 29-36장에서 "온 이스라엘"이 5차례나 사용된다는 사실이다. 역대기 기자는 회생을 염원하는 다윗 왕국에는 이스라엘 12지파가 모두 다 포함될 것을 기대하는 것이다. 이스라엘이 두 나라로 나뉜 것은 슬픈 일로, 하나님의 뜻이 아니라 자신들의 죄로 인해 초래된 일이며 이스라엘은 언젠가 하나가 될 것을 염원해야 한다는 사실을 강조하고 있다.

(3) 다윗 왕국

다윗과 다윗 왕조는 역대기 저자의 신학에 엄청난 영향을 미쳤다. 역대기 전체의 2분의 1정도가 다윗-솔로몬 시대에 관한 것이라는 점도 이 같은 사실을 확인해 준다(Allen). 한 학자는 "다윗주의"(Davidism, viz., 다윗과 그의 왕조)는 역대기 기자가 지향하는 모든 신학의 맥박이 되고 있다고 평가하는가 하면(Noth), 다른 주석가는 역대기 안에서 다윗에 대한 직접적인 언급은 역대상 10장-역대하 9장에서 두드러지고, 간접적으로는 역대하가 끝날 때까지 다윗의 영향력이 책의 곳곳에 암시되고 있다고 한다(Ackroyd). 역대상 1-9장의 계보가 다윗과 그의 족보에 강조점을 두고 있음을 쉽게 알 수 있다.

저자는 여호와 종교의 상징인 성전과 시내 산 언약에서 비롯된 종교 예식에 매우 깊은 관심을 가지고 있다. 특히 다윗과 솔로몬을 이스라엘에서 여호와 종교가 뿌리를 내리고 잘 이행될 수 있도록 여건을 만들어준 사람들로 매우 높이 평가한다. 역대기 기자에게 이 두 사람은 이스라엘 종교 역사상 가장 훌륭한 왕들이었다. 저자는 솔로몬이 성전을 건축할 수 있게 다윗이 어떻게 준비했는가를 상세히 기록함으로써 아버지 왕의 신앙을 드러낸다. 또한 역대기의 마지막 사건을 하나님이 다윗과 솔로몬에게 주신 약속은 영원한 것이라는 사실을 재차 확인하는 역사적 순간으로 간주한다(cf. 대하 36:22-23).이처럼 역대기 저자에게 다윗은 정치적 차원뿐 아니라 종교적 차원에서도 가장 중요한 인물이기에 사무엘서에서 묘사하는 것과 상당히 다른 다윗을 제시한다. 역대기는 경우에 따라서 다윗에 대해 사무엘서에 기록된 내용의 많은 부분을 아예 언급하지 않는다. 예를 들면, 다윗이 어떻게 왕이 되었는가(cf. 삼상 16장-삼하 5장)에 대한 이야기는 별다른 언급 없이 뛰어넘는다. 다윗이 노년에 어떻게 쇠퇴했는가에 대한 회고(cf. 삼하 9장-왕상 2장)도 그냥 지나친다. 반면에 저자는 다른 출처를 인용해서 다윗과 그의 통치에 대한 새로운 면모들을 제시한다. 다윗을 지지한 자들의 명단(cf. 대상 12장), 다윗의 노래(cf. 대상 16:4-42), 다윗이 성전 건축을 위해서 준비한 것과 성전 건축에 관해서 솔로몬에게 충고한 일(cf. 대상 22:2-29:22) 등이다. 사무엘서가 다윗을 실수가 많은 사람으로 묘사하는 데 비해, 역대기는 다윗을 참으로 "여호와의 마음에 맞는 사람"(בִּקֵּשׁ יְהוָה לוֹ אִישׁ כִּלְבָבוֹ)(cf. 삼상 13:14)이라고 한다. 저자는 다윗의 신앙을 강조하기 위해서 그의 실수와 죄에 대해서 거의 침묵한다.

역대기 저자가 암울한 현실에도 불구하고 미래를 낙관하는 이유는 역대하 17장에서 구체화되는데, 다름 아닌 사무엘하 7장에서 처음으로 제시된 다윗 언약이다. 저자는 이 다윗 언약에서 장차 이스라엘을 통치하러 오실 메시아에 대한 예언을 의식했다. "네 몸에서 날 네 씨를 네 뒤에 세워 그의 나라를 견고하게 하리라"(אֶת־זַרְעֲךָ אַחֲרֶיךָ אֲשֶׁר יֵצֵא מִמֵּעֶיךָ)(삼하 7:12)와 "네 뒤에 네 씨 곧 네 아들 중 하나를 세우고 그 나라를 견고하게 하리니"(אֶת־זַרְעֲךָ אַחֲרֶיךָ אֲשֶׁר יִהְיֶה מִבָּנֶיךָ)(대상 17:11)는 지속적인 다윗 자손의 통치를 전제한 것으로 이해되었다. 그러나 역대기는 사무엘하 7:14의 "그가 만일 죄를 범하면 내가 사람의 매와 인생의 채찍으로 징계하려니와"(אֲשֶׁר בְּהַעֲוֹתוֹ וְהֹכַחְתִּיו בְּשֵׁבֶט אֲנָשִׁים וּבְנִגְעֵי בְּנֵי אָדָם)라는 말을 삭제했다. 다윗 왕국의 영원성을 강조하기 위해서다(대상 22:6-10; 28:2-10; 대하 6:15-17; 7:17-18)(Williamson). 역대기 저자는 주전 609년에 요시야가 죽음으로 다윗 왕조가 일단락되었다고 생각했다. 그 이후로 이스라엘은 장차 올 다윗을 기다리게 되었다. 우리는 저자의 이와 같은 관점을 예레미야의 "포로생활 70년"을 요시야의 죽음에서 고레스의 선포 때까지를 뜻하는 것으로 해석하는 점에서 엿볼 수 있다. 그러나 이미 언급한 것처럼 저자는 고레스 왕의 "종교 자유 선포"를 종말론적으로 재해석함으로써 메시아는 아직 오시지 않았음을 시사한다.

(4) 성전과 예배

한 주석가는 역대기의 메시지를 이해하는 데 가장 중요한 요소로 "다윗 언약"과 "솔로몬의 성전 헌당 기도"를 꼽았다(Selman). 역대기 저자에게는 예루살렘 성전과 그 성전에서 드려지는 예배가 다윗 언약만큼이나 중요하다는 의미이다. 성전은 하나님의 임재를 상징하는 곳으로 이스라엘 종교에서 매우 중요한 위치에 있었다.[5] 하나님이 자기

5 성전의 신학적 중요성에 대하여는 필자의 『엑스포지멘터리 열왕기상·하』 서론 섹션을 참조하라.

이름을 두신 곳이며(cf. 대하 6:10-11, 20), 모세를 통해서 주신 율법대로 완공되었다(대상 28:11, 12, 18, 28:19). 이 성전이 예루살렘 안에 있었기 때문에 때로는 예루살렘이 하나님의 거처로 여겨지기도 했다(대상 23:25). 예루살렘은 여호와께 예배드릴 수 있는 유일한 장소였다(대하 6:6; 33:7).

이처럼 역대기 기자는 예루살렘 성전을 매우 중요하게 여겼다. 그러나 성전 건물 자체보다는 성전이 상징하는 여호와의 임재에 더 큰 의미를 부여했다. 그래서 성전 건물에 대해서는 열왕기에 기록된 것보다 훨씬 짧게 회고한다. 성전 건축과 헌당식에 대해서 기록하면서 오히려 솔로몬의 봉헌기도와 하나님의 응답에 더 큰 관심을 쏟는다. 여기서 솔로몬 기도(cf. 대하 6:14-42)의 중심 요지는 하나님은 성전보다 크시다는 사실이다. 그러므로 하나님의 처소는 성전에 국한될 수 없지만(대하 6:18) 여호와의 임재는 성전에 머무시기 때문에 하나님은 백성들이 성전에서 드리는 기도를 들으실 것이다(cf. 대하 6:23, 25, 27, 30, 33, 35, 39).

(5) 축복과 심판

역대기는 순종에는 축복이, 불순종에는 심판이 임할 것을 경고한다. 역대기가 독자들에게 격려와 경고를 동시에 선언한다고 해서 이 책을 "레위적 설교"(levitical sermon)로 이해하는 학자도 있다(Williamson). 더 나아가 한 주석가는 역대하 7:14에 기록된 "내 이름으로 일컫는 내 백성이 그들의 악한 길에서 떠나 스스로 낮추고 기도하여 내 얼굴을 찾으면 내가 하늘에서 듣고 그들의 죄를 사하고 그들의 땅을 고칠지라"는 말씀을 "상벌 헌장"이라고 부른다(Dillard). 특히 이 상벌 원리는 역대하 10-36장에서 매우 중요한 테마로 등장하며, 한 학자는 "역대기 안에서 징벌은 솔로몬 이후 왕들에게 적용된 유일한 잣대(yardstick)이다"라고 한다(Braun)(cf. 대상 28:9; 대하 12:5; 15:2; 24:20). 역대기에서 수많은 선지자적 스피치가 언급되는 것도 저자가 불순종에 대한 경고를 얼마나 중요하게 여겼는가를 보여준다. 다음 도표를 참조하라.

선포자	성구	청중/대상
아마새	상 12:18	다윗 왕
나단	상 17:1–15	다윗 왕
스마야	하 12:5–8	르호보암 왕과 방백들
아사랴	하 15:1–7	아사 왕과 및 유다와 베냐민의 무리들
하나니	하 16:7–9	아사 왕
시드기야	하 18:9–10	여호사밧 왕과 아합 왕
미가야	하 18:12–22	여호사밧 왕과 아합 왕
예후	하 19:1–3	여호사밧 왕
야하시엘	하 20:14–17	여호사밧 왕과 온 유다와 예루살렘 주민
엘리에셀	하 20:37	여호사밧 왕
엘리야	하 21:12	여호람 왕
스가랴	하 24:20–22	백성
무명	하 25:7–8	아마샤 왕
무명	하 25:15–16	아마샤 왕
오뎃	하 28:9–11	이스라엘 군대
훌다	하 34:22–28	요시야 왕
느고	하 35:20–21	요시야 왕

상벌 주제와 연관해서 한 가지 생각해 볼 것은 역대기 저자는 "어떠한 죄인도 용서받고 하나님의 축복을 누릴 수 있다"는 점을 강조한다. 특히 므낫세 왕 이야기를 통해서 매우 의미심장한 메시지를 전한다. 유다 역사에서 가장 흉악한 왕이 회심했고 하나님은 그를 용서하셨다. 하나님의 은혜를 입은 므낫세는 답례로 종교개혁까지 단행했다(cf. 대하 33:11-16). 므낫세 이야기는 역대기 저자가 강조하는 "하나님은 회개한 자들에게 언제든지 은혜를 베푸신다"라는 주제를 가장 극명하게 보여주는 좋은 예다. 저자는 르호보암에 대해서도 매우 관대하게, 그리고 회개한 왕으로 묘사한다.

그렇다면 하나님께 순종하는 자는 어떤 축복을 기대할 수 있는가? 역대기 안에서는 순종하는 자들에게 성공과 번영, 건축 사업, 전쟁에서 승리, 자손 번성, 백성들의 지지, 큰 군대 등의 다양한 복이 주어진다.

(6) 마음가짐

"마음"(לֵב, לֵבָב)이란 단어는 구약 성경에서 850회 나온다. 이 중 역대상에서 19회, 역대하에서 44회 등 총 63회 등장한다. 저자는 "온전한 마음(בְּלֵבָב שָׁלֵם)/온 마음(בְּכָל־לֵבָב)"이라는 표현을 21회나 사용하며 예배와 하나님을 향한 마음가짐으로 온 마음과 정성을 다하는 것이 얼마나 중요한가를 강조한다. 21회 중 저자가 인용하고 있는 열왕기 텍스트에서 같은 표현은 고작 3회이며, 나머지는 저자의 독창적 회고에서 발견된다. 이런 사실로 볼 때 온 마음에서 비롯된 신앙생활의 중요성을 강조하는 것은 역대기 저자의 독특한 신학이라고 할 수 있다. 유다의 위대한 왕으로 평가받은 히스기야에 관한 이야기(대하 29-32장)에서 "마음"이란 단어가 11회 사용되었다. 히스기야의 업적을 회고하는 과정에서 인용한 열왕기 구절들에는 "마음"이 한 번도 사용되지 않았다(cf. 대하 29:10, 31, 34; 30:12, 19, 22; 31:21; 32:6, 25, 26, 31). 단어의 빈도수에서도 알 수 있듯이 "마음가짐"은 역대기의 한 테마로 자리를 잡는다(Braun).

역대기에서 "마음"과 어울려 자주 사용되는 단어가 "기뻐하다/즐거워하다"(שׂמח) 동사이다. 역대기 안에서 이 동사는 마음과 함께 15회 사용된다(대상 12:38-40; 29:9, 22; 대하 29:30, 36; 30:21, 23, 25). 아울러 하나님과의 관계에서도 "마음"은 매우 중요한 자리를 차지한다. 겸손한 마음은 하나님을 기쁘게 하지만 교만한 마음은 하나님이 받지 않으신다.

(7) 기도

기도 역시 역대기 안에서 매우 중요하다. 책 곳곳에 기도문이 등장하는데 모두 긍정적인 평가를 받은 왕들이 드린 기도들이다. 즉, 하나님이 기뻐하시는 자는 기도를 한다는 것이다. 역대기에 수록된 여러 기도문 중 중요한 것 몇 가지만 살펴보자.

① 다윗이 축복을 받고 드린 기도(대상 17:16–27)

다윗은 정권이 안정되자 여호와를 위해서 집을 짓기 원했다. 그러나 하나님은 다윗의 제의를 거절하시고 오히려 그를 위해서 영원한 "집"을 지어주시겠다고 약속하셨다. 이것이 바로 일명 "다윗 언약"이다(cf. 삼하 7장). 나단 선지자를 통해 소식을 전해 들은 다윗은 하나님이 일방적으로 선포하신 이 언약이 그와 후손들에게 무엇을 의미하는지 잘 알고 있었다. 그래서 그는 감격한 나머지 떨리는 마음으로 하나님께 이 기도를 드렸다.

다윗이 얼마나 감격했는가는 10여 절의 본문에서 여호와를 부르는 감탄사(viz., "오 여호와여")가 10차례나 된다는 사실에서 잘 드러난다. 또한 우리말 성경에는 잘 나타나지 않지만 히브리어 텍스트에는 이 기도문의 초점이 처음부터 끝까지 여호와께 맞춰져 있다. 히브리어 텍스트에 의하면 다윗은 기도문에서 "나"라는 단어를 시작하는 부분에만 사용한다(16절). 그리고 나머지 부분에서 자신을 언급할 때는 3인칭(18절) 혹은 2인칭 접미사를 사용한다(ex. "주의 종")(25절). 더 나아가 다윗은 하나님을 염두에 둔 2인칭 소유격 접미사를 20차례 이상이나 사용한다.

그의 기도는 전형적인 감사의 기도나 여호와를 찬양하고 그분에게 새 노래를 부르라는 권면적 기도가 아니라, 매우 신중하고 엄숙한 기도이다. 다윗은 이 기도를 드리는 순간 참으로 진실하고 겸손했다. 그는 마음속 깊은 곳에서 우러나는 고백을 하는 것이다. 다윗은 자신의 연약함과 한계 때문에 하나님의 놀라운 능력과 무한하심을 결코 감당할 수 없다는 내용으로 기도를 시작해서, 하나님의 은혜로 자신을 하나님의 섭리와 계획에 맞추어가겠다는 각오로 마친다. 이 기도는 다음과 같이 요약할 수 있다. (1) 하나님의 놀라운 사역을 인정하는 고백(16-22절). (2) 하나님의 놀라운 사역이 끊이지 않기를 바라는 간구(23-24절). (3) 처음 두 섹션의 요약(25-27절).

② 다윗이 헌물을 드리며 드린 기도(대상 29:10-19)

나단을 통해 자신은 여호와의 성전을 건축할 수 없다는 말씀을 받고 난 후 다윗은 열심히 재산을 모았다. 솔로몬이 여호와의 전을 건축하는 데 필요한 비용을 준비한 것이다. 드디어 인생의 모든 여정을 마친 다윗은 죽음에 임박해 그동안 모은 모든 재산을 하나님께 드렸고 백성들에게 뜻이 있는 자들은 동참할 것을 권고했다. 많은 사람들이 그 권고를 선하게 받아들여 하나님께 엄청난 물질을 기쁜 마음으로 드렸다.

백성들의 헌물에 감격한 다윗이 온 회중 앞에 드린 기도가 바로 본문이다. 저자는 이 기도를 통해 우리가 하나님께 드리는 헌물마저도 하나님의 것이라는 점을 강조하기 위해 "모든"(כֹּל)이란 단어를 10차례 사용한다(Japhet). 다윗은 또한 헌물이 결코 마음의 청결함을 대신할 수는 없다는 사실도 강조한다. 이 기도 역시 세 섹션으로 구분한다. (1) 찬양(10-12절), (2) 감사(13-17절), (3) 간구(18-19절).

③ 솔로몬이 하나님의 임재를 구하며 드린 기도(대하 6:12-42)

아버지 다윗의 숙원사업이었던 성전 건축을 7년에 걸쳐 이룬 후 헌당 예배에서 드린 솔로몬의 기도이다. 이스라엘의 모든 백성들이 한자리에 모여 이 역사적인 사업에 종지부를 찍고 있다. 성전의 화려함과 규모, 건축 과정에서 자신이 쏟은 정성과 심혈에도 불구하고 솔로몬은 겸손하게 하나님께 간구한다. 이 기도는 (1) 찬양(14-15절), (2) 다윗 언약을 이행해 달라는 간구(16-17절), (3) 백성들의 기도에 귀를 기울여 달라는 호소(18-40절), (4) 하나님이 성전에 거하시면서 주의 백성들을 보살펴 달라는 부탁(41-42절)으로 구성된다. 기도의 분량이 너무 방대하므로 여기서는 중심 테마인 하나님의 임재와 성전의 관계에 대한 저자의 이해만 간략하게 요약하고자 한다.

솔로몬은 화려한 성전을 지어 여호와께 헌당하면서도 성전이 결코 하나님의 거처가 될 수 없음을 잘 알고 있었다. 그래서 이렇게 기도했다. "주의 종과 주의 백성 이스라엘이 이 곳을 향하여 기도할 때에 주는 그 간구함을 들으시되 주께서 계신 곳 하늘에서 들으시고 들으시사 사하여 주옵소서"(21절). 비록 성전이 하나님이 거하실만한 곳은 될 수 없을지라도, 하나님이 이 땅에서 이스라엘 백성들을 만나시는 곳이므로 솔로몬은 이러한 기도를 드리고 있다. 심지어 그는 이스라엘이 하나님께 범죄하여 이방인들의 땅으로 끌려가게 되더라도 그들이 그 땅에서 뉘우치고 이 성전을 향해 기도하면 들어주실 것을 호소한다(36-39절).

솔로몬은 하나님이 어떠한 공간에도 제한될 수 없는 자유로운 분이시라는 사실도 잘 알고 있었다. "하나님이 참으로 사람과 함께 땅에 계시리이까 보소서 하늘과 하늘들의 하늘이라도 주를 용납하지 못하겠거든 하물며 내가 건축한 이 성전이오리이까"(18절). 그럼에도 불구하고 성경은 성전을 하나님의 거처라고 말한다. "내가 그들 중에 거할 성소를 그들이 나를 위하여 짓되"(출 25:8). 위에서 언급한 것처럼 솔로몬은 자신이 건축한 성전의 압도적인 화려함과 웅장함에도 불구하고 이 성전은 결코 하나님의 거처가 되지 못한다고 고백했다. 그러면서도 그는 성전을 하나님의 처소라고 부른다. "여호와 하나님이여… 주의 평안한 처소에 계시옵소서"(41절). 성전은 하나님이 그의 백성들을 만나주시는 장소일 뿐만 아니라 하나님이 거하시는 처소인 것이다.

저자는 이 세상에 존재하는 유일한 하나님의 처소로서 성전이 독특한 위치에 있음을 시사한다. 그러나 이 처소가 하나님의 주거지는 아니다. 하나님의 주거지는 하늘이며 성전은 하나님이 자기 백성들의 기도를 들어 주시고 그들을 만나주시는 곳이다. 즉, 성전 자체에 어떠한 신비로운 힘이 있는 것이 아니라, 하나님의 임재가 그곳에 거하는 동안에만 특별한 장소가 된다. 그러므로 솔로몬은 성전을 헌당하면서도 하나님께 "이곳을 향하여 기도할 때마다 하늘에서 들으시고"라는 말을 계속 반복한다. 또한 이 과정에서 저자는 하나님의 구원과 인도가 백성들에게 임하는 것은 성전 때문이 아니라 기도 때문임을 거듭 강조한다.

기도가 하나님의 보좌를 두드리는 것이지 결코 성전 자체에 능력이 있는 것은 아니라는 것이다.

④ 여호사밧이 위기 때 드린 기도(대하 20:5-12)

지금까지 살펴본 기도들은 모두 좋은 일이 있을 때 드린 것들이다. 그러나 본문은 여호사밧이 적군의 침략을 받아 국가적 위기에 처했을 때 하나님께 드린 기도이다. 어떤 이유인지 정확히 알 수는 없지만 모압과 암몬이 중심이 된 대군이 유다를 침략했다. 사태가 매우 심각하다는 것을 의식한 여호사밧이 전 국민에게 금식을 선포했다. 금식은 인간의 무능함을 시인하며 하나님께 전적으로 의지하는 상징적인 의미를 지닌다. 그 다음 여호사밧은 한마음이 된 유다 백성들을 이끌고 성전을 찾아가 하나님께 도움을 호소하며 기도했다. 우리는 막강한 힘을 가진 의롭지 못한 침략군과 연약하지만 의로운 이스라엘, 힘없는 인간과 전능하신 여호와라는 두 가지 대조된 모습을 본다. 여기에 바탕을 둔 기도는 하나님의 자비나 친절이 아닌 하나님의 공의(justice)를 바라고 있다. 기도문의 구조는 다음과 같다. (1) 탄원의 신학적인 근거(6-9절). (2) 당면하고 있는 위기(10-11절). (3) 여호와의 개입에 대한 호소(12절).

여호사밧은 먼저 하나님은 어떤 분이시고 어떤 일을 하셨는가를 기념하는 일로 기도를 시작한다(6-9절). 그분은 하늘에 거하면서 온 세상을 다스리시는, 그 누구도 그의 권능에 도전할 수 없는 위대한 분이시다(6절). 이런 놀라운 권능의 하나님이 가나안 사람들을 모두 몰아내고 그들의 땅을 이스라엘에게 주셨다(7절). 그리고 이스라엘은 여호와께서 기업으로 주신 땅에 성전을 건축하고 위기 때마다 이곳을 찾아 땅을 선물로 주신 능력의 하나님께 간구하기로 다짐했다.

흥미로운 것은 솔로몬은 헌당 기도에서 하나님이 백성들의 기도를 "하늘에서 들으시고"라는 말을 여러 차례 반복함으로써 성전이 결코 하나님의 거처가 될 수 없음을 강조한 반면, 여호사밧은 "이 집"(성전)

앞에 서는 것은 하나님 앞에 서는 것이라는 점을 강조하고 있다(9절). 여호사밧은 비록 성전이 하나님의 거처가 될 수는 없지만, 이 세상에서 하나님의 임재를 상징하는 건물로는 전혀 손색이 없다는 것을 잘 알고 있었다. 여호사밧과 함께 주님 앞에 선 백성들은 하나님께 도움을 요청드릴 때마다 구원의 손길을 내미실 것이라고 믿었다. 여호사밧은 국가적 위기에 처한 이스라엘이 어떤 근거로 하나님의 전을 찾았는지 명확하게 설명한다. 하나님의 인격과 과거에 베풀어주신 은혜가 이번에도 그분을 찾는 동기가 된다.

백성들과 함께 주님을 찾게 된 동기를 설명한 여호사밧은 이스라엘이 당면한 이번 위기는 사실상 하나님이 책임지고 해결해 주실 의무가 있음을 설득력 있게 호소한다(10-11절). 그는 이집트를 떠나왔을 때 일을 회상한다. 이스라엘이 이집트를 출발하여 광야를 거쳐 가나안 땅으로 입성하는 과정에서 암몬과 모압 자손을 칠 수 있었지만, 하나님은 모압과 암몬이 이스라엘과 피를 나눈 민족들이기에 그들을 치는 것은 물론이고 그들의 땅을 지나가는 것도 금하셨다(10절). 이스라엘이 일종의 자비를 베푼 것이었다. 그런데 이제 세월이 지나 그들이 오히려 이스라엘을 침략해온 것이다. 여호사밧은 이집트를 탈출할 때 하나님이 암몬과 모압을 치는 것을 허락하셨다면 이 순간에 드러난 배은망덕한 행위를 예방할 수 있었을 것이라고 생각한다. 이스라엘이 그들을 치지 않은 유일한 이유는 하나님의 명령에 순종하기 위해서였다. 결국 이 모든 일은 하나님의 말씀대로 살다 빚어진 일이라는 것이다.

암몬과 모압의 배은망덕한 침략은 이스라엘이 여호와의 말씀대로 순종하다가 초래된 일이라는 점을 상기시킨 여호사밧은 여호와의 개입을 호소한다(12절). 그가 원하는 것은 그들의 배은망덕한 행위에 대한 공의로운 심판이다. 그러므로 하나님이 그들에게 벌을 내리시기를 간구한다. 동시에 이스라엘의 연약함과 무능함을 솔직하게 고백하고 있다. "우리의 힘은 보잘것없습니다. 우리는 지금 어떻게 해야 할지 모르

겠습니다." 이 상황에서 주의 백성이 유일하게 할 수 있는 것은 무엇인가? 오직 주님만을 바라보며 선처를 기대하는 일뿐이라는 것이 여호사밧의 마지막 고백이다.

이 기도는 위기에 처한 자들이 무엇을, 어떻게 기도해야 하는지를 가르쳐 준다. 무엇보다도 하나님이 어떤 분이시라는 것, 즉 하나님의 속성(attribute)에 대한 깊은 이해가 있어야 한다. 또한 하나님이 과거에 하신 일, 특히 베풀어주신 은혜를 기념해야 한다. 만일 당면한 위기가 하나님의 말씀대로 살다가 빚어진 일이라면 더욱더 하나님께 강력한 호소를 할 수 있는 근거가 된다. 위기에 처한 자가 기도할 것은 구원과 선처를 위함이 아닌 하나님의 공의가 드러나도록 간구해야 한다. 그리고 마음에서 모든 것을 드러내고 오직 주님만을 바라보아야 한다.

⑤ 히스기야의 예배를 위한 기도(대하 30:18-19)

이미 언급한 것처럼 역대기 기자는 열왕기를 매우 포괄적으로 인용한다. 동시에 자신만의 출처를 인용해 많은 정보를 새로이 추가했다. 히스기야 이야기에도 우리가 열왕기에서 접하지 못한 추가 정보들이 있다. 이 기도의 배경도 그 부류에 속한다. 북 왕국 이스라엘이 주전 722년 아시리아에 의해 막을 내린 후, 히스기야는 남아 있는 북쪽 사람들을 초청했다. 일종의 전도자가 되어 옛 이스라엘 땅에 남아 있는 사람들에게 여호와께로 돌아올 것을 호소하였다. 여호와께로 온전히 돌아오는 것을 상징하는 예배적 행위로 함께 유월절을 지내자는 것이었다. 물론 거부한 사람들도 있었지만 초청에 응하여 예루살렘을 찾은 사람들이 많았다. 그런데 문제가 하나 있었다. 북 왕국 사람들이 그동안 너무 오랫동안 성전과 상관없이 살아왔기 때문인지 유월절 규례에 대해서 전혀 알지 못하여 부정한 몸으로 성전을 찾아왔고 또한 아무런 생각 없이 유월절 양을 먹은 것이다. 평생 처음으로, 그러나 부정한 몸으로 유월절 예배에 참석하여 양을 먹음으로써 북 왕국 사람들이 자칫 잘

못하면 생명을 잃을 수도 있는 위기에 처한 것이다. 히스기야는 이러한 정황 속에서 짧지만 의미심장한 이 기도를 드린다.

히스기야는 이미 서신에서 여호와께서 그의 품으로 돌아오는 모든 사람들을 결코 외면하지 않으실 것이며 귀하게 여기시고 사랑해 주실 것이라고 선언했다(9절). 이 말씀을 믿고 돌아온 사람들이 익숙하지 않은 규례와 제사법 때문에 위기에 처한 사실을 깨닫고 히스기야는 중보기도를 드린다. "어지신 여호와여, 용서하십시오." 히스기야는 비록 이들이 부정한 육신을 이끌고 예배에 참석했지만, 하나님을 향한 마음만은 다른 사람들과 마찬가지로 정결하니 외형만 보시지 말고 마음가짐을 보시고 용서해 달라고 기도하고 있다.

게다가 이들은 악한 마음을 품고 일부러 부정함을 벗지 않고 온 것이 아니라 무지해서 그런 것임을 이야기의 배경을 살펴보면 알 수 있다. 예배에 참석하는 자들의 마음가짐이 얼마나 중요한가를 암시하는 기도문이다. 외적인 정결함이 내적인 정결함을 대신할 수는 없지만, 내적인 정결함이 외적인 정결함을 대신할 수 있다는 가능성을 시사한다. 물론 하나님은 히스기야의 기도를 들으셨다(20절).

10. 개요

전반적으로 역대기는 크게 세 부분으로 나눈다. (1) 서론(대상 1-9장), (2) 통일왕국의 역사(대상 10장-대하 9장), (3) 분열왕국 이후 유다의 역사(대하 10-36장). 서론(대상 1-9장)은 10장 이후부터 전개될 이스라엘 민족이 어디서부터 시작되었고, 어느 지역에 살았고, 어떤 역사적 정황에서 그들의 역사가 시작되었는가 등을 그리고 있다. 통일왕국의 역사 섹션(대상 10장-대하 9장)은 다윗과 솔로몬의 통치에 초점을 맞춘다. 물론 저자가 이 섹션에서 이스라엘의 초대 왕 사울에 대해서 언급하지만 매우 간략하게 끝내버린다(9:35-10:14). 섹션의 나머지 부분(대상 11장-대하 9장)은 다윗과 솔로몬의 통치에 할애하여 이스라엘의 정치적·종교적 전성기를 묘사한다.

왕국이 분열된 이후 시대에 대한 섹션(대하 10-36장)은 남 왕국 유다의 역사만을 집중적으로 조명한다. 저자는 북 왕국 이스라엘에 대해서는 이렇다 할 관심을 갖지 않는다. 남 왕국의 왕들 중에도 아사, 여호사밧, 히스기야, 요시야가 집중적인 조명을 받는다. 모두 과감한 종교개혁을 단행하여 하나님을 기쁘게 한 왕들이다. 저자의 초점과 관심이 왕들의 정치적 능력에 맞추어져 있는 것이 아니라 그들의 신앙과 하나님을 향한 열정에 맞추어져 있다. 역대기는 다음과 같이 구분한다.

Ⅰ. 서론: 계보(대상 1:1-9:34)
1장. 아담에서 이스라엘까지(대상 1:1-2:2)
2장. 이스라엘(대상 2:3-9:1)
3장. 예루살렘에 정착한 귀향민(대상 9:2-34)

Ⅱ. 통일왕국의 역사(대상 9:35-대하 9:31)
1장. 사울의 통치(대상 9:35-10:14)
2장. 다윗의 통치(대상 11:1-29:30)
3장. 솔로몬의 통치(대하 1:1-9:31)

Ⅲ. 분열왕국의 역사(대하 10:1-28:27)
1장. 북 왕국 이스라엘의 반역(대하 10:1-11:4)
2장. 르호보암(대하 11:5-12:16)
3장. 아비야(대하 13:1-14:1a)
4장. 아사(대하 14:1b-16:14)
5장. 여호사밧(대하 17:1-21:1)
6장. 여호람(대하 21:2-20)

7장. 아하시야(대하 22:1-9)

8장. 요아스(대하 22:10-24:27)

9장. 아마샤(대하 25:1-26:2)

10장. 웃시야(대하 26:3-23)

11장. 요담(대하 27:1-9)

12장. 아하스(대하 28:1-27)

Ⅳ. 유다의 마지막 왕들(대하 29:1-36:23)

1장. 히스기야(대하 29:1-32:33)

2장. 므낫세(대하 33:1-20)

3장. 아몬(대하 33:21-25)

4장. 요시야(대하 34:1-35:27)

5장. 유다의 마지막 왕들(대하 36:1-12)

6장. 유다의 최후(대하 36:13-21)

7장. 고레스의 칙령(대하 36:22-23)

Ⅰ. 서론 : 계보
(1:1-9:34)

역대기 저자는 온 인류의 조상인 아담에서부터 바빌론 포로생활에서 돌아와 예루살렘에 정착한 유다 사람들에 이르는 계보를 정리하는 것으로 책을 시작한다. 물론 아담 이후 세상을 살았던 모든 사람을 나열하지는 않고 있으며 나열할 필요도 없다. 계보는 성격상 매우 선별적이고 어떤 때는 지나칠 정도로 요약적으로 제시되기 때문이다(cf. McConville). 또한 계보의 목적이 사람들의 이름을 나열하는 데만 있는 것이 아니다. 계보는 역사에 대한 신학적인 평가(부정적 혹은 긍정적)를 하는 도구이기도 하다. 그러므로 이 섹션을 잘 살펴보면 저자가 이 계보를 통해 신학과 메시지를 선포하고 있음을 알 수 있다(Johnson, Myers).

역대기를 포함한 성경의 모든 계보는 두 가지로 나눌 수 있다. 첫째, "병렬 계보"(broad/horizontal genealogy)는 한 세대를 옆으로 나열하는 방식을 취한다(cf. 대상 2:1). 즉, 한 사람의 여러 자녀들을 나열하는 경우이다. 둘째, "직렬 계보"(deep/vertical genealogy) 혹은 "직선적 계보"(linear genealogy)는 한 사람의 후손들을 여러 세대에 걸쳐 나열하는 방식을 취한다(대상 3:10). 만일 계보가 병렬이면서 동시 직렬이기도 하여 여러 후손들을 포괄적으로 취급할 때 그 계보는 "세분화되었다"(segmented)고

한다. 좋은 예로는 창세기 10-11장을 들 수 있다.

직선적 계보는 대개 4-6대를 정리하고 있지만, 최소 2대에서 최고 10-12대까지 이르기도 한다. 직선적 계보는 또한 '10'을 중심으로 형성되어 있을 때도 많다(viz., 계보에 등장하는 이름이 10개 혹은 10대). 만일 직선적 계보가 10개의 이름으로 구성되어 있다면, 이 이름들 중 7번째와 10번째에 위치한 이름이 가장 중요하다.

부모/조상들로부터 시작해서 자식/자손들로 이어지는 계보를 "내림 계보"(descending genealogy)라고 한다(cf. 대상 9:39-44). 내림 계보에서 가장 중요한 인물은 마지막에 등장하는 사람이다. 마태가 기록하는 예수님의 계보가 이 종류에 속한다(cf. 마 1:1-16). 반면에 계보가 자식/자손으로부터 부모/조상으로 거슬러 올라가면 "올림 계보"(ascending genealogy)라 한다(cf. 대상 9:14-16; 눅 3:23-38). 올림 계보는 마지막에 언급되는 조상을 강조한다.

직선적 계보와 세분화된 계보는 서로 다른 기능을 한다. 직선적 계보는 마지막으로 등장하는 사람을 정당화하는 데 목적이 있다. 계보의 포커스가 마지막으로 등장하는 인물에게 맞추어져 있다. 한 예로 출애굽기 6:17-26에 기록된 모세의 계보를 들 수 있다. 계보의 목적은 마지막에 등장하는 모세를 소개하는 데 있다. 반면에 세분화된 계보는 계보에 언급된 사람들의 관계를 드러내는 데 목적이 있다. 그러므로 이 종류의 계보는 포커스가 특정한 인물에 있지 않으며, 계보에 언급된 사람들의 얽히고설킨 관계에 있다(cf. 출 6:14-16).

성경의 계보를 연구할 때는 특별히 '저자 선택권'을 인정해야 한다(cf. McConville). 성경의 계보는 포괄적이지 않은 경우가 많다는 의미이다. 출애굽기 6:14-26은 야곱부터 모세와 아론까지를 5대로 정리한다. 그러나 역대상 7:23-27은 요셉부터 여호수아까지를 10대로 정리한다. 이 시대는 이스라엘이 이집트에 머물던 때로, 기간이 400년(cf. 창 15:13) 혹은 430년(cf. 출 12:40-41)에 이른다. 일반적으로 볼 때, 모세의 계보가 정리한 것처럼 5대로 표현하기에는 400년은 너무 긴 시간이다. 또한 여호수아의 계보는 모세의 계보보다 두 배나 더 많은 세대를 포함한다. 이것을 모세 집안 사람들이 여호수아 집안 사람들보다 평균적으로 두 배 이상 늦게 결혼을 했다고 보기보다는, 저자가 임의로 계보를 정리하고 있다고 생각하는 것이 옳을 것이다. 게다가 당시 사람들이 보통 40-50년을 살았던 점을 감안하면 여호수아의 계보도 400년의 세월을 충분히 커버한다고 보기는 어려울 것이다. 그렇다면 왜 출애굽기 6장은 400여 년의 긴 세월을 5대로 정리하고 있는가? 근본적으로 이 계보는 모세와 아론을 정당화하는 데 목적이 있기 때문에 정확하고 세부적으로 기록할 필요가 없었던 것이다.

역대상 1-9장 계보에서도 이 같은 선별적인 성향이 확실하게 드러난다. 1장은 아담에서 시작하여 야곱에 이르는 시대를 아주 빨리 지나간다. 2-8장은 야곱의 후손들에 대해서 자세하게 전한다. 9장은 포로기 이후 시대에 유대 종교의 중심에 서 있던 레위 지파에 초점을 맞추어 계보를 정리하고 있다. 역대기 저자는 단 지파와 스불론 지파 계보는 아예 언급도 하지 않는다. 납달리 지파 역시 한 구절만 언급할 뿐, 세부적인 계보는 없다. 다윗과 대제사장 엘르아살 집안의 계보만 포로기 이후 시대까지 정리하고 있다. 즉 역대기 기자에게 가장 중요한 것은 다윗 왕조와 이스라엘의 제사장적인(priestly) 정체성을 보여주는 것이다. 옛적에 하나님이 주신 약속과 소망이 이 두 가지를 통해 아직도 유효함을 강조한다(cf. Mabie).

이 섹션은 또한 역대기의 역사적 정황을 제시하며, 하나님의 선민인 이스라엘이 어떻게 이날에 이르게 되었는가를 요약한다. 이스라엘은 여호와의 특별한 은혜를 입어 선민이 되었지만, 그렇다고 해서 그들이 세상 다른 민족들과 아무런 연관이 없는 민족은 아니다. 선민인 그들도 여느 민족처럼 온 인류의 조상인 아담으로부터 시작되었다. 이스라엘이 하나님의 모양과 형상에 따라 지음 받은 아담에게서 유래한 것처럼 아담의 다른 후손인 열방 민족들도 하나님의 모양과 형상에 따라 지음 받았다(cf. 창 1:26-27). 이스라엘이 다른 족속들에 비해 특별하게 시작된 민족은 아니라는 것이다.

그러므로 이스라엘은 하나님의 특별한 은혜를 받은 선민이 된 것에 대해서 더욱더 여호와 하나님께 감사드려야 한다. 하나님의 백성이 된 것은 여호와의 일방적인 자비와 선택으로 결정된 일이기 때문이다. 또한 이스라엘이 이러한 사실을 깨닫는다면, 자신의 특별한 신분에 대해 결코 교만할 이유가 없다. 하나님이 자기 백성으로 삼으실 때까지 이스라엘은 세상의 다른 민족들과 전혀 다를 바가 없었기 때문이다.

계보는 역사를 수놓은 사람들의 위대함(greatness)과 미미함(smallness)을 동시에 드러낸다(McConville). 계보는 인류가 영광스러운 끝/목표를 향해 행진하는 과정을 가장 잘 묘사하는(viz., 역사의 흐름) 도구이기에 위대하다. 반면에 계보에 등장하는 수많은 사람들 중 극소수의 사람들을 제외하고는 그 사람에 대해서 알려진 바가 전혀 없다. 심지어는 당대를 호령하고 대단한 업적을 남긴 사람들 대부분도 계보에서는 이름만 기억될 뿐이다. 이런 차원에서 계보는 인간의 미미함을 드러낸다.

본 텍스트는 세상 민족들 중 이스라엘의 높은 위상을 설명하는 일로 시작하여 통일왕국과 분열왕국을 거쳐 작은 귀향민 공동체가 되어버린 주의 백성의 변화를 회고한다. 그러나 이스라엘이 소수로 형성된 귀향민 공동체로 전락한 절망적인 상황으로 끝나지 않는다. 그들에게는 머지않아 하나님이 위대한 일을 하실 것이라는 소망이 남아있다(Allen). 역대상 1-9장 텍스트는 다음과 같이 구분할 수 있다.

A. 아담에서 이스라엘까지(1:1-2:2)

B. 이스라엘(2:3-9:1)

C. 예루살렘에 정착한 귀향민(9:2-34)

1장. 아담에서 이스라엘까지(1:1-2:2)

아담에서 시작하여 야곱의 아들들에 이르는 계보를 정리하는 이 섹션은 창세기에 기록된 주요 계보들이 제공하는 정보를 대거 인용하여 구성하였다(cf. 창 5, 10-11, 25, 35-36장). 마치 창세기가 담고 있는 계보들을 상세히 살펴가며 활용한 것처럼 느껴진다(Japhet). 그러나 저자가 창세기에 등장하는 모든 계보를 활용한 것은 아니다. 가인 자손의 계보(창 4:17-22), 나홀 자손의 계보(창 22:20-24), 롯 자손의 계보(창 19:37-38) 등 아담에서 이스라엘에 이르는 직선적 계보에서 벗어나는 것들은 아예 언급하지도 않는다.

저자는 경우에 따라서 창세기 계보들의 순서를 바꾸기도 한다. 창세기 25장은 아브라함이 그두라를 통해 얻은 자식들의 계보를 이스마엘 자손들 계보 앞에 두고 있는 것에 반해, 역대기 저자는 이 계보들의 순서를 바꾸어 기재한다. 야곱 자손의 계보와 에서 자손의 계보에서도 동일한 변화를 볼 수 있다. 저자는 또한 아담(1:1), 노아(1:4), 아브라함(1:27, 28, 32, 34), 이스라엘/야곱(1:34; 2:1) 등 창세기에서 중요한 위치를 차지하는 인물들을 자신이 정리하고 있는 계보의 중요한 위치에 배치하여 아담에서부터 야곱의 아들들에 이르는 계보의 중심 역할을 하게 한다(Selman). 본문은 창세기에 대한 일종의 "미니 주석"(mini-commentary) 성향을 띠고 있으며(Hill), 열방 가운데 이스라엘의 복된(viz., 창조주의 특별한 선택과 사랑을 받은) 위치를 강조한다(Mabie). 본 텍스트는 다음과 같이 세 파트로 나눈다.

A. 아담에서 아브라함까지(1:1-27)

B. 아브라함의 후손들(1:28-34a)

C. 이삭의 후손들(1:34b-2:2)

1. 아담에서 아브라함까지(1:1-27)

본 텍스트는 아담에서 아브라함까지의 계보를 정리하고 창세기 1-11장에 있는 계보 목록들을 인용하고 있다. 창세기와 다른 점은 아담에서 노아까지(cf. 창 5장), 셈에서 아브라함까지(cf. 창 11장)를 정리하면서 세세한 정보(viz., 계보에 등장하는 각 사람이 몇 해를 살았다는 등)를 모두 제거하고 단순히 이름만 나열하는 것이다. 저자는 독자들이 창세기에 등장하는 계보에 대해서 익히 알고 있음을 전제하여 세세한 정보를 주지 않는다(Mabie). 이 본문은 다음과 같이 세 섹션으로 구분한다.

A. 태초에서 홍수까지(1:1-4)

B. 홍수 이후 족속들(1:5-23)

C. 셈에서 아브라함까지(1:24-27)

이 세 섹션은 교차대구법적 구조를 지닌다. 홍수 이후 노아의 자손들에 대해서 언급하는 중심 섹션(B)은 분량으로 가장 길고 각 세대의 자손들을 상대적으로 자세하게 기록하는 반면, 중앙 섹션을 감싸는 A와 C는 각각 13개와 10개 이름을 어떤 설명도 없이 순서대로 나열한다.

이 텍스트의 신학적 메시지는 중간 부분(5-23절)에서 찾는다. 잠시 후 시작될 이스라엘 역사 조명은 이 섹션에서 언급되고 있는 "70 민족"(cf. 창 10장)으로 구성된 열방을 배경으로 정리하기 위해서다(Japhet). 세상 모든 민족 가운데에서 이스라엘의 위치를 규명하고자 하는 것이다.

I. 서론: 계보(1:1–9:34)
1장. 아담에서 이스라엘까지(1:1–2:2)
1. 아담에서 아브라함까지(1:1–27)

(1) 태초에서 홍수까지(1:1-4)

1 아담, 셋, 에노스, 2 게난, 마할랄렐, 야렛, 3 에녹, 므두셀라, 라멕, 4 노아, 셈, 함
과 야벳은 조상들이라

본문은 아담에서 노아에 이르는 10세대와 노아의 아들 3명 등 13개의 이름으로 구성되어 있다. 신약에서는 두 군데에 예수님의 계보가 나오는데, 마태복음은 아브라함에서부터(cf. 마 1:1-2), 누가복음은 아담까지의 계보를 정리하고 있다(cf. 눅 3:23-38). 본문은 누가복음처럼 아담의 계보로 정리한다. 저자는 이 계보를 아담의 첫아들인 가인이 아니라 셋의 라인으로 정리한다. 저자의 관심이 이스라엘이 어느 라인을 통해서 오늘에 이르렀는가에 집중되어 있기 때문이다. 이 이름들은 창세기 5장에서 도입한 것들이며 독자들로 하여금 창세기 2-9장에 기록된 사람들의 이야기를 회고하게 한다. 계보는 단순히 죽은 사람들의 이름을 나열하는 것만이 아니라 각 사람의 삶을 떠올리게 하는 기능을 하기 때문이다.

노아의 세 아들을 기록하고 있는 4절은 1-3절과 같이 어떠한 설명도 첨부하지 않은 채 "노아, 셈, 함, 그리고 야벳"(נֹחַ שֵׁם חָם וָיָפֶת) 등 이름만 나열한다. 그래서 셈, 함, 야벳은 노아의 아들이 아니라, 함과 야벳이 셈의 아들과 손자로 해석되는 경우도 있다(cf. Japhet). 그러나 이들에 관해 창세기에 기록된 내용과 5, 8, 17절을 감안하면 이러한 해석은 전혀 설득력이 없다. 칠십인역은 이와 같은 오해를 배제하기 위해서 이 구절에 "노아의 아들들"(υἱοὶ Νωε)이라는 문구를 더한다. 일부 주석가들은 마소라 사본이 원래 "노아의 아들들"(בְּנֵי־נֹחַ)이라는 표현을 담고 있었는데 세월이 지나면서 누락된 것으로 추정한다(Rudolph, Williamson).

계보에 등장하는 이름들이 저자가 책에서 강조하는 메시지를 연상케

하기도 한다(Hill). 에녹(3절)은 평생 하나님과 동행한 사람인데, 역대기 저자는 이 기준으로 유다의 모든 왕들을 평가한다(cf. 대하 17:3; 21:12 등등). 창세기 10:8-9은 니므롯을 "용사"(גִּבֹּר, lit. "위대한 장사")라고 하는데, 역대기 저자는 동일한 언어로 다윗의 장군들을 묘사한다(대상 12:8, 21, 28 등등). 이 섹션의 내용을 다이어그램으로 표현하면 〈그림 1〉과 같다.

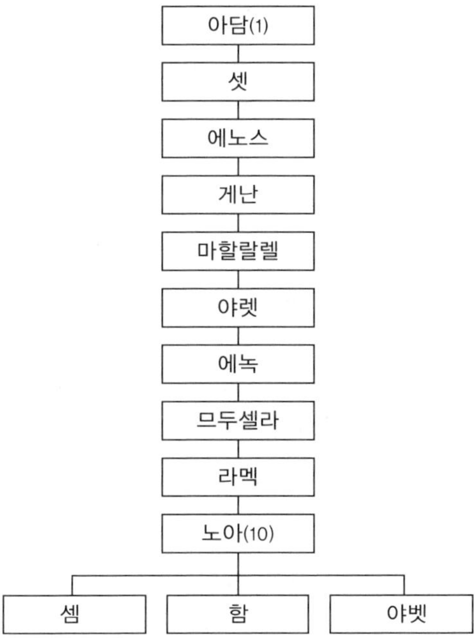

〈그림 1〉

I. 서론: 계보(1:1-9:34)
1장. 아담에서 이스라엘까지(1:1-2:2)
1. 아담에서 아브라함까지(1:1-27)

(2) 홍수 이후 족속들(1:5-23)

5 야벳의 자손은 고멜과 마곡과 마대와 야완과 두발과 메섹과 디라스요 6 고멜의
자손은 아스그나스와 디밧과 도갈마요 7 야완의 자손은 엘리사와 다시스와 깃딤

과 도다님이더라 8 함의 자손은 구스와 미스라임과 붓과 가나안이요 9 구스의 자
손은 스바와 하윌라와 삽다와 라아마와 삽드가요 라아마의 자손은 스바와 드단이
요 10 구스가 또 니므롯을 낳았으니 세상에서 첫 영걸이며 11 미스라임은 루딤과 아
나밈과 르하빔과 납두힘과 12 바드루심과 가슬루힘과 갑도림을 낳았으니 블레셋
종족은 가슬루힘에게서 나왔으며 13 가나안은 맏아들 시돈과 헷을 낳고 14 또 여부
스 종족과 아모리 종족과 기르가스 종족과 15 히위 종족과 알가 종족과 신 종족과
16 아르왓 종족과 스말 종족과 하맛 종족을 낳았더라 17 셈의 자손은 엘람과 앗수
르와 아르박삿과 룻과 아람과 우스와 훌과 게델과 메섹이라 18 아르박삿은 셀라를
낳고 셀라는 에벨을 낳고 19 에벨은 두 아들을 낳아 하나의 이름을 벨렉이라 하였
으니 이는 그 때에 땅이 나뉘었음이요 그의 아우의 이름은 욕단이며 20 욕단이 알
모닷과 셀렙과 하살마웻과 예라와 21 하도람과 우살과 디글라와 22 에발과 아비마
엘과 스바와 23 오빌과 하윌라와 요밥을 낳았으니 욕단의 자손은 이상과 같으니라

본 텍스트는 노아의 아들들인 야벳, 함, 그리고 셈의 자손들을 나열하고 있는 세 섹션으로 구성되어 있으며, 각 섹션은 동일한 표현으로 시작한다. "야벳의 자손은"(בְּנֵי יֶפֶת)(5절), "함의 자손은"(בְּנֵי חָם)(8절), "셈의 자손은"(בְּנֵי שֵׁם)(17절). 이들의 이름은 창세기 10:2-29에서 인용했지만, 약 30명의 이름이 창세기의 것과 철자가 조금씩 다르다(Japhet). 이러한 현상은 사본들이 오랜 세월 동안 복사를 거듭하면서 빚어진 일로 생각된다.

저자는 4절에 나열된 노아의 세 아들의 이름을 역순으로 나열하며 계보를 정리한다. 그는 별로 중요하지 않은 사람에서부터 점점 중요한 사람의 순서로 계보를 정리하고 있다. 저자에게 야벳과 그의 자손은 별로 중요하지 않으며, 그 다음에는 함과 그의 자손이며, 제일 중요한 사람은 셈과 그의 자손이다(Mabie). 셈의 계보가 이스라엘의 조상인 아브라함으로 이어지기 때문이다.

각 계보가 담고 있는 이름의 수를 살펴보아도 야벳 자손의 계보(5-7

절)가 가장 빈약함을 알 수 있다. 반면에 함 자손의 계보(8-16절)는 셈 자손의 계보(17-23절)보다 더 많은 이름을 담고 있다. 그러나 셈 자손의 계보가 앞으로 전개될 아브라함 자손의 계보(1:24-2:2)의 서론 역할을 한다는 점에서 함 자손의 계보보다 더 중요하다.

창세기 10장을 근거로 생각해보면 야벳의 자손들은 가나안에서 북쪽과 서쪽 지역을 차지했으며 소아시아, 그리스, 지중해 섬들도 이들의 몫이 되었다. 함의 자손들은 가장 넓고 광범위한 지역을 차지하며 나일강과 유프라테스 강을 중심으로 한 문명과 지역들을 차지한다. 셈의 자손들은 이란에서 메소포타미아 지역을 거쳐 시리아, 아라비아 반도에 이르는 지역을 차지했다. 이처럼 족속들 목록 자체가 설명하기 어려운 것들로 가득하기 때문에 이와 같은 일반적인 것을 초월해서 구체적으로 이들의 영토를 논하는 일은 매우 어렵다.

야벳은 고멜, 마곡, 마대, 야완, 두발, 메섹, 디라스(5절) 등 일곱 아들을 두었다. 이 목록은 창세기 10:2-4에서 도입한 것이다. 고멜은 아스그나스, 디밧, 도갈마 등 세 아들을 두었다(6절). 야완은 엘리사, 다시스, 깃딤, 도다님 등 네 아들을 두었다(7절). 저자는 야벳의 자손들 중 총 3대에 걸쳐 14명(7×2)만 언급한다. 물론 야벳의 자손은 이보다 훨씬 많았을 것이다. 그러나 성경 저자들은 모두 나열할 필요를 느끼지 못했기 때문에 더 이상의 정보를 제공하지 않는다. 〈그림 2〉를 참고하라.

함은 구스, 미스라임, 붓, 가나안 등 네 아들을 두었다(8절). 새번역

〈그림 2〉

은 미스라임(מִצְרַיִם)을 이집트로, 붓(פּוּט)을 리비아로 해석한다. 이 이름들이 훗날 이 나라들을 뜻하게 되기 때문에 가능하다. 그러나 함의 아들들은 아주 오래전에 살았던 사람들이고 이 나라들을 창시했다는 증거가 없다. 그러므로 이러한 해석은 추측으로 남을 뿐이다.

구스는 스바, 하윌라, 삽다, 라아마, 삽드가, 니므롯 등 일곱 아들을 두었다(9-10절). 이들 중 라아마는 스바와 드단을 두었다(9b절). 미스라임은 루딤, 아나밈, 르하빔, 납두힘, 바드루심, 가슬루힘, 갑도림 등 일곱 아들을 두었다(11-12절). 가나안은 시돈, 헷, 여부스, 아모리, 기르가스, 히위, 알가, 신, 아르왓, 스말, 하맛 등 열한 명의 아들을 두었다. 역대기 저자도 창세기 10장처럼 붓의 자손에 대해서 어떠한 언급도 하지 않는다.

구스의 아들 라아마는 스바와 드단 등 두 아들을 두었다고 한다(9절). 또한 미스라임의 아들 가슬루힘에서 블레셋이 나왔다고 한다(12절). 그러나 인용의 출처가 되는 창세기 10장에는 이러한 정보가 없다. 그래서 대부분 번역본들이 이 내용을 괄호로 처리한다(cf. 새번역; NIV; TNK; ESV). 창세기 10장에 언급된 이름의 수가 70(10×7)인 것에 반해 본문에서는 만일 블레셋을 더할 경우 71(10×7+1)이 되는 것도 이 정보

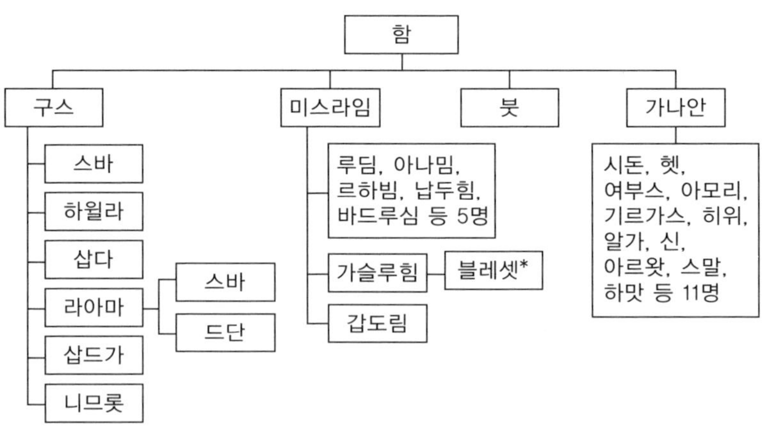

〈그림 3〉

가 훗날 추가된 것으로 간주하는 단서가 된다. 어찌 되었건 3대까지만 언급하는 야벳의 계보와 달리 함의 계보는 부분적이나마 4대를 기록한다. 블레셋을 제외하면 함의 자손은 30명이 된다(〈그림 3〉 참고).

셈은 엘람, 앗수르, 아르박삿, 룻, 아람, 우스, 훌, 게델, 메섹 등 9명의 아들을 두었다(17절). 그런데 창세기 10:22-23에는 이들 중 우스, 훌, 게델, 메섹을 아람의 5대에 이르는 자손으로 정리하고 있다. 아르박삿의 자손은 셀라와 에벨을 통한 4대를 기록하고 있으며, 에벨은 벨렉과 욕단을 낳았고, 욕단은 알모닷, 셀렙, 하살마웻, 예라, 하도람, 우살, 디글라, 에발, 아비마엘, 스바, 오빌, 하윌라, 요밥 등 13명의 아들을 두었다. 야벳의 자손은 3대, 함의 자손은 4대로 기록된 것에 비해 셈의 자손은 5대로 정리하고 있다. 셈의 계보에 등장하는 이름은 총 26개다(〈그림 4〉 참고).

야벳 자손 14명, 함 자손 30명, 셈 자손 26명을 더하면 총 70명이 된다. 노아의 세 아들들에서 온 세상을 채운 모든 민족들이 나왔으며, '70'은 두 만수(滿數)를 곱한 것(10×7)이다. 창세기와 역대기 저자는 수많은 나라 중 70개 나라/민족만 선별해서 나열하고 있음을 암시한다. 총 70개 민족이 언급되는 것은 온 인류의 포괄성, 총체성(totality,

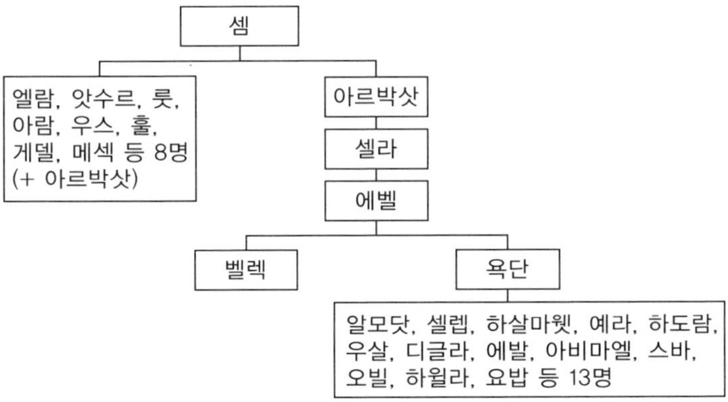

〈그림 4〉

comprehensiveness)을 뜻한다(Sarna). "온 땅에 충만하라"고 하셨던 창세기 1:28 말씀이 노아 시대 때 홍수 심판으로 인해 위협을 받는 듯 했으나(cf. 창 6장), 노아의 자손들을 통해서 다시 실현되었음을 시사한다.

열방의 수는 이스라엘의 역사와도 연관이 있어 보인다. 이집트로 내려간 야곱의 자손들이 70명이었으며(창 46:27), 광야에서 이스라엘 공동체를 대표하는 장로들도 70명이었다(출 24:9; 민 11:24). 이집트로 내려간 야곱의 자손 수와 본문이 언급하고 있는 민족의 수가 '70'이라는 것이 모세의 노래를 통해서 새로운 의미를 찾았다. 모세는 이런 문구를 노래로 남겼다. "지극히 높으신 자가 민족들에게 기업을 주실 때에, 인종을 나누실 때에 이스라엘 자손의 수효대로 백성들의 경계를 정하셨도다"(신 32:8). 이스라엘이 세상 모든 민족들의 대표성을 띠고 하나님의 선민이 되었다는 점을 의미하는 것이리라.

Ⅰ. 서론: 계보(1:1–9:34) 1장. 아담에서 이스라엘까지(1:1–2:2) 1. 아담에서 아브라함까지(1:1–27)

(3) 셈에서 아브라함까지(1:24-27)

24 셈, 아르박삿, 셀라, 25 에벨, 벨렉, 르우, 26 스룩, 나홀, 데라, 27 아브람 곧 아브라함은 조상들이요

저자는 야벳, 함, 셈 자손의 계보를 전체적으로 제시한 다음 셈의 자손들 중에서도 아브라함에 이르는 10대로 구성된 계보만을 골라 이곳에 제시한다. 본문은 창세기 11:10-26을 인용한 것이며, 1-4절에서처럼 각 세대의 관계에 대해서 아예 언급하지 않으면서 이름 10개만 나열할 뿐이다. 그러므로 이미 언급한 것처럼 이 두 섹션(1-4, 24-27절)은 일종의 괄호를 형성하며 중심 부분(5-23절)을 감싸고 있다.

역대기 기자는 하나님에 의해 이름이 바뀌었을 경우, 바뀐 이름을 지향하는 듯하다. 이곳에서도 "아브람 곧 아브라함"(אַבְרָם הוּא אַבְרָהָם)(27

절)이라며 아브람의 바뀐 이름을 함께 제시한다(cf. 창 17:5). 그뿐만 아니라 야곱의 이름을 바뀐 이름인 이스라엘로만 지속적으로 표기한다(2:1; cf. 창 32장). 유일한 예외는 역대상 16:12, 17절인데, 이것은 저자가 "야곱"이란 이름을 사용하고 있는 시편 105편을 인용하고 있기 때문이다. 나머지 경우에는 항상 "야곱" 대신 "이스라엘"을 사용한다. 저자에게는 아브라함보다 그의 손자 이스라엘(야곱)이 더 중요하다(Japhet). 역대기 저자와 독자들의 위치에서 바라볼 때 야곱보다 더 아득한 시대에 살았던 아브라함이 더 먼 조상이다. 반면에 야곱은 더 가까운 조상일뿐만 아니라, 이스라엘 12지파가 모두 야곱에게서 나왔다. 그러므로 귀향민들에게는 아브라함보다 야곱이 더 중요하게 여겨졌고, 야곱과 이스라엘의 직접적인 관계를 강조하기 위해서 야곱의 이름이 언급될 때마다 지속적으로 이스라엘이라는 이름을 사용한다. 이 계보를 도표로 정리하면 〈그림 5〉와 같다.

〈그림 5〉

2. 아브라함의 후손들(1:28-34a)

28 아브라함의 자손은 이삭과 이스마엘이라 29 이스마엘의 족보는 이러하니 그의 맏
아들은 느바욧이요 다음은 게달과 앗브엘과 밉삼과 30 미스마와 두마와 맛사와 하닷
과 데마와 31 여둘과 나비스와 게드마라 이들은 이스마엘의 자손들이라 32 아브라함
의 소실 그두라가 낳은 자손은 시므란과 욕산과 므단과 미디안과 이스박과 수아요
욕산의 자손은 스바와 드단이요 33 미디안의 자손은 에바와 에벨과 하녹과 아비다와
엘다아니 이들은 모두 그두라의 자손들이라 34a 아브라함이 이삭을 낳았으니

아브라함의 후손들에 대해서 언급하는 이 섹션 역시 시작과 끝이 중심 부분을 감싸고 있다. (a) 서론(28절) – (b) 이스마엘 자손(29-31절) – (c) 그두라를 통한 자손(32-33a절) – (a') 결론(34a절). 아브라함이 이삭을 낳았다는 사실을 밝히는 결론(34a절)은 34b절로 시작하는 다음 섹션과 본 텍스트의 연결고리 역할을 하고 있다. 이 섹션은 창세기 16-17장의 이스마엘과 이삭 이야기와 창세기 25:1-4에 기록된 그두라를 통한 아브라함의 계보를 바탕으로 하고 있다.

저자는 아브라함에게 이삭과 이스마엘 등 두 아들이 있었다는 말로 시작한다(28절). 소실 그두라를 통한 자손들은 아직 언급하지 않는다(cf. 32-33절). 그런 다음 바로 이스마엘의 자손들에 초점을 맞춘다. 아브라함의 아들 중 가장 중요한 이삭의 자손에 대해서는 마지막에 언급하고자 한다. 이미 노아의 세 아들들의 계보에서도 드러났듯이 저자는 가장 중요한 사람을 마지막에 언급하는 기술을 사용한다. 이스마엘에게는 느바욧, 게달, 앗브엘, 밉삼, 미스마, 두마, 맛사, 하닷, 데마, 여둘, 나비스, 게드마 등 12명의 아들이 있었다(29-30절; cf. 창 25:12-18).

아브라함은 사라가 죽은 이후 후처 그두라를 통해 시므란, 욕산, 므단, 미디안, 이스박, 수아 등 6명의 아들을 두었다(32절; cf. 창 25:1-6). 이 중 미디안은 에바, 에벨, 하녹, 아비다, 엘다아 등 5명의 아들을 두었다. 그두라를 통한 자손 중 총 11명의 이름을 언급한다. 저자는 그두라의 자손을 이스마엘의 자손들보다 하나 적게 하여 하나님이 하갈의 아들인 이스마엘을 소실 그두라의 아들들보다 더 번성하게 하셨다고 하는 듯하다. 저자가 그두라의 계보를 정리하면서 근거로 사용한 창세기 25:1-6에는 미디안뿐만 아니라 욕산이 스바와 드단을 낳았고 드단으로부터 앗수르, 르두시, 르움미가 태어났다는 말도 있는데, 이 정보는 사용하지 않는다(cf. 창 25:3-4). 만일 이 모든 이름을 나열할 경우 그두라의 자손이 16명이 되며, 이 경우 이스마엘의 자손들이 상대적으로 약해 보이기 때문이다. 아브라함의 후손들을 도표로 요약하면 〈그림 6〉과 같다.

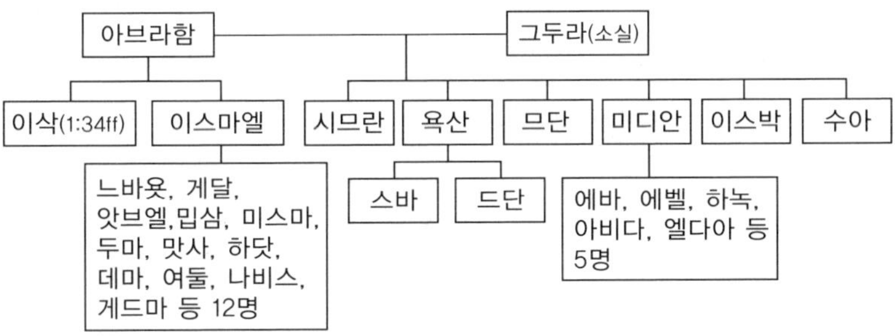

〈그림 6〉

3. 이삭의 후손들(1:34b-2:2)

위 섹션에서 아브라함의 자손 중 이스마엘의 자손들과 그두라를 통해서 얻은 자손들에 대해서 먼저 정리한 저자는 이제 아브라함의 상속자인 이삭의 자손들에 대해서 회고한다. 이 섹션은 창세기 36장에 기록된 내용을 반영하며, 다음과 같이 두 파트로 구분한다.

A. 에서의 후손들(1:34b-54)

B. 이스라엘의 아들들(2:1-2)

Ⅰ. 서론: 계보(1:1–9:34)
1장. 아담에서 이스라엘까지(1:1–2:2)
3. 이삭의 후손들(1:34b–2:2)

(1) 에서의 후손들(1:34b-54)

34b 이삭의 아들은 에서와 이스라엘이더라 35 에서의 아들은 엘리바스와 르우엘과
여우스와 얄람과 고라요 36 엘리바스의 아들은 데만과 오말과 스비와 가담과 그나
스와 딤나와 아말렉이요 37 르우엘의 아들은 나핫과 세라와 삼마와 밋사요 38 세일
의 아들은 로단과 소발과 시브온과 아나와 디손과 에셀과 디산이요 39 로단의 아
들은 호리와 호맘이요 로단의 누이는 딤나요 40 소발의 아들은 알랸과 마나핫과
에발과 스비와 오남이요 시브온의 아들은 아야와 아나요 41 아나의 아들은 디손이
요 디손의 아들은 하므란과 에스반과 이드란과 그란이요 42 에셀의 아들은 빌한과
사아완과 야아간이요 디산의 아들은 우스와 아란이더라 43 이스라엘 자손을 다스
리는 왕이 있기 전에 에돔 땅을 다스린 왕은 이러 하니라 브올의 아들 벨라니 그
의 도성 이름은 딘하바이며 44 벨라가 죽으매 보스라 세라의 아들 요밥이 대신하
여 왕이 되고 45 요밥이 죽으매 데만 종족의 땅의 사람 후삼이 대신하여 왕이 되고
46 후삼이 죽으매 브닷의 아들 하닷이 대신하여 왕이 되었으니 하닷은 모압 들에
서 미디안을 친 자요 그 도성 이름은 아윗이며 47 하닷이 죽으매 마스레가의 사믈
라가 대신하여 왕이 되고 48 사믈라가 죽으매 강 가의 르호봇 사울이 대신하여 왕
이 되고 49 사울이 죽으매 악볼의 아들 바알하난이 대신하여 왕이 되고 50 바알하
난이 죽으매 하닷이 대신하여 왕이 되었으니 그의 도성 이름은 바이요 그의 아내
의 이름은 므헤다벨이라 메사합의 손녀요 마드렛의 딸이더라 51 하닷이 죽으니라
그리고 에돔의 족장은 이러하니 딤나 족장과 알랴 족장과 여뎃 족장과 52 오홀리
바마 족장과 엘라 족장과 비논 족장과 53 그나스 족장과 데만 족장과 밉살 족장과

54 **막디엘 족장과 이람 족장이라 에돔의 족장이 이러하였더라**

아브라함의 아들 이삭은 에서와 이스라엘(야곱) 등 두 아들을 낳았다(34절). 저자는 이번에도 이삭의 상속자인 이스라엘보다 이스라엘의 계보와 직접적인 연관이 없는 에서의 자손에 대해서 처음이자 마지막으로 먼저 언급한다. 이스라엘 민족의 계보에 중요한 야곱과 그의 후손들에 대해서 다음 섹션에서 자세하게 소개하기 위해서이다.

에서는 엘리바스, 르우엘, 여우스, 얄람, 고라 등 다섯 아들을 두었다(35절). 에서의 큰 아들 엘리바스는 데만, 오말, 스비, 가담, 그나스, 딤나, 아말렉 등 8명을 두었다. 르우엘은 나핫, 세라, 삼마, 밋사 등 네 아들을 두었다(37절). 에서의 자손 중 3대에 거쳐 총 17명을 언급한다. 창세기 36:12는 딤나를 에서의 아들 엘리바스의 아들이 아니라 엘리바스의 첩이라고 한다. 아마도 텍스트가 오늘까지 전수되는 과정에서 혼란이 빚어진 것으로 생각된다(cf. Japhet).

에서의 자손을 나열하다가 저자는 호리 족에서 비롯된 세일 사람들의 이야기를 한다(38-42절). 창세기 36:6-8은 에서가 어떻게 가나안을 벗어나 세일 땅으로 가게 되었는가를 설명하는데, 역대기는 이러한 세부사항을 아예 언급하지 않는다. 에서가 이곳에 정착하면서 어떠한 전쟁도 하지 않은 것으로 보아 그의 자손들은 세일 지역 원주민들과 함께 융화되어 살았던 것이 확실하다. 에서는 하나님이 할아버지 아브라함에게 주신 약속의 상속자가 되게 하는 장자권에 대해서 별로 달갑지 않게 생각하더니(cf. 창 25:27-34), 결국 그의 후손들은 약속 밖에 있는 이방인들과 별반 다를 바 없게 된 것이다.

그럼에도 불구하고 하나님의 축복 아래 에서의 자손들이 세일의 원주민인 호리 족보다 왕성해져 자신들을 중심으로 한 나라 에돔을 세웠다. 저자는 "이스라엘 자손을 다스리는 왕이 있기 전에"(43절) 에돔 땅을 다스린 왕 8명을 나열한다(43-51a절; cf. 창 36:31-43). 이들 중 추가 설명이 첨부된 왕은 미디안을 쳐서 무찌르고 도성을 아윗으로 옮긴 하닷(46절)과 도성을 바이로 옮긴 또 다른 하닷이다(50절). 두 번째 하닷의 아내 이름과 가족관계가 50절에 설명되어 있다. 이 시대의 특징은 한 사람이 죽으면 아들이 대를 잇는 것이 아니라 다른 사람이 왕이 된다는 사실이다. 저자는 이어 에돔의 족장 11명을 언급한다(51b-54절).

에서의 직계 자손들은 16명이다(cf. 34-37절). 저자가 언급하는 에돔의 원주민인 세일의 자손들은 35명에 이른다(cf. 38-42절). 여기에 에돔을 다스린 왕 8명과 족장 11명을 더하면 총 70명이 된다. 에서와 연관된 후손들의 수가 이집트로 내려간 야곱의 자손 수와 같다는 것은 아마도 하나님이 에서에게도 야곱에게 견줄만한 복을 주셨음을 암시하는 듯하다. 그러나 야곱은 살아있는 동안에 자손 번성을 경험한 데 반해 에서의 경우 많은 세월이 지난 후에야, 그것도 다른 족속들을 포함해서 이 수를 채우고 있다. 또한 에서와 야곱 자손들을 대조할 때 가장 중요한 사실은 에서의 후손들인 에돔 왕들은 한결같이 "죽었다"는 말로 묘사한다. 에서의 후손들이 아브라함과 이삭의 자손이기 때문에 하나님의 축복을 많이 누린 것이 사실이지만, 한결같이 "죽었다"라고 묘사하는 것은 그들이 누린 복은 야곱의 후손들이 누린 복에 비하면 아무것도 아

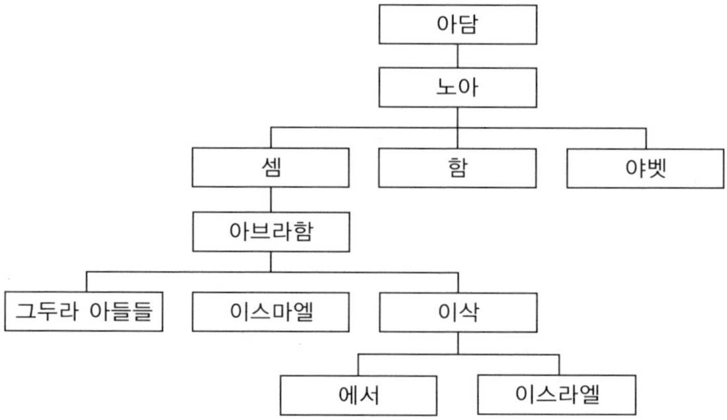

〈그림 7〉

니라는 것을 말해 준다(Selman).

지금까지 내용을 정리해보면 아담에서 노아에 이르기까지 10세대, 노아의 세 아들 중 셈의 라인을 통해 10세대째에 아브라함에 이른다. 아브라함에게는 세 줄기의 자손이 있었지만, 이들 중 이삭을 통한 에서의 자손들이 조명을 받는다. 다음 섹션에서는 야곱(이스라엘)의 자손들이 집중적으로 조명을 받게 된다. 현재까지 하나님의 선택이 끊임없이 진행되고 있으며 하나님의 특별한 은총이 이스라엘의 자손들에게 머물게 될 것이다. 내용을 도표로 요약하면 〈그림 7〉과 같다.

I. 서론: 계보(1:1-9:34) 1장. 아담에서 이스라엘까지(1:1-2:2) 3. 이삭의 후손들(1:34b-2:2)

(2) 이스라엘의 아들들(2:1-2)

1 이스라엘의 아들은 이러하니 르우벤과 시므온과 레위와 유다와 잇사갈과 스불론
과 2 단과 요셉과 베냐민과 납달리와 갓과 아셀이더라

이삭의 쌍둥이 아들 중 형인 에서와 연관된 자손들에 대한 언급을 마친 다음 저자는 드디어 동생인 이스라엘(야곱)의 자손들에게 관심을 돌린다. 본 텍스트에서는 이스라엘의 열두 아들의 이름이 간단하게 나열될 뿐이다. 앞으로 저자는 여러 장(章)을 통해 이스라엘 자손들의 계보를 정리할 것이다. 그러므로 이 섹션은 앞 섹션(이삭의 자손들)에 대한 결론 역할을 하지만, 동시에 다음 섹션(이스라엘의 자손들)에 대한 서론 역할을 한다(Selman).

이스라엘은 르우벤, 시므온, 레위, 유다, 잇사갈, 스불론, 단, 요셉, 베냐민, 납달리, 갓, 아셀 등 열두 아들을 두었다(1-2절). 저자는 이스라엘의 아들들을 언급하면서 창세기 36:23-26을 인용하고 있으며 아들들은 어머니에 따라, 순서에 따라 언급한다. 야곱이 얻은 아들들을 레아-라헬-빌하-실바 순서로 나열하고 있다. 유일한 예외는 빌하의 두 아들

(단과 납달리) 중 단이 원위치를 이탈하여 레아의 아들들과 라헬의 아들들 사이에 끼어있다. 단의 위치 변경이 이스라엘 자손들의 계보에서 단 지파가 거의 언급되지 않는다는 사실에 대한 일종의 보상(앞에 나올수록 중요하다는 것을 전제)이라는 해석도 있지만(Johnstone), 복사한 사람들의 실수로 빚어진 일이라고 간주하는 것이 제일 무난하다(Japhet). 역대기 저자가 제시하는 이스라엘 자손의 순서를 어머니에 따라 분류하면 다음과 같다.

레아	빌하	라헬	빌하	실바
르우벤 시므온 레위 유다 잇사갈 스불론	단	요셉 베냐민	납달리	갓 아셀

2장. 이스라엘(2:3-9:1)

저자는 1:34에서 언급만 해두었던 정보를 바탕으로 이 섹션을 전개해 나간다. 이삭의 쌍둥이 아들 중 에서와 연관된 자손들 이야기를 마친 후 드디어 주 관심사인 동생 이스라엘(야곱) 자손들 이야기를 시작하고 있다. 그는 이스라엘 열두 지파의 계보를 나열하는 순서에 있어서 창세기나 그 외 구약성경 곳곳에서 나타난 순서를 따르지 않고 독자적인 방식에 따라 제시한다. 저자는 대체로 가나안 남부 지역에 정착한 지파들→요단 강 동편을 차지한 지파들→레위 지파→북부 지역에 뿌리를 내린 지파들→가나안 중부 지역을 차지한 지파들 순서로 계보를 정리한다. 마치 변두리에서 중심부로, 반시계 방향으로 각 지파들의 계보를 정리하는 듯하다.

그러나 지파들을 나열하는 순서를 위와 같은 원형 방식이 아닌, 다른 관점에서 관찰할 수도 있다. 다음 도표에서 보는 것처럼 레위 지파를 중심으로 한 유다와 베냐민이 양쪽 끝에서 가운데 부분을 감싸고 있는 직선형 방식으로 볼 수도 있다. 저자는 유다, 베냐민, 레위 지파에 지대한 관심을 표명하고 있는 것이다(Hill, Mabie). 이렇게 간주할 경우 이스라엘이 두 나라로 분열되면서(931 BC) 남 왕국을 형성한 유다와 베냐민 지파가 전체를 감싸도록 배열하고 있는 것이 된다. 또한 이 둘은 통일왕국 시대에 사울과 다윗 왕조의 왕들을 배출한 지파들이다. 중심에는 이스라엘의 종교를 담당했던 레위 지파가 있다.

이와 같은 구조를 통해 이스라엘은 왕정 제도를 통한 정치적 방법으로는(viz., 유다와 베냐민이 배출한 왕정을 통해) 하나님의 아름다운 창조 목적을 실현하는 데 실패했으며, 이제는 제사장의 나라로 세상의 중심이 되어야 한다는 메시지를 전하고 있는 것으로 이해하는 학자도 있다(Johnstone). 이와 같은 해석에 전적으로 동의할 수는 없지만, 역대기 기자가 (특히 후반부에서) 레위 지파와 제사장들에게 많은 관심을 표하는 것은 사실이다. 다음 도표에서도 드러나듯이 모든 지파에게 동일한 공간을 할애하지 않는다. 일부 지파에게는 많은 공간을 할애하지만(cf. 유다, 레위), 다른 지파들은 거의 그냥 지나치기도 한다(cf. 단, 납달리).

대상 2:3–4:43	대상 5:1–26	대상 6:1–81	대상 7:1–40	대상 8:1–40
유다 시므온	르우벤 갓 므낫세 반 지파	레위	잇사갈 베냐민[단] 납달리 므낫세 반 지파 아셀	베냐민

위 도표는 본문의 결론 역할을 하는 9:1을 따로 본다면 다음과 같은 교차대구법적 구조를 지니고 있다(cf. Curtis & Madsen, Williamson, Braun). 한 중심(C)에 레위 지파가 있고, 훗날 남 왕국을 형성할 유다(시므온은 지리적 위치로 인해 유다에 흡수됨)와 베냐민 지파가 시작(A)과 끝(A')을 장식하고 있으며, 북 왕국을 형성할 요단 강 동편 지파(B)와 북쪽 지역 지파들(B')이 레위 지파를 감싸고 있다. 이미 언급한 것처럼 이 같은 구조를 통해 레위 지파의 중요성이 부각된다. 저자는 레위 지파를 중심에 둠으로써 이스라엘이 제사장 나라로 사는 일에 실패했음을 보여주고, 이스라엘이 앞으로 신학적 정체성을 회복하는 데 "제사장 나라"라는 개념이 매우 중요할 것을 시사한다.

A. 남부 지역 지파들(2:3-4:43)

B. 요단강 동편 지역 지파들(5:1-26)

C. 레위 지파(6:1-81)

B'. 북부 지역 지파들(7:1-13)

A'. 중부 지역 지파들(7:14-8:40)

결론(9:1)

I. 서론: 계보(1:1-9:34)
2장. 이스라엘(2:3-9:1)

1. 남부 지역 지파들(2:3-4:43)

저자는 제일 먼저 가나안의 남쪽 지역을 차지했던 유다와 시므온 지파에 대해서 회고한다. 물론 이스라엘 열두 지파 중 유다 지파에 대부분의 공간을 할애하고 시므온에 대해서는 아주 간략하게 정리한다. 저자가 유다 지파에 특별한 관심을 가지는 것은 유다가 지파 중 가장 유력했을 뿐만 아니라, 당시 이스라엘에게 소망의 근거가 된 다윗 언약을 이 지파와 연관해서 생각했기 때문이다(Selman, Allen, Hill).

유다와 시므온은 같은 어머니(레아)에게서 난 형제였으며, 여호수아가 기업을 분배한 때부터 더욱더 밀접한 관계를 유지해왔다. 여호수아가 가나안 땅을 지파들에게 분배할 때 유다는 가나안 남쪽 지역 대부분을 차지했으며, 시므온은 유다 지파에게 분배된 지역에 위치한 성읍들을 받았다(cf. 수 15:1-63, 19:1-9). 그러다 보니 세월이 지나면서 시므온 지파는 그들을 에워싼 유다 지파에 자연스럽게 흡수된 것으로 생각된다.

다윗 집안을 중심으로 한 유다의 계보는 역대기 계보 중 가장 난해하면서도 흥미진진한 계보이다(cf. Williamson, Galil). 저자가 이 섹션을 저작하면서 정경의 내용을 별다른 변형 없이 그대로 인용하기도 하고, 정경에 기록되어 있는 내용을 편집하기도 하고 또는 다른 출처를 이용하여 아예 정경에서 찾아볼 수 없는 내용도 있기 때문이다. 다음 사항을 참조하라(Japhet).

정경을 편집없이 인용한 예	정경을 편집하여 인용한 예	정경에 없는 예
• 대상 2:10–12(룻 4:19b–22a) • 대상 3:1–8(삼하 3:2–5; 5:5, 14–16)	• 대상 2:3–7(8?) • 대상 2:13–17 • 대상 2:20 • 대상 2:49b • 대상 3:9 • 대상 3:10–16	• 대상 2:9 • 대상 2:17–55(20, 49b 제외) • 대상 3:18–23 • 대상 4:1–23

많은 학자가 유다 지파의 계보를 기록하고 있는 이 섹션에서 다양한 구조를 찾아냈다. 가장 간단한 분석은 (a) 유다 계보 1(2:3-55)-(b) 다윗 집안 계보(3:1-24)-(a') 유다 계보 2(4:1-23)의 교차대구법적 구조이다. 학자들이 더 자세하게 분석한 것 중 가장 합리적으로 보이는 구조는 다음과 같다(cf. Hill, Japhet). 헤스론의 아들 람의 계보를 둘로 나누어 중심 부분을 감싸는 괄호를 형성하게 한다. 다윗이 람의 자손이기에 유다 집안 중에서도 그의 계보가 가장 부각되는 것이다.

서론(2:3-9)

a. 셀라(2:3-4)

b. 베레스(2:5-8)

c. 여라므엘, 람, 갈렙(2:9)

A. 람의 자손(2:10-17, 다윗 포함)

B. 갈렙의 자손(2:18-24)

C. 여라므엘의 자손(2:25-33)

C'. 여라므엘의 자손(2:34-41)

B'. 갈렙의 자손(2:42-55)

A'. 람의 자손(3:1-24, 다윗과 그의 후손 포함)

결론(4:1-23)

b'. 베레스(4:1-20)

a'. 셀라(4:21-23)

필자는 위 구조 분석을 바탕으로 다음과 같이 본문을 구분하여 주해하고자 한다.

A. 유다에서 헤스론까지(2:3-8)

B. 헤스론에서 다윗까지(2:9-17)

C. 갈렙의 자손 1(2:18-24)

D. 여라므엘의 자손(2:25-41)

E. 갈렙의 자손 2(2:42-55)

F. 다윗의 자손(3:1-24)

G. 유다의 자손(4:1-23)

H. 시므온의 자손(4:24-43)

또한 유다 지파의 계보를 정리하고 있는 본 텍스트를 일률적으로 연계해서 읽기가 쉽지 않다. 그러므로 다음 〈그림 8〉을 바탕으로 각 텍스트 섹션의 연관성을 관찰할 수 있다.

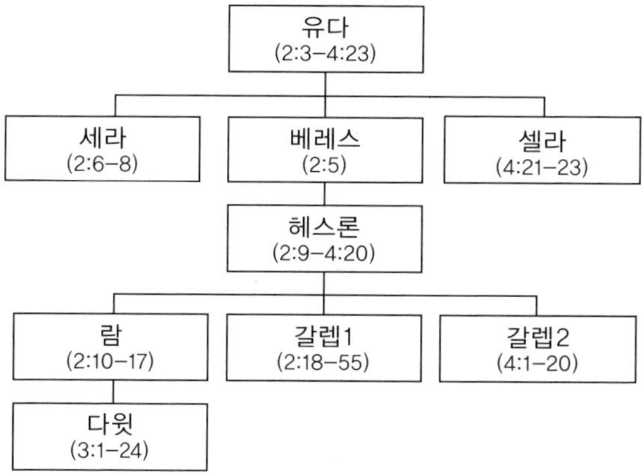

〈그림 8〉

(1) 유다에서 헤스론까지(2:3-8)

3 유다의 아들은 에르와 오난과 셀라니 이 세 사람은 가나안 사람 수아의 딸이 유
다에게 낳아 준 자요 유다의 맏아들 에르는 여호와 보시기에 악하였으므로 여호
와께서 죽이셨고 4 유다의 며느리 다말이 유다에게 베레스와 세라를 낳아 주었으
니 유다의 아들이 모두 다섯이더라 5 베레스의 아들은 헤스론과 하물이요 6 세라
의 아들은 시므리와 에단과 헤만과 갈골과 다라니 모두 다섯 사람이요 7 갈미의
아들은 아갈이니 그는 진멸시킬 물건을 범하여 이스라엘을 괴롭힌 자이며 8 에단
의 아들은 아사랴더라

유다는 야곱의 넷째 아들로, 첫 번째 아내였던 레아를 통해서 낳은 자식이었다(cf. 창 35:23). 유다가 넷째 아들이지만 제일 먼저 언급되는 것은 이스라엘 열두 지파 중 이 지파의 위상과 중요성 때문이다. 유다 지파에서 다윗 왕조가 나왔고, 다윗 왕조가 미래의 소망이 되기 때문에 유다 지파가 더욱더 부각되고 있다. 구속사적인 관점에서 생각해보면 유다가 첫째가 아니라 넷째 아들이었는데도 장자 역할을 하고, 그의 어머니 레아가 아버지 야곱에게 사랑을 받지 못했지만, 그녀를 통해 태어난 아들 유다에게서 유래된 지파가 이 같은 영광을 누린다는 것은 하나님의 주권적인 역사를 확연하게 드러내는 일이다(Mabie).

유다에게는 원래 에르, 오난, 셀라 등 세 아들이 있었는데 모두 가나안 사람 수아의 딸을 통해서 얻었다(3절). 맏아들 에르가 하나님께 범죄하여 자식이 없이 죽자 당시의 풍습에 따라 그의 아내 다말은 동생인 오난의 아내가 되었다(cf. 창 38장). 그러나 오난도 하나님의 심판을 받아 죽었다. 유다는 셋째인 셀라에게 다말을 주면 혹 셀라에게도 화가 미치지 않을까 염려되어, 셀라가 자라면 결혼을 시키겠다고 약속하고 며느리 다말을 친정으로 보냈다.

세월이 지나 셀라가 장성했지만 유다가 약속을 지키지 않자 다말은 창녀를 가장해서 유다와 잠자리를 같이 했다. 결국 시아버지를 통해 쌍둥이 형제 베레스와 세라를 얻었다. 이들은 유다가 며느리를 통해 낳았으니 손주로 간주될 수 있겠지만, 법적으로는 유다의 아들들이기 때문에 성경 저자들은 그들을 유다의 아들로 표기한다(cf. 4절). 그런데 역대기 저자는 유다와 며느리 사이에서 쌍둥이를 보게 된 일에 대해서 자세히 설명하지 않는다. 오난이 하나님의 심판을 받아 죽은 일도 상세히 언급하지 않는다. 독자들이 이 모든 내용을 알고 있음을 전제하고 있기 때문이다. 유다가 이들을 포함해 다섯 아들을 가졌다는 내용은 창세기 46:12와 민수기 26:19-22를 그대로 반영한 것이다.

유다의 아들 중 세라는 시므리, 에단, 헤만, 갈골, 다라 등 다섯 아들을 낳았다(6절). 이 중 에단은 아사랴를 낳았다(8절). 세라의 자손 중 갈미(כַּרְמִי)의 아들 아갈(עָכָר)이 진멸시켜야 할 물건을 범하여 이스라엘을 괴롭혔다고 한다(7절). "범하다"(מָעַל)는 하나님 앞에 본인의 의무를 다하지 않는 반역 행위를 뜻한다(HALOT). 본문에서는 하나님께 드려야 할 것을 가로챘다는 뜻이다. 저자는 이 동사를 책 전체에서 전략적으로 사용해 이스라엘이 망해 바빌론으로 끌려가게 된 것은 하나님께 대한 의무를 다하지 않았기 때문이라고 한다(Johnstone, Hill, cf. 대상 5:25; 9:1; 10:13; 대하 12:2; 26:16, 18; 28:19, 22; 29:6, 19; 30:7; 33:19; 36:14). 역대기는 이 동사를 꾸준히 사용하여 이스라엘이 바빌론으로 끌려가게 된 이유를 설명하고자 한다(Allen).

그런데 아갈은 누구인가? 우리가 아는 바로 성경에서 유일하게 이 말씀에 해당되는 사람은 여리고 성 정복 전쟁 때 금과 은 등을 빼돌린 갈미(כַּרְמִי)의 아들 아간(עָכָן)뿐이다(cf. 수 7장). 학자들도 본문이 말하는 아갈은 곧 아간이라는 데 모두 동의한다(Japhet, Hill, Johnstone). "아갈"(עָכָר)은 "고통"을 뜻하며, 아간이 이스라엘에게 안겨준 아픔을 상징한다. 또한 그와 가족들이 묻힌 아골(עָכוֹר) 골짜기를 상기시키며 사용된 언어유희이기도 하다(Japhet, Johnstone, cf. 새번역 각주). 개역한글과 새번역이 동일한 히브리어 이름을 여호수아서에서는 갈미(수 7:18)라고 하고 이곳에서는 가르미라고 번역한 것이 혼돈을 더한다. 다행히 개역개정은 본문에서 "갈미"로 바로잡고 있다. 유다에서 헤스론까지의 계보를 정리해보면 〈그림 9〉와 같다. 총 4대에 걸쳐 14명의 이름이 등장한다. 유다의 셋째 아들인 셀라의 계보는 4:21-23에 자세히 기록되어 있다.

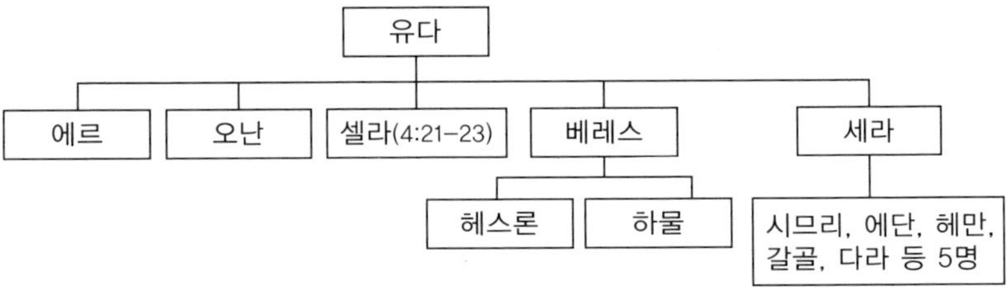

〈그림 9〉

저자가 이스라엘 12지파 중 가장 유력한 유다 지파의 원(原)조상인 유다가 가나안 여인과 결혼했다는 사실을(3절) 이곳에서 굳이 언급하는 이유는 무엇일까? 또한 어떻게 며느리 사이에 쌍둥이를 낳게 되었는지에 대해서는 전혀 언급하지 않는 이유는 무엇일까? 내용을 잘 알지 못하는 사람이 본문을 접하면 유다가 의도적으로 며느리와 불륜 관계를 가진 비열한 사람으로 오해할 수도 있을 텐데 말이다. 첫째, 저자는 하나님이 죄를 매우 싫어하신다는 사실을 강조하고자 한다(Selman, Mabie, cf. 3, 7절; 창 38:7; 수 7:24-26). 이 사람들이 죽은 지 오랜 세월이 지났는데도 이들이 거론될 때마다 죄가 함께 언급되는 것은, 독자들 또한 죄를 지어 그 죄가 영원히 기념되는 일이 없도록 하기 위함이다. 둘째, 저자는 자신이 살고 있는 시대의 이스라엘 공동체에 팽배해져 있는 민족적 배타주의(exclusivism)에 일침을 가하고자 한다(cf. Johnstone, Hill). 이스라엘에서 가장 유력한 지파도 이와 같이 수치스러운 일들에서 시작되었으니 지나친 우월감에 젖어 다른 민족을 무시하지 말라는 것이다. 또한 에스라와 느헤미야는 이스라엘 사람이 타민족과 결혼하는 것에 대해서 매우 부정적인 입장을 고수한 반면, 역대기 기자는 상당히 관대한 입장을 취하고 있음을 암시한다(Allen). 세상 모든 민족과의 관계에서 이스라엘의 위치를 정의하려는 저자의 의도가 잘 드러나 있다.

I. 서론: 계보(1:1-9:34)
2장. 이스라엘(2:3-9:1)
1. 남부 지역 지파들(2:3-4:43)

(2) 헤스론에서 다윗까지(2:9-17)

9 헤스론이 낳은 아들은 여라므엘과 람과 글루배라 10 람은 암미나답을 낳고 암미
나답은 나손을 낳았으니 나손은 유다 자손의 방백이며 11 나손은 살마를 낳고 살마
는 보아스를 낳고 12 보아스는 오벳을 낳고 오벳은 이새를 낳고 13 이새는 맏아들
엘리압과 둘째로 아비나답과 셋째로 시므아와 14 넷째로 느다넬과 다섯째로 랏대
와 15 여섯째로 오셈과 일곱째로 다윗을 낳았으며 16 그들의 자매는 스루야와 아비
가일이라 스루야의 아들은 아비새와 요압과 아사헬 삼형제요 17 아비가일은 아마
사를 낳았으니 아마사의 아버지는 이스마엘 사람 예델이었더라

유다와 다말 사이에 태어난 베레스의 아들 헤스론은 여라므엘, 람, 글루배 등 세 아들을 두었다(9절). 글루배(כְּלוּבָי)는 18절 이후에서 언급되는 갈렙(כָּלֵב)이다(Allen). 갈렙이 헤스론의 아들이라는 점과 두 이름의 히브리어 표기가 비슷하다는 점이 이와 같은 사실을 입증한다(Japhet, Johnstone, Hill). 저자는 이스라엘의 광야생활과 가나안 정복 시절에 중요한 역할을 했던 갈렙과 이 사람을 구분하기 위해 이러한 표기법을 도입하고 있다(Allen).

람은 장자가 아닌데도 헤스론의 아들 중 가장 중요하게 부각된다(Mabie, cf. 9절). 다윗과의 연관성 때문이다. 람은 암미나답을, 암미나답은 나손을, 나손은 살마를, 살마는 보아스를, 보아스는 오벳을, 오벳은 다윗의 아버지 이새를 낳았다(10-12절). 이 계보는 룻기 4:19-22을 인용하여 작성한 것이다. 이새는 엘리압, 아비나답, 시므아, 느다넬, 랏대, 오셈, 다윗 등 일곱 아들과 스루야와 아비가일 등 두 딸을 두었다(13-16a절). 성경에서 다윗의 누이들의 이름을 밝히는 곳은 이곳이 처음이다. 이새의 딸이자 다윗의 누이인 스루야는 아비새, 요압, 아사헬 등 세 아들을 두었다(16b절). 모두 다윗 군대의 용장들이었다. 다윗과 이들 사이가 그처럼 끈끈했던 것이 이들이 친족이었기 때문이라고 생각된다.

다윗의 다른 누이 아비가일은 이스마엘 사람 예델과 결혼하여 아마사를 낳았다(17절). 아마사도 다윗의 용장이었다. 사무엘하 17:25에서는 아마사의 아버지 예델(이드라)이 이스마엘 사람이 아니라 이스라엘 사람이라고 한다. 이 점에 대해서는 역대기가 정확하며 사무엘서의 마소라 사본이 잘 보존되지 않아서 비롯된 것으로 생각된다(Japhet). 본문과 사무엘서를 비교했을 때 드러나는 또 한 가지 문제는 아비가일과 스루

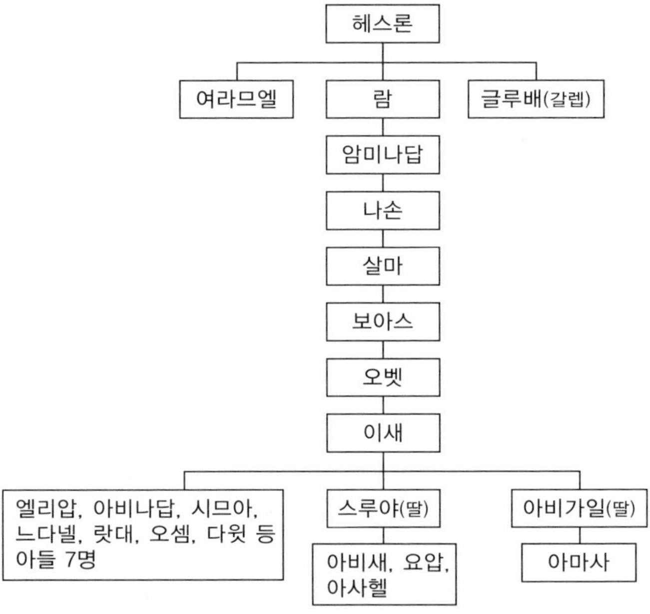

〈그림 10〉

야가 이새가 아닌 나하스의 딸이라고 한다는 점이다(삼하 17:25). 한 가지 가능한 설명은 스루야와 아비가일이 이새의 친딸들이 아니라, 이미 나하스라는 사람과 결혼하여 딸이 있던 여자와 재혼하여 얻은 양딸들이라는 것이다(Hill).

사무엘상 16:10-13과 17:12에서는 이새가 여덟 명의 아들을 두었고 다윗이 바로 여덟 째 아들이라고 하는데, 본문과 잘 어울리지 않는다. 한 주석가는 이새의 여섯 째 아들 오셈과 다윗 사이에 이름이 알려지지 않은 아들이 있었지만, 일찍 죽었기 때문에 다윗이 생존한 아들 중 일곱 째가 되었을 것이라고 추측한다(Payne). 충분히 가능한 일이다. 헤스론에서 다윗 대에 이르기까지의 계보를 그려보면 〈그림 10〉과 같다.

I. 서론: 계보(1:1–9:34)
2장. 이스라엘(2:3–9:1)
1. 남부 지역 지파들(2:3–4:43)

(3) 갈렙의 자손 1(2:18-24)

18 헤스론의 아들 갈렙이 그의 아내 아수바와 여리옷에게서 아들을 낳았으니 그가
낳은 아들들은 예셀과 소밥과 아르돈이며 19 아수바가 죽은 후에 갈렙이 또 에브
랏에게 장가 들었더니 에브랏이 그에게 훌을 낳아 주었고 20 훌은 우리를 낳고 우
리는 브살렐을 낳았더라 21 그 후에 헤스론이 육십 세에 길르앗의 아버지 마길의
딸에게 장가 들어 동침하였더니 그가 스굽을 헤스론에게 낳아 주었으며 22 스굽
은 야일을 낳았고 야일은 길르앗 땅에서 스물세 성읍을 가졌더니 23 그술과 아람
이 야일의 성읍들과 그낫과 그에 딸린 성읍들 모두 육십을 그들에게서 빼앗았으
며 이들은 다 길르앗의 아버지 마길의 자손이었더라 24 헤스론이 갈렙 에브라다에
서 죽은 후에 그의 아내 아비야가 그로 말미암아 아스훌을 낳았으니 아스훌은 드
고아의 아버지더라

갈렙과 그의 아내들인 아수바와 여리옷, 그리고 이들 사이에 태어난 세 아들들의 관계를 묘사하고 있는 히브리어 텍스트를 정확하게 번역하기가 쉽지 않다. 학자들은 대체로 세 가지 가능성을 제시한다. (1) 아수바와 여리옷 둘 다 갈렙의 아내이며, 세 아들은 아수바의 아들들이다. (2) 아수바와 여리옷 둘 다 갈렙의 딸들이며, 아들들은 여리옷의 자녀들이다. (3) 여리옷은 갈렙이 아내 아수바를 통해 얻은 딸이며 세 아들은 이 딸의 자녀들이다(cf. Japhet). 18절을 구성하고 있는 히브리어 문장이 세 아들들을 "그녀의 아들들"(בָנֶיהָ)이라며 단수로 처리하는 것과, 아수바와 여리옷의 관계를 매우 불확실하게 묘사하는 것, 그리고 딸을 통해 얻은 손주를 계보에 올릴 가능성이 별로 없다는 점을 감안할 때, 첫 번째 대안이 가장 가능성이 있어 보인다

이 갈렙은 유다 지파를 대표해서 가나안을 정탐하러 갔던 여분네의 아들 갈렙이 아니다(cf. 민 13:6). 본문이 언급하는 헤스론의 아들 갈렙은 아수바와 여리옷이라는 아내를 두었는데, 이 중 아수바를 통해 예셀, 소밥, 아르돈 등 세 아들(혹은 손주)을 두었다(18절). 또 갈렙은 에브랏을 아내로 맞이하여 훌을 낳았다(19절). 훌은 우리를, 우리는 브살렐을 낳았다(20절). 헤스론은 마길의 딸과 결혼하여 스굽을 낳았고, 스굽은 야일을 낳았다(21-22절). 헤스론이 죽은 후에 그의 아내 아비야는 아스훌을 낳았다(24절). 이 계보가 다른 아내들의 이름은 모두 밝히는데 마길의 딸의 이름은 밝히지 않으며(2:21), 아비야에 대한 언급이 전혀 없다가 갑자기 이 여인이 유복자를 낳았다는 사실이 기록된 것에 대해서 의아해 하는 학자들은 아비야가 새로운 여인이 아니라 마길의 딸이라고 해석한다(Braun, Hill). 그러나 굳이 아비야와 마길의 딸을 같은 사람으로 볼 필요는 없다. 그러므로 마소라 사본을 있는 그대로 번역하는 것이 바람직하다.

이 계보에서 가장 빛을 발하는 사람은 브살렐이다(cf. 20절). 브살렐은 오홀리압과 함께 하나님의 영에 충만하여 성막과 성막에서 사용하는 도구들을 만든 사람이다(cf. 출 31:2, 35:30). 유다 지파에 속한 솔로몬이 성전을 건축하는 데 중심 역할을 했다면, 그의 조상 브살렐은 성막을 만

드는 데 획기적으로 기여했던 것이다. 또한 그의 할아버지 훌은 모세를 가까이에서 도왔던 바로 그 훌일 수 있다(출 17:10, 12; 24:14).

이 계보는 지금까지 우리가 접한 것들과 두 가지 차원에서 성향이 다르다. 첫째, 갈렙의 아내들의 이름을 지속적으로 제시한다(18, 19, 21, 24절). 보통 계보에는 여자의 이름을 언급하지 않는 정황에서 계속 여자들의 이름이 나오며 그 여자들을 통해 얻은 자손들을 나열하는 것이 특이하다. 둘째, 갈렙 집안 사람들은 분명 유다 지파에 속했지만, 그들 중 일부는 요단 강 동북쪽에 위치한 길르앗에 정착했다(22-23절). 계보에서 정착지를 알려 주는 것도 특이한 현상이다. 갈렙이 마길의 딸과 결혼할 때 나이가 60세였다는 점을 알려 주는 것도, 드고아의 통치자가 된 아스훌이 유복자라는 것을 알려 주는 것도 특별하다. 이 섹션을 요약해보면 〈그림 11〉과 같다.

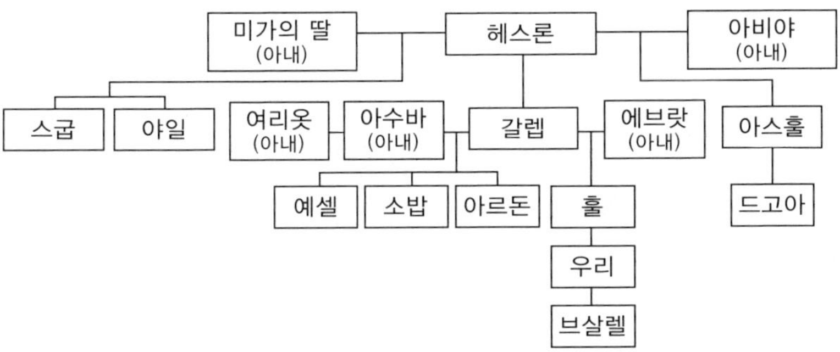

〈그림 11〉

I. 서론: 계보(1:1–9:34)
2장. 이스라엘(2:3–9:1)
1. 남부 지역 지파들(2:3–4:43)

(4) 여라므엘의 자손(2:25-41)

25 헤스론의 맏아들 여라므엘의 아들은 맏아들 람과 그 다음 브나와 오렌과 오셈
과 아히야이며 26 여라므엘이 다른 아내가 있었으니 이름은 아다라라 그는 오남의

어머니더라 27 여라므엘의 맏아들 람의 아들은 마아스와 야민과 에겔이요 28 오남
의 아들들은 삼매와 야다요 삼매의 아들은 나답과 아비술이며 29 아비술의 아내의
이름은 아비하일이라 아비하일이 아반과 몰릿을 그에게 낳아 주었으며 30 나답의
아들들은 셀렛과 압바임이라 셀렛은 아들이 없이 죽었고 31 압바임의 아들은 이시
요 이시의 아들들은 세산이요 세산의 아들은 알래요 32 삼매의 아우 야다의 아들
들은 예델과 요나단이라 예델은 아들이 없이 죽었고 33 요나단의 아들들은 벨렛과
사사라 여라므엘의 자손은 이러하며 34 세산은 아들이 없고 딸뿐이라 그에게 야르
하라 하는 애굽 종이 있으므로 35 세산이 딸을 그 종 야르하에게 주어 아내를 삼게
하였더니 그가 그로 말미암아 앗대를 낳고 36 앗대는 나단을 낳고 나단은 사밧을
낳고 37 사밧은 에블랄을 낳고 에블랄은 오벳을 낳고 38 오벳은 예후를 낳고 예후
는 아사랴를 낳고 39 아사랴는 헬레스를 낳고 헬레스는 엘르아사를 낳고 40 엘르아
사는 시스매를 낳고 시스매는 살룸을 낳고 41 살룸은 여가먀를 낳고 여가먀는 엘
리사마를 낳았더라

저자는 이제 헤스론의 맏아들 여라므엘의 자손들에게 관심을 돌린다. 여라므엘의 계보는 매우 상세하고 상당한 수준의 개인적인 신상 정보를 포함한다. 저자가 이 계보를 정리하면서 인용했을 만한 정경 자료는 없다. 성경 어디에도 기록되지 않은 새로운 정보를 제공하고 있다. 저자는 남자 37명과 여자 3명을 언급하며 여라므엘의 자손들을 19대로 정리한다.[1] 물론 그의 자손이 모두 언급된 것은 아니다. 저자는 여라므엘에서 엘리사마에 이르는 자손 라인에 관심을 집중한다.

모든 사람이 자손을 남긴 것도 아니다. 셀렛(30절)과 예델(32절)은 아들을 낳지 못하고 죽었다고 한다. 세산(34절)도 동일한 문제를 안고 있

---

1 일부 주석가들은 아히야(2:25)가 여라므엘의 아들이 아니라 아내라고 한다(Selman, Hill). 이 이름이 남성도, 여성도 아닌 중성이라는 점을 감안할 때 여자의 이름으로도 사용될 수 있기는 하지만, 성경 안에서 이 이름은 남자의 이름으로 사용되고 있다(cf. 왕상 4:3, 11:29, 15: 27; 삼상 14:3). 그러므로 아히야는 여라므엘의 다섯 번째 아들로 간주하는 것이 바람직하다.

었는데, 그는 자신이 데리고 있던 종 야르하에게 딸을 주어 집안의 대를 이었다. 셀렛과 예델처럼 대가 끊어지는 위기를 맞이한 세산은 지혜로운 방법으로 대를 이었고, 바로 이 줄기가 저자의 집중적인 관심을 받고 있다. 같은 문제를 접한 사람들이 어떻게 대처하느냐에 따라 결과는 천차만별이라는 교훈을 준다. 또한 하나님은 이처럼 노력하는 자들을 축복하시지 않겠는가!

이 계보를 해석하는 데 있어서 가장 어려운 점은 31절이 세산에게 알래(אַחְלָי)라는 아들이 있었다고 한 반면, 34절은 아들이 없고 딸만 있어서 결국 자신이 부리던 이집트 종과 딸을 결혼시켜 앗대(עַתַּי)를 낳았다고 한다. 세산이 자신의 딸을 종과 결혼시켜 대를 이었다는 것은 당시 정황에 잘 맞는 말이다. 만일 그가 딸을 신분이 자유인인 사람과 결혼시켰다면, 딸을 통해서 얻은 자손들을 결코 자신의 자손으로 간주할 수 없기 때문이다. 세산이 자신의 딸과 결혼시킨 종이 이집트 사람이었다는 점을 밝힌 것도 저자가 열방과 이스라엘의 관계를 이야기하는 데 도움이 된다(cf. Johnstone, Hill, Mabie).

그런데 알래와 앗대의 관계를 어떻게 이해할 것인가? 세산이 어떻게 딸을 종과 결혼시켜 자손을 얻었는가를 회고하는 부분이 상당히 상세하게 기록되어 있으며 신빙성이 있다. 한 주석가는 알래가 여자의 이름이며 세산의 딸이라고 풀이한다(Curtis, Hill). 그러나 알래라는 이름이 성경에 한 번 더 사용되는데, 밧세바의 남편 우리아의 조상의 이름이다(대상 11:41). 알래는 남자의 이름인 것이다. 그러므로 31절의 알래는 앗대를 잘못 표기한 것으로 보는 것이 좋을 것 같다. 즉, 알래(31절)와 앗대(35절)는 같은 사람이다.

본 텍스트와 같은 내림 계보는 마지막으로 언급되는 사람에게 초점이 맞춰져 있다(cf. 1장 서론). 그러므로 이 계보의 경우 엘리사마가 가장 중요하다. 아마도 저자는 엘리사마의 정당성(viz., 그가 참 이스라엘 사람이라는 점)을 드러내고자 했을 것이다(Hill). 그러나 불행하게도 우리는 엘리사마에 대해서 아무것도 아는 바가 없다. 본 텍스트에 기록된 정보는 정경의 다른 곳에서 확인이나 대조를 할 수 없다. 엘리사마에 대한 모든 정보가 역사 속에 사라져 버렸다. 그러나 저자가 이 섹션에서 심혈을 기울여 그에게 도달하는 것을 보면 엘리사마는 이스라엘 집안에서 매우 유력한 사람이었던 것이 분명하다. 이 섹션에 기록된 정보를 도표로 정리해보면 〈그림 12〉와 같다.

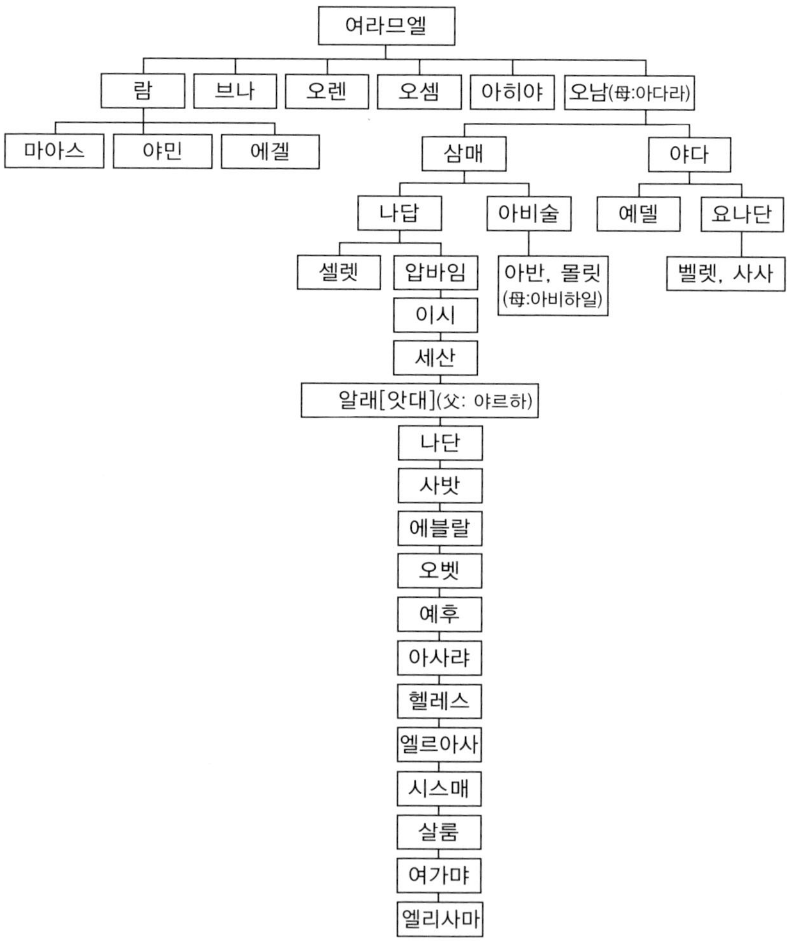

〈그림 12〉

(5) 갈렙의 자손 2(2:42-55)

42 여라므엘의 아우 갈렙의 아들 곧 맏아들은 메사이니 십의 아버지요 그 아들은
마레사니 헤브론의 아버지이며 43 헤브론의 아들들은 고라와 답부아와 레겜과 세
마라 44 세마는 라함을 낳았으니 라함은 요르그암의 아버지이며 레겜은 삼매를 낳
았고 45 삼매의 아들은 마온이라 마온은 벧술의 아버지이며 46 갈렙의 소실 에바는
하란과 모사와 가세스를 낳고 하란은 가세스를 낳았으며 47 야대의 아들은 레겜과
요단과 게산과 벨렛과 에바와 사압이며 48 갈렙의 소실 마아가는 세벨과 디르하나
를 낳았고 49 또 맛만나의 아버지 사압을 낳았고 또 막베나와 기브아의 아버지 스
와를 낳았으며 갈렙의 딸은 악사더라 50 갈렙의 자손 곧 에브라다의 맏아들 훌의
아들은 이러하니 기럇여아림의 아버지 소발과 51 베들레헴의 아버지 살마와 벧가
델의 아버지 하렙이라 52 기럇여아림의 아버지 소발의 자손은 하로에와 므누홋 사
람의 절반이니 53 기럇여아림 족속들은 이델 종족과 붓 종족과 수맛 종족과 미스
라 종족이라 이로 말미암아 소라와 에스다올 두 종족이 나왔으며 54 살마의 자손
들은 베들레헴과 느도바 종족과 아다롯벳요압과 마나핫 종족의 절반과 소라 종족
과 55 야베스에 살던 서기관 종족 곧 디랏 종족과 시므앗 종족과 수갓 종족이니 이
는 다 레갑 가문의 조상 함맛에게서 나온 겐 종족이더라

저자는 이미 헤스론의 아들 갈렙 자손의 계보를 부분적 제시한 적이 있다(2:18-20). 이제 다시 갈렙 자손의 계보를 정리한다. 그러나 이 섹션에 기재된 내용은 이미 제시된 계보와 별 연관성이 없다. 완전히 다른 라인을 정리하기 때문이다. 또한 이 계보는 서로 연관성이 없는 여러 마디로 구성되어 있다(그림 13 참고). 예를 들면 "야대의 아들은 레겜과 요단과 게산과 벨렛과 에바와 사압이라"고 하는데(47절), 야대가 누구며 누구의 후손인지 밝히지 않는다. 다만 이 정보가 갈렙의 자손 계보에 포함되어 있는 것으로 보아 그는 갈렙의 자손이었을 것으로 생각된

다. 또, 55절에서는 야베스에 사는 서기관들이 이방 족속인 겐 종족이 라고 한다(cf. 창 15:19). 세월이 지나면서 겐 종족 중 일부가 이스라엘에 자연스럽게 흡수되었을 것으로 본다(Japhet).

저자가 이처럼 서로 연관성이 없어 보이는 계보들을 이곳에 나열하는 것은 비록 이것들이 분산된 지 오래되고 잘 보존되지 않은 조각들이지만, 유다 지파의 족보를 구성하는 일에 있어서 중심에 두고자 해서였을 것이다(Thompson). 이스라엘에서 가장 유력한 유다 지파에 이미 오래전부터 이방 족속이 섞여 있었다는 사실은 저자의 열방을 향한 열린 마음을 한층 더 격려했을 것이다.

이 계보를 관찰하다 보면 한 가지 어려운 점이 드러난다. 본문에는 "아버지"(אָב)라는 용어로 여러 사람들의 관계가 묘사되지만(viz., 십의 아버지, 헤브론의 아버지, 벧술의 아버지, 맛만나의 아버지, 기럇여아림의 아버지, 벧가델의 아버지), 이 이름들은 모두 지역 이름이기도 하다. 이런 경우 "아버지"는 곧 "지배자/다스리는 자"라는 뜻으로 풀이될 수 있다(cf. 새번역 각주). 그러므로 이 이름들을 사람의 이름으로 이해할 것인가, 아니면 성읍들의 이름으로 처리할 것인가는 계보를 이해하는 데 새로운 변수로 떠오른다. 필자는 이 이름들을 지역 이름으로 보고자 한다.

소발에게서 베들레헴 족의 지도자 살마가 나왔고, 그의 자손들이 그곳에 정착했다는 정보는 잠시 후 시작될 다윗의 계보를 예고한다(Hill, cf. 51, 54절). 저자는 겐 족에게서 레갑이 나왔다고 하는데, 이 둘의 관계가 확실하지 않다(cf. 왕하 10:15; 렘 35장). 본문을 정리해보면 〈그림 13〉과 같이 네 개의 조각난 계보가 드러난다.

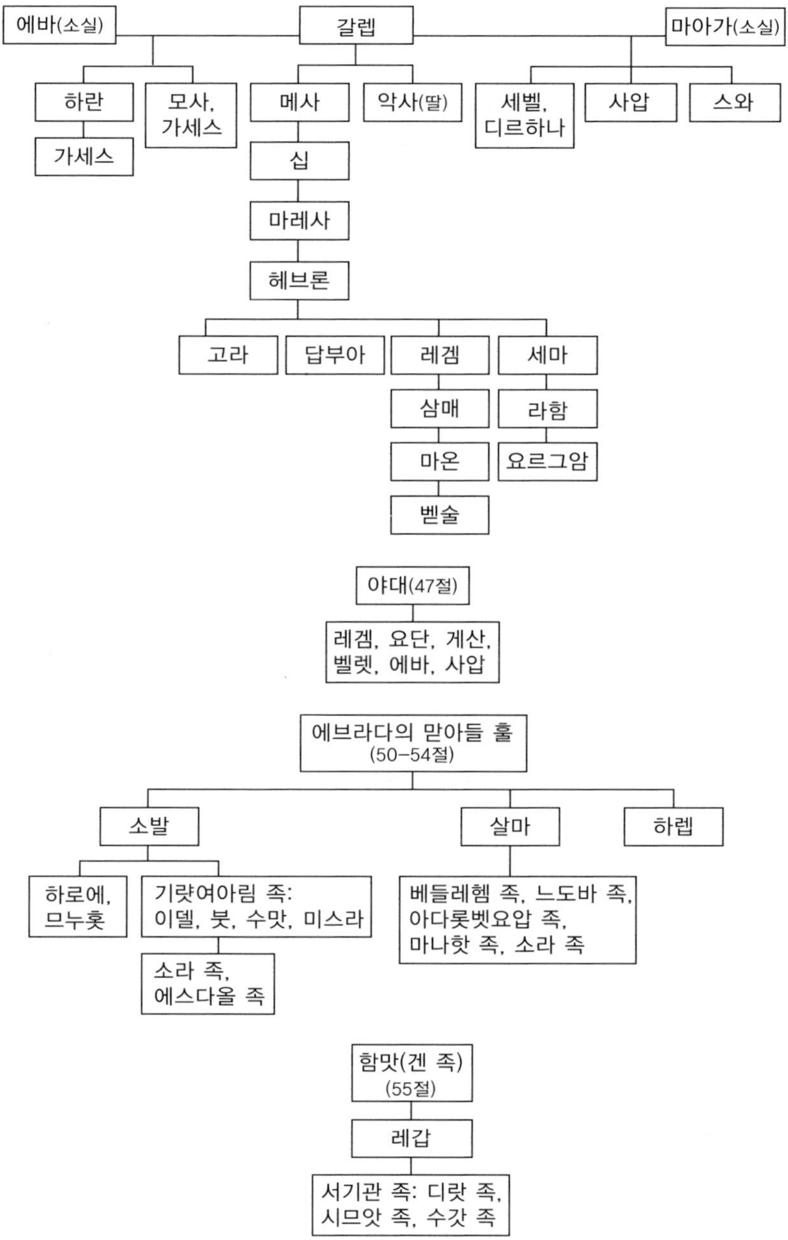
에바(소실)
갈렙
마아가(소실)
하란
모사,
가세스
메사
악사(딸)
세벨,
디르하나
사압
스와
가세스
십
마레사
헤브론
고라
답부아
레겜
세마
삼매
라함
마온
요르그암
벧술
야대(47절)
레겜, 요단, 게산,
벨렛, 에바, 사압
에브라다의 맏아들 훌
(50–54절)
소발
살마
하렙
하로에,
므누홋
기럇여아림 족:
이델, 붓, 수맛, 미스라
베들레헴 족, 느도바 족,
아다롯벳요압 족,
마나핫 족, 소라 족
소라 족,
에스다올 족
함맛(겐 족)
(55절)
레갑
서기관 족: 디랏 족,
시므앗 족, 수갓 족

〈그림 13〉

I. 서론: 계보(1:1–9:34)
2장. 이스라엘(2:3–9:1)
1. 남부 지역 지파들(2:3–4:43)

(6) 다윗의 자손(3:1-24)

저자는 드디어 유다 지파 계보의 중심에 있는 다윗 자손들의 계보를 논한다. 통일왕국 이스라엘과 분열왕국 유다를 통치했던 왕족들의 계보를 정리하고 있는 것이다. 그러나 저자는 다윗에서 여호야긴에 이르는 모든 세대에 대해서 상세하게 언급하지 않는다. 먼저 다윗의 아내들과 그들을 통해 얻은 자녀 20명의 이름을 나열한다(3:1-9). 그 다음 솔로몬에서 요시야에 이르는 16대가 간단명료하게 제시된다(3:10-14). 마지막으로 요시야의 아들들 시대에서 포로기 시대에 이르는 다윗 자손의 계보를 상당한 유연성을 가지고 묘사한다(3:15-24). 아마도 이 계보의 마지막에 언급되는 사람들은 다윗의 30대 자손들인 것으로 생각된다(Johnstone). 다윗 집안 계보를 정리하고 있는 본 텍스트는 다음과 같이 네 파트로 구분한다.

A. 다윗이 헤브론 시절에 얻은 자식들(3:1-4a)

A'. 다윗이 예루살렘에서 얻은 아들들(3:4b-9)

B. 솔로몬에서 요시야까지(3:10-14)

B'. 요시야에서 포로기까지(3:15-24)

I. 서론: 계보(1:1–9:34)
2장. 이스라엘(2:3–9:1)
1. 남부 지역 지파들(2:3–4:43)
(6) 다윗의 자손(3:1–24)

① 다윗이 헤브론 시절에 얻은 자식들(3:1–4a)

1 다윗이 헤브론에서 낳은 아들들은 이러하니 맏아들은 암논이라 이스르엘 여인 아히노암의 소생이요 둘째는 다니엘이라 갈멜 여인 아비가일의 소생이요 2 셋째는 압살롬이라 그술 왕 달매의 딸 마아가의 아들이요 넷째는 아도니야라 학깃의

아들이요 [3] 다섯째는 스바댜라 아비달의 소생이요 여섯째는 이드르암이라 다윗의
아내 에글라의 소생이니 [4a] 이 여섯은 헤브론에서 낳았더라 다윗이 거기서 칠 년
육 개월 다스렸고

본 섹션은 다윗이 헤브론에서 유다 지파의 왕으로 7년 6개월 동안 있으면서 낳은 아들들과 그들의 어머니의 이름을 나열하고 있다. 이 계보는 사무엘하 3:2-5을 그대로 반영하고 있다. 사무엘서에 의하면 다윗이 헤브론에서 왕이 되기 전에 이미 그에게는 최소한 두 아내가 있었다. 또 이곳에 언급되고 있는 다윗의 여섯 아내가 각자 아들 한 명만 낳지는 않았을 것이다. 이 목록은 헤브론 시대를 기준으로 해서 선별적으로 제시한 것이다. 그러므로 이 아들들이 모두 헤브론에서 태어났거나 당시 다윗의 아들 전부라고 생각할 필요는 없다(Japhet). 아마도 이 아들들은 다윗이 이 아내들을 통해 얻은 첫째 아들들이었을 것이다(Mabie).

목록에 언급된 다윗의 아내 중 마아가에 대한 설명이 가장 길다. 저자는 그녀가 그술 왕 달매의 딸이라는 설명을 덧붙인다(2절). 다윗이 처음 시도한 정략결혼으로 얻은 아내이기 때문일 것이다. 사무엘서는 아비가일이 낳은 아들을 길르압이라고 하는데, 본문은 다니엘이라고 한다(cf. 삼하 3:2-5). 아마도 길르압의 다른 이름이 다니엘이었거나 텍스트가 부패하여 잘 보존되지 못한 결과로 생각된다. 본문이 제시하는 정보를 도표로 요약하면 〈그림 14〉와 같다.

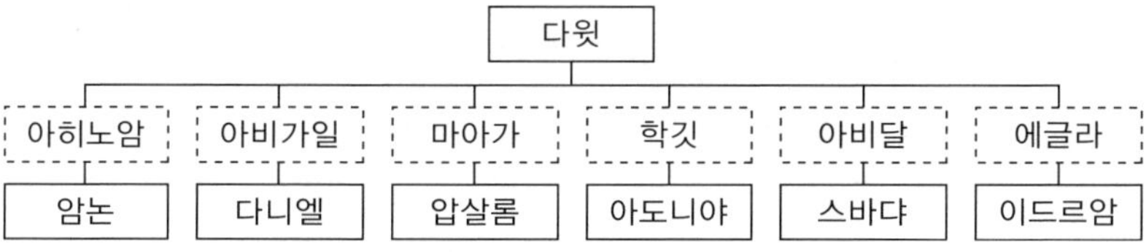

〈그림 14〉

*점선은 아내

Ⅰ. 서론: 계보(1:1–9:34)
2장. 이스라엘(2:3–9:1)
1. 남부 지역 지파들(2:3–4:43)
(6) 다윗의 자손(3:1–24)

② 다윗이 예루살렘에서 얻은 아들들(3:4b–9)

4b 또 예루살렘에서 삼십삼 년 다스렸으며 5 예루살렘에서 그가 낳은 아들들은 이
러하니 시므아와 소밥과 나단과 솔로몬 네 사람은 다 암미엘의 딸 밧수아의 소생
이요 6 또 입할과 엘리사마와 엘리벨렛과 7 노가와 네벡과 야비아와 8 엘리사마와
엘랴다와 엘리벨렛 아홉 사람은 9 다 다윗의 아들이요 그들의 누이는 다말이며 이
외에 또 소실의 아들이 있었더라

이 계보는 사무엘하 5:14-16을 근거로 한다(cf. 대상 14:4-7). 사무엘서는 다윗이 예루살렘에서 낳은 아들이 11명이라고 하는데, 역대기 저자는 13명이라고 한다. 엘리벨렛(6절)과 노가(7절)가 추가된 아들들이다. 사무엘서가 언급하지 않는 다윗의 두 아들의 이름을 추가로 밝히는 것은 솔로몬의 위치 때문이다(Johnstone). 다윗이 헤브론에서 얻은 아들이 6명, 예루살렘에서 얻은 아들이 13명 등 총 19명이다. 예루살렘에서 얻은 자식들 중에 밧세바를 통해서 얻은 아들 4명이 먼저 언급되는데, 솔로몬은 밧세바의 아들들 중 막내이거나 중요성을 고려해서 마지막 자리에 온다(cf. Mabie). 그러므로 다윗의 아들 19명 중 솔로몬의 위치를 수학적으로 표시하면 9(헤브론 6+밧세바 3)+1(솔로몬)+9(예루살렘)가 된다. 이처럼 솔로몬을 다윗의 아들들 중 한가운데 두는 것은 그들 중 가장 핵심인물이라는 것을 알리기 위해서이다(cf. Johnstone).

본문은 솔로몬의 어머니가 밧수아(בַּת־שׁוּעַ)이며 암미엘(עַמִּיאֵל)의 딸이라 한다(5절). 반면에 사무엘서는 그녀를 밧세바(בַּת־שֶׁבַע)라고 하며 엘리암(אֱלִיעָם)의 딸이라고 한다. 비록 이름에 다소 차이가 있지만 밧수아-밧세바, 암미엘-엘리암이 각각 동일 인물인 것은 의심할 여지가 없다. 또한 사무엘서는 밧세바의 첫째 아들을 삼무아(שַׁמּוּעַ)라고 하는데 본문은 시므아(שִׁמְעָא)라고 한다(cf. 삼하 5:14; cf. 대상 14:4). 큰 차이는 아니다.

다윗이 예루살렘에서 얻은 아들들을 정리해보면 〈그림 15〉와 같다.

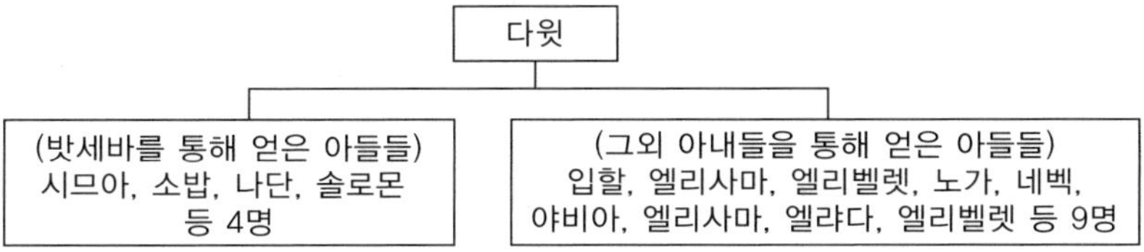

〈그림 15〉

I. 서론: 계보(1:1–9:34)
2장. 이스라엘(2:3–9:1)
1. 남부 지역 지파들(2:3–4:43)
(6) 다윗의 자손(3:1–24)

③ 솔로몬에서 요시야까지(3:10–14)

10 솔로몬의 아들은 르호보암이요 그의 아들은 아비야요 그의 아들은 아사요 그의
아들은 여호사밧이요 11 그의 아들은 요람이요 그의 아들은 아하시야요 그의 아들
은 요아스요 12 그의 아들은 아마샤요 그의 아들은 아사랴요 그의 아들은 요담이
요 13 그의 아들은 아하스요 그의 아들은 히스기야요 그의 아들은 므낫세요 14 그의
아들은 아몬이요 그의 아들은 요시야이며

저자는 3:10-14를 통해 다윗의 아들 솔로몬부터 므깃도에서 죽은 요시야까지 16대의 계보를 요약하여 정리한다. 지금까지 여러 계보에서 사용된 숫자들을 감안하면 이 계보의 중요성이 쉽게 드러난다. 저자는 인류의 조상 아담부터 노아까지를 10대로 정리했다(1:1-4). 노아의 아들 셈부터 아브라함까지를 또 10대로 정리했다(1:24-27). 아브라함의 아들 이삭에서 람에 이르는 세대를 이삭-이스라엘-유다-베레스-헤스론-람 등 6대로 정리했다(1:34-2:9). 람의 아들 암미나답부터 다윗의 아버지 이새까지도 6대로 정리했다(2:10-12). 그리고 다윗의 아들 솔로몬부터 요시야까지가 16대이며, 여기에 다윗을 더하면 총 49대가 된다.

성경에서 '49'는 이스라엘의 안식년과 희년 제도에서 매우 중요한 숫자이다. 50년째 되는 해에는 모든 노예가 자유하게 되고 모든 빚이

탕감된다(cf. 레 25장). 저자는 이 계보를 통해서 요시야 이후로 이집트와 바빌론으로 끌려간 주의 백성들에게 희년의 자유를 선포하는 듯하다(Johnstone). 그렇다면 왜 이스라엘의 마지막 왕인 시드기야가 아니라 요시야인가?

요시야의 죽음으로 인하여 유다는 자치권을 잃고, 이집트 혹은 바빌론이 유다의 왕들을 세우고 인준한다. 그러므로 요시야의 죽음을 기점으로 이스라엘의 속박(viz., 포로생활)이 시작되었다고 볼 수 있다. 저자

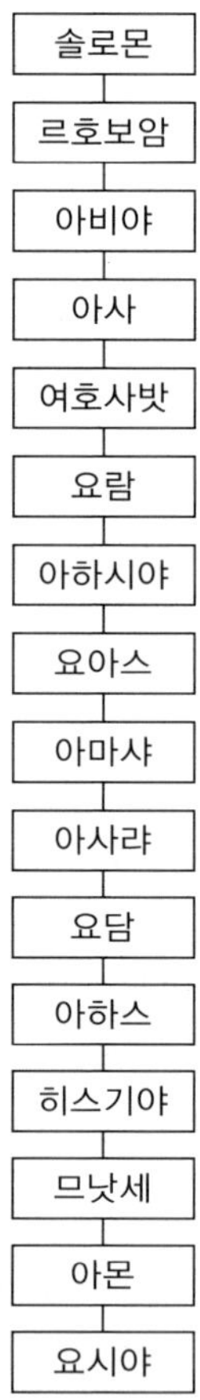

〈그림 16〉

는 아담에서 요시야 때까지를 49대로 정리하여 이방인들의 속박에 고통당하고 있는 주의 백성들에게 희년의 자유를 선포하고자 했다. 솔로몬에서 요시야에 이르는 16대의 계보는 〈그림 16〉과 같다.

I. 서론: 계보(1:1–9:34)
2장. 이스라엘(2:3–9:1)
1. 남부 지역 지파들(2:3–4:43)
(6) 다윗의 자손(3:1–24)

④ 요시야에서 포로기까지(3:15–24)

15 요시야의 아들들은 맏아들 요하난과 둘째 여호야김과 셋째 시드기야와 넷째 살
룸이요 16 여호야김의 아들들은 그의 아들 여고냐, 그의 아들 시드기야요 17 사로
잡혀 간 여고냐의 아들들은 그의 아들 스알디엘과 18 말기람과 브다야와 세낫살과
여가먀와 호사마와 느다뱌요 19 브다야의 아들들은 스룹바벨과 시므이요 스룹바
벨의 아들은 므술람과 하나냐와 그의 매제 슬로밋과 20 또 하수바와 오헬과 베레
갸와 하사댜와 유삽헤셋 다섯 사람이요 21 하나냐의 아들은 블라댜와 여사야요 또
르바야의 아들 아르난의 아들들, 오바댜의 아들들, 스가냐의 아들들이니 22 스가냐
의 아들은 스마야요 스마야의 아들들은 핫두스와 이갈과 바리야와 느아랴와 사밧
여섯 사람이요 23 느아랴의 아들은 에료에내와 히스기야와 아스리감 세 사람이요
24 에료에내의 아들들은 호다위야와 엘리아십과 블라야와 악굽과 요하난과 들라
야와 아나니 일곱 사람이더라

저자는 요시야에서 포로기에 이르는 다윗 자손 계보를 14대로 정리한다. 확실히 단정 지을 수는 없지만, 요시야의 14대 자손들은 역대기 저자의 시대에 살았던 사람들일 것이다(Braun, Hill, Allen). 저자는 자기 시대에 살았던 다윗의 후손 중 일부를 이곳에 나열하고 있다. 하나님이 다윗에게 주신 언약(cf. 삼하 7장)이 포로기 시대에도 아직 유효하다며 귀향민들에게 소망을 제시하기 위해서이다(Mabie). 이 소망은 예수님을 통해 최종적으로 성취된다(cf. 마 22:42; 눅 1:32; 행 15:16).

요시야의 셋째 아들 시드기야(15절)의 본명은 맛다니야였는데 바빌론 왕 느부갓네살이 그를 유다의 왕으로 세우면서 시드기야로 이름을 바꾸었다(왕하 24:17). 열왕기하 23:31, 36절에 의하면 여호야김이 요하난(여호아하스)보다 2살이 더 많다. 반면에 본문은 요하난이 여호야김보다 먼저 태어났다고 한다(15절). 아마도 세월이 지나면서 텍스트가 잘 보존되지 못해서 빚어진 일로 생각된다(Payne).

본 텍스트는 여호야김에게 여고냐와 시드기야 등 두 아들이 있었다고 하는데(16절), 열왕기에는 시드기야에 대한 언급이 전혀 없다. 여고냐의 아들 중 세낫살(שֶׁנְאַצַּר)(18절)이 유다 총독으로 불리는 세스바살(שֵׁשְׁבַּצַּר)(스 1:8-11)이었을 것이라는 해석이 있다(Hill). 세스바살은 스룹바벨과 함께 귀향민들을 이끌고 예루살렘으로 돌아온 사람이었다.

본문은 브다야의 아들 스룹바벨을 언급한다. 이 스룹바벨과 에스라서와 스가랴서에서 단순히 "스룹바벨"로 불리는 사람, 그리고 학개서가 스알디엘의 아들로 부르는 스룹바벨(cf. 학 1:1, 2:20)의 관계는 무엇인가? 어떤 주석가는 브다야의 형제 스알디엘에게 자손이 없어서 그가 스룹바벨을 양자로 삼은 것이거나(Rudolph), 스알디엘의 아들을 브다야가 데려다 키운 것이라고 풀이한다(Ibn Ezra). 다른 학자들은 이들은 동명이인이며 서로 사촌지간이라고 한다. 브다야와 그의 형제 스알디엘 둘 다 스룹바벨이란 이름의 아들을 두었으며, 에스라서와 학개서가 언급하는 스룹바벨은 스알디엘의 아들이며, 본문이 언급하는 스룹바벨은 브다야의 아들이라는 것이다(Albright). 반면에 대부분의 주석가들은 칠십인역이 본문에서 브다야를 스알디엘로 대입한 것을 근거로 스룹바벨을 스알디엘의 아들로 간주한다(cf. Japhet). 본문이 스알디엘과 브다야의 위치를 바꾸고 있다는 것이다. 이 역시 세월이 지나면서 사본에 스며든 실수로 볼 수밖에 없다.

역대기 저자가 언급하고 있는 다윗의 후손들, 특히 포로기 이후 시대에 살았던 그의 후손들은 다윗 왕조의 회복을 확신했다(Selman). 그들의 이름에서 이러한 소망을 확인할 수 있다. 스룹바벨의 아들 무술람(מְשֻׁלָּם)(19절)은 "회복되다/대가를 치렀다"(cf. HALOT), 하나냐(חֲנַנְיָה)(19절)는 "여호와는 자비로우시다"(cf. HALOT), 슬로밋(שְׁלֹמִית)(19절)은 "평화"(Braun), 하수바(חֲשֻׁבָה)(20절)는 "〔여호와께서〕 존귀하게 여김"(cf. HALOT), 오헬(אֹהֶל)(20절)은 "〔하나님의〕 텐트/장막", 베레갸(בֶּרֶכְיָה)(20절)는 "여호와께서 축복하셨다", 하사댜(חֲסַדְיָה)(20절)는 "여호와는 자비로우시다", 유삽헤셋(יוּשַׁב חֶסֶד)(20절)은 "언약적 사랑이 돌아오다"라는

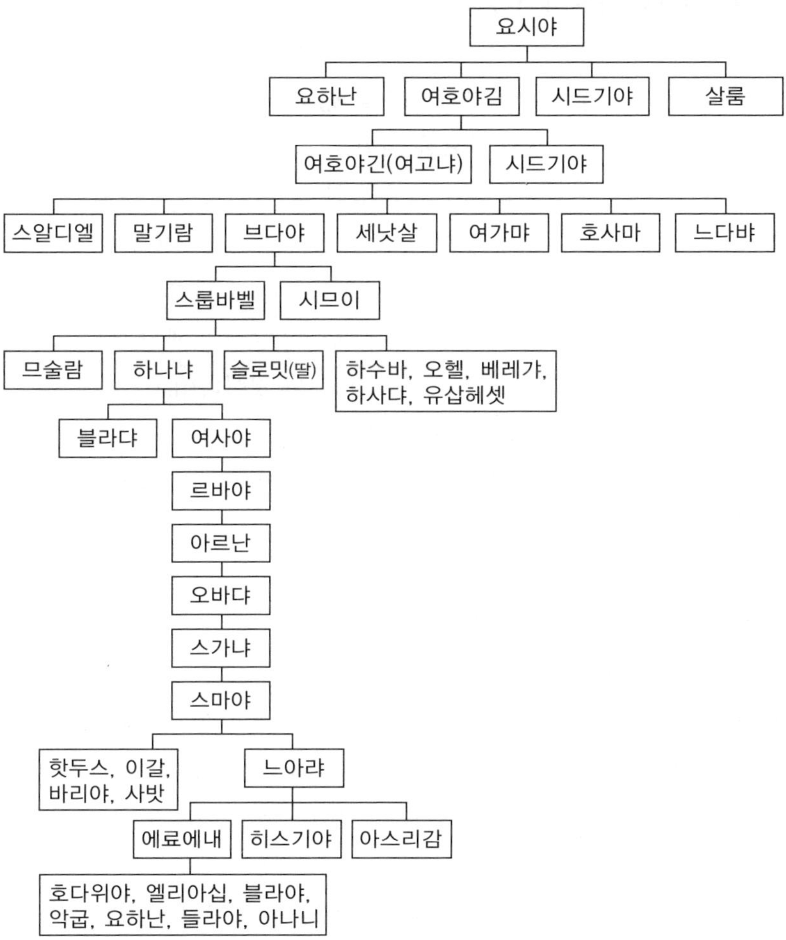

〈그림 17〉

*새번역 참고

뜻을 지녔다. 이들의 이름은 한결같이 하나님과 회복된 관계를 바탕으로 하며 이스라엘의 밝은 미래를 확신하고 있다. 요시야 이후 다윗 자손의 14대 계보는 〈그림 17〉과 같다(3:15-24).

> I. 서론: 계보(1:1–9:34)
> 2장. 이스라엘(2:3–9:1)
> 1. 남부 지역 지파들(2:3–4:43)

(7) 유다의 자손(4:1-23)

저자는 이미 2장에서 유다의 자손들에 대해서 상당 부분 언급했다. 유다 자손 중에서도 가장 중요한 다윗 왕족의 계보를 3장에서 상세하게 기록한 다음, 이제 4장에서 다시 유다 자손의 계보를 정리한다. 왕족의 계보인 3장을 가운데 두고 유다 지파의 계보인 2장과 4장이 대칭을 이루고 있다. 저자가 이처럼 다시 유다 지파의 나머지 집안 사람들에 대한 계보를 제시하는 것은 왕족에 대한 집중적인 관심 때문에 상대적으로 소외감을 느낄 수 있는 그들을 배려한 것이다(Hill).

이 섹션을 구성하고 있는 정보는 짜임새와 연결성이 떨어진다. 여러 개의 조각난 계보들로 구성되어 있어 각 조각들의 연결성이 혼란스럽다. 또한 4장에 기록된 정보는 성경 다른 곳에서 찾아볼 수 없는 독특한 것들이다. 그래서 불명확한 사람과 지역 이름들이 해석에 어려움을 더한다. 이런 이유들로 유다 지파의 계보를 형성하는 2-4장에서 이 섹션이 가장 난해하다(cf. Japhet). 그럼에도 불구하고 "[지역/사람]의 아버지/조상"이라는 말이 지속적으로 반복되면서 통일성을 준다(cf. 4:3, 4, 5, 11, 12, 14, 17, 18, 19, 21절). 여자들을 꾸준히 언급하는 일(cf. 4:3, 5, 17, 18, 19절)과 사람들의 직업에 대해서 설명하는 것(cf. 4:14, 21, 23절)도 텍스트에 응집력(cohesiveness)을 더한다.

지금까지와는 다르게 본 텍스트가 기도문을 포함하고 있는 것도 특이하다(4:9-10). 계보에 등장하는 이름들의 연계성이 상당히 혼란스럽기는 하지만 본문은 다음과 같이 6개 섹션으로 구분할 수 있다.

A. 베레스의 자손 훌과 아스훌의 계보(4:1-8)

B. 야베스의 기도(4:9-10)

C. 글룹의 계보(4:11-12)

D. 옷니엘과 갈렙의 계보(4:13-16)

E. 에스라 외 다른 사람들의 계보(4:17-20)

F. 셀라의 계보(4:21-23)

I. 서론: 계보(1:1–9:34)
2장. 이스라엘(2:3–9:1)
1. 남부 지역 지파들(2:3–4:43)
(7) 유다의 자손(4:1–23)

① 베레스의 자손 훌과 아스훌의 계보(4:1–8)

**1 유다의 아들들은 베레스와 헤스론과 갈미와 훌과 소발이라 2 소발의 아들 르아
야는 야핫을 낳고 야핫은 아후매와 라핫을 낳았으니 이는 소라 사람의 종족이며
3 에담 조상의 자손들은 이스르엘과 이스마와 잇바스와 그들의 매제 하술렐보니
와 4 그돌의 아버지 브누엘과 후사의 아버지 에셀이니 이는 다 베들레헴의 아버지
에브라다의 맏아들 훌의 소생이며 5 드고아의 아버지 아스훌의 두 아내는 헬라와
나아라라 6 나아라는 그에게 아훗삼과 헤벨과 데므니와 하아하스다리를 낳아 주
었으니 이는 나아라의 소생이요 7 헬라의 아들들은 세렛과 이소할과 에드난이며
8 고스는 아눕과 소베바와 하룸의 아들 아하헬 종족들을 낳았으며**

저자는 3장에 다윗 왕조의 계보를 상세하게 제시하기 위해서 2장에서 시작된 유다 지파의 계보를 잠시 멈추었다(cf. 2:50-55). 이제 다시 유다 지파의 계보로 돌아와 나머지 부분을 정리한다. 먼저 유다에서 소라에 이르는 계보를 나열한다(1-2절). 본문이 "유다의 아들들은"(בְּנֵי יְהוּדָה)이라는 말로 1절을 시작하지만, 실제로 이들은 유다의 아들들이(cf. 2:2-4) 아니라 유다가 아들 베레스를 통해 얻은 후손들이다. 병렬 계보가 아니라 직렬적이며 내림 계보인 것이다.

이 계보가 소라 족(צָרְעָה)에서 끝나는 것은 저자가 소라 사람들에게 관심이 많음을 암시한다(Thompson, cf. 2:53). 이 마을에 관심을 갖는 것은 소라가 바빌론에서 돌아온 귀향민들이 정착한 곳 중 하나이기 때문이다(cf. 느 11:29). 귀향민들이 돌아와 옛적 유다 지파에 속했던 지역에 정착함으로써 포로생활로 끊어져 버린 이스라엘 민족의 역사의 다리를 이어가고 있음을 말해주고 있다(Hill). 소라는 또한 통일왕국이 분열할 때 르호보암이 북 왕국 이스라엘의 침략을 대비해서 요새화시킨 성읍 중 하나이다(대하 11:10).

본문은 훌의 아버지가 갈미(כַּרְמִי)라고 하는데(1절), 2:9은 그를 글루배(כְּלוּבָי)라 하고 2:19은 갈렙(כָּלֵב)이라고 한다. 이러한 혼선이 저자가 각각 다른 출처들을 인용하고 있기 때문에 빚어진 일로 간주하는 것보다(cf. Williamson), 갈미가 갈렙이나 글루배의 자료가 부패된 것으로 보는 것이 바람직하다(cf. BHS, Rudolph, Johnstone, Japhet). 세월이 지나면서 텍스트에 스며든 오류라는 것이다. 유다에서 소라 사람들의 조상인 아후매와 라핫에 이르는 9대의 계보는 〈그림 18〉과 같다.

거의 모든 번역본이 칠십인역을 근거로 3절을 "에담의 아들은"이라는 말로 시작하지만(cf. 공동; 새번역; NAS; NIV; NRS), 마소라 사본은 "에담의 아버지〔조상〕는"(וְאֵלֶּה אֲבִי)으로 시작한다. 반면에 본문이 부패된 것으로 여기는 일부 번역본들은 "에담 조상의 자손들은"(개역; TNK)으로 해석한다. 뒤따르는 내용을 감안할 때 "에담의 아들은"이 맞다. 마소라 사본이 안고 있는 근본적인 문제는 아마도 이 구절을 시작하는 문구가 빠진 것에 있다(Allen).

이 구절이 소개하고자 하는 에담은 누구인가? 앞에 언급된 내용과 전혀 연관성이 없어 보인다. 그러나 지금까지의 내용을 살펴보면 이 사람이 누구인가에 대해서 어느 정도 확신을 가지고 설명할 수 있다. 저자는 갈렙의 아들 훌에게 소발, 살마, 하렙 등 세 아들이 있었다고 한다(2:50-51). 저자는 또한 소발의 자손들(2:52-53)과 살마의 후손들에 대해

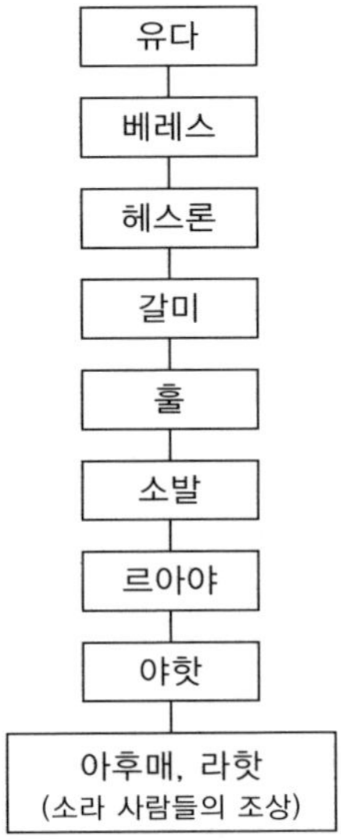

〈그림 18〉

서 언급했다(2:54-55). 그러나 셋째 아들 하렙의 계보는 어디에도 없다. 다윗 집안에 대해서 3장 전체를 할애한 그가 4장에서 훌의 자손 이야기로 돌아와 그의 아들인 하렙의 계보를 정리하고 있는 것으로 생각된다. 그러므로 우리말 번역본들은 대부분 누락시키고 있지만, 일부 영어 번역본들이 반영하는 3절의 추가 부분("벧가델의 아버지〔통치자〕 하렙, 곧 에담의 아버지의 자손은 이러하니라", cf. CEV; ESV; TNK; NAS)가 부패되어 오늘에 이르게 된 것이다(Noth, Rudolph, Japhet, cf. Braun).

4절은 집안의 계보를 논하는 것이 아니라 성읍을 세우거나 다스린

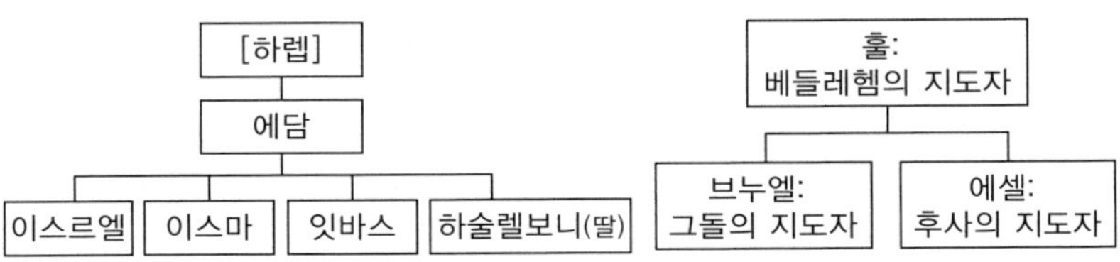

〈그림 19〉

지도자들을 나열하는 듯하다. 즉, 에셀이 후사라는 사람의 아버지가 아니라 후사를 다스린 사람 혹은 창시한 자라는 뜻이다(Hill). 본문은 베들레헴의 지도자가 훌이라고 하는데, 2:54은 그의 아들 살마가 베들레헴과 깊은 연관이 있었다고 한다. 베들레헴이 다시 언급되는 것은 다윗의 출생지로 이 성읍이 매우 중요하기 때문이다(Japhet). 모든 요소를 감안하여 3-4절의 내용을 정리하면 〈그림 19〉와 같다.

헤스론이 아들 갈렙을 통해 얻은 훌의 셋째 아들 하렙(cf. 2:51)의 계보를 정리한 저자는 5절에서 헤스론의 아들 아스훌의 계보를 정리한다. 아스훌은 아버지 헤스론이 죽은 후에 아비야를 통해 태어난 사람이다(2:24). 갈렙과는 이복형제인 것이다.

본문이 언급하고 있는 아스훌 자손들의 이름은 성경의 다른 곳에서는 전혀 거론되지 않는다. 그래서 7절과 8절의 관계를 정확히 규명하는 것이 쉽지 않다. 마소라 사본은 7절에서 단순히 "헬라〔아스훌의 아내〕의 아들들은 세렛, 이소할, 그리고 에드난"(וּבְנֵי חֶלְאָה צֶרֶת יְצֹחַר וְאֶתְנָן)이라고 하고, 8절은 "고스는 아눕의 아비가"(וְקוֹץ הוֹלִיד אֶת־עָנוּב)라는 말로 이어진다. 두 문장의 구분이 정확하지 않다. 이러한 정황을 고려할 때 고스는 아스훌의 자손이지만, 본문에 제시된 계보와는 전혀 상관없는 다른 줄기의 사람으로 보기보다는, 헬라의 넷째 아들로 취급하는 것이 바람직하다(cf. Japhet).

드고아는 통일왕국이 분열될 때 북 왕국 이스라엘을 견제하기 위해서 르호보암이 소라와 함께 요새화한 곳이다. 이곳 또한 귀향민들이 처

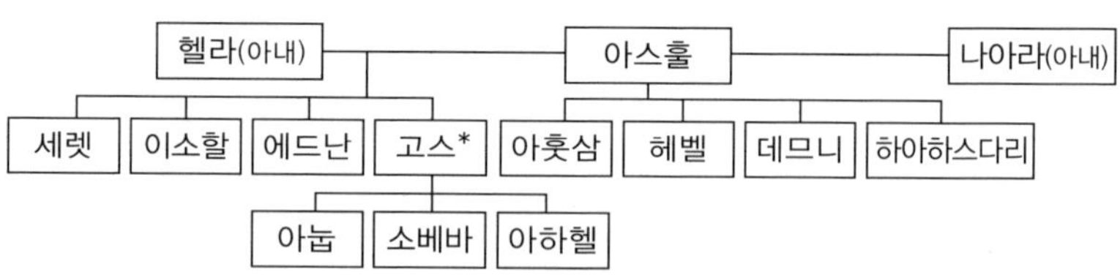

〈그림 20〉

음 정착한 곳으로 생각된다. 저자가 5-8절을 통해 제시하는 내용을 정리하면 〈그림 20〉과 같다.

I. 서론: 계보(1:1-9:34)
2장. 이스라엘(2:3-9:1)
1. 남부 지역 지파들(2:3-4:43)
(7) 유다의 자손(4:1-23)

② 야베스의 기도(4:9-10)

9 야베스는 그의 형제보다 귀중한 자라 그의 어머니가 이름하여 이르되 야베스라 하였으니 이는 내가 수고로이 낳았다 함이었더라 10 야베스가 이스라엘 하나님께 아뢰어 이르되 주께서 내게 복을 주시려거든 나의 지역을 넓히시고 주의 손으로 나를 도우사 나로 환난을 벗어나 내게 근심이 없게 하옵소서 하였더니 하나님이 그가 구하는 것을 허락하셨더라

유다 자손의 계보를 정리하던 텍스트가 갑자기 야베스라는 사람을 소개한다. 야베스(יַעְבֵּץ)는 이미 지역 이름으로 언급된 적이 있지만(cf. 2:55), 사람 이름으로는 이곳에 처음 등장한다. 본문은 야베스가 누구의 자손인지, 혹은 그의 후손이 누구였는지에 대해서도 언급하지 않는다. 심지어 어느 시대 사람이었는지도 알 수 없다. 그래서 그에 대한 이야기의 일부가 보존되지 않은 것으로 생각된다(cf. Japhet). 다만 야베스의 이야기가 유다 지파의 계보에 포함된 것으로 보아 유다 지파의 자손이었을 것이라고 추측할 뿐이다.

야베스의 이야기에서는 계보가 이슈가 아니다. 저자가 무언가 다른 이유로 그의 이야기를 이곳에 기록하고 있다. 한 사람이 이스라엘 하나님께 기도하여 복을 받은 이야기이다. 저자는 야베스에 대해서 세 가지 정보를 제공한다. 첫째, 가족들 중에서 가장 존경받는(נִכְבָּד) 사람이었다. 정확히 무엇 때문에 존경을 받았는가는 알 수 없다. 다만 본문을 바탕으로 추측한다면, 그가 하나님께 신실하게 기도한 것과 하나님이 기도를 들어주신 것 때문에 그가 가족 중 존경을 받은 것으로 생각된다

(Thompson, Hill).

둘째, "야베스"(יַעְבֵּץ)라는 이름은 그의 어머니가 그를 "고통 속에서"(בְּעֹצֶב) 낳았기 때문에 지어졌다고 한다. 두 단어에서 마지막 두 글자의 위치가 바뀌며 언어유희가 형성되고 있다(Allen). 그러므로 마치 야베스의 이름이 "고통"을 뜻하는 것 같은데(cf. 새번역 각주), 히브리어에는 이름을 풀이해줄 만한 단어가 없다(Japhet). 야베스(יַעְבֵּץ)와 고통(בְּעֹצֶב)의 언어적 연관성이 확실하지 않다. 그럼에도 불구하고 의미심장한 것은 "고통/고난"이란 이름을 지닌 사람이 가장 존귀하게 되었다는 것이다.

셋째, 야베스는 이스라엘의 하나님께 간구했다(קרא). 일반적으로 히브리어 성경은 "기도하다"를 뜻하면서 "팔랄"(פלל, pll)이라는 동사를 사용한다. 이 동사에서 비롯된 단어가 기도를 뜻하는 명사 "테필라"(תְּפִלָּה)이다. 그런데 본문은 "카라"(קרא; lit., "부르짖다")라는 동사를 사용한다. 아주 간절히 하나님을 찾는 모습이다. 저자는 이후로 기도를 묘사하면서 이 단어를 자주 사용한다(대상 5:20; 16:8; 21:26; 대하 6:33; 14:11). 응답받는 기도는 온 힘을 다해 하나님께 간절히 부르짖는 것이라는 점을 강조하는 것이다.

본문이 제공하는 야베스에 대한 정보는 정확하지만, 그의 기도 내용을 파악하기는 매우 어렵다. 기도문을 구성하고 있는 히브리어 문장 자체가 해석하기가 어려울 뿐만 아니라 잘 보존되어 있지 않기 때문이다. 가장 큰 문제는 기도가 조건 문장으로 시작하는 "만일 〔하나님께서〕 축복하시면"(אִם־בָּרֵךְ)으로 시작하는데(cf. NJB), 이 문구를 받는 귀결절(apodosis, viz., 조건이 이루어지면, 어떻게 하겠다는 의지를 밝히는 문구)이 없다는 점이다(Japhe, Hill). 그래서 상당수의 번역본들이 이 문구를 야베스의 희망 사항으로 번역한다. "Oh that You would bless me"(하나님이 저를 축복하시면 얼마나 좋을까요!)(NAS; NIV; NRS; KJV). 그러나 이 해석도 만족스럽지 않은 차선의 선택이다.

야베스의 기도가 가지고 있는 또 하나의 문제는 마지막 문구이다.

대부분 번역본들이 “〔내가〕 고통을 받지 않게 하여 주십시오!”(새번역; cf. NAS; NRS; TNK)라고 번역하고 있는 히브리어 문장(וְעָשִׂיתָ מֵרָעָה לְבִלְתִּי עָצְבִּי)이 “내가 〔남에게〕 고통을 주지 않게 해 주십시오!”(that I may not cause pain!, NKJV)로 번역될 수 있다(cf. Hill). 오히려 문맥상 이 의미가 더 가능하다. 야베스는 어머니에게 고통을 주는 사람이었다(9절). 그래서 어머니는 그의 이름을 야베스(“고통”)라고 지어 주었다. 이제 야베스는 더 이상 남에게 고통을 주는 자가 되지 않기를 희망하고 있는 것이다.

학자들은 야베스의 기도와 같이 매우 짧은 기도, 그것도 이와 같은 불확실성이 많은 텍스트에서 『야베스의 기도』(*The Prayer of Jabez,* 디모데)라는 베스트셀러가 나온 것에 대해서 의아해할 따름이다(cf. Pechawer, Hill). 이 책에서 윌킨슨(Wilkinson)은 하나님의 축복을 얻기 위해서 네 가지를 제안한다. (1) 하나님께 복을 받기를 추구하라. (2) 더 큰 개인적인 ‘영토’를 추구하라. (3) 중요한 사역을 위해서 하나님의 능력을 의지하라. (4) 시험에서 도망하라. 이 책을 읽는 독자들은 이 네 가지가 마치 하나님께 축복을 얻어내는 공식인 양 오해할 수 있다.

누구든지 네 가지 요소로 기도하면 하나님의 축복을 보장받을 수 있을까? 만약 이러한 주장이 사실이라면 예수님께서 왜 주기도문을 가르쳐 주셨을까? 또 성경은 왜 수많은 기도문을 기록하고 있는 것일까? 야베스의 기도 하나만 있으면 되는데 말이다. 게다가 이미 서론에서 말한 것처럼 역대기는 구약의 어느 역사서보다 많은 기도문을 담고 있다. 역대기 저자는 참으로 기도의 중요성을 강조한 사람이었다.

역대기에 등장하는 다른 기도들과 비교하면 야베스의 기도는 기도 축에도 들지 못한다. 불확실한 본문을 지나치게 해석해 확고한 교리나 가르침을 도출해내는 일은 많은 논란의 소지가 된다. 어떤 학자는 야베스의 기도를 심도 있게 연구한 다음 야베스가 하나님께 요구한 것 중 우리가 확신을 가지고 이야기할 수 있는 것은 유일하게 “농토를 더 달라”고 한 것밖에 없다며 『야베스의 기도』에 대해서 냉소적인 입장을 취한다(Pechawer). 한 주석가는 야베스 이야기의 중요성을 기도로 불행한 이름의 노이로제에서 해방된 사람의 이야기 정도로 풀이한다(Allen).

『야베스의 기도』가 센세이션을 일으키며 단숨에 국제적 베스트셀러가 된 것을 지켜보면서 기복적이고 성공 위주로 변질된 교회의 모습을 보는 듯해서 씁쓸하다. 희생과 헌신이라는 용어를 퇴색시켰고, 제자의 길을 가기 위해서 고난의 십자가를 지고가야 한다는 진실을 망각한 이 세대가 빚어낸 해프닝이다. 신앙을 액땜하기 위한 부적쯤으로 생각하는 사람들로 가득한 오늘날의 교회를 보면서 안타까운 마음이 가득하다. 그럼에도 불구하고 깊이 있는 신앙, 고상한 언어와 아름다운 기도로 하나님을 이용하는 것이 아닌, 그분을 사랑하여 그분의 고통에 동참하기를 사모하는 성도들로 가득한 교회가 되는 복을 갈망해본다.

저자는 왜 지금까지 제시한 계보들과는 장르가 전혀 다른 야베스의 기도를 이곳에 삽입한 것일까? 이 기도가 역대기 안에서 하나의 모델/모형이 되고 있다는 것은 기정화 된 해석이다(cf. Mabie, Johnstone, Hill). 그렇다면 저자는 야베스의 기도를 모델로 사용하여 어떤 교훈을 주고자 하는가? 옛적에 기도를 들어 주신 이스라엘의 하나님이 앞으로도 이스라엘의 기도를 들어주실 것이라는 교훈을 주기 위해서인가?(Hill). 이스라엘이 하나님께 기도할 때에는 야베스가 부르짖었던 것처럼 간곡하게 기도해야 한다는 것을 강조하기 위해서인가?(Johnstone). 이스라엘 종교가 내포하고 있는 요소들의 바람직한 예를 보여주기 위해서인가?(Japhet). 모두 다 나름대로 의미 있는 통찰이다.

여기에 필자는 다음과 같은 관찰을 더하고자 한다. 야베스와 어머니의 이야기는 마치 역대기 저자가 살았던 시대의 이스라엘과 하나님의 관계를 묘사하는 듯하다. 이스라엘은 그동안 하나님께 고통만 안겨주었다(9절). 이제 이스라엘은 더 이상 하나님께 고통을 주는 사람들이 되고 싶지 않다. 그래서 이스라엘은 “내가 〔남에게〕 고통을 주지 않게 하소서”(cf. NKJV) 하고 기도하는 것이다(10절). 또한 그들은 잃었던 땅을 다시 찾기를 원한다. 그래서 그들은 "영토를 넓혀 주시고"라고 간구한다(10절, 새번역, cf. Mabie). 그들은 이 모든 일이 이스라엘의 하나님이 도와주셔야만 가능한 일이라는 것을 잘 알고 있다. 그래서 "이스라엘 하나님께"(לֵאלֹהֵי יִשְׂרָאֵל)만 기도한다(10절). 저자는 야베스의 기도를 통해 국가적인 어려움을 당하고 있는 이스라엘이 무엇을, 어떻게 기도해야 하는가에 대해서 교훈을 주고 있는 것이다.

역대기에서 "하나님"(אֱלֹהִים)이란 단어가 사용되기는 이곳이 처음이다. "여호와"(יְהוָה)라는 하나님의 성호는 이미 2:3에 죄를 심판하는 정황에서 사용되었다. 역대기 저자는 대체로 "여호와"와 "하나님"이라는 성호를 구분하여 사용한다. 하나님은 온 세상을 창조하시고 이스라엘뿐만 아니라 온 열방을 다스리시는 분이시다. 그러므로 "이스라엘의 영토를 넓혀 달라"고 기도할 때는 여호와보다는 하나님이라는 성호가 더 적합하다(Johnstone). 저자는 본문에서 하나님의 성호를 전략적으로 사용하고 있는 것이다.

I. 서론: 계보(1:1–9:34)
 2장. 이스라엘(2:3–9:1)
  1. 남부 지역 지파들(2:3–4:43)
   (7) 유다의 자손(4:1–23)

③ 글룹의 계보(4:11–12)

11 수하의 형 글룹이 므힐을 낳았으니 므힐은 에스돈의 아버지요 12 에스돈은 베드라바와 바세아와 이르나하스의 아버지 드힌나를 낳았으니 이는 다 레가 사람이며

본문이 언급하고 있는 수하(שׁוּחָה)의 형제 글룹(כְּלוּב)은 누구인가? 불행하게도 우리는 더 이상 아는 바가 없다. 옛 번역본들은 글룹을 갈렙으로 간주했고(LXX; Vulgate; Syriac), 이 번역본들에 근거하여 일부 주석가들은 본문이 갈렙의 계보를 논하는 것으로 이해한다(Braun). 그러나 이 계보에는 총 9개의 이름이 등장하는데 이 중 글룹(대상 27:26) 외에는 모두 성경 다른 곳에 다시 등장하지 않는다. 이들은 전혀 알려지지 않은 유다 지파 사람들인 것이다. 그러므로 굳이 글룹을 갈렙으로 고치지 말고 성경 다른 곳에서 추가적인 정보를 얻을 수 없는 글룹이라는 사람으로 간주하는 것이 바람직하다(Williamson).

이 계보의 목적은 레가(רֵכָה) 사람들의 조상을 설명하는 데 있다(cf. 11절). 문제는 아직까지 레가의 위치가 알려지지 않았다는 것이다(Hill). 칠십인역은 레가 대신 레갑(cf. 2:55)으로 기록하고 있다. 본문이 제시하는 이름들의 관계를 정리해보면 〈그림 21〉과 같다.

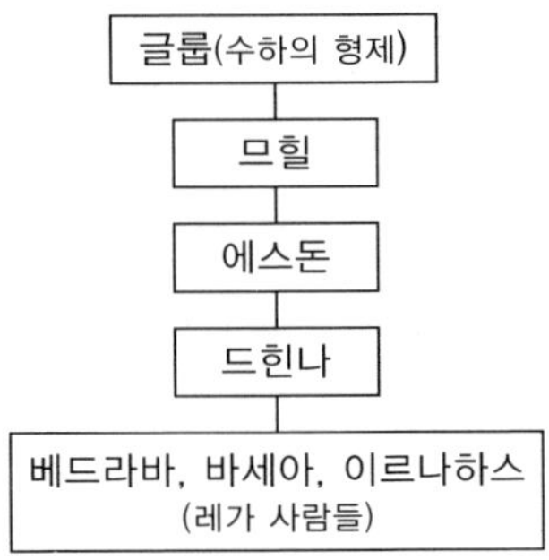

〈그림 21〉

Ⅰ. 서론: 계보(1:1–9:34)
2장. 이스라엘(2:3–9:1)
1. 남부 지역 지파들(2:3–4:43)
(7) 유다의 자손(4:1–23)

④ 옷니엘과 갈렙의 계보(4:13–16)

13 그나스의 아들들은 옷니엘과 스라야요 옷니엘의 아들은 하닷이며 14 므오노대는
오브라를 낳고 스라야는 요압을 낳았으니 요압은 게하라심의 조상이라 그들은 공
장이었더라 15 여분네의 아들 갈렙의 자손은 이루와 엘라와 나암과 엘라의 자손과
그나스요 16 여할렐렐의 아들은 십과 시바와 디리아와 아사렐이요

그나스(13절)는 갈렙의 동생이었으며 옷니엘의 아버지였다(cf. 수 15:17; 삿 1:13; 3:9, 11). 유다 지파를 대표해서 가나안을 정탐한 여분네의 아들 갈렙도 그나스 사람이었다(민 32:12; 수 14:6, 14). 갈렙의 조카 옷니엘이 드빌을 정복하여 갈렙의 딸 악사와 결혼한 일이 성경에 기록되어 있다(수 15:16-17). 그뿐만 아니라 옷니엘은 아람 왕으로부터 이스라엘을 구원한 사사로도 명성을 남겼다(삿 3:9-11). 저자가 이들의 계보를 여기에 기록하고 있는 것은 그들이 이스라엘의 지경을 넓히는 데 획기적인 기여를 했기 때문이다. 저자는 바빌론 포로생활에서 돌아와 초췌한 삶을 살고 있는 주의 백성들에게 이들을 예로 들며 하나님은 신실한 자들을 통해 이스라엘의 영토를 넓혀주실 것이라는 희망을 준다(Hill). 하나님의 뜻은 예나 지금이나 변함이 없다.

마소라 사본에서는 13절과 14절의 연결이 깔끔하지 않다. 본문이 부패한 것이다. 현재 사본이 제시하는 대로 번역하면 13절은 "옷니엘의 아들들은 하닷"으로 끝나버리고, 14절에서 바로 "므오노대는 오브라를 낳았다"라는 문구로 연결된다. 옷니엘의 아들들이라 말해 놓고 한 사람만 언급하고 14절에서 갑자기 므오노대의 자손으로 넘어가는 것이다. 그래서 대부분 번역본들은 칠십인역을 근거로 13절에 므오노대를 더해 "옷니엘의 아들들은 하닷과 므오노대이다"로 번역한다. 이 두 아들 중 므오노대의 계보가 14절에서 시작되는 것이다. 바람직한 조치라고 생각된다.

우리말 성경이 요압(14절)에 대해서 혼란을 야기한다. 개역개정은 요압이 "게하라심의 조상"이라고 하는데(cf. NAS; NRS; NIV; TNK), 새번역은 "기능공 마을의 창시자"라고 한다(cf. 공동). 개역개정의 "게하라심"은 히브리어 문구(גֵּיא חֲרָשִׁים; lit., "기능공들의 계곡")를 소리나는 대로 음역한 것이고, 새번역은 의미를 풀이했기 때문이다. 게하라심은 예루살렘에서 북서쪽으로 50km 떨어진 베냐민 지파 땅에 속해 있었다(cf. 느 11:35).

여할렐렐의 아들들을 언급하고 있는 16절이 갈렙의 계보와 어떻게 연결되는가는 알 수 없다. 정보가 충분하지 않은 상태에서 텍스트가 잘 보존되지 않았기 때문이다. 여할렐렐의 네 아들의 이름 중 유일하게 낯

익은 것은 십(זִיף)이다. 십은 헤브론에서 남동쪽에 있던 마을이며 훗날 다윗이 사울을 피해 숨었던 곳이다(삼상 23:14-16; 26:2; 시 54편). 아마도 저자는 이 지역이 머지않아 이스라엘에 다시 편입될 것을 기대하며 여기에 이 정보를 삽입한 것으로 생각된다(Hill). 이 계보를 다이어그램으로 제시하면 〈그림 22〉와 같다.

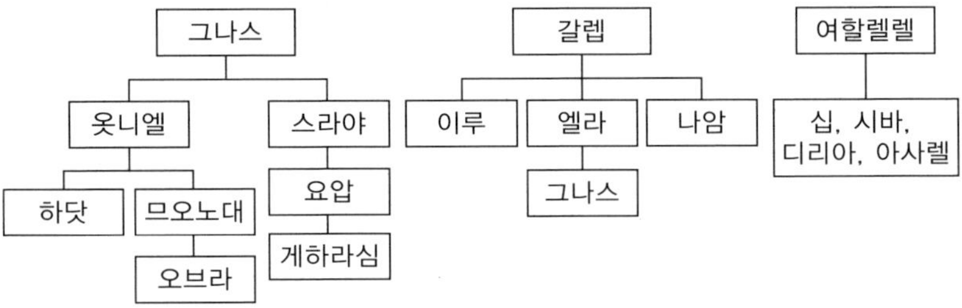

〈그림 22〉

Ⅰ. 서론: 계보(1:1–9:34)
2장. 이스라엘(2:3–9:1)
1. 남부 지역 지파들(2:3–4:43)
(7) 유다의 자손(4:1–23)

⑤ 에스라 외 다른 사람들의 계보(4:17–20)

17 에스라의 아들들은 예델과 메렛과 에벨과 얄론이며 메렛은 미리암과 삼매와 에
스드모아의 조상 이스바를 낳았으니 18 이는 메렛이 아내로 맞은 바로의 딸 비디
아의 아들들이며 또 그의 아내 여후디야는 그돌의 조상 예렛과 소고의 조상 헤벨
과 사노아의 조상 여구디엘을 낳았으며 19 나함의 누이인 호디야의 아내의 아들들
은 가미 사람 그일라의 아버지와 마아가 사람 에스드모아며 20 시몬의 아들들은
암논과 린나와 벤하난과 딜론이요 이시의 아들들은 소헷과 벤소헷이더라

본문에 언급된 에스라(עֶזְרָה)는 에스라서와 관련있는 에스라(עֶזְרָא)가 아니다. 에스라와 그의 후손들로 등장하는 이름들 중에 정확한 위치에 대해서 다소 논란이 있는 그돌(גְּדוֹר), 소고(שׂוֹכוֹ), 사노아(זָנוֹחַ)(18절) 외에는 전혀 알려진 바가 없다. 이 세 마을은 모두 유다 지파에게 기업으로 분배된 곳이다(수 15:34, 48, 58).

히브리어 텍스트를 따르자면 17절 전반부와 후반부의 관계가 매우 혼란스럽다. 전반부는 "에스라의 아들들은 예델과 메렛과 에벨과 얄론이다"이다. 중간에 어떠한 추가 설명도 없이 곧장 다음 문장에서 "그녀는 미리암과 삼매와 에스드모아의 아버지 이스바를 낳았다"고 하는데, 여기서 말하는 "그녀"가 누구인지 알 수 없다. 그래서 번역본들의 표현이 각각이다. 개역개정은 "메렛은 미리암과 삼매와 …"로 번역하여 메렛이 다음 세대를 낳은 것으로 말하지만, 이 문장의 동사가 3인칭 여성 단수라는 점을 감안할 때, 문법적으로 가능성 없는 해석이다. 공동번역은 메렛이 아니라 예델의 자손들로 풀이한다. "예델은 미리암, 삼매 그리고 …." 그러나 이 번역 역시 동일한 문제를 안고 있다. 새번역은 "메렛의 한 아내가 미리암과 삼매와 …"로 번역하여 동사 문제를 해결하고자 한다. 그러나 현재 히브리어 텍스트의 상태로는 추정에 불과하다.

18절을 시작하는 "이들은 메렛과 결혼한 바로의 딸 비디아의 아들들이다"라는 말도 앞뒤와 연결이 매끄럽지 못하다. 18절을 마무리하며 "그의 아내 여후디야는 그돌의 조상 예렛과 소고의 조상 헤벨과 사노아의 조상 여구디엘을 낳았다"고 하는데, 17절 마지막 부분과 연결하면 "그"가 누구인지를 알 수 없고 18절 후반부와 연결하면 여후디야와 비디아의 관계가 문제가 된다. 앞에서는 여후디야의 아들들이 뒤에서는 비디아의 아들들이 되기 때문이다.

게다가 여후디야(הַיְהֻדִיָּה)는 "유다 지파 여인"(יְהוּדִיָּה)에 정관사를 더한 것이다. 고유명사가 아닐 수도 있다. 이 경우 "그의 유다 사람 아내는"이 된다. 반면에 다음 문장은 같은 여인을 두고 "바로의 딸"(בַּת־פַּרְעֹה)(이집트의 왕족)이라고 한다. 물론 바로(פַּרְעֹה)가 이집트의 왕을 뜻하는 일반명사가 아니라, 한 개인의 이름을 뜻하는 고유명사일 가능성을 전적으로 배제할 수는 없다. 그러나 이 단어가 성경에서 이집트 왕의 왕호로 매우 보편화되어 있고 사람의 이름을 뜻하는 고유명사로 사용되는 예가 없다는 점을 감안하면 가능성이 그리 많지 않다. 이 단어는 이집트의 왕을 뜻하는 일반명사로 취급하는 것이 바람직하다. 한 가지 확실한 것은 이스라엘의 지파 중 가장 유력한 지파인 유다 가문이 이집트 여인을 포함하고 있다는 것이다. 저자가 이집트 사람을 유다의 계보에 언급하는 것은 이스라엘 귀향민 공동체에 속해있던 수많은 혼혈아가 어디서 왔는가에 대한 설명으로 이해할 수 있다(Hill).

본문의 불확실성을 어떻게 해야 조금이라도 해소할 수 있을까? 학자들은 "이는 메렛이 아내로 맞은 바로의 딸 비디아의 아들들이다"(18a절)를 17a와 17b 사이로 옮겨 텍스트를 재조정한다(Curtis, Japhet, cf. NAS; NRS; ESV). 이렇게 할 경우 17-18절의 본문은 "에스라의 아들들은 예델과 메렛과 에벨과 얄론이다. 이는 메렛이 아내로 맞은 바로의 딸 비디아의 아들들이다. 그녀는 미리암과 삼매와 에스드모아의 조상 이스바를 낳았다. 그의 유다 지파 아내(여후디야 풀이 참고할 것)는 그돌의 조상 예렛과 소고의 조상 헤벨과 사노아의 조상 여구디엘을 낳았다"가 된다. 여러 가지 여건을 감안할 때 가장 현실적인 대안이다. 17-18절의 내용을 다이어그램으로 표현하면 〈그림 23〉과 같다.

그일라(קְעִילָה)(19절)와 에스드모아(אֶשְׁתְּמֹעַ)(17, 19절) 역시 유다에게 분배된 성읍들이었다(수 15:44, 50). 그일라는 다윗과 사울의 갈등과 연관된 곳이었으며(삼상 23:1-6), 바빌론에서 돌아온 귀향민들이 정착한 곳이

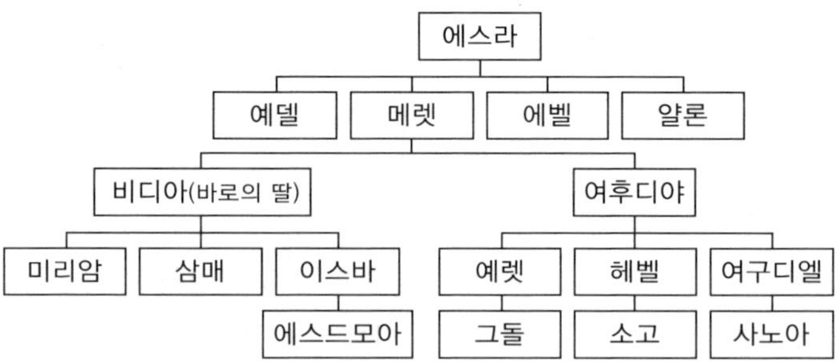

〈그림 23〉

기도 하다(느 3:17-18). 에스드모아는 유다 산악 지대에 있었던 성읍이었으며 다윗이 아말렉 족 마을을 쳐서 얻은 노획물을 이 성읍 장로들에게 보내기도 했다(삼상 30:28).

나함의 누이인 호디야의 아내(19절)와 시몬(20절)의 아들들, 그리고 이시의 아들들(20절)은 성경에서 이곳에서만 언급되며, 유다 지파의 다른 계보들과 어떻게 연관되는지 알 수 없다. 모두 독자적이고 조각난 계보들이기 때문이다. 그러나 19-20절에 언급된 사람들도 저자와 그의 독자들에게는 중요한 인물들이었을 것이다.

I. 서론: 계보(1:1–9:34)
 2장. 이스라엘(2:3–9:1)
  1. 남부 지역 지파들(2:3–4:43)
   (7) 유다의 자손(4:1–23)

⑥ 셀라의 계보(4:21–23)

21 유다의 아들 셀라의 자손은 레가의 아버지 에르와 마레사의 아버지 라아다와
세마포 짜는 자의 집 곧 아스베야의 집 종족과 22 또 요김과 고세바 사람들과 요아
스와 모압을 다스리던 사랍과 야수비네헴이니 이는 다 옛 기록에 의존한 것이라
23 이 모든 사람은 토기장이가 되어 수풀과 산울 가운데에 거주하는 자로서 거기
서 왕과 함께 거주하면서 왕의 일을 하였더라

유다는 가나안 여인 수아를 통해 세 아들을 얻었지만, 위의 두 아들을 잃었기 때문에 셀라가 가장 나이가 많은 아들이 되었다(cf. 대상 2:3; 창 38:2-5). 저자는 유다 계보를 시작하면서 셀라를 언급했다(2:3). 이제 유다 계보를 마무리하면서 다시 셀라를 언급한다. 이 섹션과 2:3은 일종의 괄호를 형성하면서 유다 지파의 계보 중에서도 가장 중요하게 취급되는 베레스-헤스론-갈렙 계보를 감싸고 있다. 저자는 유다 계보의 원점으로 돌아온 것이다(Johnstone).

성경은 셀라의 계보에 대해서 거의 언급하지 않는다. 느헤미야 11:5을 제외하면 본문이 셀라의 자손들에 대해 유일한 정보를 제공한다. 그럼에도 불구하고 저자는 셀라 가문에 대해서 이렇다 할 수직 계보나 병렬 계보를 제시하지 않는다. 그가 제공하는 정보는 매우 제한적이다. 게다가 이 섹션이 언급하는 지명과 사람 이름은 성경의 다른 곳에서는 등장하지 않기 때문에 위치와 중요성을 확인하기 어렵다(cf. Japhet).

우리말 성경들은 모두 22절을 요김과 고세바 사람들과 요아스와 사랍이 모압을 다스린 것으로 해석하는데(개역; 새번역; 공동), 여기에 사용된 "다스리다"(בעל)라는 동사의 뜻이 확실하지 않다. 이 동사는 "결혼하다"라는 뜻도 지니고 있기 때문이다(HALOT). 그래서 영어 번역본 중 일부는 탈굼(Targum)에 근거하여 "결혼하다"(NRS; TNK)로, 일부는 "다스리다"(NAS; NIV; ESV)로 해석한다. 저자가 이스라엘과 이방인들의 관계에 깊은 관심을 가지고 있으며 기회가 될 때마다 이방인들이 어떻게 이스라엘 자손의 일부가 되었는가에 대해서 기록하고 있는 점을 감안할 때(cf. 2:34-35; 3:2; 4:18), "결혼하다"라고 해석하는 것이 더 바람직해 보인다. 유다 지파 사람 중 모압 사람들과 결혼한 사람들도 있었다.

저자는 이 섹션을 정리하면서 오래된 출처에서 인용하고 있음을 밝힌다(cf. 22절). 왕에 대한 언급이 있는 것으로 보아(23절), 인용한 자료는 포로기 이전, 왕정 시대에 유래했던 것임을 알 수 있다. 본 텍스트는 또한 고대 이스라엘 사회가 대대로 한 직종에 종사하는 장인(匠人) 집안들이 있었음을 이야기한다. 그들에게 고운 베를 짜는 가문(21절)과 옹기를 굽는 사람들이 있었다(23절). 저자가 4장 전체에 대한 결론 역할을 하는 이 섹션에 유다 자손들이 종사했던 직업을 언급한 것은 영적인

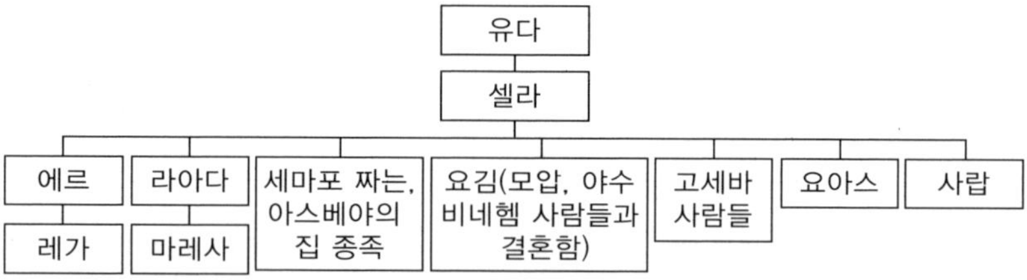

〈그림 24〉

-새번역 참고

진리(spiritual truth)와 실질적인 사실(practical facts)을 조화시키기 위해서이다(Wilcock, cf. Williamson). 내용을 정리해보면 유다의 아들 셀라의 자손들은 〈그림 24〉와 같다.

I. 서론: 계보(1:1–9:34)
 2장. 이스라엘(2:3–9:1)
  1. 남부 지역 지파들(2:3–4:43)

(8) 시므온의 자손(4:24-43)

가나안 남쪽 지역에 정착한 두 지파 중 2장에서 시작된 유다 지파의 계보가 끝이 나고 드디어 시므온 지파의 계보가 제시된다. 여호수아서에 의하면 시므온 지파가 기업으로 받은 것은 지역이라기보다 유다 자손의 기업 가운데 일부 성읍들이었다(cf. 수 19:1-9). 이와 같은 이유로 시므온 지파의 대부분은 일찍이 유다 지파에 흡수된 것으로 생각된다(cf. Allen, Mabie). 다윗 시대에 시므온의 기업으로 주어졌던 성읍들이 유다 지파의 것들로 취급된 것을 보면 알 수 있다(cf. 31절). 아마도 유다와 시므온이 같은 어머니 레아에게서 태어난 사실도 크게 작용했을 것이다. 그래서 본문을 살펴보면 저자가 분명 시므온 지파의 계보를 정리해나가고 있지만, 유다 지파에 관한 내용이 곳곳에 배어있다.

그렇다면 저자는 어떤 목적을 가지고 오래전에 유다 지파에 대부분 흡수된 시므온 지파의 계보를 제시하는 것일까? 비록 시므온이 지금은 더 이상 독립적으로 존재하는 지파가 아니라 할지라도 한때는 이스라엘 안에서 합당한 비중을 차지했다는 점을 강조하기 위해서이다(Thompson). 또한 저자의 "온 이스라엘"에 대한 관심과 이스라엘이 한때는 이상적으로 12지파로 구성되었던 사실이 시므온의 계보를 기록하게 된 계기로 생각된다(Braun, Hill). 시므온 지파의 계보는 다음과 같이 구분할 수 있다.

A. 시므온 지파 소개(4:24-27)

B. 시므온 지파의 기업(4:28-33)
C. 시므온 지파의 역사(4:34-43)

Ⅰ. 서론: 계보(1:1–9:34)
2장. 이스라엘(2:3–9:1)
1. 남부 지역 지파들(2:3–4:43)
(8) 시므온의 자손(4:24–43)

① 시므온 지파 소개(4:24–27)

24 시므온의 아들들은 느무엘과 야민과 야립과 세라와 사울이요 25 사울의 아들은
살룸이요 그의 아들은 밉삼이요 그의 아들은 미스마요 26 미스마의 아들은 함무엘
이요 그의 아들은 삭굴이요 그의 아들은 시므이라 27 시므이에게는 아들 열여섯과
딸 여섯이 있으나 그의 형제에게는 자녀가 몇이 못되니 그들의 온 종족이 유다 자
손처럼 번성하지 못하였더라

이 섹션은 시므온 자손들에 대해서 전반적인 소개를 하지만, 궁극적으로 시므이 집안에 초점을 맞추고 있다(cf. 27절). 시므이는 시므온과 가나안 여인 사이에 태어난 사울의 자손이다(cf. 창 46:10). 저자가 시므온의 자손 중에서도 가나안 여인을 통해 얻은 아들의 계보를 중점적으로 정리하는 것은 이스라엘과 열방의 관계에 대해서 지대한 관심을 가지고 있음을 보여준다.

성경에서 시므온의 아들들을 언급하는 것은 본문이 네 번째이다(cf. 창 46:10; 출 6:15; 민 26:12). 창세기 46:10과 출애굽기 6:15은 시므온의 여섯 아들들의 이름을 밝힌다. 반면에 본문과 민수기 26:12은 시므온의 다섯 아들들의 이름을 제시한다. 창세기 46:10과 출애굽기 6:15에서 셋째 아들로 언급된 오핫이 빠져 있다. 또한 이 목록들이 제시하는 시므온의 아들들의 이름도 조금씩 다르다. 다음 도표를 참조하라.

	창 46:10, 출 6:15	민 26:12, 대상 4:24
첫째	여무엘	느무엘

둘째	야민	야민
셋째	오핫	[없음]
넷째	야긴	야긴/야립
다섯째	스할/소할	세라
여섯째	사울	사울

시므온에서 미스마에 이르는 4대는 쉽게 정리할 수 있다(24-25절). 반면에 미스마에서 시므이에 이르는 계보는 쉽지 않다. 히브리어 텍스트가 혼선을 빚고 있기 때문이다(cf. 26절). 이슈는 함무엘, 삭굴, 시므이가 모두 형제들인지, 아니면 미스마-함무엘-삭굴-시므이로 이어지는 4대 의 계보인지 정확하지 않다. 히브리어 문장은 두 가지 해석을 모두 수용할 수 있다(Japhet). 미스마, 함무엘, 삭굴, 시므이를 형제로 보지 않고 직계 자손들로 본다면, 시므온의 아들 사울에서 시므이에 이르는 계보가 7대로 정리된다. 또한 지금까지 유다 지파의 계보들을 감안하더라도 이들을 직계로 보는 것이 바람직하다(cf. Johnstone, Japhet). 저자는 시므이가 많은 자녀들을 두었지만, 그의 형제들은 그렇지 못해서 유

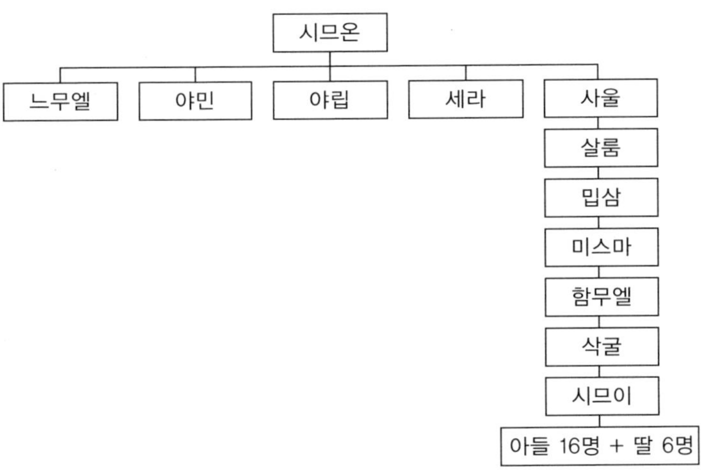

〈그림 25〉

다 자손만큼 퍼지지 못했다는 말을 더한다(27절). 가나안 남쪽에 정착한 두 지파 중 시므온 지파가 유다 지파에 비하여 상대적으로 빈약했음을 시사한다. 시므온에서 시므이의 자녀들까지 계보를 정리하면 〈그림 25〉와 같다.

Ⅰ. 서론: 계보(1:1–9:34)
2장. 이스라엘(2:3–9:1)
1. 남부 지역 지파들(2:3–4:43)
(8) 시므온의 자손(4:24–43)

② 시므온 지파의 기업(4:28–33)

**28 시므온 자손이 거주한 곳은 브엘세바와 몰라다와 하살수알과 29 빌하와 에셈과
돌랏과 30 브두엘과 호르마와 시글락과 31 벧말가봇과 하살수심과 벧비리와 사아
라임이니 다윗 왕 때까지 이 모든 성읍이 그들에게 속하였으며 32 그들이 사는 곳
은 에담과 아인과 림몬과 도겐과 아산 다섯 성읍이요 33 또 모든 성읍 주위에 살던
주민들의 경계가 바알까지 다다랐으니 시므온 자손의 거주지가 이러하고 각기 계
보가 있더라**

저자는 시므온 지파가 기업으로 받은 성읍들을 나열한다(28-31절). 브엘세바, 몰라다, 하살수알, 빌하, 에셈, 돌랏, 브두엘, 호르마, 시글락, 벧말가봇, 하살수심, 벧비리, 사아라임 등 13개이다. 여호수아 15:21-32과 느헤미야 11:25-29은 이 성읍들이 유다 지파에 속한 것으로 기록한다. 반면에 여호수아 19:1-9은 이 성읍들이 시므온 지파에게 주어진 것이라 하는데, 저자는 바로 이 여호수아 19:1-9을 근거로 이 성읍들을 시므온 지파의 소유로 정리하고 있다. 그러나 그는 이 성읍들이 다윗 시대에 이르러서 유다 지파의 기업으로 편입되었다는 말을 더한다(31절). 처음에는 이 성읍들이 분명 시므온 지파에게 주어진 기업이었지만, 이제는 더 이상 그들의 기업이 아니라 유다의 기업이라는 것이다.

아울러 시므온 지파에게는 에담, 아인, 림몬, 도겐, 아산 등 다섯 성읍과 바알에 이르는 여러 성읍의 주위에 있는 마을들도 있었다고 한다

(32-33절). 여호수아 19:7은 이 중 4개 마을 이름을 언급한다. 본문과 비교했을 때 여호수아서에는 에담이 없으며, 도겐 대신 에델이 포함되어 있다. 세월이 지나면서 에델의 이름이 도겐으로 바뀌었거나 텍스트가 잘 보존되지 않은 결과일 것이다(cf. Japhet). 저자는 시므온의 성읍들이 각기 계보를 가졌다는 말로 이 섹션을 마무리하는데(33절), 당시 계보는 필요할 때 군대를 징집하기 위한 도구였다(De Vries).

I. 서론: 계보(1:1-9:34)
2장. 이스라엘(2:3-9:1)
1. 남부 지역 지파들(2:3-4:43)
(8) 시므온의 자손(4:24-43)

③ 시므온 지파의 역사(4:34-43)

34 또 메소밥과 야믈렉과 아마시야의 아들 요사와 35 요엘과 아시엘의 증손 스라야
의 손자 요시비야의 아들 예후와 36 또 엘료에내와 야아고바와 여소하야와 아사야
와 아디엘과 여시미엘과 브나야와 37 또 스마야의 오대 손 시므리의 현손 여다야
의 증손 알론의 손자 시비의 아들은 시사이니 38 여기 기록된 것들은 그들의 종족
과 그들의 가문의 지도자들의 이름이라 그들이 매우 번성한지라 39 그들이 그들의
양 떼를 위하여 목장을 구하고자 하여 골짜기 동쪽 그돌 지경에 이르러 40 기름지
고 아름다운 목장을 발견하였는데 그 땅이 넓고 안정 되고 평안하니 이는 옛적부
터 거기에 거주해 온 사람은 함의 자손인 까닭이라 41 이 명단에 기록된 사람들이
유다 왕 히스기야 때에 가서 그들의 장막을 쳐서 무찌르고 거기에 있는 모우님 사
람을 쳐서 진멸하고 대신하여 오늘까지 거기에 살고 있으니 이는 그들의 양 떼를
먹일 목장이 거기에 있음이며 42 또 시므온 자손 중에 오백 명이 이시의 아들 블
라댜와 느아랴와 르바야와 웃시엘을 두목으로 삼고 세일 산으로 가서 43 피신하여
살아남은 아말렉 사람을 치고 오늘까지 거기에 거주하고 있더라

저자는 어떤 소개도 없이 곧장 사람들의 이름과 그들의 조상들을 나열한다(34-37절). 마지막에 가서야 명단에 오른 사람들이 그 집안의 지도자들이라는 말을 더한다(38절). 이 섹션이 언급하는 13개 이름을 시므온 집안의 다른 계보와 연결하기가 어렵다. 성경 다른 곳에서는 찾아볼 수 없는 이름들일뿐만 아니라 저자도 이들을 시므온 지파의 다른 사람들과 연결짓지 않기 때문이다.

저자는 먼저 메소밥, 야믈렉, 아마시야의 아들 요사, 요엘, 예후 등 5명의 지도자들을 언급하는데, 이들 중 계보를 추적할 수 있는 사람은 예후뿐이다(34-35절). 또한 36절에서 엘료에내, 야아고바, 여소하야, 아사야, 아디엘, 여시미엘, 브나야, 시사 등 8명을 언급하는데, 이들 중 유일하게 계보를 추적할 수 있는 자는 시사뿐이다. 저자가 언급하는 13명 중 조상을 추적할 수 있는 두 사람의 계보는 〈그림 26〉과 같다. 저자는 예후의 계보는 4대 조상까지, 시사의 계보는 6대까지 정리했다.

〈그림 26〉

시므온 지파 자손들이 번성하자 일부는 양을 칠만한 목장을 찾아서 그돌(גְּדֹר) 어귀에 있는 골짜기까지 진출했다(38-39절). 그러나 그돌은 상당히 흔한 지역 이름으로, 한 곳이 아니라 여러 곳의 이름일 수 있다(cf. 수 15:58; 대상 4:4, 18; 8:31). 게다가 이곳들의 정확한 위치를 알 수도 없다. 또한 이 단어는 단순히 "짐승을 먹일만한 땅"을 뜻하는 일반명사일 수 있다(Japhet). 한 가지 확실한 것은 이 그돌이 가나안의 지형을 고려할 때 산악 지역으로 형성된 중심부에서 서쪽에 위치했을 것이라는 사실이다. 또한 이들이 함 자손들을 내치고 그들의 땅을 차지했다고 하는

데(40절), 본문의 정황에서 함 자손은 블레셋과 가나안 족속 등을 뜻하는 것(cf. Hill)도 이들이 서쪽으로 이동했음을 암시한다. 시므온 지파 사람 중 일부는 부족한 땅을 찾아 가나안 서쪽으로 갔던 것이다. 히스기야 왕 때의 일이다. 아울러 시므온 사람 중 500명은 요단 강을 건너 동쪽으로 갔다. 그들은 세일 산으로 가서 아말렉 사람들을 내치고 그 지역을 차지했다. 영토가 부족했던 시므온 지파는 동쪽과 서쪽으로 확장해 갔다.

시므온 지파의 계보는 무엇보다도 하나님의 신실하심을 강조한다(Hill). 야곱이 예언한 것처럼(cf. 창 49:5-7) 시므온 사람들은 군사적으로 성공하여 거주민들을 내치고 땅을 차지할 수 있었다. 시므온 지파는 여호수아가 그들에게 기업으로 준 성읍들을(cf. 수 19:2-9; 대상 4:28-33) 차지할 수 있었다. 시므온 지파에 속한 시므이의 자손들은 하나님의 도움을 받아 영토를 동·서로 확장할 수 있었다. 하나님이 약속하신 것은 그들의 삶에서 하나도 빠짐없이 실현된 것이다. 이것은 역대기의 처음 독자들에게 가장 필요한 교훈이자 위로였을 것이다.

2. 요단강 동편 지역 지파들(5:1-26)

가나안 남쪽 지역을 차지하고 "이스라엘의 진정한 중심"(Myers)이었던 유다와 세월이 흘러 대부분 유다에 흡수된 시므온 지파의 계보를 정리한 저자는 이제 요단 강 동편에 정착한 지파들의 이야기를 펼친다. 이 지파들에 대한 이야기는 시므온 지파의 것과 비슷한 성향을 띠고 있으며 세 가지 요소로 구성되어 있다. (1) 계보에 관한 정보, (2) 지파별/집안별 영토, (3) 주요 역사적 사건(Hill).

저자는 2:1-2에서 이스라엘의 열두 아들들의 이름을 언급하면서 세 지파의 조상 이름을 르우벤-므낫세(요셉)-갓 순서로 나열하였다. 야곱의 아내들에 따라 르우벤(첫째 아내 레아의 아들)-므낫세(요셉: 둘째 아내 라헬의 아들)-갓(첩 빌하의 아들)의 순서를 따른 것이다. 반면에 본 텍스트에서는 지형적인 여건을 고려해서 지파들의 순서를 결정했다. 가나안의 최남단을 차지한 시므온에 대해 언급한 다음, 요단 강을 건너 강 동편에 정착한 지파 중 가장 남쪽에 정착한 르우벤에 대한 이야기를 한다. 그런 다음, 요단 강을 따라 남쪽에서 북쪽으로 올라가면서 만나게 되는 순서에 따라 갓 지파, 그리고 므낫세 지파의 이야기로 이어간다.

5장의 내용을 분석해보면 르우벤(1-10절)-갓(11-17절)-전쟁(18-22절)-므낫세 반 지파(23-24절)-추방(25-26절)의 순서로 구성된다. 갓과 므낫세 반 지파 이야기 사이에 전쟁이 끼어있다. 논리적으로 생각할 때, 이런 구조보다는 차라리 르우벤-갓-므낫세 반 지파-전쟁-추방 등의 순서로 진행되는 것이 바람직하다. 그러나 저자가 이와 같은 구조를 지향한 것은 하나님이 함께하셨기 때문에 승리한 전쟁 이야기(18-22절)와 하나님께 범죄해서 타국으로 끌려가게 된 이야기(25-26절)가 한꺼번에 제시되면 신학적인 혼란을 초래할 수도 있기 때문이다. 하나님의 축복으로 이방인들을 상대로 승리할 수 있었던 사람들이 어떻게 바로 다음 순간에 타국으로 끌려가게 되었냐는 것이다.

그러므로 저자는 므낫세 반 지파의 계보를 두 이야기 사이에 두어 두 이야기가 독자적으로 제시하는 교훈들을 혼돈하지 않도록 하고자 했다(Japhet). 동쪽 지파들의 계보와 그들에 대한 이야기를 정리하고 있는 본 텍스트는 다음과 같이 구분할 수 있다.

A. 르우벤 지파(5:1-10)

B. 갓 지파(5:11-17)

C. 하갈 사람들과의 전쟁(5:18-22)

D. 므낫세 반 지파(5:23-24)

E. 동쪽 지파들의 추방(5:25-26)

I. 서론: 계보(1:1–9:34)
2장. 이스라엘(2:3–9:1)
2. 요단강 동편 지역 지파들(5:1–26)

(1) 르우벤 지파(5:1-10)

**1 이스라엘의 장자 르우벤의 아들들은 이러하니라 (르우벤은 장자라도 그의 아버
지의 침상을 더럽혔으므로 장자의 명분이 이스라엘의 아들 요셉의 자손에게로 돌
아가서 족보에 장자의 명분대로 기록되지 못하였느니라 2 유다는 형제보다 뛰어
나고 주권자가 유다에게서 났으나 장자의 명분은 요셉에게 있으니라) 3 이스라엘
의 장자 르우벤의 아들들은 하녹과 발루와 헤스론과 갈미요 4 요엘의 아들은 스마
야요 그의 아들은 곡이요 그의 아들은 시므이요 5 그의 아들은 미가요 그의 아들
은 르아야요 그의 아들은 바알이요 6 그의 아들은 브에라이니 그는 르우벤 자손의
지도자로서 앗수르 왕 디글랏빌레셀에게 사로잡힌 자라 7 그의 형제가 종족과 계
보대로 우두머리 된 자는 여이엘과 스가랴와 8 벨라니 벨라는 아사스의 아들이요
세마의 손자요 요엘의 증손이라 그가 아로엘에 살면서 느보와 바알므온까지 다다
랐고 9 또 동으로 가서 거주하면서 유브라데 강에서부터 광야 지경까지 다다랐으
니 이는 길르앗 땅에서 그 가축이 번식함이라 10 사울 왕 때에 그들이 하갈 사람과
더불어 싸워 손으로 쳐죽이고 길르앗 동쪽 온 땅에서 장막에 거주하였더라**

르우벤 지파의 계보는 그들의 선조가 이스라엘의 장자였는데(1절) 어떻게 해서 장자의 권한을 누리지 못했는가에 대한 이야기로 시작한다. 그가 아버지의 잠자리를 더럽혔기 때문이다(1절). 물론 이 말씀은 르우벤이 아버지의 첩 빌하를 범한 일을 회고한다(cf. 창 35:22). 참으로 온 자손에게 수치스럽고 부끄러운 이야기가 아닐 수 없다. 한 사람의 잘못으로 인해 그의 자손들이 대대로 수모를 당했다는 사실이 죄의 심각성을 상기시킨다.

결국 르우벤의 죄로 인해 이스라엘의 장자권은 요셉에게 넘어갔다(1절, 창 48:5; cf. 신 21:15-17). 이스라엘의 다른 조상들과는 달리 요셉에게서 므낫세와 에브라임 등 두 지파가 나온 점을 염두에 둔 것이다. 이 두

지파는 여호수아를 통해 가장 많은 땅을 받았다. 훗날 분열왕국 시대 때 북 왕국 이스라엘을 구성한 지파 중 가장 번성하고 유력한 지파들이었다. 하나님이 장자권을 받은 요셉의 후손들을 참으로 축복하셔서 다른 지파들의 배 이상이 되도록 하셨다.

그러나 모든 특권이 요셉의 자손들에게만 주어진 것은 아니다. 유다 지파도 특별한 하나님의 은총을 입었다. 유다는 태어난 순서로 하면 넷째였다. 그러나 맏아들 르우벤은 아버지의 침상을 범해서(창 49:3-4), 둘째와 셋째였던 시므온과 레위는 누이 디나 일로 세겜 사람들을 속여 살해해서(창 49:5-7, cf. 창 34장) 장자권을 받지 못했다. 그러므로 장자의 특권이 넷째 아들인 유다에게 돌아가는 것이 당연한 일인데 요셉에게 이 특권을 주셨으니 유다에게도 적절한 보상이 있어야 하지 않겠는가!

역대기 저자는 유다가 누린 축복을 두 가지로 정리한다(2절). 첫째, 다른 형제 지파들보다 세력이 크고 번성하였다. 유다 지파는 이와 같은 왕성한 세력을 근거로 통일왕국을 주도해가는 지파가 되었으며, 분열왕국 시대에는 남 왕국 유다의 중심이 되었다. 둘째, 유다 지파를 통해 지도자가 나왔다. 저자가 미래에 대한 소망의 근원으로 삼는 다윗 언약과 다윗 왕조를 두고 하는 말이다.

르우벤은 하녹, 발루, 헤스론, 갈미 등 네 아들을 두었다(3절). 저자는 창세기 46:9, 출애굽기 6:14, 민수기 26:5 등을 근거로 이와 같은 정보를 제공하고 있다. 모세는 신명기에서 이스라엘 열두 지파를 축복하면서 르우벤 지파에게 수적 번성은 약속하지 않았다(cf. 신 33:6). 그래서 이 자손의 계보는 유다 지파의 것과 견줄 수 있는 수준이 아니다.

여기에 나온 르우벤 지파의 계보를 따르는 데 어려움이 있다. 저자가 4절에서 갑자기 요엘의 자손들을 나열하는데, 요엘이 누구이며 이 사람이 3절에 언급된 르우벤의 아들들과는 어떻게 연결되는지 정확하지 않기 때문이다. 요엘의 계보가 성경 다른 곳에서 언급이 없는 것도 어려움을 더한다. 고대 사본들은 이 문제를 해결하기 위해서 요엘을 갈미로 대체하기도 하고, 요엘이 갈미의 아들이라는 말을 삽입한다(cf. Japhet). 요엘이 분명 르우벤의 자손이기 때문에 이곳에 그의 자손들이 언급되지만, 더 이상 정보가 없는 상태에서 최선의 선택은 현재 텍스트를 그대로 유지하는 것으로 생각된다.

또한 요엘의 계보(4-8절)에는 두 가지 불편한 정보가 포함되어 있다. 첫째, 바알(בַּעַל)이라는 이름의 등장이다(5절). 우리가 잘 알다시피 바알은 가나안 종교에서 다산을 가져다주는 폭풍의 신으로 숭배되었다. 그런데 르우벤의 자손 중 이와 같은 이방 신의 이름을 지닌 자가 있었다는 것은 집안이 신앙적으로 건전하지 못했음을 암시한다.

둘째, 요엘의 7대 자손으로 언급되는 브에라는 아시리아 왕 디글랏 빌레셀에게 사로잡혀갔다고 한다(6절). 주전 733-732년에 아시리아의 왕이 남 왕국 유다의 왕인 아하스의 요청으로 시리아와 가나안 지역을 친 적이 있었는데(cf. 사 7장), 이때에 브에라가 인질로 끌려갔다는 것이다(Johnstone, Japhet, Hill, cf. 왕하 15:29). 이 두 사건을 연결해 볼 때 결국 르우벤 자손들이 우상(바알)을 숭배했기 때문에(5절) 인질이 되어 아시리아로 끌려갔다는 것이다(6절). 죄와 벌의 공식이 형성되고 있다.

4절의 요엘과 8절의 요엘이 같은 사람이라는 전제하에 르우벤 자손들의 관계를 정리해보면 〈그림 27〉과 같다. 저자는 최소한 8대에 이르는 르우벤 자손의 계보를 정리한다.

르우벤 자손들이 차지한 지역은 아르논 강에 있는 아로엘에서 느보와 바알므온까지(8절), 동쪽으로는 유브라데 강에서 광야에 이르는 길르앗 지역까지였다(9절). 아로엘은 갓 지파가 세운 성읍이며(민 32:34) 르우벤 지파와 갓 지파 땅의 경계선에 있었다(수 13:16, 25). 아로엘의 서북쪽에 있던 느보와 바알므온은 르우벤의 기업이었다(민 32:37-38; cf. 수 13:16). 길르앗은 아르논(Arnon) 강과 야르묵(Yarmuk) 강 사이의 지역을 뜻하며 원래는 갓 지파 사람들이 정착한 곳이었다(수 13:24-25).

르우벤 지파 사람들은 사울 시대에 하갈 사람들을 내쫓고 길르앗 동

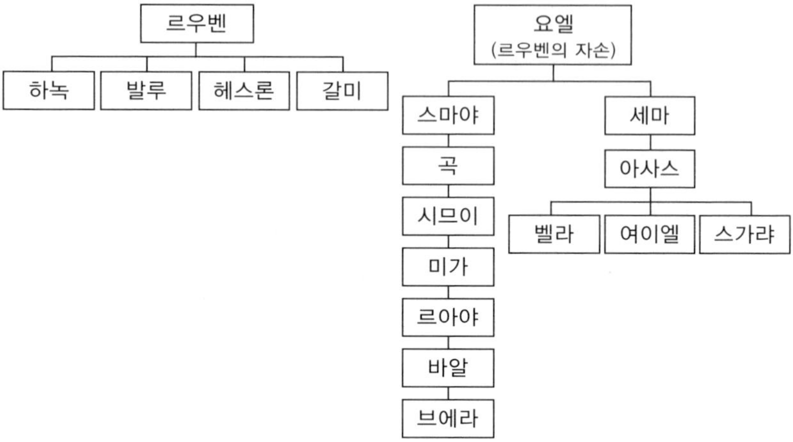

〈그림 27〉

쪽 모든 지역을 차지했다(10절). 르우벤 지파 사람 중 일부는 유목민 생활을 했음을 시사하는 대목이며(Hill), 세월이 지나면서 르우벤 지파의 상당 부분이 갓 지파에 흡수된 이유를 설명하는 듯하다. 이스라엘의 역사를 살펴보면 르우벤 지파에서는 왕이나 선지자 혹은 사사가 한 명도 나오지 않았다. 이 지파는 매우 평범하게 살다가 쇠퇴했다.

Ⅰ. 서론: 계보(1:1–9:34)
2장. 이스라엘(2:3–9:1)
2. 요단강 동편 지역 지파들(5:1–26)

(2) 갓 지파(5:11-17)

11 갓 자손은 르우벤 사람을 마주 대하여 바산 땅에 거주하면서 살르가까지 다다랐
으니 12 우두머리는 요엘이요 다음은 사밤이요 또 야내와 바산에 산 사밧이요 13 그
조상의 가문의 형제들은 미가엘과 므술람과 세바와 요래와 야간과 시아와 에벨
일곱 명이니 14 이는 다 아비하일의 아들들이라 아비하일은 후리의 아들이요 야로
아의 손자요 길르앗의 증손이요 미가엘의 현손이요 여시새의 오대 손이요 야도의
육대 손이요 부스의 칠대 손이며 15 또 구니의 손자 압디엘의 아들 아히가 우두머

리가 되었고 [16] 그들이 바산 길르앗과 그 마을과 사론의 모든 들에 거주하여 그 사
방 변두리에 다다랐더라 [17] 이상은 유다 왕 요담 때와 이스라엘 왕 여로보암 때에
족보에 기록되었더라

지금까지 제시된 다른 계보들과 비교할 때 갓의 자손의 계보의 독특한 점은 계보가 사람들의 이름이 아닌 지역적인 정황을 설명하는 것으로 시작한다는 점이다(11절). 그뿐만 아니라 저자가 다른 계보와는 달리 이 섹션을 정리할 때는 갓과 직접 연관된 다른 정보를(cf. 창 46:16; 민 26:15-18; 대상 12:8-13) 전혀 인용하지 않는다. 결과적으로 본문에 언급된 갓의 자손들에 대해서는 성경 다른 곳에서 확인할 수 없다. 모두 이곳에서만 언급되는 이름들이다. 저자는 자신이 제공하는 정보가 유다 왕 요담과 이스라엘 왕 여로보암 시대에 유래한 것임을 밝힌다(17절). 주전 750년대에 있었던 인구조사의 결과라는 것이다. 이와 같은 사실은 그가 열왕기 외에 다른 출처도 사용하고 있음을 말해준다(Rudolph).

갓 자손이 바산을 차지한 정보는(11, 16절) 갓 지파의 계보를 감싸는 일종의 괄호를 형성한다. 갓 자손은 르우벤 자손의 건너편에서 살르가까지 이르는 바산 땅에서 살았다고 한다(11절). 바산은 갈릴리 호수 동쪽에, 남쪽으로는 야르묵 강에서 북쪽으로는 헤르몬 산에 이르는 지역을 뜻한다(Johnstone). 살르가는 바산 땅의 남서쪽에 위치했으며, 이스라엘이 바산 왕 옥으로부터 빼앗은 곳이다(신 3:10). 이 성읍은 갓과 르우벤 지파의 기업으로 기록되기도 했다(수 12:5-6).

살르가는 이 두 지파의 접경 지역에 있었음을 알 수 있다. 갓 자손이 사론의 모든 목초지까지 뻗어나갔다고 하는데(16절), 사론의 위치는 알 수 없지만 모압 석비(Moabite Stone)에 기록된 그 마을이었을 것이다(Hill). 옛적부터 바산은 매우 비옥한 땅이었으며, 목축업과 목재의 본고장이기도 했다(cf. 겔 39:18; 암 4:1; 사 2:13; 슥 11:2). 이스라엘과 시리아는 이 비옥한 땅을 소유하기 위해서 끊임없이 전쟁을 하기도 했다.

갓 자손의 계보는 요엘이라는 사람의 이름으로 시작한다(12절). 그는 갓 지파의 족장이었으며, 사밤이 부족장이었다. 야내와 사밧이라는 사람이 바산에 살았는데, 그들 가문의 형제가 7명이 있었다고 한다(13절). 사밧(שֹׁפֵט)이 사람의 이름인지, 아니면 사사를 뜻하는 일반명사인지가 정확하지 않다.

일부 주석가들은 칠십인역이 이 단어를 사사로 풀이한 것에 근거하여(Ιανι ὁ γραμματεὺς) 야내가 바산을 지배한 사람이었음을 뜻하는 것으로 풀이한다. 이 경우 바산을 지배한 사람은 4명이 아니라 요엘, 사밤, 야내 등 3명이다. 그러나 네 명으로 이해해도 별 어려움은 없다. 이들의 자손 7명이 야내와 사밧과 어떤 관계였는지는 알 수 없다. 또한 이 7명이 야곱의 아들 갓으로부터 어떤 줄기를 통해 태어난 사람인지도 알 수 없다. 다만 그가 갓 자손이라는 점이 확실할 뿐이다.

갓 자손의 계보는 여러 개의 조각들로 구성되어 있다. 13-15절의 내용을 정리해보면 부스에서 미가엘 등 7명에 이르는 9대와 구니에서 아히에 이르는 3대가 있다. 문제는 부스가 갓 자손의 어떤 계보를 따라

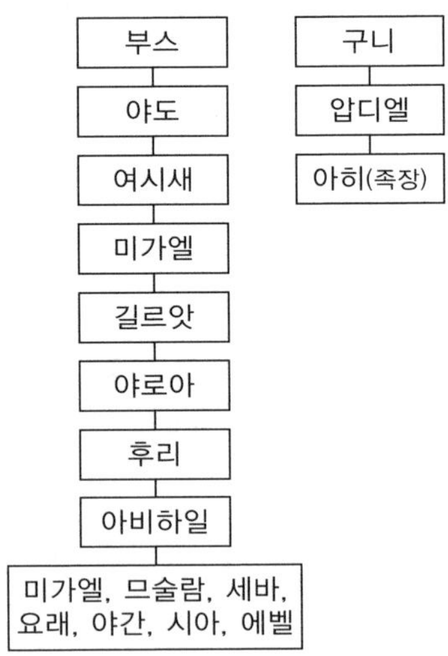

〈그림 28〉

태어난 것인지 알 수 없다는 것이다. 구니와 갓의 관계도 마찬가지이다. 〈그림 28〉을 참고하라.

I. 서론: 계보(1:1-9:34)
2장. 이스라엘(2:3-9:1)
2. 요단강 동편 지역 지파들(5:1-26)

(3) 하갈 사람들과의 전쟁(5:18-22)

18 르우벤 자손과 갓 사람과 므낫세 반 지파에서 나가 싸울 만한 용사 곧 능히 방패
와 칼을 들며 활을 당겨 싸움에 익숙한 자는 사만 사천칠백육십 명이라 19 그들이
하갈 사람과 여두르와 나비스와 노답과 싸우는 중에 20 도우심을 입었으므로 하갈
사람과 그들과 함께 있는 자들이 다 그들의 손에 패하였으니 이는 그들이 싸울 때
에 하나님께 의뢰하고 부르짖으므로 하나님이 그들에게 응답하셨음이라 21 그들이
대적의 짐승 곧 낙타 오만 마리와 양 이십오만 마리와 나귀 이천 마리를 빼앗으며
사람 십만 명을 사로잡았고 22 죽임을 당한 자가 많았으니 이 싸움이 하나님께로
말미암았음이라 그들이 그들의 땅에 거주하여 사로잡힐 때까지 이르렀더라

역대기 저자는 요단 강 동쪽에 정착한 세 번째 지파인 므낫세 반 지파에 대해서 언급하기에 앞서 동쪽 지파들이 연합하여 이방인들과 전쟁한 이야기를 한다. 이미 5장 서론에서 언급한 것처럼 하나님의 축복 아래 어떻게 이방인들을 물리치고 승리했는가를 회고하는 본문의 이야기와 훗날 그들이 하나님께 범죄하여 추방당한 이야기를(25-26절) 분리하여 신학적인 혼선을 예방한다.

저자는 이미 르우벤 지파가 하갈 사람들을 상대로 싸워 승리했다고 말했다(5:10). 여기서는 이 사건을 더 자세하게 언급한다. 이 전쟁은 실제로는 르우벤 지파뿐만 아니라 갓 지파와 므낫세 반 지파도 합세한 싸움이었다(18절). 하갈 사람들이 아브라함의 첩 하갈에서 비롯된 민족이라는 추측도 있지만(Merrill), 이들이 누구이며, 어디서 비롯된 민족인지는 알 수 없다. 다만 확실한 점은 하갈 사람은 모압, 에돔, 이스마엘 사람들과 함께 요단 강 동편에 거주했던 이스라엘의 원수들이었다(cf. 시 83:6).

르우벤, 갓, 므낫세 세 지파는 연합하여 4만 4,760명의 군대를 일으켰다. 모세가 이집트를 떠나온 후 인구조사를 했을 때, 이 세 지파의 수가 13만 6,930명이었다는 점을 감안하면 큰 군대는 아니다(cf. 민 26:7, 18, 34). 다윗이 인구조사를 실시했을 때도 이들은 12만 명에 달했다. 이 지파들은 세월이 지나면서 쇠퇴한 것이다. 어찌 되었건 세 지파의 4만 4,760명에 달하는 군대는 큰 규모였음에도 불구하고 상대는 훨씬 더 큰 군대를 가졌던 것으로 생각된다.

저자가 적군의 수를 말하고 있진 않지만, 전쟁에서 약탈한 노획물이 낙타가 5만 마리, 양이 25만 마리, 나귀 2천 마리, 그리고 사로잡은 사람이 10만 명이라는 점에서 적의 규모가 역력히 드러난다. 또한 이 세 지파가 승리할 수 있었던 것이 하나님의 도우심으로 가능했다는 말을 반복하는 것에서도(20, 22절) 이스라엘 군대의 규모가 열세였음을 엿볼 수 있다. 전쟁에 임한 세 지파는 적을 창으로 무찌르는 만큼이나, 아니 더 열심을 내어 하나님을 의뢰하고 그분께 부르짖었다(20절). 우수한 전술과 무기가 아니라 믿음과 기도로 일구어낸 승리다. 저자는 이 이야기에서도 야베스의 기도처럼(4:10) 믿음과 기도, 특히 울부짖는 기도의 중요성을 강조한다. 이스라엘이 당면한 문제를 해결하실 수 있는 분은 오직 여호와이시며, 그분의 마음을 움직이는 것은 간곡한 기도밖에 없다는 사실을 강조한다.

Ⅰ. 서론: 계보(1:1–9:34)
2장. 이스라엘(2:3–9:1)
2. 요단강 동편 지역 지파들(5:1–26)

(4) 므낫세 반 지파(5:23-24)

23 므낫세 반 지파 자손들이 그 땅에 거주하면서 그들이 번성하여 바산에서부터
바알헤르몬과 스닐과 헤르몬 산까지 다다랐으며 24 그들의 족장은 에벨과 이시와

엘리엘과 아스리엘과 예레미야와 호다위야와 야디엘이며 다 용감하고 유명한 족장이었더라

요단 강 동편 지파들이 하갈 사람들을 상대로 한 전쟁을 회고하기 위해서 잠시 지파별 계보 이야기를 멈추었던 저자가 다시 계보 이야기를 한다. 므낫세 반 지파 이야기이다. 이 그룹이 므낫세 반 지파로 알려진 것은 나머지 반은 요단 강 서편에 자리를 잡았기 때문이다.

본 텍스트는 므낫세 반 지파의 계보라고 하기에는 너무 빈약하다. 저자는 먼저 므낫세 반 지파가 차지한 땅을 간략하게 요약한다. 바산에서부터 바알헤르몬, 스닐, 헤르몬 산에 이르는 지역을 차지했다고 한다(23절). 여기에 칠십인역은 레바논을 더한다. 레바논을 감안하지 않더라도, 므낫세 반 지파는 요단 강 동편 북쪽 지역을 거의 다 차지한 것이다. 야곱이 요셉 자손에게 "무성한 가지가 담을 넘었도다"라고 축복한 말씀이 실감난다(창 49:22, cf. 창 48:15-16).

므낫세 반 지파의 계보는 에벨, 이시, 엘리엘, 아스리엘, 예레미야, 호다위야, 야디엘 등 7명의 족장 이름으로 구성되어 있다. 저자는 이들을 용감한 군인이라 한다. 군사적 지도자였던 것이다. 이들에 대해서는 더 이상 알려진 바가 없다. 저자가 정경이 아닌 다른 출처를 사용해서 이 섹션을 정리했기 때문이다.

I. 서론: 계보(1:1–9:34)
  2장. 이스라엘(2:3–9:1)
    2. 요단강 동편 지역 지파들(5:1–26)

(5) 동쪽 지파들의 추방(5:25-26)

25 그들이 그들의 조상들의 하나님께 범죄하여 하나님이 그들 앞에서 멸하신 그
땅 백성의 신들을 간음하듯 섬긴지라 26 그러므로 이스라엘 하나님이 앗수르 왕
불의 마음을 일으키시며 앗수르 왕 디글랏빌레셀의 마음을 일으키시매 곧 르우벤

과 갓과 므낫세 반 지파를 사로잡아 할라와 하볼과 하라와 고산 강 가에 옮긴지라 그들이 오늘까지 거기에 있으니라

동쪽에 정착한 지파 중 르우벤 자손들은 하갈 사람들을 내치고 길르앗 동쪽 지역을 차지했다(5:10). 갓의 자손들은 바산 지역을 차지하고 살았다(5:11, 16). 므낫세 반 지파에서는 유능한 군사적 지도자들이 나왔으며, 매우 넓은 지역을 차지하고 살았다(5:23-24). 세 지파는 힘을 합하여 큰 적을 물리친 적이 있다(cf. 5:18-22). 이들에게 불리한 전쟁이었지만, 하나님이 도우셔서 가능했다(5:20, 22). 이스라엘이 하나님 앞에 겸손히 행하고 그분에게 부르짖기만 하면 언제든지 하나님은 도우실 것임을 보여주는 사건이었다. 미래는 자신들의 손에 달려 있다. 순종하면 복을 누리며 밝은 미래를 기대할 수 있다. 하나님 앞에 선 이스라엘의 신분은 조상들로부터 자손 대대로 전수되는 것이 아니라 하나님 말씀에 순종함으로써 얻게 되는 특권이다(Selman).

불행하게도 저자가 이 섹션을 마무리하며 회고하는 이야기의 내용은 전혀 다르다. 하나님을 배신하고 우상을 따르자, 여호와께서 아시리아 왕 불(פּוּל)의 마음과 아시리아 왕 디글랏빌레셀(תִּלְּגַת פִּלְנֶסֶר)의 마음을 일으키셔서 세 지파를 할라와 하볼과 하라와 고산 강 가로 끌고 가게 하셨다(26절). 하나님의 축복과 보호를 받기는커녕, 오히려 세상 모든 나라를 다스리시는 하나님이 아시리아 왕을 사용하셔서 이 지파들을 치신 것이다. 하나님은 이스라엘의 복의 근원이시지만 동시에 걸림돌이 되기도 하신다. 저자는 독자들에게 선택을 제안한다. 하나님께 순종함으로써 축복을 누릴 것인가, 아니면 불순종으로 심판을 자처할 것인가(cf. Wilcock). 이 일로 인해 그들은 아직도 그곳에 살고 있다(26절).

열왕기에 기록된 내용과 비교해 볼 때, 본문은 두 사건을 하나로 축약해서 회고한다. 디글랏빌레셀이 아하스 왕의 요청을 받아들여 가나안 지역에 원정 나온 적이 있었다. 시리아-이스라엘 연합군이 유다를 칠 때 있었던 일로 주전 733-732년에 일어난 일이다(cf. 왕하 15장). 이 때 시리아는 아시리아에 편입되었으며, 북 왕국 이스라엘은 많은 조공을 바치고 아시리아로 편입되는 위기만은 모면하고 독립국으로 존재할 수 있었다. 그러나 많은 사람들이 인질/노예가 되어 아시리아로 끌려갔다. "이스라엘 왕 베가 때에 앗수르 왕 디글랏 빌레셀이 와서 이욘과 아벨벳 마아가와 야노아와 게데스와 하솔과 길르앗과 갈릴리와 납달리 온 땅을 점령하고 그 백성을 사로잡아 앗수르로 옮겼더라"(왕하 15:29).

열왕기 저자가 이때 북 왕국 사람들이 끌려간 것은 언급하지만, 이스라엘 인질들이 어디로 갔는지는 기록하지 않았다. 반면에 본문은 그들이 할라, 하볼, 하라 그리고 고산 강 가로 끌려갔다고 한다. 이와 같은 정보는 열왕기하 17:6의 내용과 연관이 있다. "호세아 제구년에 앗수르 왕이 사마리아를 점령하고 이스라엘 사람을 사로잡아 앗수르로 끌어다가 고산 강 가에 있는 할라와 하볼과 메대 사람의 여러 고을에 두었더라". 이 이야기는 열왕기 기자가 10년 후인 주전 722년에 사마리아가 아시리아 왕 살만에셀(Shalmanesser)에게 붕괴되고 북 왕국 사람들은 강제로 끌려간 사건을 회고하면서 수록한 것이다. 역대기 저자는 주전 732년과 722년에 있었던 두 사건을 하나로 묶어 마치 한 사건처럼 회고하고 있다. 이 지파들이 하나님께 범죄하여 아시리아로 끌려갔다는 말을 하고자 하는 상황에서 두 사건을 상세하게 언급할 필요를 느끼지 못했기 때문이다.

그래서 저자는 주전 722년에 사마리아를 붕괴시키고 주민들을 끌고 간 살만에셀에 대해서는 전혀 언급하지 않고, 주전 732년에 이스라엘을 치고 일부 주민들을 끌고 갔던 아시리아 왕 불(פּוּל)의 이름만 기록한다. 일부 주석가들은 불과 디글랏빌레셀을 두 사람으로 이해하고 있다(Curtis). 성경은 디글랏빌레셀을 불로 부르기도 한다(왕하 15:19). 또 역대기 저자는 디글랏빌레셀(תִּגְלַת פִּלְאֶסֶר)을 디글랏 빌네셀(תִּלְּגַת פִּלְנֶסֶר)(cf. 히브리어 텍스트)이라고 부른다. 불, 디글랏 빌레셀, 디글랏 빌네셀은 모두 같은 사람이다.

그렇다면 본문이 불과 디글랏빌레셀을 동시에 언급한 것을 어떻게 이해해야 하는가? "〔이스라엘의 하나님이〕 앗수르 왕 불의 마음과 앗수르 왕 디글랏빌레셀의 마음을 〔일으키셨다〕"(אֶת־רוּחַ פּוּל מֶלֶךְ־אַשּׁוּר וְאֶת־רוּחַ תִּלְּגַת פִּלְנֶסֶר מֶלֶךְ אַשּׁוּר)(26절)에서는 마치 두 왕을 이야기하는 것 같은데, 두 문구를 연결하는 접속사(ו)를 해석형(interpretative)으로 이해하여 "앗수르 왕 불, 곧 디글랏빌레셀 왕의 마음을 …"로 번역하면 별 문제가 없다(Japhet). 만일 저자가 두 사람을 서로 다른 인물로 이해했다면 복수(plural) 동사를 사용했을 터인데(viz., "그들이 끌고 갔다"), 단수 동사(viz., "그가 끌고 갔다")를 사용하고 있는 점도 두 왕을 같은 사람으로 이해하고 있음을 시사한다.

Ⅰ. 서론: 계보(1:1–9:34) 2장. 이스라엘(2:3–9:1)

3. 레위 지파(6:1-81)

다윗을 배출한 유다 지파와 더불어 레위 지파는 역대기 저자의 가장 큰 관심을 받는다. 이스라엘의 열두 지파 중 유일하게 선조들까지 계보가 끊김 없이 거슬러 올라가는 지파는 유다와 레위 지파뿐이라는 사실에서도 역력하게 드러난다(Selman). 아울러 저자가 레위 지파를 얼마나 중요하게 여기는가는 레위 지파 계보의 위치(지파들 계보의 중심에 있음)와 분량(유다 지파 다음으로 많은 공간을 차지하고 있으며 총 81절이 할애됨)에서도 알 수 있다.

레위 사람들 계보의 위치가 다른 지파 계보들의 중앙에 있다는 것은, 마치 광야에서 각 지파들이 성막을 중심으로 사방에 진을 칠 때(cf. 민 1:47-2:34)를 연상시킨다. 일반 백성들이 본의 아니게 성막을 침범하는 사태를 막기 위해서, 레위 지파가 성막 둘레로 진을 쳐 성막과 이스라엘 지파들 사이에 완충지역을 형성했다(Allen). 저자가 이처럼 레위 지파에게 중요한 위치를 부여한 것은 왕이 없던 포로기 이후 시대 이스라엘 사회에서 이들의 역할이 더 막중해졌기 때문이다(Johnstone). 레위 사람들은 제사장 지파로서 제단에서 봉사했으며, 유다 전 지역을 돌며 율법을 가르쳤고, 사회의 경건 실천을 감독하는 등 이스라엘 공동체의 구심점 역할을 했다. 또한 이스라엘을 위해서 속죄제를 드리는 일도 레위 지파의 사역이었다(cf. 6:49). 레위 지파의 계보를 담고 있는 6장은 다음과 같이 구분할 수 있다.

A. 대제사장들의 계보(6:1-15)
B. 레위 사람들의 계보(6:16-30)
C. 세 찬양대장의 계보(6:31-47)
D. 사역 요약(6:48-49)
E. 아론의 자손들(6:50-53)
F. 레위 지파의 정착지(6:54-81)

저자가 제시하는 레위 사람들의 계보를 요약적으로 정리해보면 〈그림 29〉와 같다(Williamson, cf. Japhet). 그핫의 아들 암미나답은 학자들에 따라 아므람 혹은 이스할로 이해된다.

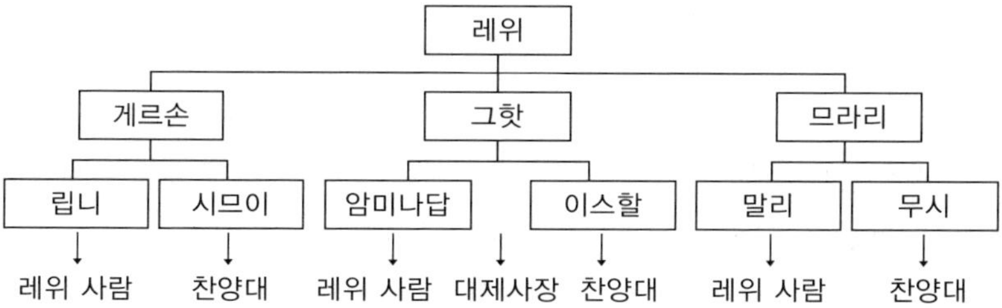

〈그림 29〉

I. 서론: 계보(1:1–9:34)
2장. 이스라엘(2:3–9:1)
3. 레위 지파(6:1–81)

(1) 대제사장들의 계보(6:1-15)

저자는 레위 지파의 계보를 대제사장들에 대한 이야기로 시작한다. 본문은 다음과 같이 두 파트로 나눌 수 있다.

A. 서론(6:1-3)

B. 계보(6:4-15)

I. 서론: 계보(1:1–9:34)
2장. 이스라엘(2:3–9:1)
3. 레위 지파(6:1–81)
(1) 대제사장들의 계보(6:1–15)

① 서론(6:1–3)

**1 레위의 아들들은 게르손과 그핫과 므라리요 2 그핫의 아들들은 아므람과 이스할
과 헤브론과 웃시엘이요 3 아므람의 자녀는 아론과 모세와 미리암이요 아론의 자
녀는 나답과 아비후와 엘르아살과 이다말이며**

저자는 제일 먼저 대제사장 집안을 언급하는 일로 레위 지파 계보를 시작한다. 이 섹션은 레위에서 아론의 아들들에 이르는 계보를 4대로 정리하며 총 14명의 이름을 언급한다. 성경 다른 곳에서도 본문처럼 레위의 세 아들은 항상 나이에 따라 게르손-그핫-므라리 순으로 나열한다(cf. 창 46:11; 출 6:16; 민 3:17). 그러나 본 텍스트와 같은 형태로 제시되는 계보는 없다. 역대기 저자가 자신의 필요에 따라 새로이 편성한 것이다(Japhet). 이 계보의 관심은 그핫에게 있다(cf. 2절). 그에게서 대제사장 집안인 아론의 후손들이 나왔기 때문이다(3절).

아론에게 네 아들이 있었지만, 이들 중 나답과 아비후(3절)는 경건하지 못한 불을 드렸다가 죽임을 당한 사람들이다(레 10:1-11). 하나님 앞에서 사역한다는 것은 복된 일이지만, 경우에 따라서는 이처럼 참혹한

결과를 초래할 수 있기 때문에 사역자들은 항상 자신을 성찰해야 한다. 하나님의 임재가 얼마나 거룩한지 인간의 부정함이 결코 용납될 수 없기 때문이다.

역대기 저자가 레위의 아들을 게르손이라고 하는 곳은 이곳과 역대상 23:6 뿐이다. 역대기의 다른 곳에서는 항상 게르솜이라고 한다(cf. 대상 6:16, 17, 20, 43, 62, 71; 15:7). 그런데 역대기를 제외한 성경 다른 곳에서는 항상 게르손이다(창 46:11; 출 6:16, 17; 민 3:17, 18, 21 등). 어떤 이유에서인지는 알 수 없지만, 역대기 저자가 게르손보다는 게르솜을 선호하는 것이 확실하다.[2] 1-3절의 내용을 정리해보면 〈그림 30〉 같다.

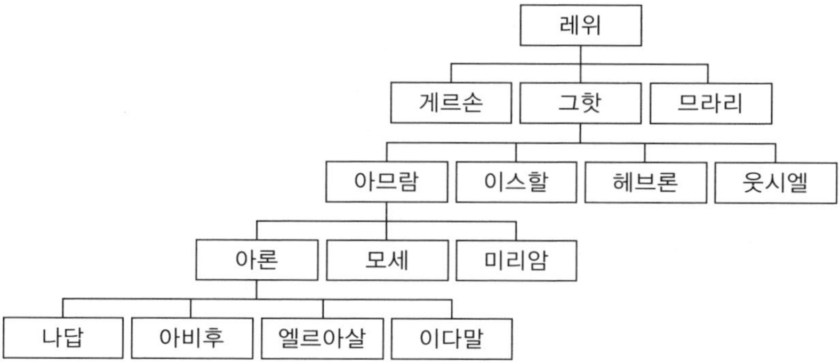

〈그림 30〉

I. 서론: 계보(1:1–9:34)
2장. 이스라엘(2:3–9:1)
3. 레위 지파(6:1–81)
(1) 대제사장들의 계보(6:1–15)

② 계보(6:4–15)

4 엘르아살은 비느하스를 낳고 비느하스는 아비수아를 낳고 5 아비수아는 북기
를 낳고 북기는 웃시를 낳고 6 웃시는 스라히야를 낳고 스라히야는 므라욧을 낳고

2 이 단락에서 제기되는 게르손과 게르솜 논의는 마소라 사본을 기준으로 한다. 우리말 번역본들은 게르손과 게르솜의 차이를 별로 중요시 여기지 않아 게르손으로 통일하는 성향을 보이고 있다.

7 므라욧은 아마랴를 낳고 아마랴는 아히둡을 낳고 8 아히둡은 사독을 낳고 사독은
아히마아스를 낳고 9 아히마아스는 아사랴를 낳고 아사랴는 요하난을 낳고 10 요하
난은 아사랴를 낳았으니 이 아사랴는 솔로몬이 예루살렘에 세운 성전에서 제사장
의 직분을 행한 자이며 11 아사랴는 아마랴를 낳고 아마랴는 아히둡을 낳고 12 아히
둡은 사독을 낳고 사독은 살룸을 낳고 13 살룸은 힐기야를 낳고 힐기야는 아사랴를
낳고 14 아사랴는 스라야를 낳고 스라야는 여호사닥을 낳았으며 15 여호와께서 느
부갓네살의 손으로 유다와 예루살렘 백성을 옮기실 때에 여호사닥도 가니라

저자는 아론의 네 아들 중에서도 엘르아살의 자손들에게 초점을 맞춘다. 엘르아살(4절)에서 여호사닥(15절)에 이르는 아론의 후손 계보는 21대로 구성되어 있으며 전혀 가지를 치지 않는 직선적 계보이다. 각 대에 오직 한 사람만을 기록한다. 또한 이 계보에는 성경 다른 곳을 통해 알고 있는 대제사장들이 모두 포함되어 있지 않다. 여호사밧 왕을 도와 종교개혁을 단행하고 하나님에 대한 믿음이 투철했던 아마랴(대하 19:11)와 아합의 딸 아달랴로부터 요아스를 구해 왕으로 복직시켰던 여호야다(대하 22:11-24:25)와 엘리(cf. 삼상 14:3) 등도 빠져있다. 역대기 저자가 레위 지파의 계보를 매우 상세하게 기록한 것은 사실이지만, 모든 사람을 총체적으로 기록한 것은 아니라는 것을 알려 준다.

저자는 엘르아살의 11대손 아사랴가 솔로몬이 예루살렘에 지은 성전에서 제사장으로 일했다는 말을 더한다(10절). 이때에 성전이 완공되어 아론의 후손들이 드디어 성전에서 일을 하기 시작했다는 점을 강조한다. 또한 계보의 마지막을 장식하고 있는 엘르아살의 21대 자손인 여호사닥이 느부갓네살에 의해 바빌론으로 끌려갔다는 사실을 회고한다(15절). 한 계보에서 어떤 사람은 영광스러운 일을 시작한 자로, 어떤 사람은 수치스러운 일을 당한 자로 기록하고 있다는 점이 우리에게 시사하는 바는 무엇일까? 우리는 하나님의 영광스러운 사역의 일부를 감당한 사람으로 기억되도록 노력해야 한다.

만일 아사랴가 완공된 성전에서 사역을 시작한 시점을 주전 960년으로 간주하고 여호사닥이 바빌론으로 끌려간 해를 586년으로 계산한다면, 거의 400년의 세월이 흐르는 동안 10명의 대제사장들이 대를 이었다. 한 세대당 40년이 된다. 또한 이스라엘이 광야생활 때 대제사장이었던 비느하스에서 바빌론 왕 느부갓네살 시대에 대제사장이었던 여호사닥까지가 20대인데 제사장들이 감당한 기간이 800여 년에 이른다는 점을 감안하면 이 계보에서는 한 세대가 평균 40년 이상이 된다. 그러나 우리가 잘 알다시피 당시 한 세대는 오늘날과 마찬가지로 20-25년이었다. 그러므로 저자가 본문에서 대제사장들의 계보를 제시하면서 경우에 따라 중간 중간에 세대를 뛰어넘었을 가능성이 많다(Japhet).

엘르아살의 아들인 비느하스는 이스라엘이 바알브올에서 우상을 숭배할 때 여호와를 위해서 창을 들었던 사람이다(cf. 민 25:7-9). 하나님은 그의 믿음과 용맹을 보시고 그의 자손들이 영원히 제사장이 되어 여호와를 섬길 것이라는 약속을 축복으로 주셨다(민 25:10-13). 엘르아살의 18대 자손인 힐기야는 요시야 왕을 도와 종교개혁에 박차를 가했던 사람이다. 그는 성전을 보수하던 중 오랫동안 성전에 묻혀있던 율법책을 발견하였다(대하 34:14). 이 율법책의 발견은 하나님이 하나님의 뜻을 구하던 요시야에게 주신 축복이었으며, 달리는 말에 채찍을 가하는 결과를 일으켰던 것이다. 이처럼 전심으로 주님을 찾는 자들에게 하나님은 종종 자신의 뜻을 보이시며 격려하신다.

바빌론으로 끌려간 여호사닥의 아버지 스라야(14절)는 주전 586년에 예루살렘이 함락된 다음 느부갓네살에 의해서 처형된 사람이다(왕하 25:18-21). 당시 유다의 영성과 성전에 관한 정황을 고려하면(cf. 예레미야서), 이 사람의 죽음은 결코 순교라 할 수 없다. 여호와의 축복을 마음껏 누리면서도 하나님을 두려워하지 않던 자가 결국 주님의 심판을 받아 죽은 일에 불과하다. 하나님의 축복 속에 시작된 영광스러운 대제사장의 계보가 끝에 가서 아버지는 처형당하고, 아들은 인질이 되어 끌려가는 등 비참하게 막을 내린다. 모두 하나님 앞에 범죄해서 빚어진 일이다. 그러므로 이 계보는 순종에 대한 소망과 불순종에 대한 비극을 동시에 경고한다(Hill). 그의 부끄러운 죽음은 우리에게 교훈을 준다. 우리는 과연 후대에 의해서 어떻게 평가될 것인가? 긍정적인 평가를 받기 위해서라도 오늘 이 순간 신실해야 한다는 사명감이 생겨야 한다. 엘르아살에서 여호사닥에 이르는 계보는 다음과 같다.

	엘르아살
1대	비느하스
2대	아비수아
3대	북기
4대	웃시
5대	스라히야
6대	므라욧
7대	아마랴
8대	아히둡
9대	사독
10대	아히마아스
11대	아사랴
12대	요하난
13대	아사랴
14대	아마랴
15대	아히둡
16대	사독
17대	살룸
18대	힐기야
19대	아사랴
20대	스라야
21대	여호사닥

I. 서론: 계보(1:1-9:34)
2장. 이스라엘(2:3-9:1)
3. 레위 지파(6:1-81)

(2) 레위 사람들의 계보(6:16-30)

이 섹션 역시 앞부분(6:1-15)처럼 다음과 같이 두 파트로 구분할 수 있다.

A. 서론(6:16-19)

B. 계보(6:20-30)

I. 서론: 계보(1:1-9:34)
2장. 이스라엘(2:3-9:1)
3. 레위 지파(6:1-81)
(2) 레위 사람들의 계보(6:16-30)

① 서론(6:16-19)

16 레위의 아들들은 게르손과 그핫과 므라리이며 17 게르손의 아들들의 이름은 이러
하니 립니와 시므이요 18 그핫의 아들들은 아므람과 이스할과 헤브론과 웃시엘이
요 19 므라리의 아들들은 말리와 무시라 그 조상에 따라 레위의 종족은 이러하니

저자는 다시 이 지파의 조상인 레위로 거슬러 올라가 대제사장 줄기를 제외한 나머지 레위 자손들의 계보를 정리한다. 서론 섹션에서는 레위 2대 자손들까지 정리한다. 저자는 민수기 3:17-20(cf. 6:16-19) 자료를 이용하고 있다. 내용은 〈그림 31〉과 같다.

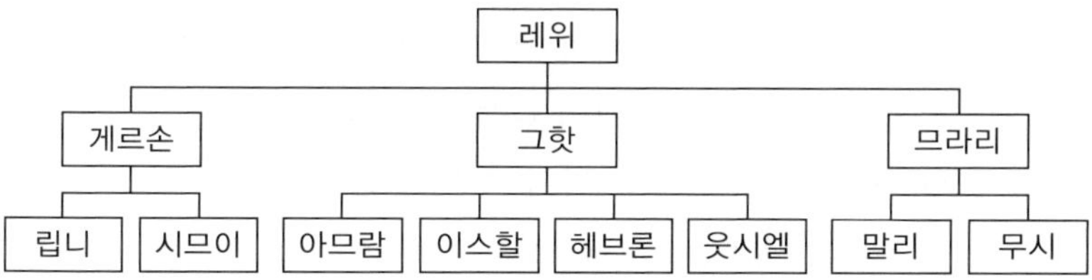

〈그림 31〉

I. 서론: 계보(1:1–9:34)
2장. 이스라엘(2:3–9:1)
3. 레위 지파(6:1–81)
(2) 레위 사람들의 계보(6:16–30)

② 계보(6:20–30)

20 게르손에게서 난 자는 곧 그의 아들 립니요 그의 아들은 야핫이요 그의 아들은
심마요 21 그의 아들은 요아요 그의 아들은 잇도요 그의 아들은 세라요 그의 아들
은 여아드래이며 22 그핫에게서 난 자는 곧 그 아들은 암미나답이요 그의 아들은
고라요 그의 아들은 앗실이요 23 그의 아들은 엘가나요 그의 아들은 에비아삽이
요 그의 아들은 앗실이요 24 그의 아들은 다핫이요 그의 아들은 우리엘이요 그의
아들은 웃시야요 그의 아들은 사울이라 25 엘가나의 아들들은 아마새와 아히못이
라 26 엘가나로 말하면 그의 자손은 이러하니 그의 아들은 소배요 그의 아들은 나
핫이요 27 그의 아들은 엘리압이요 그의 아들은 여로함이요 그의 아들은 엘가나라
28 사무엘의 아들들은 맏아들 요엘이요 다음은 아비야라 29 므라리에게서 난 자는
말리요 그의 아들은 립니요 그의 아들은 시므이요 그의 아들은 웃사요 30 그의 아
들은 시므아요 그의 아들은 학기야요 그의 아들은 아사야더라

레위의 세 아들을 소개한 저자는 이 세 아들에게서 비롯된 자손들을 게르손과 므라리 집안의 경우 각각 8대까지, 그핫의 경우 고라의 아들 앗실의 자손은 8대로, 고라의 아들 엘가나의 자손은 13대로 기록한다. 계보를 각 집안에 따라 8대로 정리하는 성향이 주류를 이르고 있다. 그러나 동시에 게르손과 므라리 집안의 계보들이(8대) 중간에 있는 그핫의 자손들의 계보(13대)를 감싸고 있다. 그핫의 계보가 집중적인 관심을 받는다. 이 섹션은 각 세대에 한 사람만 언급하는 직렬계보 형식이 주류를 이루고 있으며 다음과 같이 나눌 수 있다. (1) 게르손 자손(20-21절), (2) 그핫 자손(22-28절), (3) 므라리 자손(29-30절).

게르손 자손들의 계보는 〈그림 32〉와 같다(20-21절). 이 계보는 39-43절, 특히 41-43절에 기록된 것과 비슷하다.

〈그림 32〉

그핫 자손들의 계보(22-28절)는 몇 가지 해석적인 문제가 있다. 첫 번째 문제는 그핫에게는 아들이 네 명 있는 것으로 알려졌는데(cf. 18절; 민 3:19), 22절은 마치 그에게 암미나답이라는 다섯째 아들이 있었던 것처럼 기록하고 있다. 그러나 성경 다른 곳에 기록된 레위 계보에는 암미나답이라는 이름은 존재하지 않는다. 그러므로 대부분의 주석가들은 암미나답을 아므람(Williamson, Japhet) 혹은 이스할(Selman, Hill)로 간주한다. 그핫의 자손 중에서도 이 계보가 가장 중요하게 취급되고 있다는 점을 감안할 때, 아론과 모세의 조상인 아므람으로 간주하는 것이 바람직하다.

두 번째 문제는 22절은 고라의 자손들을 고라-앗실-엘가나-에비아삽 등 4대에 이르는 직렬계보로 묘사하지만(cf. 개역; 표준; NAS; NRS; TNK), 이 계보의 출처가 되는 출애굽기 6:24은 세 사람 모두 고라의 후손이 아니라 아들들이라고 한다. 그러므로 출애굽기 6:24에 근거해서 22절을 병렬 계보로 이해해야 한다(Williamson, Japhet).

세 번째 문제는 엘가나라는 이름이 혼돈스러울 정도로 많이 등장한다. 히브리어 텍스트를 기준으로 본문을 살펴보면 그핫의 자손 중에는 최소한 5명의 엘가나가 있다(23, 25, 26[2명], 27). 이 섹션을 읽어 내려갈 때 주의할 것은 서로 다른 엘가나를 혼돈하지 않는 것이다.

네 번째 문제는 본문이 안고 있는 가장 큰 이슈로 사무엘에 관한 이야기이다. 사무엘서에는 사무엘이 에브라임 지파에 속한 사람(אֶפְרָתִי) 엘가나의 아들로(cf. 삼상 1장), 엘가나는 여로함의 아들이요 엘리후의 손자요 도후의 증손이요 숩의 현손으로 기록되어 있다(cf. 삼상 1:1). 본문은 사무엘을 레위 지파의 계보에 올리고 있다. 물론 숩-도후-엘리후-여로함-엘가나-사무엘로 이어지는 사무엘상 1:1의 계보가 소배-나핫-엘리압-여로함-엘가나-사무엘로 이어지는 본문의 계보와 다르기 때문에, 이 사무엘이 사무엘서의 사무엘이 아니라고 주장할 수 있다.

그러나 본문이 사무엘의 아들들로 지명하고 있는 요엘과 아비야는 선지자 사무엘의 아들들이기도 하다(삼상 8:1-2). 게다가 본문에 언급된 사무엘의 계보가 할아버지까지는 사무엘서와 동일한 조상으로 구성되어 있다. 여기에 아들들까지 더하면 4대가 동일하다. "여로함-엘가나-사무엘-요엘, 아비야." 그러므로 쉽게 넘어갈 문제가 아니다. 만약에 사무엘에 대한 내용이 세월이 지나면서 사본에 스며든 혼돈이 아니라, 처음부터 원본에 포함되어 있었던 것이라면, 사무엘서가 사무엘이 에브라임 지파이면서도 제사장직을 수행했던 것으로 이해될 수 있는 것에 대해서 역대기 저자는 상당히 부담을 가졌을 것으로 생각된다. 사무엘 이야기가 레위 지파, 그것도 아론의 자손만 제사장이 될 수 있다는 율법을 위반한 것으로 이해될 수 있기 때문이다(cf. 출 28장).

그래서 저자는 성경에서 일상적으로 에브라임 지파에 속한 사람을 뜻하는 히브리어 단어(אֶפְרָתִי)가 에브라임 지파의 땅에 거하는 다른 지파 사람들에게도 적용될 수 있다는 점을 전제해 사무엘이 레위 자손이었음을 밝히고 있다. 사무엘서에 기록된 내용을 반박하는 것이 아니라, 보충 설명하고 있다. 오해의 소지를 없애기 위해서다. 이 섹션에 등장하는 이름들은 33-38절의 것들과 비슷한 점이 많다. 그핫 자손들의 계보는 〈그림 33〉과 같다.

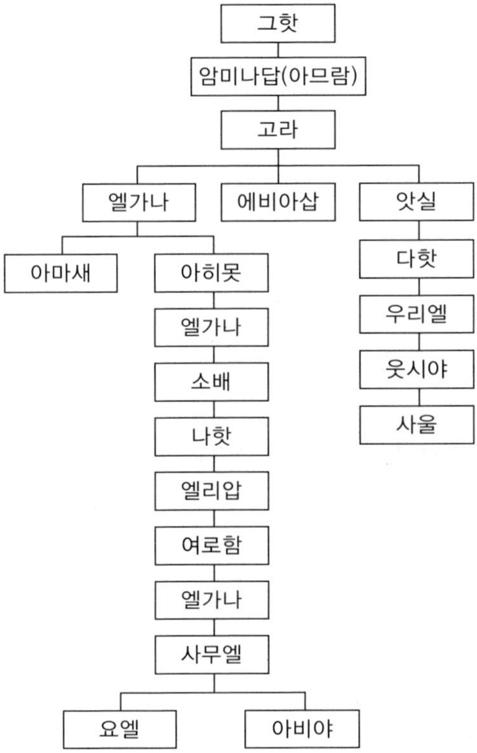

〈그림 33〉

므라리 자손들의 계보는 〈그림 34〉와 같다(29-30절). 므라리에게 말리라는 아들이 있었다는 것에 대해서는 출애굽기 6:19과 민수기 3:20에 기록되어 있지만, 나머지 자손들에 대해서는 정보가 없다. 에스라서는 말리의 자손 중 18명이 바빌론에서 돌아왔다고 한다(cf. 스 8:18).

〈그림 34〉

Ⅰ. 서론: 계보(1:1–9:34)
  2장. 이스라엘(2:3–9:1)
    3. 레위 지파(6:1–81)

(3) 세 찬양대장의 계보(6:31-47)

본 텍스트 역시 앞 부분들처럼 다음과 같은 구조를 지닌다.

A. 서론(6:31-32)

B. 계보(6:33-47)

Ⅰ. 서론: 계보(1:1–9:34)
  2장. 이스라엘(2:3–9:1)
    3. 레위 지파(6:1–81)
    (3) 세 찬양대장의 계보(6:31–47)

① 서론(6:31–32)

31 언약궤가 평안을 얻었을 때에 다윗이 여호와의 성전에서 찬송하는 직분을 맡긴
자들은 아래와 같았더라 32 솔로몬이 예루살렘에서 여호와의 성전을 세울 때까지
그들이 회막 앞에서 찬송하는 일을 행하되 그 계열대로 직무를 행하였더라

대제사장 집안의 계보와 레위 지파의 전반적인 계보를 소개한 저자는 이어 성전 찬양대의 계보를 소개한다. 이들은 다윗이 법궤를 예루살렘으로 가지고 온 이후에 성막에서 찬양 사역을 감당하도록 임명된 찬양대 지휘자들이었으며, 이들의 임무는 솔로몬이 예루살렘에 성전을 완공할 때까지 수십 년 동안 지속되었다(cf. 삼하 6장). 이 섹션은 그핫의 자손 헤만의 계보(33-38절), 게르손의 자손 아삽의 계보(39-43절), 므라리의 자손 에단의 계보(44-47절) 등 세 섹션으로 구성되어 있다.

성가대로 임명된 사람들은 원래 성막이 예루살렘에 안치되기까지 성막을 세우고 거두고, 집기들과 함께 성막을 운반하는 일을 맡은 사람들이었다(cf. 민 4장). 모세가 처음 성막을 완성하고 그곳에서 제사를 드렸을 때에는 찬양사역을 하는 사람이 없었다. 그러다가 다윗 시대에 이르러 성막이 예루살렘에 영구적으로 자리를 잡고 성전이 완성되기만을 기다리게 되자, 더 이상 성막과 집기들을 운반할 사람들이 필요하지 않게 되었다. 그래서 다윗이 이들에게 새로운 임무를 준 것이다. 하나님을 섬기는 일에 있어서도 시대의 필요와 상황에 따라서 융통성을 가지고 접근할 필요가 있다.

찬양대는 성전이 완성될 때까지 예루살렘 성막과 기브온 산당에서 예배를 인도했다(cf. 대상 15:1-3; 16:39-42). 성가대원들 임명에 대한 구체적인 이야기는 역대상 15:1-16:43에 기록되어 있다. 본문은 15-16장에 대한 서론 역할을 하고 있다(Japhet).

I. 서론: 계보(1:1–9:34)
  2장. 이스라엘(2:3–9:1)
    3. 레위 지파(6:1–81)
      (3) 세 찬양대장의 계보(6:31–47)

② 계보(6:33–47)

33 직무를 행하는 자와 그의 아들들은 이러하니 그핫의 자손 중에 헤만은 찬송하
는 자라 그는 요엘의 아들이요 요엘은 사무엘의 아들이요 34 사무엘은 엘가나의
아들이요 엘가나는 여로함의 아들이요 여로함은 엘리엘의 아들이요 엘리엘은 도
아의 아들이요 35 도아는 숩의 아들이요 숩은 엘가나의 아들이요 엘가나는 마핫의

아들이요 마핫은 아마새의 아들이요 36 아마새는 엘가나의 아들이요 엘가나는 요
엘의 아들이요 요엘은 아사랴의 아들이요 아사랴는 스바냐의 아들이요 37 스바냐
는 다핫의 아들이요 다핫은 앗실의 아들이요 앗실은 에비아삽의 아들이요 에비아
삽은 고라의 아들이요 38 고라는 이스할의 아들이요 이스할은 그핫의 아들이요 그
핫은 레위의 아들이요 레위는 이스라엘의 아들이라 39 헤만의 형제 아삽은 헤만의
오른쪽에서 직무를 행하였으니 그는 베레갸의 아들이요 베레갸는 시므아의 아들
이요 40 시므아는 미가엘의 아들이요 미가엘은 바아세야의 아들이요 바아세야는
말기야의 아들이요 41 말기야는 에드니의 아들이요 에드니는 세라의 아들이요 세
라는 아다야의 아들이요 42 아다야는 에단의 아들이요 에단은 심마의 아들이요 심
마는 시므이의 아들이요 43 시므이는 야핫의 아들이요 야핫은 게르손의 아들이요
게르손은 레위의 아들이며 44 그들의 형제 므라리의 자손 중 그의 왼쪽에서 직무
를 행하는 자는 에단이라 에단은 기시의 아들이요 기시는 압디의 아들이요 압디
는 말룩의 아들이요 45 말룩은 하사뱌의 아들이요 하사뱌는 아마시야의 아들이요
아마시야는 힐기야의 아들이요 46 힐기야는 암시의 아들이요 암시는 바니의 아들
이요 바니는 세멜의 아들이요 47 세멜은 말리의 아들이요 말리는 무시의 아들이요
무시는 므라리의 아들이요 므라리는 레위의 아들이며

그핫의 자손 헤만(33-38절)의 계보는 총 22명의 이름을 언급하고 있으며, 내용을 정리해보면 〈그림 35〉와 같다. 다른 두 사람(아삽과 에단)의 계보가 14-15대에 이르는 것에 비하면 헤만의 계보가 압도적으로 더 많은 이름을 담고 있다. 저자가 이 계보에 특별한 관심을 가지고 있음을 암시한다. 또한 헤만의 조상인 그핫이 레위의 아들 중 둘째인데도, 레위의 첫째 아들인 게르손의 후손 아삽을 제치고 먼저 언급된 점도 헤만의 위상을 암시하는 듯하다. 무엇보다도 헤만, 아삽, 에단 등 세 사람이 사역할 때, 헤만이 중앙에 서고 아삽이 헤만의 오른편에(39절), 에단이 헤만의 왼편에(44절) 선 것이 헤만이 저자의 집중적인 관심을 받게 된 동기가 된 것으로 생각된다. 역대상 25장은 아삽 집안의 쇠퇴와 헤만 집안의 상승을 회고한다.

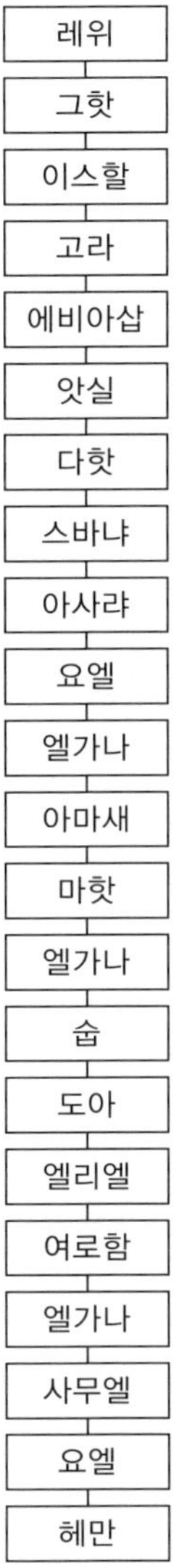

〈그림 35〉

헤만은 법궤가 예루살렘에 입성할 때 놋 심벌즈를 쳤던 사람이며(새번역), 하나님께 예배드릴 때 악기를 연주하기도 했다(대상 15:19; 16:42).[3] 물론 성전에서 악기를 연주하고 노래하는 일 자체가 "예언 사역"이었다고 해석할 수도 있다(cf. Selman).

게르손의 자손 아삽의 계보(39-43절)에는 총 15명의 이름이 언급되며, 내용을 정리해보면 〈그림 36〉과 같다. 아삽은 보직상 헤만 다음으로 중요한 지위에 있는 찬양 사역자였으며 법궤가 예루살렘에 입성할 때 헤만과 함께 놋 심벌즈를 쳤다(대상 15:19, 새번역). 아삽은 12편에 달하는 시편의 저자로 기록되어 있다(시 50, 73-83편). 매우 능력 있는 시인이자 작곡가였다. 또한 법궤가 다윗 성에 입성한 일을 기념하는 노래를 지었다(대상 16:7).

므라리의 자손 에단의 계보(44-47절)에는 총 14명의 이름이 등장한다. 내용을 정리하면 〈그림 37〉과 같다. 에단 역시 헤만, 아삽과 함께 법궤가 예루살렘에 입성할 때 놋 심벌즈를 쳤던 사람이다(대상 15:19, 새번역). 에단은 시편 89편을 저작했다. 역대상 16:42과 25:1에 의하면 여두둔이라는 사람이 에단을 대체하는데, 여두둔이 에단의 다른 이름일 수도 있다(cf. Hill). 그렇지 않다면 알 수 없는 이유로 인해 여두둔이라는 사람이 에단의 자리를 차지했을 것이라고 생각된다.

3 헤만의 작품으로는 시편 88편이 있으며, 다른 음악인들과 함께 음악에 맞추어 예언하기도 했다(대상 25:1). 우리말 번역본들은 이들이 마치 신령한 노래를 부른 정도로 번역을 했는데, 마소라 사본은 예언했음을 밝히고 있다(cf. 개역개정 각주).

〈그림 36〉

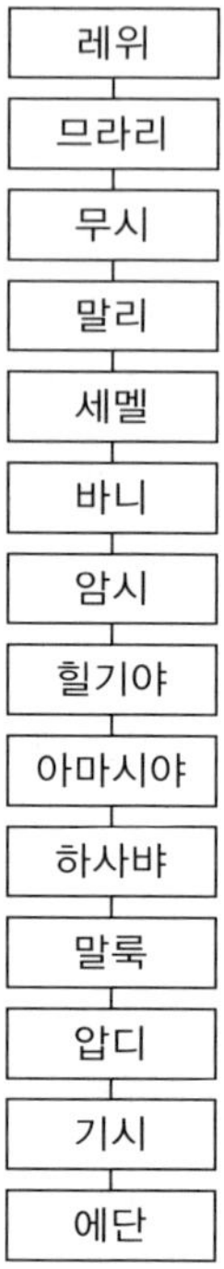

〈그림 37〉

I. 서론: 계보(1:1–9:34)
2장. 이스라엘(2:3–9:1)
3. 레위 지파(6:1–81)

(4) 사역 요약(6:48-49)

48 그들의 형제 레위 사람들은 하나님의 집 장막의 모든 일을 맡았더라 49 아론과
그의 자손들은 번제단과 향단 위에 분향하며 제사를 드리며 지성소의 모든 일을
하여 하나님의 종 모세의 모든 명령대로 이스라엘을 위하여 속죄하니

이 섹션은 지금까지 6장에 전개된 레위 사람들의 계보와 이야기를 일단락짓는 결론 역할을 한다(Japhet). 저자가 이곳에서 강조하는 점은

6장에 언급된 세 부류의 사람들, 제사장들, 레위 사람들, 찬양대가 모두 레위 자손들이지만 그들의 역할과 소명은 분명 차이가 있다는 것이다. 레위 사람들은 성막에서 일어나는 모든 일을 맡았지만(48절), 아론과 그의 자손들만 번제단과 분향단 위에 제사드리는 일, 지성소에서 일어나는 모든 일, 이스라엘을 위해서 속죄하는 일을 도맡아 했다(49절).

온 레위 지파가 이스라엘을 대표해서 성소에서 사역했지만 역할이 분담되어 있었으며, 이 구분은 오랜 세월이 지나도 준수되었다. 저자는 또한 제사장들이 이런 사역을 함에 있어서 모세를 통해 주신 모든 율법과 규례에 따라서 했다고 강조한다. 이스라엘의 예배와 제사는 이미 오래전에 모세를 통해 전수된 방법에 따라 진행되었다.

(5) 아론의 자손들(6:50-53)

50 아론의 자손들은 이러하니라 그의 아들은 엘르아살이요 그의 아들은 비느하스
요 그의 아들은 아비수아요 51 그의 아들은 북기요 그의 아들은 웃시요 그의 아들
은 스라히야요 52 그의 아들은 므라욧이요 그의 아들은 아마랴요 그의 아들은 아
히둡이요 53 그의 아들은 사독이요 그의 아들은 아히마아스이더라

저자는 48-49절에서 레위 지파 사람들의 사역을 제사장의 사역과 일반 레위 사람들의 사역으로 구분했다. 이제 제사장의 사역을 감당한 아론의 자손들에 대해서 간략하게 언급한다. 본문의 내용은 대제사장의 계보를 정리한 6:1-8을 부분적으로 반영한다. 6:4-15은 아론의 손자이자 엘르아살의 아들인 비느하스의 자손을 22명의 이름으로 정리하였고, 포로가 되어 바빌론으로 끌려갔던 여호사닥까지 언급했다. 반면에 본문은 처음 12명의 이름만을 제시하고 사독의 아들 아히마아스로 끝을 맺는다(〈그림 38〉 참고).

사독은 다윗 시대에 사역한 제사장이었다(삼하 15:27; 19:11). 아마 그의 아들도 다윗 시대에 사역한 것으로 생각된다(cf. 대상 6:8-10). 저자는 성전 찬양대가 성막 시대가 끝나고 성전 시대가 시작될 무렵에 다윗에 의해 임명되었다고 했는데(cf. 대상 6:31-47), 그것은 시대적으로 아히마아스가 다윗 시대에 사역을 했기 때문에 여기서 대제사장의 계보를 끊는 것으로 본다.

일부 주석가들은 사독이 이 계보에 오르게 된 것을 역사적 근거에 의한 일보다는 저자의 창의력이 빚어낸 일(pious fiction)이라고 한다(Ackroyd). 이렇게 생각하는 것은 사무엘상 22:9, 20절이 아히둡의 아들이 사독이 아니라 아히멜렉으로 표기하고 있기 때문이다. 역대기 저자가 레위 사람이 아닌 사독을 정당화시키기 위해서 제사장의 라인에 끼어 넣고 있다는 것이다. 그러나 사무엘하 8:17은 사독을 아히둡의 아들

〈그림 38〉

로 기록하고 있다. 사무엘서가 언급하는 아히둡을 동명이인으로 본다면 별 어려움은 없다.

I. 서론: 계보(1:1-9:34)
2장. 이스라엘(2:3-9:1)
3. 레위 지파(6:1-81)

(6) 레위 지파의 정착지(6:54-81)

지금까지 6장에서 레위 지파의 계보를 정리한 저자가 이 섹션에서는 그들이 기업으로 받은 성읍들을 열거한다. 레위 사람들은 땅을 기업으로 받지 않고 거할 성읍들만 받았다. 하나님이 그들의 기업이기 때문이다. 즉, 그들은 땅을 경작해서 생활하는 것이 아니라 이스라엘 백성이 성소에서 하나님께 드리는 예물과 십일조를 먹고 살았다. 이 점을 강조하기 위해서 저자는 상당히 독특한 단어를 사용해 정착지를 언급한다.

새번역이 "장막을 치고 살던 곳"으로 번역하는 히브리어 단어(טִירָה)는 성경에서 겨우 7회 나오는 단어로, 유목민들의 삶을 묘사할 때 사용된다(cf. 창 25:16; 민 31:10; 겔 25:4). 저자는 이 단어를 사용하여 레위 사람들에게는 잠시 지나며 짐승을 먹일 목초지는 주어졌지만, 영구적으로 정착해서 농사를 지을 농토는 주어지지 않았음을 강조한다(Johnstone).

저자는 본 텍스트를 정리하면서 여호수아 21장을 거의 그대로 인용하고 있다(Japhet, Johnstone, Hill). 한 가지 뚜렷한 편집적 성향이 있다면 저자가 레위 후손 중에서도 아론의 자손들에게 가장 큰 관심을 가지고 있다는 것이다(Johnstone, Hill). 제사장을 배출한 집안이 중점적인 관심을 받는 것은 당연한 일이다. 본문은 다음과 같이 구분할 수 있다.

A. 제사장들의 성읍(6:54-60)

B. 레위 사람들의 성읍(6:61-81)

I. 서론: 계보(1:1-9:34)
2장. 이스라엘(2:3-9:1)
3. 레위 지파(6:1-81)
(6) 레위 지파의 정착지(6:54-81)

① 제사장들의 성읍(6:54-60)

54 그들의 거주한 곳은 사방 지계 안에 있으니 그들의 마을은 아래와 같으니라 아
론 자손 곧 그핫 종족이 먼저 제비 뽑았으므로 55 그들에게 유다 땅의 헤브론과 그
사방 초원을 주었고 56 그러나 그 성의 밭과 마을은 여분네의 아들 갈렙에게 주었
으며 57 아론 자손에게 도피성을 주었으니 헤브론과 립나와 그 초원과 얏딜과 에스
드모아와 그 초원과 58 힐렌과 그 초원과 드빌과 그 초원과 59 아산과 그 초원과 벧
세메스와 그 초원이며 60 또 베냐민 지파 중에서는 게바와 그 초원과 알레멧과 그
초원과 아나돗과 그 초원을 주었으니 그들의 종족이 얻은 성이 모두 열셋이었더라

그핫 자손들은 레위의 후손 중에서도 가장 중요한 임무를 맡았다. 그들은 성소/성전을 중심으로 사역했으며, "증거궤와 상과 등잔대와 제단들과 성소에서 봉사하는 데 쓰는 기구들과 휘장과 그것에 쓰는 모든 것"(민 3:31)을 맡았다. 역사적인 관점에서 볼 때 그핫 자손들이 유다 지파의 영토 중에 성읍들을 받은 것은 매우 중요한 일이었다. 성전이 유다의 소유인 예루살렘에 건축되었으며, 포로기 이후에는 거의 유다 지파만 생존하게 되기 때문이다.

그핫 자손들은 포로기 이전에는 이스라엘 12지파 중 가장 유력한 유다의 지원을 받아 이스라엘의 영적 삶에 큰 영향을 끼쳤고, 포로기 이후에는 유다 지파와 힘을 합해 이스라엘과 여호와 종교 재건에 최선을 다했다. 하나님이 여호수아 시대 때부터 이미 미래의 일을 위해서 제사장들의 성읍들을 전략적으로 준비하신 것이다.

레위 지파에게 할당된 48개 성읍은 레위의 세 아들들의 자손들에게 분배되는데, 이 중 그핫 자손들의 경우 아론의 후손들과 아론의 후손이 아닌 사람들의 몫이 구분된다(cf. 54, 66절). 제사장계와 비제사장계 자손들을 구분하는 것이다. 그핫 사람 중 아론의 후손들에게 유다-시므온,

베냐민 지파의 영토에 있는 성읍 13개를 주었다(60절). 그러나 저자는 실제적으로 11개 성읍만 언급한다. 여호수아서와 비교해보면 저자가 언급하지 않은 두 성읍은 윳다와 기브온이다(cf. 수 21:16-17). 헤브론이 이들의 소유에 들어오는 유일한 도피성이었다(57절). 비록 헤브론 성은 레위 사람들의 몫이었지만, 그 성읍에 딸린 밭과 마을들은 여분네의 아들 갈렙의 소유였다(56절). 여호수아가 헤브론 지역을 갈렙에게 주었기 때문이다(cf. 수 14장).

I. 서론: 계보(1:1–9:34)
2장. 이스라엘(2:3–9:1)
3. 레위 지파(6:1–81)
(6) 레위 지파의 정착지(6:54–81)

② 레위 사람들의 성읍(6:61–81)

61 그핫 자손의 남은 자에게는 절반 지파 즉 므낫세 반 지파 종족 중에서 제비 뽑
아 열 성읍을 주었고 62 게르손 자손에게는 그들의 종족대로 잇사갈 지파와 아셀
지파와 납달리 지파와 바산에 있는 므낫세 지파 중에서 열세 성읍을 주었고 63 므
라리 자손에게는 그 종족대로 르우벤 지파와 갓 지파와 스불론 지파 중에서 제비
뽑아 열두 성읍을 주었더라 64 이스라엘 자손이 이 모든 성읍과 그 목초지를 레위
자손에게 주되 65 유다 자손의 지파와 시므온 자손의 지파와 베냐민 자손의 지파
중에서 이 위에 기록한 여러 성읍을 제비 뽑아 주었더라 66 그핫 자손의 몇 종족은
에브라임 지파 중에서 성읍을 얻어 영토를 삼았으며 67 또 그들에게 도피성을 주
었으니 에브라임 산중 세겜과 그 초원과 게셀과 그 초원과 68 욕므암과 그 초원과
벧호론과 그 초원과 69 아얄론과 그 초원과 가드림몬과 그 초원이며 70 또 그핫 자
손의 남은 종족에게는 므낫세 반 지파 중에서 아넬과 그 초원과 빌르암과 그 초원
을 주었더라 71 게르손 자손에게는 므낫세 반 지파 종족 중에서 바산의 골란과 그
초원과 아스다롯과 그 초원을 주고 72 또 잇사갈 지파 중에서 게데스와 그 초원과
다브랏과 그 초원과 73 라못과 그 초원과 아넴과 그 초원을 주고 74 아셀 지파 중에
서 마살과 그 초원과 압돈과 그 초원과 75 후곡과 그 초원과 르홉과 그 초원을 주

고 [76] 납달리 지파 중에서 갈릴리의 게데스와 그 초원과 함몬과 그 초원과 기랴다임과 그 초원을 주니라 [77] 므라리 자손의 남은 자에게는 스불론 지파 중에서 림모노와 그 초원과 다볼과 그 초원을 주었고 [78] 또 요단 건너 동쪽 곧 여리고 맞은편 르우벤 지파 중에서 광야의 베셀과 그 초원과 야사와 그 초원과 [79] 그데못과 그 초원과 메바앗과 그 초원을 주었고 [80] 또 갓 지파 중에서 길르앗의 라못과 그 초원과 마하나임과 그 초원과 [81] 헤스본과 그 초원과 야셀과 그 초원을 주었더라

역대기 저자는 그핫 사람 중 나머지 후손들에게는 므낫세 서쪽 지파의 영역에서 10개 성읍을 주었다(61절). 여호수아 21장에 의하면 이들은 열 성읍을 므낫세 반 지파뿐만 아니라 에브라임, 단 지파들의 영토에서도 받았다(수 21:5, 20-26). 그러나 저자가 세 지파를 대표하여 므낫세 반 지파만 언급하고 있다. 그리고 그들의 소유에 도피성 세겜(수 21:21)이 포함되어 있었다.

레위의 아들 게르손의 후손들에게는 잇사갈, 아셀, 납달리, 므낫세 동편 지파들에 속한 13개 성읍을 주었다(62절, cf. 수 21:6, 27-33). 도피성 중 바산의 골란(수 21:27)과 갈릴리의 가데스(수 21:32) 등 2개가 이들의 몫이었다.

레위의 아들인 므라리의 후손들은 르우벤, 갓, 스불론 지파가 내놓은 12개의 성읍을 받았다(63절, cf. 수 21:7, 34-40). 이들의 몫에는 베셀(수 21:36)과 길르앗 라못(수 21:38) 등 도피성 2개가 포함되어 있었다. 레위 지파가 얻게 된 모든 성읍에는 주변에 목장(가축들을 먹일만한 곳)이 딸려 있었다.

그핫의 나머지 자손들이 10개 성읍을 차지했다고 앞에서 언급한 저자가(61절), 이곳에서는 그 성읍들의 이름을 나열한다. 그들은 에브라임, 단, 므낫세 서쪽 지파들의 영토에 속했던 성읍 중 세겜, 게셀, 욕므암, 벧호론, 아얄론, 가드림몬, 아넬, 빌르암 등을 차지했다(67-70절). 여호수아 21장에서 언급된 성읍 중에서 빠진 성 2개는 단 지파에 속했던 엘드게와 깁브돈이다(수 21:23). 본문이 욕므암으로 표기하고 있는 에브라임의 성읍을 여호수아서에서는 깁사임이라고 한다(수 21:22). 도피성 세겜(수 21:21)이 포함되어 있다.

게르손의 자손들이 잇사갈, 아셀, 납달리, 므낫세 동편 지파의 영토 중 차지한 성읍 13개의 목록을 제시하고 있다. 바산의 골란, 아스다롯, 게데스, 다브랏, 라못, 아넴, 마살, 압돈, 후곡, 르홉, 갈릴리의 게데스, 함몬, 기랴다임 등이다(71-76절). 도피성 중 바산의 골란(수 21:27)과 갈릴리의 게데스(수 21:32) 등 2개가 이들의 몫이다.

므라리 자손들이 르우벤, 갓, 스불론 지파들의 영토에서 차지한 12개 성읍은 림모노, 다볼, 베셀, 야사, 그데못, 메바앗, 길르앗의 라못, 마하나임, 헤스본, 야셀 등이다(77-81절). 저자가 므라리 자손이 스불론 지파로부터 받았다고 하는 림모노와 다볼 대신 여호수아 21:34-35은 욕느암, 가르다, 딤나, 나할랄 등 4개 성읍을 언급한다. 르우벤과 갓 지파가 이들에게 준 성읍 수와 이름들은 동일하다. 이들의 몫에는 베셀(수 21:36)과 길르앗의 라못(수 21:38) 등 2개의 도피성이 포함되어 있다.

이처럼 레위 사람들과 제사장들은 여호수아 시대 이후로 이스라엘 지파들의 영토에 고루 퍼져 살았다. 그들이 온 이스라엘 영토에 두루 퍼져서 산 것은 이스라엘 각 지파가 편협한 지역주의로 빠지는 것을 예방하는 데 기여했다. 또한 레위 사람들이 이스라엘 곳곳에 거주함으로써 백성들의 신앙을 하나로 묶는 역할도 했다. 일반 백성 중에 살면서 하나님의 말씀을 온 이스라엘에게 가르치는 일은 레위 사람들의 천직이었다. 이스라엘 전역에 흩어져 살았던 레위 사람들은 이스라엘의 종교적인 삶뿐만 아니라 민족의 정체성과 통일성을 유지하는 데 큰 몫을 했으며, 하나님은 이 일을 위해서 레위 지파를 특별히 구별하셨다.

Ⅰ. 서론: 계보(1:1–9:34)
2장. 이스라엘(2:3–9:1)

4. 북부 지역 지파들(7:1-13)

요단 강 서편 가나안 남쪽 지역에 정착했던 지파들에 대한 이야기로 시작한 계보 정리가 요단 강 동편 지파들에 대한 이야기를 마치고 다시 요단 강을 건너 이번에는 가나안 북쪽 지역에 뿌리를 내린 지파들의 이야기로 이어진다. 그러나 이들 지파에 대한 섹션은 매우 간략하다. 특히 유다 자손이 거의 3장을 차지했고, 레위 자손이 무려 81절을 차지한 점을 감안할 때 7장이 언급하는 여섯 지파의 이야기가 총 40절에 불과하다는 것은 저자가 어느 지파에 지대한 관심을 가지고 있는지를 확실히 보여준다. 분명 온 이스라엘에 깊은 관심을 가지고 있지만, 일부 지파에 대해서는 다른 지파들에 비해 더 많은 관심을 쏟는다.

저자는 가나안 북쪽 지역을 차지한 지파들의 계보를 매우 짤막하게 정리한다. 아마도 인용한 자료가 마땅치 않고, 상당 부분 훼손되어 많은 정보를 얻지 못한 것이 가장 큰 문제로 생각된다. 그럼에도 불구하고 북쪽 지파들을 누락하지 않고 포함한 것은 이 지파들이 장차 재건될 이상적인 이스라엘(ideal Israel)의 구성원이 될 것을 암시한다(Allen). 이 지파들이 이상적인 이스라엘의 일부가 되려면 여호와를 신뢰하는 믿음이 필요하다. 또한, 남 왕국 사람들은 그들을 격려하고 도와야지 실족하게 해서는 안 된다.

본문이 안고 있는 문제 한 가지는 저자가 스불론을 분명 야곱의 열두 아들 중 하나로 기록했지만(대상 2:1-2), 이곳에는 정작 스불론 지파에 대한 기록이 없다는 사실이다. 대부분 주석가들은 텍스트가 잘 보존되지 못한 것에서 비롯된 일이라고 생각한다(Japhet). 원래는 스불론 지파에 대한 이야기도 7장에 실려 있었는데, 보존한 사람들의 실수로 누락되었다는 것이다. 단 지파에 대한 독립적인 언급도 존재하지 않고, 베냐민 지파에 대한 이야기의 일부로 매우 짤막하게 모습을 드러낼 뿐이다(7:12). 쇠퇴한 이 지파들을 마치 요셉의 두 아들들에서 비롯된 므낫세 지파(5:23-26; 7:14-19)와 에브라임 지파(7:20-29)가 대체하는 듯한 느낌을 준다(Hill).

베냐민 지파는 중부 지역에 정착했는데(cf. 8:1-40), 짤막하게나마 이곳에 모습을 보인다(7:6-12). 베냐민은 이스라엘의 초대 왕 사울을 배출한 중요한 지파이기 때문에 잠시나마 미리 모습을 드러내는 듯하다. 단 지파의 경우 훗날에 요단 강 동편 최북쪽 지역에 정착하게 되는데(cf. 삿 18장), 원래 여호수아가 땅을 분배할 때에는 요단 강 서편에 있었다(수 19:40-48). 그들은 여호수아에게 받은 땅을 다시 가나안 사람들에게 빼앗기고 이스라엘의 가장 북쪽 지역에 정착하게 된 것이다(cf. 삿 1:34).

저자가 이 섹션을 정리하면서 참조한 정경 텍스트는 창세기 46장과 민수기 26장이다. 물론 이 텍스트들을 상당한 융통성을 가지고 인용한다. 그러나 저자가 제공하는 일부 정보는 정경 어디에서도 찾아볼 수 없는 것들이다. 우리에게 전수되지 않은 출처들을 인용해 7장의 계보들을 보완하고 있다. 본 텍스트는 언급하는 지파에 따라 다음과 같이 구분한다.

A. 잇사갈 자손의 계보(7:1-5)
B. 베냐민 자손의 계보(7:6-11)
C. 단 자손의 계보(7:12)
D. 납달리 자손의 계보(7:13)

I. 서론: 계보(1:1-9:34)
2장. 이스라엘(2:3-9:1)
4. 북부 지역 지파들(7:1-13)

(1) 잇사갈 자손의 계보(7:1-5)

1 잇사갈의 아들들은 돌라와 부아와 야숩과 시므론 네 사람이며 2 돌라의 아들들
은 웃시와 르바야와 여리엘과 야매와 입삼과 스므엘이니 다 그의 아버지 돌라의

> 집 우두머리라 대대로 용사이더니 다윗 때에 이르러는 그 수효가 이만 이천육백
> 명이었더라 3 웃시의 아들은 이스라히야요 이스라히야의 아들들은 미가엘과 오바
> 댜와 요엘과 잇시야 다섯 사람이 모두 우두머리며 4 그들과 함께 있는 자는 그 계
> 보와 종족대로 능히 출전할 만한 군대가 삼만 육천 명이니 이는 그 처자가 많기
> 때문이며 5 그의 형제 잇사갈의 모든 종족은 다 용감한 장사라 그 전체를 계수하
> 면 팔만 칠천 명이었더라

잇사갈은 야곱의 아홉 번째 아들이자 레아를 통해서 얻은 다섯 번째 아들이다(창 30:17). 잇사갈의 이름은 "고용된 인부"(hired workman)라는 뜻이다. 야곱이 죽으면서 이 자손들에게 빌어준 복(?)은 "짐을 메고 압제 아래에서 섬길 것"이었는데(창 49:15), 본문은 마치 이 예언이 역사 속에서 어떻게 성취되었는가를 묘사하는 듯하다. 잇사갈의 자손이 수는 상당히 많았지만 이스라엘에서 지도력은 발휘하지 못하고 섬기는 일에 주력했다.

성경에서 잇사갈은 일반적으로 스불론과 함께 언급된다(cf. 신 33:18-19). 어떤 이유인지 정확히 알 수 없지만 본문에서는 잇사갈만 언급되고 있다. 잇사갈의 계보는 직렬과 병렬을 겸하고 있으며, 총계를 제공한 것으로 보아(7:2, 4, 5) 역대기 저자가 이곳에서 인용하는 출처가 요단강 동편 지파들의 계보를 정리하기 위해서 사용한 출처와 동일한 군사적인 자료였음을 알 수 있다(Allen, cf. 5:18). 다윗 시대에 대한 언급이 있는 것으로 보아(2절) 이 자료는 다윗 시대의 것이 거의 확실하다(Japhet, Johnstone, Mabie, cf. 대상 21장; 삼하 24장).

〈그림 39〉에서 볼 수 있듯이 저자는 잇사갈의 자손 중에서도 돌라-웃시-이스라히야 라인을 집중적으로 조명한다. 돌라의 자손 중에서도 이스라히야 자손들이 가장 번성했기 때문이다(cf. 2, 4절에 제시된 자손 수). 저자가 보기에도 이스라히야의 자손 번성이 매우 특별하기 때문에 저자는 "이는 그 처자가 많기 때문"이라는 설명을 추가한다(4절). 자손이

많은 것이 하나님의 특별한 축복으로 여겨졌던 당시의 시대적 정황을 감안하면 잇사갈의 자손 중에서도 이스라히야가 가장 큰 복을 누렸다.

이스라히야가 왜 이와 같은 복을 받은 것일까? 저자는 어떤 힌트도 제공하지 않는다. 다만 그의 이름의 의미를 근거로 추측하면 이스라히야(יִזְרַחְיָה)의 문자적 의미가 "여호와께서 빛을 발하실 것이다"(Yahweh will shine)(cf. HALOT)라는 점을 감안할 때, 그가 "빛과 소금 같은 삶"을 살았기 때문에 하나님이 그의 자손들을 축복하셨던 것으로 생각할 수 있다.

이스라히야에게 다섯 아들이 있었다고 하지만 실제로 제시하는 이름은 네 개뿐이다(3절). 본문이 잇사갈 지파 계보의 일부만 제공하고 있으며, 상당 부분은 보존이 잘 되지 않아 손상되었을 가능성을 보이고 있는 것이다. 이 계보가 잘 보존되지 않았다는 사실은 계수에서도 드러난다. 잇사갈 지파에 총 8만 7,000명의 막강한 장정들이 있다고 하는데(5절), 4절에서 제시하는 수는 2만 2,600명(2절)과 3만 6,000명으로 둘을 합하면 5만 8,600명에 지나지 않는다. 계보의 일부가 세월이 지나면서 잘 보존되지 않았음을 보여준다(Hill). 〈그림 39〉를 참고하라.

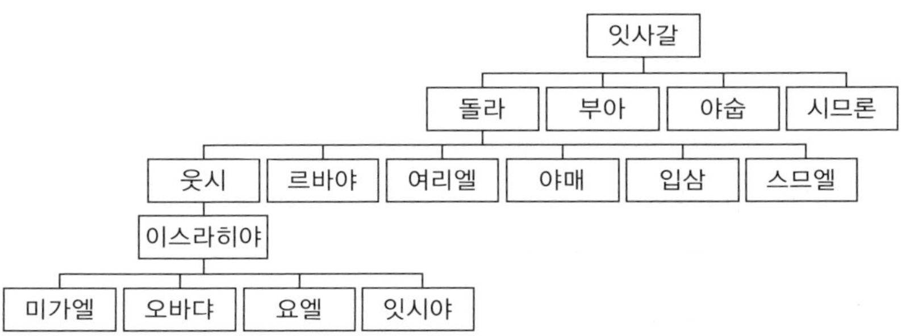

〈그림 39〉

Ⅰ. 서론: 계보(1:1-9:34)
2장. 이스라엘(2:3-9:1)
4. 북부 지역 지파들(7:1-13)

(2) 베냐민 자손의 계보(7:6-11)

[6] 베냐민의 아들들은 벨라와 베겔과 여디아엘 세 사람이며 [7] 벨라의 아들들은 에
스본과 우시와 웃시엘과 여리못과 이리 다섯 사람이니 다 그 집의 우두머리요 큰
용사라 그 계보대로 계수하면 이만 이천삼십사 명이며 [8] 베겔의 아들들은 스미라
와 요아스와 엘리에셀과 엘료에내와 오므리와 여레못과 아비야와 아나돗과 알레
멧이니 베겔의 아들들은 모두 이러하며 [9] 그들은 다 그 집의 우두머리요 용감한
장사라 그 자손을 계보에 의해 계수하면 이만 이백 명이며 [10] 여디아엘의 아들은
빌한이요 빌한의 아들들은 여우스와 베냐민과 에훗과 그나아나와 세단과 다시스
와 아히사할이니 [11] 이 여디아엘의 아들들은 모두 그 집의 우두머리요 큰 용사라
그들의 자손 중에 능히 출전할 만한 자가 만 칠천이백 명이며

베냐민의 아들들 이름은 성경 다른 곳에서도 세 차례 발견된다(창 46:21; 민 26:38; 대상 8:1). 그러나 본문을 포함한 네 곳 모두 현저한 차이를 보인다. 아들들 수, 이름, 언급된 이름들의 세대별 관계가 각각 다르다. 네 텍스트가 공유하고 있는 유일한 정보는 첫째 아들의 이름이 벨라라는 것뿐이다. 본문이 베냐민의 두 번째 아들이라고 하는 베겔이 창세기 46:21에도 언급된 점을 감안하면, 본문이 창세기 46:21에 가장 가깝다고 할 수 있다. 그러나 본문은 베냐민의 셋째 아들 이름을 여디아엘이라고 하는데, 창세기 46:21은 아스벨이라고 한다(cf. 민 26:38). 역대기 저자도 역대상 8:1에서는 베냐민의 아들 아스벨을 언급한다. 아스벨은 여디아엘의 다른 이름인 것이다.

베냐민 자손의 계보는 직렬과 병렬을 겸하여 구성되어 있다. 저자가 베냐민 자손으로 제시하는 수가 벨라의 자손이 2만 2,034명, 베겔의 자손이 2만 200명, 여디아엘의 자손이 1만 7,200명 등 총 5만 9,434명에 달한다. 잇사갈의 자손이 8만 7,000명이었던 점을 감안하면(5절) 그리

많은 수는 아니다. 계보의 내용을 정리해보면 〈그림 40〉과 같다.

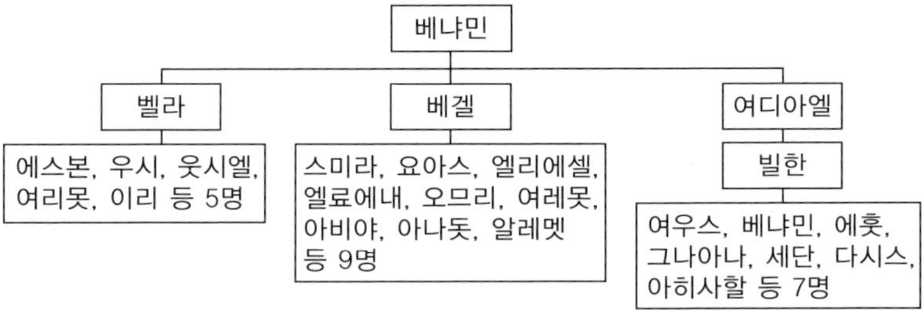

〈그림 40〉

I. 서론: 계보(1:1–9:34)
2장. 이스라엘(2:3–9:1)
4. 북부 지역 지파들(7:1–13)

(3) 단 자손의 계보(7:12)

12 일의 아들은 숩빔과 훕빔이요 아헬의 아들은 후심이더라

단 지파의 자손들을 기록하고 있는 이 텍스트는 보존이 잘 되지 않아 심하게 부패했다. 일부 주석가들은 12절이 6-11절에 기록된 베냐민 지파 계보의 연속이라고 하지만(Williamson, Allen, Mabie, cf. Hill), 12절과는 반대로 베냐민 지파의 계보는 상당히 잘 보존되어 있고, 이 구절과 납달리 자손을 언급하는 다음 구절(7:13)이 끝 부분에 "빌하의 손자"(בְּנֵי בִלְהָה)라며 복수 호칭이 첨부된 것을 보면 이 구절은 빌하의 두 아들 중 납달리(13절) 외에 다른 아들인 단의 후손을 언급하는 것이 확실하다(Japhet, Johnstone).

다음 섹션에서는 비록 짧긴 하지만 납달리 자손의 계보도 기록되어 있는데, 빌하의 두 아들 중 단 자손의 계보가 모습을 드러내지 않은 것을 보면, 이 구절이 단 지파에 관한 것임을 알 수 있다. 아울러 이 계보에 등장하는 후심은 단의 유일한 아들이다(cf. 창 46:23). 부패되어 자세한 것은 알 수 없지만, 본문이 제시하는 단 자손의 계보를 정리해보면

〈그림 41〉과 같다.

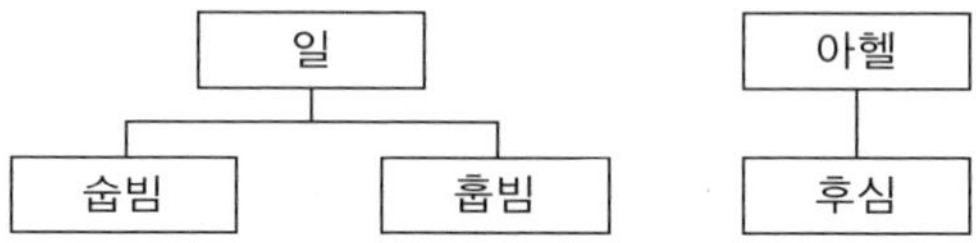

〈그림 41〉

I. 서론: 계보(1:1–9:34)
2장. 이스라엘(2:3–9:1)
4. 북부 지역 지파들(7:1–13)

(4) 납달리 자손의 계보(7:13)

13 납달리의 아들들은 야시엘과 구니와 예셀과 살룸이니 이는 빌하의 손자더라

납달리의 아들들을 언급하는 본문은 저자가 창세기 46:24과 민수기 26:48-49을 인용하여 작성한 것이다. 내용이 무척 짧은 것은 납달리 자손들에 대한 계보의 대부분이 보존되지 못하고 분실되었음을 말한다. 원본에는 모든 자료가 있었을 것으로 추정되는데, 세월이 흐르면서 복사를 거듭하는 과정에서 분실된 것이다. 역대기가 스불론의 이름을 언급하면서(대상 2:1), 그의 자손에 대한 계보는 싣지 않고 있는 것을 보면 이러한 가능성을 설명할 수 있다(Williamson). 납달리의 네 아들만을 언급하는 이 계보는 지금까지 제시된 계보 중 가장 간단한 구조를 지닌다. 내용을 정리해보면 〈그림 42〉와 같다.

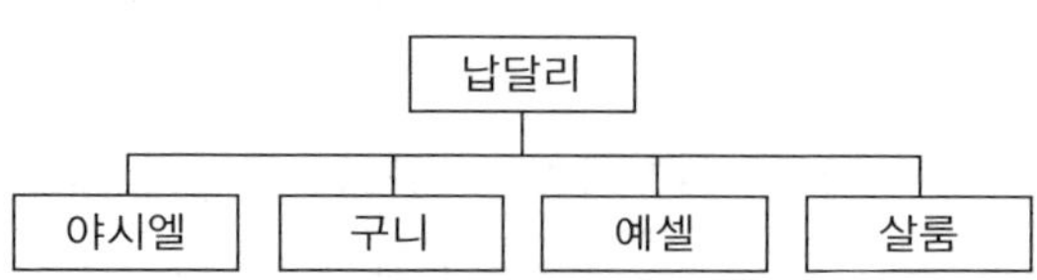

〈그림 42〉

I. 서론: 계보(1:1–9:34)
2장. 이스라엘(2:3–9:1)

5. 중부 지역 지파들(7:14-8:40)

잇사갈, 단, 납달리 자손들에 대해서 매우 간략하게 언급한 다음 가나안 중부 지역에 뿌리를 내린 지파들에게로 이어간다. 저자가 이미 베냐민 지파에 대해서 언급했지만(대상 7:6-11), 이 섹션에서 다시 베냐민을 집중적으로 조명한다(8:1-40). 이스라엘의 초대 왕인 사울의 중요성 때문이다. 그래서 사울 집안의 계보를 8:33-40에서 일차적으로 정리하고, 9:35-44에서 다시 언급할 뿐만 아니라, 10장에서는 사울의 통치 이야기를 펼친다. 본 텍스트는 다음과 같이 구분할 수 있다.

A. 므낫세 자손의 계보(7:14-19)
B. 에브라임 자손의 계보(7:20-27)
C. 요셉의 자손들(7:28-29)
D. 아셀 자손의 계보(7:30-40)
E. 베냐민 자손의 계보(8:1-40)

I. 서론: 계보(1:1–9:34)
2장. 이스라엘(2:3–9:1)
5. 중부 지역 지파들(7:14–8:40)

(1) 므낫세 자손의 계보(7:14-19)

14 므낫세의 아들들은 그의 아내가 낳아 준 아스리엘과 그의 소실 아람 여인이 낳
아 준 길르앗의 아버지 마길이니 15 마길은 훕빔과 숩빔의 누이 마아가라 하는 이
에게 장가 들었더라 므낫세의 둘째 아들의 이름은 슬로브핫이니 슬로브핫은 딸들
만 낳았으며 16 마길의 아내 마아가는 아들을 낳아 그의 이름을 베레스라 하였으
며 그의 아우의 이름은 세레스이며 세레스의 아들들은 울람과 라겜이요 17 울람의
아들들은 브단이니 이는 다 길르앗의 자손이라 길르앗은 마길의 아들이요 므낫세
의 손자이며 18 그의 누이 함몰레겟은 이스훗과 아비에셀과 말라를 낳았고 19 스미
다의 아들들은 아히안과 세겜과 릭히와 아니암이더라

많은 학자는 본문이 재구성을 불허할 정도로 많은 어려움을 안고 있다고 한다(cf. Japhet, Demski). 저자가 므낫세 지파의 계보를 정리하면서 성경 외의 자료를 인용하고 있으며 다음 사항들이 문제를 가중시킨다. 첫째, 성경이 므낫세의 아들 아스리엘(14절)에 대해서 언급한 것은 이곳이 처음이다. 아스리엘이라는 이름이 성경에 한 번 더 언급되는데, 길르앗의 아들로 등장한다(민 26:30-31). 필자는 이들을 동명이인으로 본다. 둘째, 각 번역본이 현저한 차이를 보이듯 15절은 여러 가지 문제가 있다. 훕빔과 숩빔은 이미 12절에서 단 지파의 후손으로 모습을 드러냈다. 그런데 이곳에서 다시 언급되고 있다. 둘 중 하나가 서기관의 실수에서 빚어진 것으로 생각된다.

더 큰 문제는 히브리어 문장이 매우 불확실해서 훕빔과 숩빔과 마길과 마아가의 관계를 규명하기가 매우 난해하다는 점이다. 개역개정은 "마길은 훕빔과 숩빔의 누이 마아가라 하는 이에게 장가 들었더라"라고 하는 반면 새번역은 "마길은 훕빔과 숩빔에게 아내를 얻어 주었는데, 그 누이의 이름은 마아가이다"라고 한다. 공동번역은 "마길은 마아가라는 아내를 맞았다. 그에게는 몰레겟이라는 누이가 있었다"라며 전혀 딴 상황을 전개한다. 영어 번역본들에서도 혼란이 빚어지기는 마찬가지이다. "마길은 훕빔과 숩빔을 위하여 아내를 얻어 주었으며, 〔훕빔과 숩빔의〕 누이 이름은 마아가였다"(Machir took a wife for Huppim and Shuppim, whose sister's name was Maacah; NAS; NRS), "마길은 훕빔 사람들과 숩빔 사람들에게서 아내를 취하였다. 그〔마길〕의 누이 이름은 마아가였다"(Makir took a wife from among the Huppites and Shuppites. His sister's name was Maacah; NIV), "마길은 훕빔과 숩빔을 위하여 아내를 얻어 주었다. 그〔마길〕의 누이 이름은 마아가였다"(And Machir took wives for Huppim and for Shuppim. The name of his sister was Maacah; TNK). 여기에 혼란을 더 가중시키는 것은 16절에서는 마아가를 마길의 아내로 기록하고 있다는 점이다. 훕빔과 숩빔이 단 지파의 후손일 가능성과(cf. 12절 주해) 16절이 마아가를 마길의 아내라고 하는 점을 감안할 때 15절을 "마길은 훕빔과 숩빔 사람들에게서 아내를 취하였는데, 그 여인은 (이름이 보존되지 않은) 어떤 이의 누이 마아가였다"로 해석하는 것이 바람직해 보인다.

셋째, 15절은 "둘째 〔아들〕의 이름은 슬로브핫이었다"라고 하는데, 이 내용이 누구와 연결되어야 하는지 정확하지 않다. 대부분 번역본들이 슬로브핫이 므낫세의 둘째 아들인 것으로 해석하지만 히브리어 텍스트는 이와 같은 정보를 주지 않는다. 역대기를 벗어나 유일하게 언급되는 슬로브핫이 므낫세 지파에 속한 사람이기는 하지만, 모세 시대에 살았던 사람이다(cf. 민 26:28-34). 야곱의 아들 므낫세와는 시대가 수백 년의 차이가 난다. 그러므로 슬로브핫을 므낫세의 후손으로 이해하되, 므낫세의 아들로 간주하기는 어렵다. 필자는 그를 길르앗의 후손이자 헤벨이 낳은 아들이며, 아들이 없이 딸들만 두고 죽은 인물로 간주할 것이다(cf. 민 26, 36장).

넷째, 16-17a절은 마길의 아내 마아가의 자손들에 대해서 언급하다가 끝에 가서는 "이는 다 길르앗의 자손이라"는 말로 맺는다(17a절). 16-17절에 기록된 사람들이 마아가의 자손들이 아니라 길르앗의 자손들이라는 것이다. 필자는 17a절의 내용을 반영하지 않고 이들을 베레스의 자손들로 취급할 것이다. 길르앗의 자손들로 취급할 경우 혼돈이 가중되기 때문이다.

다섯째, "스미다의 아들들"(19절)과 본문에 등장하는 사람들의 관계가 정확하지 않다. 민수기 26:30-32에서는 스미다가 길르앗의 아들 중 하나로 기록되었지만, 본문에서는 함몰레겟의 후손 섹션에 등장한 점으로 보아 본문의 스미다를 동명이인으로 간주해 함몰레겟의 자손으로 이해하는 것이 바람직하다(cf. Japhet).

여섯째, 함몰레겟은 누구인가? 만일 "길르앗의 자손들"(17절)에 대한 언급의 정당성을 인정한다면, 길르앗의 누이로 해석될 수 있다. 그러나 이미 언급한 것처럼(cf. 본문이 안고 있는 네 번째 문제), 16-17절에 기록된 사람들을 베레스의 자손들로 취급하여 길르앗에 대한 내용을 텍스트의 부패로 간주하면 함몰레겟은 므낫세의 누이가 된다. 그러므로 필자는 함몰레겟을 므낫세의 누이로 이해할 것이다.

민수기 26:28-34은 므낫세의 자손들에 대해서 〈그림 43〉과 같이 정리하고 있다.

〈그림 43〉

위와 같은 내용을 근거로 본문의 내용을 정리하면 〈그림 44〉와 같이 그 내용을 제시할 수 있다(cf. Japhet). 역대기 저자가 길르앗의 아들 헤벨을 언급하고 있지 않지만, 이곳에서 제시되는 재구성에는 그의 역할이 필요하다.

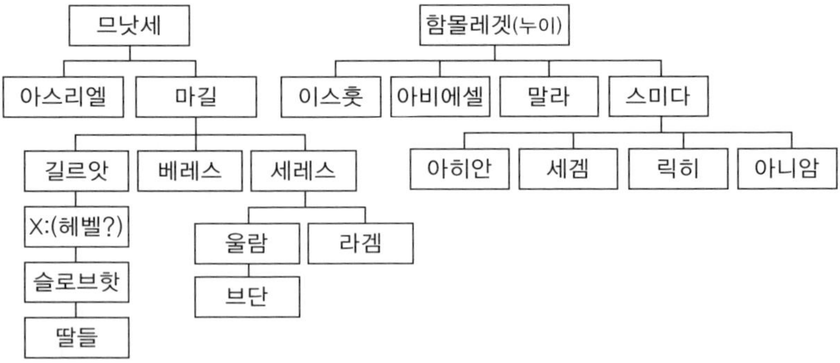

〈그림 44〉

므낫세 자손의 계보가 안고 있는 특징은 아람 여인들과의 연관성이다. 므낫세는 아람 여자를 통해 아스리엘을 얻었다(14절). 또한 마길의 아내 마아가(מַעֲכָה; lit., "펍박")와 므낫세의 누이 함몰레겟(הַמֹּלֶכֶת; lit. "여왕")은 모두 아람어에서 비롯된 이름들이다(Japhet). 므낫세 계보에 등장하는 모든 여인들이 아람과 연관되어 있다. 므낫세 지파 일부가 요단강 동북쪽을 차지하면서 아람을 접하게 된 것이 하나의 요인이 될 수 있다. 이와 같은 현상에 대한 해석적 이슈는 저자가 므낫세와 아람 사람들의 관계를 긍정적으로 보느냐, 혹은 부정적인 시각에서 정보를 제공하느냐이다.

일부 주석가들은 저자가 므낫세 지파가 순수한 혈통을 지키지 못한 점을 비난한다고 한다(Rudolph). 그러나 역대기가 열방과 이스라엘의 관계를 조명하고, 더 나아가 세계 속의 이스라엘의 역할을 정리하는 데 심혈을 기울이고 있는 점을 고려하면, 므낫세 지파에 아람 여인들이 포함된 것은 긍정적으로 풀이할 수 있다(Hill, cf. Johnstone). 일종의 "세계화" 작업의 하나로 이스라엘 지파와 이방 민족의 관계를 긍정적으로 묘사하고 있다.

I. 서론: 계보(1:1-9:34)
2장. 이스라엘(2:3-9:1)
5. 중부 지역 지파들(7:14-8:40)

(2) 에브라임 자손의 계보(7:20-27)

20 에브라임의 아들은 수델라요 그의 아들은 베렛이요 그의 아들은 다핫이요 그의
아들은 엘르아다요 그의 아들은 다핫이요 21 그의 아들은 사밧이요 그의 아들은
수델라며 그가 또 에셀과 엘르앗을 낳았으나 그들이 가드 원주민에게 죽임을 당
하였으니 이는 그들이 내려가서 가드 사람의 짐승을 빼앗고자 하였음이라 22 그의
아버지 에브라임이 여러 날 슬퍼하므로 그의 형제가 가서 위로하였더라 23 그리고
에브라임이 그의 아내와 동침하매 임신하여 아들을 낳으니 그 집이 재앙을 받았

으므로 그의 이름을 브리아라 하였더라 [24] 에브라임의 딸은 세에라이니 그가 아래
윗 성 벧호론과 우센세에라를 건설하였더라 [25] 브리아의 아들들은 레바와 레셉이
요 레셉의 아들은 델라요 그의 아들은 다한이요 [26] 그의 아들은 라단이요 그의 아
들은 암미훗이요 그의 아들은 엘리사마요 [27] 그의 아들은 눈이요 그의 아들은 여
호수아더라

요셉의 첫째 아들인 므낫세의 후손들에 대해서 언급을 마친 저자가 이번에는 요셉의 둘째 아들인 에브라임의 후손들에게 초점을 맞춘다. 야곱이 요셉의 항의에도 불구하고 에브라임에게 장자의 축복을 내려준 이후로, 성경에서 므낫세보다 에브라임이 먼저 언급되는 것이 일반화되었다. 그러나 역대기 저자는 므낫세를 먼저 언급한다. 무엇보다 이 지파들이 차지한 지역의 위치에서 비롯된 순서이다. 에브라임보다 므낫세가 더 북쪽 땅을 차지했기 때문이다(Hill). 저자는 이 섹션을 에브라임 자손의 계보(20-21a절), 에브라임의 자녀들에 대한 이야기(21b-24절), 그리고 여호수아의 족보(25-27절) 순으로 전개해 나간다. 이 중 에브라임 자손의 계보(20-21a절)는 상당한 불확실성을 내포한다.

에브라임 자손의 계보는 민수기 26:35-37에도 등장하지만, 본문과 유일한 연결성은 수델라를 언급하고 있다는 점뿐이다. 저자는 성경 외의 자료들을 인용해 에브라임 자손들의 계보를 정리하고 있다(Allen). 그래서 20-21a절에 언급된 이름들의 관계를 정리하는 것이 쉽지 않다. 학자들에 따라 저자가 제시하는 계보를 직렬적으로 보기도 하고(Hill), 병렬적으로 해석하기도 한다(cf. Japhet). 즉, 베렛, 다핫, 엘르아다, 다핫, 사밧, 수델라, 에셀, 엘르앗을 수델라의 8대 후손들로 볼 것이냐, 아니면 수델라의 8명의 아들로 볼 것이냐가 이슈이다. 물론 히브리어 텍스트가 두 해석을 모두 가능케 하지만, 필자는 모두 수델라의 아들들로 간주하고자 한다. 만일 수델라의 8대 자손들로 간주할 경우, 에브라임이 잃은 후손들을 대체하기 위해서 다시 아들을 낳았다는 점이(23절) 이해하

기가 어려울 뿐만 아니라, 그가 9대 후손이 태어날 때까지 살았다는 것은 더욱더 납득하기가 어렵다. 반면에 모두 수델라의 아들들로 해석하면 에브라임이 이들 모두를 잃고 슬퍼하는 것을 상대적으로 쉽게 설명할 수 있다(cf. 21b-22절).

수델라의 아들 8명은 모두 가드 사람들의 짐승을 약탈하다가 죽었다(21절). 가드는 훗날 블레셋 사람들이 정착하게 된 가나안 남서쪽 지역에 있었다. 에브라임은 수델라를 통해 얻은 손주들을 모두 잃고 슬퍼했다. 그는 다시 아내와 동침하여 아들을 낳았는데, 손주들을 잃은 일을 애도하기 위해서 아이의 이름을 브리아(בְּרִיעָה)라고 했다(23절). 브리아라는 이름이 종종 "친구와 함께하는 자"로 풀이되지만, 본문에서는 분명 "고난/슬픔 중에(בְּרָעָה) 얻은 자"라는 의미를 지닌다. 비록 브리아는 에브라임이 슬픔 중에 얻은 자식이었지만 그의 후손은 왕성했으며, 이스라엘의 영광스러운 지도자 여호수아가 이 사람의 후손으로 태어났다. 브리아의 이야기는 이런 면에서 야베스의 이야기(대상 4:9-10)와 비슷하다. 둘 다 고난과 아픔 속에서 태어났지만, 하나님이 그들의 슬픈 출생을 영광과 번영으로 변화시키신 것이다.

저자는 에브라임에 대한 이야기에 그의 딸 세에라가 벧호론과 우센세에라 성읍을 세웠다는 말을 더한다(24절). 벧호론은 윗 벧호론(수 16:5)과 아래 벧호론(수 16:3)으로 구분되었는데, 베냐민 지파와 에브라임 지파의 경계선에 있었다. 솔로몬이 벧호론을 재정비하여 요새화했다(대하 8:5; 왕상 9:17). 우센세에라(אֻזֵּן שֶׁאֱרָה)는 "세에라의 몫"이라는 뜻을 지닌다. 역대기 저자가 여자의 역할을 최대한 강조하고자 하는 것을 보면, 세에라가 여자의 몸으로 이 성읍들을 세웠다는 이야기는 놀랄만한 것이 아니다. 저자는 세에라의 업적을 회고함으로써 귀향민들에게 용기를 북돋아 주고 있다. 그들도 이스라엘의 영광을 재건하는 일에 기여할 수 있다는 것이다(Hill). 내용을 정리해보면 〈그림 45〉와 같다.

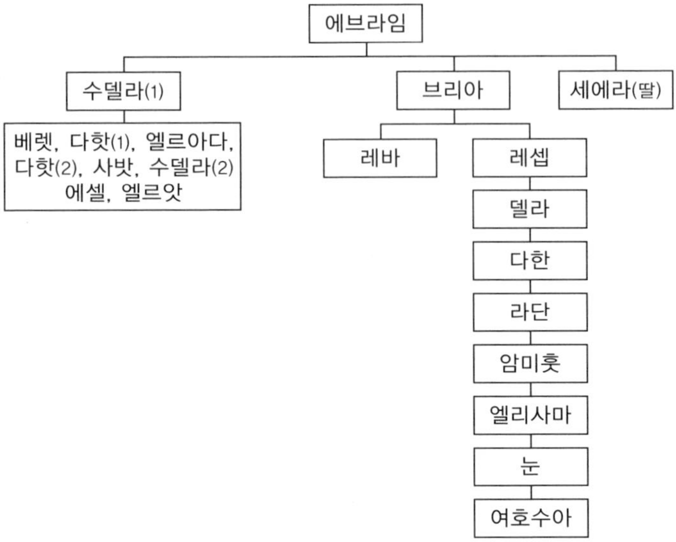

〈그림 45〉

I. 서론: 계보(1:1–9:34)
2장. 이스라엘(2:3–9:1)
5. 중부 지역 지파들(7:14–8:40)

(3) 요셉의 자손들(7:28-29)

28 에브라임 자손의 토지와 거주지는 벧엘과 그 주변 마을이요 동쪽으로는 나아란
이요 서쪽에는 게셀과 그 주변 마을이며 또 세겜과 그 주변 마을이니 아사와 그
주변 마을까지이며 29 또 므낫세 자손의 지계에 가까운 벧스안과 그 주변 마을과
다아낙과 그 주변 마을과 므깃도와 그 주변 마을과 돌과 그 주변 마을이라 이스라
엘의 아들 요셉의 자손이 이 여러 곳에 거하였더라

므낫세 지파와 에브라임 지파 등 요셉에게서 비롯된 두 지파의 계보를 정리한 다음, 저자는 이제 그들이 차지한 땅에 대해서 언급한다. 이곳에 나열되는 성읍들은 여호수아 16-17장을 축약한 것이라 볼 수 있다. 에브라임 자손은 벧엘, 나아란, 게셀, 세겜, 아사 등과 주변 마을에 정착했다(28절). 벧엘은 여호수아가 베냐민 지파에게 주었지만(수

18:22), 요셉 자손들에 의해서 정복되었다(삿 1:22). 나아란은 여리고 성 근처의 나아라(수 16:7)로 생각된다(Japhet). 게셀은 에브라임 지파에게 할당되었지만, 이들은 게셀을 완전히 정복하지 못했다(수 16:10).

세겜은 므낫세 지파의 영토에 속했으며 므낫세와 에브라임 경계선에 있었다(수 17:7). 아마도 므낫세 지파에 속했던 성읍 중 에브라임 지파 사람들의 은신처 역할을 했던 곳으로 생각된다(Hill). 아사/아야(עַיָּה)는 아마도 아이 성(cf. 수 7:2)의 변형으로 생각된다(Japhet). 그렇지 않다면, 이 성읍의 위치는 알 수 없다. 만일 아사가 아이 성이라면 이 성읍 역시 베냐민 지파에 속했다. 이 도시 목록은 벧엘(남쪽)-나아란(동쪽)-게셀(서쪽)-세겜(북쪽)-아야(남쪽)의 순서를 지닌다.

므낫세 지파는 벧스안, 다아낙, 므깃도, 돌 등과 그 주변 마을들을 차지했다(29절). 여호수아 17:11과 사사기 1:27-28은 이 목록에 이블르암을 더한다. 역대기에서 이블르암이 빠진 것은 사본의 부패로 인한 유실 때문으로 생각된다(Japhet). 여호수아서는 이 성읍들을 잇사갈과 아셀 영토 안에 있는 므낫세의 기업이라 한다(수 17:11). 그러나 여호수아서와 사사기에 의하면 므낫세 지파가 그 성읍에 살고 있던 가나안 사람들을 내쫓지 못했다. 그럼에도 불구하고 역대기 저자가 여기에 성읍들을 나열한 이유는 처음 므낫세 지파에게 할당된 이상적인 영토의 범위는 이러했음을 회고하기 위해서이다(Johnstone, Japhet). 이상과 현실이 동일하면 가장 좋겠지만, 위의 경우처럼 인간의 죄와 무능력으로 인해 두 가지가 분리되는 것을 흔하게 보게 된다.

(4) 아셀 자손의 계보(7:30-40)

30 아셀의 아들들은 임나와 이스와와 이스위와 브리아요 그들의 매제는 세라이며

31 브리아의 아들들은 헤벨과 말기엘이니 말기엘은 비르사잇의 아버지이며 32 헤
벨은 야블렛과 소멜과 호담과 그들의 매제 수아를 낳았으며 33 야블렛의 아들들은
바삭과 빔할과 아스왓이니 야블렛의 아들은 이러하며 34 소멜의 아들들은 아히와
로가와 호바와 아람이요 35 그의 아우 헬렘의 아들들은 소바와 임나와 셀레스와
아말이요 36 소바의 아들들은 수아와 하르네벨과 수알과 베리와 이므라와 37 베셀
과 홋과 사마와 실사와 이드란과 브에라요 38 예델의 아들들은 여분네와 비스바와
아라요 39 울라의 아들들은 아라와 한니엘과 리시아이니 40 이는 다 아셀의 자손으
로 우두머리요 정선된 용감한 장사요 방백의 우두머리라 출전할 만한 자를 그들
의 계보대로 계수하면 이만 육천 명이었더라

아셀은 야곱이 레아의 종 실바를 통해 얻은 아들이다(창 46:18). 2:1-2에서 아셀이 야곱의 열두 아들 목록을 마무리했던 것처럼, 여기서도 아셀 지파가 열두 지파의 계보를 마무리한다. 역대기 저자는 이 계보를 정리하기 위해서 창세기 46:17-18과 민수기 26:44-46 뿐만 아니라 우리에게 전수되지 않은 다른 출처들까지 사용하였다. 또한 본문에서 다윗 시대 때 이루어진 인구조사의 흔적(cf. 대상 7:2, 4, 11)도 보인다(40절).

아셀 계보에 등장하는 이름들에는 비(非)히브리어 성향이 짙게 묻어있다. 하르네벨(חַרְנֶפֶר)(36절)은 이집트어 이름이며, 수아, 바삭, 빔할, 아스왓, 로가, 소바 등도 모두 히브리어에서 비롯된 이름이 아니다(Japhet). 에브라임 지파의 서쪽 지역을 차지했던 아셀 지파가 그곳에 살고 있던 원주민들의 영향을 매우 많이 받았던 것을 반영하는 듯하다. 저자의 "세계 속의 이스라엘"을 지향하는 관점에서 아셀 지파의 이와 같은 융합은 긍정적으로 평가되었을 것이다.

저자는 아셀 자손 중 전쟁에 나갈 수 있는 장정이 2만 6,000명이었다고 한다. 이미 언급한 것처럼 다윗 시대에 조사한 내용일 것이다(cf. 삼하 24장). 출애굽 당시 아셀 지파에서 징병된 군인이 4만 1,500명(민 1:40-41)에 달했으며, 40년 후 가나안 입성을 앞두고 다시 조사했을 때 5만

3,400명에 달했던 점을 감안하면(민 26:47), 다윗 시대에 이르러서 2만 6,000명이 된 것은 세월이 지나면서 자손이 번성한 것이 아니라 오히려 쇠퇴하였음을 뜻한다.

헤벨은 야블렛, 소멜, 호담 등 세 아들과 딸 수아를 두었다고 한다(32절). 그런데 35절은 소멜의 아우 헬렘의 자손들을 언급한다. 학자들은 헬렘을 헤벨의 넷째 아들로 취급하는 것보다는 호담을 뜻하는 것으로 이해한다(Japhet). 헬렘의 이름이 이미 언급된 헤벨의 아들 중 하나로 언급되지 않다가 갑자기 모습을 드러내는 점을 감안하면 설득력이 있는 해석이다. 필자도 이 입장을 취한다.

36절 마지막 부분이 베리와 이므라(וּבֵרִי וְיִמְרָה)를 소바의 아들들로 언급하는데, 상당수의 주석가들이 이 문구는 "임나의 아들들"(וּבְנֵי יִמְנָע)(cf. 35절)이라는 표현이 부패한 것으로 해석한다(Rudolph, Noth, Japhet). 이렇게 이해할 경우 베셀, 훗, 사마, 실사, 이드란, 브에라는 소바의 아들들이 아니라(37절), 임나의 아들들이 된다. 충분히 가능한 해석이나 굳이 이렇게 할 필요는 없다. 게다가 저자가 헬렘/호담의 자손 중 특별히 소바의 자손들에게 관심을 집중하는 것을 보면 더욱 그렇다. 그러므로 텍스트의 내용을 그대로 유지하는 것이 바람직하다.

이드란(יִתְרָן)(37절)과 예델(יֶתֶר)(38절)은 같은 사람이며 스펠링이 조금 다를 뿐이다(Japhet). 전혀 예고 없이 39절에 갑자기 등장하는 울라가 이 계보와 어떻게 어울리는가도 해석적인 이슈이다. 울라(עֻלָּא)가 수아(שׁוּעָא)와 동일인물일 가능성이 크다. 언어적으로도 두 이름은 비슷하다(Japhet). 게다가 헤벨의 자녀 중 다른 사람들은 모두 자손이 언급되는데, 유독 수아의 자손들만 나열되지 않는 점도 울라가 수아일 가능성을 더한다. 필자도 이와 같은 견해를 가진다. 이와 같은 해석을 종합해서 내용을 정리해보면 〈그림 46〉과 같다.

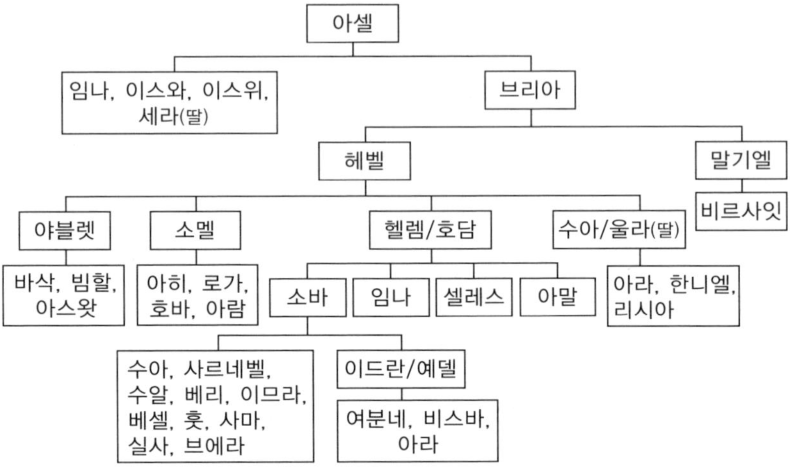

〈그림 46〉

Ⅰ. 서론: 계보(1:1–9:34)
2장. 이스라엘(2:3–9:1)
5. 중부 지역 지파들(7:14–8:40)

(5) 베냐민 자손의 계보(8:1-40)

가나안 남쪽에 자리잡은 유다 지파의 이야기로 시작된 계보가 강을 건너 요단 강 동편 남쪽에 정착한 지파들에 이어 북쪽에 정착한 지파들, 그리고 다시 강을 건너 가나안 북쪽과 중앙 지역에 정착한 지파들을 거쳐 이제 다시 중앙과 남쪽 사이에 정착한 베냐민 지파의 이야기를 통해 한 사이클을 완성한다. 저자는 이스라엘의 다른 지파들의 계보를 먼저 정리하고 차분히 베냐민 지파의 이야기를 하기 위해서 이미 시작한 베냐민 지파에 대한 이야기를 잠정적으로 보류했다(cf. 7:6-11). 이제 베냐민 자손의 이야기를 마무리하고자 한다.

베냐민 지파가 다른 지파들에 비해서 저자의 많은 관심을 받는 것은 이스라엘의 초대 왕인 사울이 이 지파에서 나왔고(Wilcock), 지리적인 위치 때문이기도 하다(Selman, Japhet). 저자의 집중적인 관심이 예루살렘과 주변에 있는데(cf. 6, 12, 13, 28, 32절), 이 도성은 유다 지파와 베냐민 지파와 가장 깊이 연관되어 있다. 여기에 세 번째 이유를 더하면, 저자는 남 왕국 유다에 집중적인 관심을 두고 있는데(cf. 서론), 유다와 베냐민 지파가 남 왕국의 핵심이기 때문이다.

베냐민 지파의 계보는 창세기 46:21, 민수기 26:38-41에도 등장하지만, 본문과는 관계가 그리 깊어 보이지 않는다. 이 계보는 사울 계보와 이야기(9:35-10:14)의 서론 역할을 한다. 베냐민 지파의 계보를 정리하는 8장은 다음과 같이 구분할 수 있다.

A. 서론(8:1-2)

B. 벨라의 후손들(8:3-7)

C. 사하라임의 후손들(8:8-28)

D. 기브온에 정착한 베냐민 자손들(8:29-32)

E. 사울의 자손들(8:33-40)

I. 서론: 계보(1:1–9:34)
 2장. 이스라엘(2:3–9:1)
  5. 중부 지역 지파들(7:14–8:40)
   (5) 베냐민 자손의 계보(8:1–40)

① 서론(8:1–2)

1 베냐민이 낳은 자는 맏아들 벨라와 둘째 아스벨과 셋째 아하라와 2 넷째 노하와 다섯째 라바이며

저자는 베냐민에게 다섯 명의 아들이 있다고 한다. 벨라, 아스벨, 아하라, 노하, 라바이다. 반면에 창세기 46:21은 벨라, 베겔, 아스벨, 게라, 나아만, 에히, 로스, 뭅빔, 훕빔, 아릇 등 10명을 두었다고 한다. 민수기 26:38은 본문이 말한 것처럼 베냐민에게 다섯 아들이 있는데, 이름은 벨라와 아스벨을 제외하고 모두 다르다. 아히람, 스부밤, 후밤이다. 세 텍스트 모두 수와 이름에 있어 현저한 차이를 보인다. 또한 저자가 이미 7:6에서 베냐민의 아들들을 벨라, 베겔, 여디아엘 등 셋으로 언급한 일도 혼란을 가중시킨다. 만일 7:6이 본문의 내용과 동일한 이름 셋을 제시했다면, 본문과의 차이를 전체와 요약의 차이로 이해하겠지만 이름들까지 다르니 혼란스러울 수밖에 없다.

한 주석가는 이처럼 베냐민의 아들들에 대해 네 텍스트가 서로 다른 것은 이 텍스트들이 저작된 시대가 다르고, 각 텍스트 저작 당시 베냐민 지파 중에서도 유능한 집안의 자손을 강조하다 보니 빚어진 현상이라고 한다(Williamson). 그러나 이는 네 텍스트의 차이를 설명하기는 충분하지 못하다. 문제를 해결하는 데 도움이 될만한 다른 자료들이 발굴되기 전까지는 별다른 해법이 없어 보인다.

Ⅰ. 서론: 계보(1:1–9:34)
2장. 이스라엘(2:3–9:1)
5. 중부 지역 지파들(7:14–8:40)
(5) 베냐민 자손의 계보(8:1–40)

② 벨라의 후손들(8:3–7)

3 벨라에게 아들들이 있으니 곧 앗달과 게라와 아비훗과 4 아비수아와 나아만과
아호아와 5 게라와 스부반과 후람이라 6 에훗의 아들들은 이러하니라 그들은 게바
주민의 우두머리로서, 사로잡혀 마나핫으로 갔으니 7 곧 나아만과 아히야와 게라
이며 게라는 또 웃사와 아히훗을 낳았으며

저자는 베냐민의 다섯 아들 중 맏이인 벨라와 그의 후손들에게 초점을 맞춘다. 이 내용 역시 벨라의 아들들을 언급하는 7:7과 현저한 차이를 보인다. 7:7은 벨라가 에스본, 우시, 웃시엘, 여리못, 이리 등 다섯 아들을 두었다고 한다. 반면에 여기서는 아홉 아들이며 이름도 모두 다르다. 이 문제를 해결하기 위한 가장 현실적인 대안은 7:7을 벨라의 아들들의 이름들로 이해하는 반면, 본문에 나열된 아홉 명은 그의 아들들이 아니라 몇 대에 거쳐 탄생한 후손 중에서 유력한 자들로 간주하는 것이다. 본문이 "아들들"(בָּנִים)이라고 하지만 이 개념을 넓게 해석하는 것이다. 그렇게 하면 별 어려움이 없다.

두 번째 문제는 3-5절과 6절의 연결성이 석연치 않다는 점이다. 6절에 등장하는 에훗이 갑자기 모습을 드러낼 뿐만 아니라 3-5절과는 무관해 보이기 때문이다. 그러나 저자가 벨라의 후손 중에서도 에훗과 그의 집안에 관심을 가지고 있다는 점은 확실하다(Selman). 이 문제를 해결할 수 있는 대안은 아비훗(אֲבִיהוּד)(3절)의 이름을 "에훗의 아버지"(אֵהוּד אֲבִי)를 뜻하는 것으로 해석하는 것이다(Ruloph, Williamson, Hill). 이렇게 하면 6절과 3-5절의 관계가 해소된다. 또한 왼손잡이 사사로 유명했던 에훗이 바로 이 에훗이다. 사사기 3:15에 에훗을 "베냐민 사람 게라의 아들"이라고 했기 때문이다. 충분히 설득력이 있으며 선호할만한 대안이다.

일부 주석가들은 더 나아가 6절을 시작하는 "에훗의 아들들은 이러하니라"라는 문장을 4절을 시작하는 곳으로 옮길 것을 제안한다(Rudolph, Williamson). 이 제안을 받아들이고 아비훗을 에훗의 아비로 풀이하는 것을 반영하면, 3-4절이 현재 "벨라에게 아들들이 있으니 곧 앗달과 게라와 아비훗과 아비수아와 나아만과 아호아와"에서 "벨라에게 아들들이 있으니 곧 앗달과 에훗의 아비 게라였다. 에훗의 아들들은 이러하니라. 아비수아와 나아만과 아호아와"가 된다. 이렇게 하면 아비수아 등이 벨라의 자손이 아니라 에훗의 자손이 된다. 그러나 이미 필자가 제안한 것처럼 이 섹션이 베냐민의 아들들이 아니라 후손들을 선별적으로 나열하고 있다면 별 차이가 없다. 에훗의 자손이 곧 게라의 자손이고, 게라의 자손이 곧 베냐민의 자손이기 때문이다. 게다가 이 제안을 받아들이면 7절의 내용을 앞 부분과 연결하는 것이 더욱더 어려워진다.

7절의 마소라 텍스트를 직역하면 "나아만과 아히야와 게라이다—그가(단수) 그들을(복수) 사로잡아갔다. 그가 웃사와 아히훗을 낳았다"(וְנַעֲמָן וַאֲחִיָּה וְגֵרָא הוּא הֶגְלָם וְהוֹלִיד אֶת־עֻזָּא וְאֶת־אֲחִיחֻד)가 된다. 우리말 번역본들도 본문의 혼돈을 해소하려고 노력하다 보니 현저한 차이를 보인다.

(1) "나아만과 아히야와 게라를 사로잡아 갔고 그가 또 웃사와 아히훗을 낳았으며"(개역한글: 사로잡아간 그가 누구인지 의문으로 남겨두었으며 웃사와 아히훗이 누구의 자식들인지 밝히지 않음), (2) "나아만과 아히야와 게라인데, 그들을 사로잡아 간 게라가 웃사와 아히훗을 낳았다"(새번역: 게라가 나아만, 아히야, 게라를 잡아갔다고 하며, 게라가 웃사와 아히훗의 아버지라 한다. 이 해석을 따를 경우 3-7절은 세 명의 동명이인 게라를 언급하고 있다, cf. 공동).

7절의 내용은 6절의 "에훗의 아들들〔자손들〕은 이러하니라 그들은 게바 주민의 우두머리로서, 사로잡혀 마나핫으로 갔으니"(וַיַּגְלוּם אֶל־מָנָחַת)라는 내용과 연결하기가 쉽지 않다. 둘을 합쳐보면 6-7절은 "에훗의 아들들〔자손들〕은 이러하니라 그들은 게바 주민의 우두머리로서, 사로잡혀 마나핫으로 갔으니 곧 나아만과 아히야와 게라이며—그가(단수) 그들을(복수) 사로잡아갔다. 그가 웃사와 아히훗을 낳았다"가 된다. 문법적으로 무슨 말인지 이해하기가 쉽지 않다. 그래서 한 주석가는 이미 4-5절에서 언급된 아히야〔아호아〕와 게라를 본문에서 빼고 에훗의 아들들 이름이 분실된 것으로 간주하여 6-7절을 다음과 같이 재구성할 것을 제안한다. "에훗의 아들들은 이러하니라 〔이름이 분실됨〕, 그들은 집안의 우두머리였다 … 나아만이 그들을 사로잡아 마나핫으로 갔다. 그는 웃사와 아히훗을 낳았다"(Japhet). 본문의 혼란을 상당 부분 해소하는 좋은 제안이다. 모든 것을 감안하여 내용을 정리하면 〈그림 47〉과 같다.

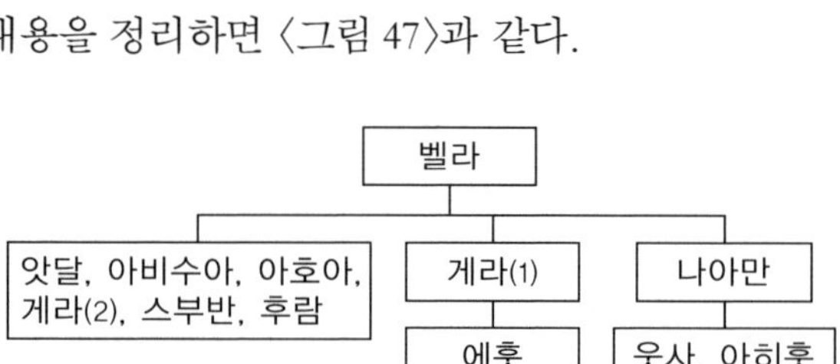

〈그림 47〉

③ 사하라임의 후손들(8:8–28)

8 사하라임은 두 아내 후심과 바아라를 내 보낸 후에 모압 땅에서 자녀를 낳았으
니 9 그의 아내 호데스에게서 낳은 자는 요밥과 시비야와 메사와 말감과 10 여우스
와 사갸와 미르마이니 이 아들들은 우두머리이며 11 또 그의 아내 후심에게서 아
비둡과 엘바알을 낳았으며 12 엘바알의 아들들은 에벨과 미삼과 세멧이니 그는 오
노와 롯과 그 주변 마을들을 세웠고 13 또 브리아와 세마이니 그들은 아얄론 주민
의 우두머리가 되어 그들이 가드 주민을 쫓아냈더라 14 아히요와 사삭과 여레못
과 15 스바댜와 아랏과 에델과 16 미가엘과 이스바와 요하는 다 브리아의 아들들이
요 17 스바댜와 므술람과 히스기와 헤벨과 18 이스므래와 이슬리아와 요밥은 다 엘
바알의 아들들이요 19 야김과 시그리와 삽디와 20 엘리에내와 실르대와 엘리엘과 21
아다야와 브라야와 시므랏은 다 시므이의 아들들이요 22 이스반과 에벨과 엘리엘
과 23 압돈과 시그리와 하난과 24 하나냐와 엘람과 안도디야와 25 이브드야와 브누
엘은 다 사삭의 아들들이요 26 삼스래와 스하랴와 아달랴와 27 야아레시야와 엘리
야와 시그리는 다 여로함의 아들들이니 28 그들은 다 가문의 우두머리이며 그들의
족보의 우두머리로서 예루살렘에 거주하였더라

성경에서 사하라임에 대해서 언급하는 곳은 이 텍스트가 유일하다. 그럼에도 불구하고 그의 집안은 베냐민 지파 중 상당히 유력했음을 짐작할 수 있다. 한 학자는 사하라임을 지금까지 제시된 베냐민 지파의 계보와 전혀 연관성이 없는 새로운 인물로 이해하는 것보다 1절의 아하라로 간주할 것을 제안한다(Japhet). 이 제안을 수용하면 1-14절 텍스트의 연결성이 현저히 상승한다. 그러나 이 제안을 뒷받침할만한 근거가 없기 때문에 베냐민 자손들의 계보와 사하라임을 연결하는 것이 어렵다 해도 텍스트를 현재 그대로 유지하는 것이 바람직하다.

사하라임은 베냐민 지파 사람이었지만 모압에서 살았다(8절). 그에게는 세 아내가 있었는데 후심, 바아라, 호데스였다. 사하라임은 이들 중 후심과 바아라는 이혼해서 내보냈다. 저자는 세 아내 중 호데스를 통해 얻은 자식들(9-10절)과 후심을 통해서 얻은 자손들(11-12절)을 언급한다. 사하라임이 그의 지파가 정착한 땅을 떠나 요단 강을 건너 모압 평지에 정착했다는 것은 유다와 에브라임 지파 중 상대적으로 작은 땅을 기업으로 얻은 베냐민 지파가 공간이 부족해서 일부는 다른 지역으로 이주해 갔음을 시사한다. 그의 후손들은 서쪽으로는 오노와 롯과(12절) 아얄론(13절)으로도 진출했다. 오노와 롯은 이집트 문헌들에도 등장하는 오래된 도시들이다(Thompson). 오노와 롯과 아얄론은 이스라엘의 산악 지대에서 지중해로 내려가다 보면 만나게 되는 평지에 위치했고, 단 지파에게 주어진 성읍들로(수 19:42; 21:24) 베냐민이 차지한 영토에서는 상당히 떨어져 있던 곳이었는데, 단 지파가 북쪽으로 이주하면서 이 지역을 포기하자 땅이 부족했던 베냐민 지파 사람들이 이곳에 정착하게 되었던 것이다(Japhet).

세월이 지나면서 베냐민 지파 사람들은 가나안의 남서쪽에 있는 가드에까지 영향을 미치게 되었다(13절). 베냐민 지파의 끊임없는 팽창은 귀향민들에게 자신들도 큰 나라를 재건할 수 있다는 소망을 주었을 것이다(Hill). 베냐민 지파가 정착한 곳 중 저자에게 가장 중요한 곳은 역시 예루살렘이다(28절). 왜냐하면 앞으로 이곳에서 모든 정치적·종교적 일들이 전개될 것이기 때문이다. 물론, 예루살렘은 베냐민 뿐만 아니라 온 이스라엘 다른 지파의 것이기도 하다(cf. 대상 9장).

계보에 등장하는 이름들의 관계가 상당히 혼란스럽다. 이 섹션에 등장하는 상당수의 이름들이 성경의 다른 곳에서 다시 언급되지 않기 때문이며, 현재 상태로는 상당히 조각난 성향을 띠고 있기 때문이다. 그래서 학자들은 일부 이름을 같은 사람의 다른 이름으로 해석한다. 세마(13절)와 시므이(21절)가 같은 인물이며, 여레못(14절)과 여로함(27절)이 같은 인물이라는 것이다(Japhet). 15-27절이 엘바알(12절), 브리아(13절),

세마(13절), 사삭(14절)과 여레못(14절)의 자손들을 순차적으로 언급하고 있기 때문이다. 즉 15-27절은 12-14절에 언급된 사람들의 자손들을 추가로 설명하고 있는 듯하다는 것이다. 문맥을 감안할 때 좋은 제안이라고 생각된다.

13절과 14절의 관계도 설명하기 쉽지 않다. 13절은 브리아와 세마가 가드 주민을 내쳤다고 하는데, 14절은 아무런 계보적 소개도 없이 아히요, 사삭, 여레못을 나열하고 있다. 이 문제를 해결하기 위해서 영어 번역본들은 그들이 가드 주민을 내쫓았다는 말을 괄호로 처리한다(NRS; TNK; ESV). 이렇게 할 경우 브리아와 세마는 아히요, 사삭 등과 함께 또 다른 브리아(16절)의 아들들이 된다. 반면에 칠십인역은 아히요를 "그들의 형제들"(ἀδελφὸς αὐτοῦ)로 번역했는데, 부패에 의해서 변질된 것으로 이해했던 것이다. 이렇게 할 경우 브리아와 세마(13절)는 사삭과 여레못(14절)의 형제들이다. 아울러 15절이 14절보다는 16절과 연결되어 있는 듯하다(cf. Japhet). 이렇게 해석할 경우 13절과 16절의 브리아가 같은 사람이며, 그는 스바댜, 아랏, 에델, 미가엘, 이스바, 요하 등의 아들을 두었던 것으로 풀이할 수 있다. 아버지와 아들이 같은 이름을 지닌 혼돈을 해소할 수 있고, 문법적으로도 충분히 가능한 일이다.

마지막 문제는 13-14절이 언급하는 브리아, 세마, 사삭, 여레못 형제들은 앞 섹션과 어떤 관계가 있는가? 이것이 앞 섹션과 전혀 연관성이 없는 독립적인 조각인가? 17-18절이 다시 엘바알(12절)의 자손들을 나열하는 것으로 보아 분명 연관성은 있어 보인다. 엘바알의 자손들을 정리하고 있는 섹션들 사이에 끼어있기 때문이다. 아마도 엘바알의 아들 중 하나의 자손들일 것이라는 추측이 유력하다. 이렇다 할 증거는 없지만, 엘바알의 첫째 아들인 에벨의 아들들일 것이라는 주장이 있다. 그래서 한 주석가는 13절 앞 부분에 "에벨의 아들들은"이라는 문구를 삽입한다(Japhet). 필자도 이 제안을 선호한다. 전체적인 계보를 정리해보면 〈그림 48〉과 같다.

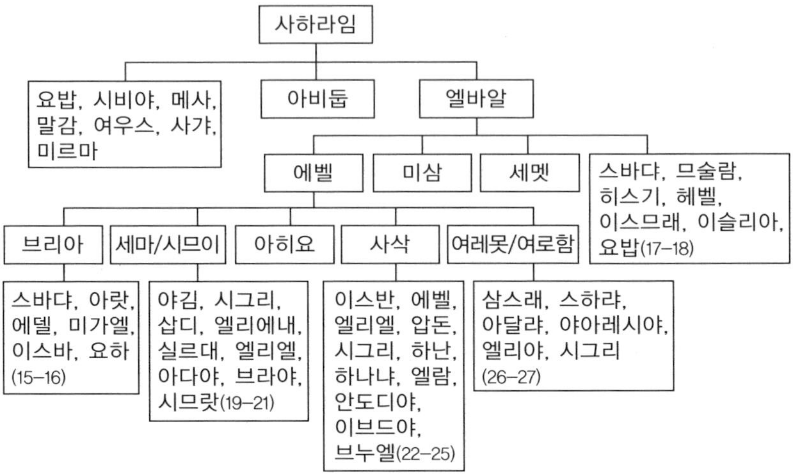

〈그림 48〉

> Ⅰ. 서론: 계보(1:1–9:34)
> 2장. 이스라엘(2:3–9:1)
> 5. 중부 지역 지파들(7:14–8:40)
> (5) 베냐민 자손의 계보(8:1–40)

④ 기브온에 정착한 베냐민 자손들(8:29–32)

**29 기브온의 조상 여이엘은 기브온에 거주하였으니 그 아내의 이름은 마아가며
30 장자는 압돈이요 다음은 술과 기스와 바알과 나답과 31 그돌과 아히오와 세겔이
며 32 미글롯은 시므아를 낳았으며 그들은 친족들과 더불어 마주하고 예루살렘에
거주하였더라**

저자는 사울 이야기를 시작하기에 앞서, 베냐민 자손 중 기브온에 살았던 사람들 이야기로 이 지파의 전반적인 계보를 일단락한다. 물론 예루살렘에 살았던 사람들도 언급하지만(32절), 초점은 기브온에 정착한 사람들에게 맞추어져 있다. 본문은 몇 가지 해석상의 어려움을 안고 있다. 첫째, 히브리어 텍스트가 부패되어 정확하지 않다. 29절을 문자적으로 해석하면 "기브온의 아버지 〔이름이 분실됨〕가 기브온에 살았는데, 그의 아내 이름은 마아가였다"(וּבְגִבְעוֹן יָשְׁבוּ אֲבִי גִבְעוֹן וְשֵׁם אִשְׁתּוֹ מַעֲכָה)

가 된다. 우리말 성경에 삽입된 "여이엘"이라는 이름은 일부 칠십인역 사본과 9:35에 근거한 것이다(cf. 새번역 각주).

둘째, 여이엘이 8장에 제시된 베냐민 자손들과 어떻게 연결되는가가 확실하지 않다. 성경의 다른 곳에서도 정보를 얻을 수 없다. 그가 베냐민 지파 사람이었다는 것 외에는 그의 조상이 누구였는지를 알 수 없으니 여이엘의 계보를 잘 보존되지 않은 조각난 계보로 취급할 수밖에 없다. 셋째, 본문은 미글롯(32절)이 여이엘의 자손들과 어떻게 연결되는지를 알려 주지 않는다. 그의 계보가 이곳에 함께 등장한 것으로 보아 분명 여이엘의 후손일 가능성이 많지만, 확실히 알 수 없다. 다행히 본문과 평행을 이루고 있는 역대상 9:37은 그를 여이엘의 아들이라고 한다.

이들이 정착한 기브온은 베냐민 지파의 영토 안에 위치했으며(수 18:25) 오늘날의 "엘집"(el-Jib)으로 알려졌고, 예루살렘에서 서북쪽으로 10㎞ 떨어진 곳에 있다. 여호수아가 가나안 정복에 나섰을 때 이 도시는 당시 그 지역에 정착해 있던 헷 족속의 중심지였다(cf. 수 9:3-7). 여호수아가 신중하지 못해 이 성읍 주민들과 동맹을 맺은 이후에 이들은 이스라엘의 일부가 되었다(수 9장). 이와 같은 사실은 사울의 조상 중에 가나안 사람들이 섞여 있었음을 암시한다(Hill). 그러므로 여기에서 베냐민 지파 사람들이 기브온에 정착했다는 사실을 강조하는 것은 사울이 이스라엘의 왕이 될 자격이 없었음을 암시하기 위해서이다(Thompson). 여이엘의 아내 마아가(מַעֲכָה; lit., "핍박")의 이름이 아람어에서 비롯된 것도 증거로 제시된다. 사울의 조상이 옛적부터 다른 인종들과 피를 섞었기 때문에 그가 종교적 복합주의를 선호했다는 것이다(Thompson).

그러나 다윗의 계보에 모압 여인 룻이 등장하고, 예수 그리스도의 계보에도 떳떳하지 못한 사람들이 등장한 점을 감안하면, 혈통은 중요하지 않다. 게다가 사울이 이스라엘의 왕이 될 자격이 없었던 자로 지적된 점은 우상숭배한 것과 하나님을 거역한 것이다(대상 10:13). 모든 책임은 사울 자신에게 있는 것이다. 사울이 기브온 사람들을 핍박했다가 그의 후손들이 대가를 치른 일이 있다(삼하 21:1-2). 내용을 정리해보면 〈그림 49〉와 같다.

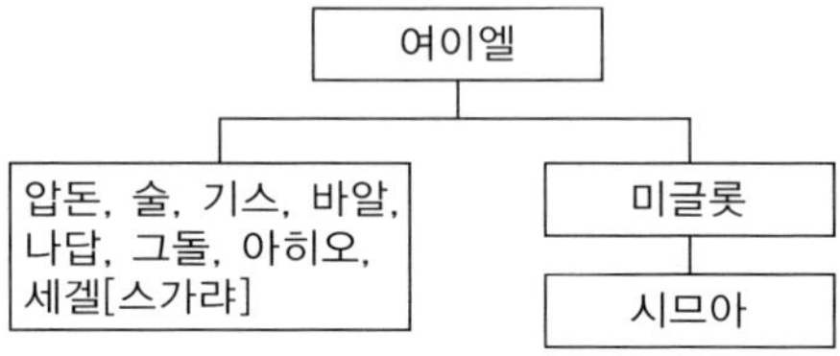

〈그림 49〉

I. 서론: 계보(1:1–9:34)
2장. 이스라엘(2:3–9:1)
5. 중부 지역 지파들(7:14–8:40)
(5) 베냐민 자손의 계보(8:1–40)

⑤ 사울의 자손들(8:33–40)

33 넬은 기스를 낳고 기스는 사울을 낳고 사울은 요나단과 말기수아와 아비나답
과 에스바알을 낳았으며 34 요나단의 아들은 므립바알이라 므립바알은 미가를 낳
았고 35 미가의 아들들은 비돈과 멜렉과 다레아와 아하스이며 36 아하스는 여호앗
다를 낳고 여호앗다는 알레멧과 아스마웻과 시므리를 낳고 시므리는 모사를 낳고
37 모사는 비느아를 낳았으며 비느아의 아들은 라바요 그의 아들은 엘르아사요 그
의 아들은 아셀이며 38 아셀에게 여섯 아들이 있어 그들의 이름은 이러하니 아스
리감과 보그루와 이스마엘과 스아랴와 오바댜와 하난이라 아셀의 모든 아들이 이
러하며 39 그의 아우 에섹의 아들은 이러하니 그의 맏아들은 울람이요 둘째는 여
우스요 셋째는 엘리벨렛이며 40 울람의 아들은 다 용감한 장사요 활을 잘 쏘는 자
라 아들과 손자가 많아 모두 백오십 명이었더라 베냐민의 자손들은 이러하였더라

사울 집안의 계보를 정리하고 있는 텍스트는 본문 외에 사무엘상 9:1-2; 14:50-51 등이 있다. 문제는 본문과 이 텍스트들의 관계를 설명하는 것이 쉽지 않다는 것이다. 본문은 "넬-기스-사울"의 순서로 이스라엘의 초대 왕의 계보를 정리하는 것에 반해 사무엘상 9:1-2은 "베냐민-

아비아-베고랏-스롤-아비엘-기스-사울"이라 한다. 사울의 할아버지 넬을 아비엘로 대신하고 있다. 더 나아가 사무엘상 14:50-51은 넬이 사울의 할아버지가 아니라 숙부라고 하며, 그는 사울의 사촌 아브넬의 아버지였다고 한다. 또한 기스와 넬의 아버지(즉, 사울과 아브넬의 할아버지)는 아비엘이었다.

이와 같은 혼란을 해소하기 위해서 학자들은 두 가지 가능성을 제시한다. 첫째, 33절의 "넬은 기스를 낳고 기스는 사울을 낳고"에서 첫 번째 기스를 아브넬로 대체하는 것이다(cf. BHS). 이렇게 하면 "넬은 아브넬을 낳고, 기스는 사울을 낳고"가 된다. 아비엘은 사울의 할아버지가 된다. 두 번째 대안은 본문이 제시하는 "넬-기스-사울"의 순서를 그대로 유지하고 아브넬을 사울의 사촌이 아니라 숙부로 이해하는 것이다(Japhet). 이 경우 아비엘이 사울의 할아버지가 아니라 증조 할아버지, 혹은 더 아득한 조상이 된다. 두 가지 옵션 중 어느 쪽을 택하든 간에 장점과 단점을 지니고 있다. 필자는 두 번째 제안을 수용한다.

사울의 아들 중 한 사람의 이름은 에스바알(אֶשְׁבַּעַל; lit., "바알의 사람")이다. 사무엘서에서는 이스보셋(אִישׁ בֹּשֶׁת; lit., "수치의 사람")이라는 이름으로 알려진 자이다. 성경은 우상의 이름인 바알(בַּעַל)을 "수치스러운 것"(בֹּשֶׁת)이라는 말로 자주 대신한다. 사울의 아들 이름이 이렇다는 것은 그가 우상숭배한 사람이라는 사실을 입증한다(cf. 대상 10:13). 이처럼 이름은 부모의 신앙/불신앙을 표현하기도 한다. 그러므로 믿는 자들은 자녀들의 이름을 지을 때 신중해야 한다.

요나단의 아들 므립바알(מְרִיב בַּעַל; lit., "바알을 적대하는 자")(HALOT) 역시 사무엘서에서는 므비보셋(מְפִיבֹשֶׁת; lit., "우상/수치스러운 것을 몰살함")으로 알려진 자이다. 아버지 사울은 우상을 숭배한 것에 반해 아들 요나단은 참으로 훌륭한 믿음을 지닌 자였기에(cf. 삼상 14장), 아들의 이름도 하나님이 원하시는 것을 표현하도록 했다. 그는 평생 바알을 미워했던 것이다. 사울과 같은 사람에게서 요나단 같은 아들이 나왔다는 것이 경이롭다. 성경에 보면 이런 예가 많다. 아하스와 같은 사람에게 히스기야가 태어난 것이 놀라운 일이지만, 히스기야에게서 므낫세가 태어난 것 역시 믿기지 않는 일이다. 이것이 교육과 양육의 한계이다. 하나님이 도와주지 않으시면, 어떤 신앙 교육도 열매를 맺지 못한다. 그러므로 양육자/사역자들은 더욱더 겸손히 기도하며 하나님의 개입과 축복을 간구해야 한다.

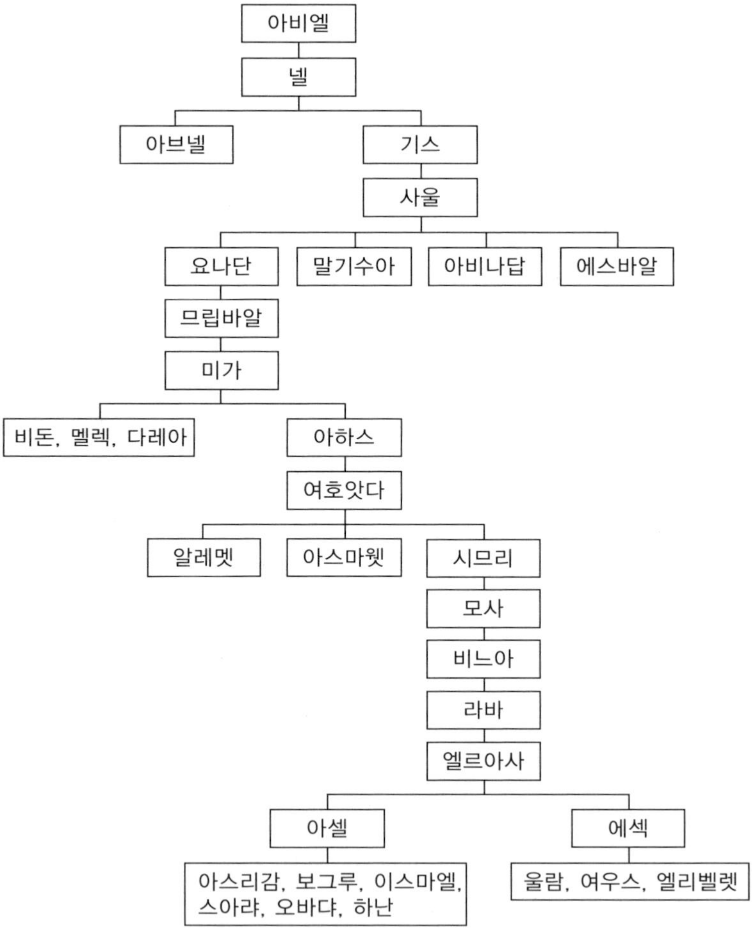

〈그림 50〉

미가의 후손들(35-40절)은 역대기를 벗어나서는(cf. 대상 9:39-44) 전혀 알려지지 않은 사람들이다. 베냐민 지파는 포로기 이후 시대 이스라엘을 재건하는 데 매우 중요한 역할을 했던 집안이다(cf. 9:3). 저자는 이 계보를 통해 그들의 소중한 족보를 정리할 뿐만 아니라, 베냐민 사람들이 귀향민 공동체에서 중요한 역할을 해 주기를 바라고 있다(Hill). 이 계보에서 마지막으로 등장하는 인물은 울람인데, 그의 후손들은 활을 잘 쏘는 용감한 군인들이었으며, 모두 150명에 달했다고 한다(40절). 저자가 활동한 시대에 베냐민 지파 중 가장 유력한 집안이 울람의 자손들이었다는 점을 암시한다.

이 섹션에 제시된 사울 집안의 계보를 정리해보면 〈그림 50〉과 같다. 넬에서 아하스까지 7대에 넬의 아버지 아비엘을 더해서 먼저 정리한 다음, 아하스에서부터 나머지 후손들을 정리하고자 한다.

Ⅰ. 서론: 계보(1:1–9:34)
2장. 이스라엘(2:3–9:1)

6. 결론(9:1)

1 온 이스라엘이 그 계보대로 계수되어 그들은 이스라엘 왕조실록에 기록되니라 유다가 범죄함으로 말미암아 바벨론으로 사로잡혀 갔더니

히브리어 텍스트에서 9:1은 독립적인 문단으로 취급된다. 앞부분(대상 2-8장)과 뒷부분(대상 10장-대하 36장) 사이에서 중심점(pivot) 역할을 하기 때문이다(Johnstone). 1절 전반부에서 저자는 역대상 2:1에서 시작된 "이스라엘의 아들"의 계보를 "온 이스라엘이 그 계보대로 계수되다"라는 말로 마치고 있다. 앞부분에 마침표를 찍고 있다. 그는 마침표를 찍으면서 이 모든 내용이 "이스라엘 왕조실록"(סֵפֶר מַלְכֵי יִשְׂרָאֵל)에 기록되어 있다는 말을 추가한다. 저자가 책을 저작하면서 정경 외에 인용하고 있는 출처를 밝히고 있는 것이다. 앞으로도 그는 꾸준히 자신이 인용하는 출처들을 밝힐 것이다.

우리는 종종 성경 저자들이 마치 하나님의 계시에 따라 받아쓰기하듯이 성경을 저작한 줄로 생각하지만 실상은 그렇지 않다. 그들도 전수받은 자료들을 철저히 조사하고 연구했으며 이 과정에서 영감을 주신 하나님은 이 자료들이 지닐 수 있는 오류들이 성경에 유입되지 않도록 테두리를 쳐 주셨다.

야곱의 열두 아들들에서 비롯된 이스라엘은 하나님의 축복 아래 이와 같이 이상적으로 번성해 나갔다. 그들의 수가 많아질수록 더 거룩한 백성이 되어 세상에 긍정적인 영향을 미쳐야 했는데, 현실은 정반대였다. 이스라엘은 번성할수록 하나님께 더 많은 죄를 지었다. 마치 창조 이후 하나님의 축복 아래 온 땅에 번성하게 된 인류가 노아 시대에 이르러서는 하나님의 마음을 아프시게 했던 것처럼 말이다. 그래서 결국 하나님은 주의 백성이 바빌론으로 사로잡혀가게 하셨다(1b절). 이 구절의 후반부는 이스라엘/유다가 어떻게 바빌론으로 끌려가게 되었는가를 설명하는 역대상 10장-역대하 36장의 내용을 요약적으로 선언한다. 하나님의 은총과 오래 참으심에도 한계가 있는 것이다.

우리는 흔히 하나님은 항상 우리에게 재기의 기회를 주실 것으로 생각한다. 그러나 현실은 그렇지 않다. 어느 순간에는 더 이상 하나님이 우리를 만나주지 않으실 수도 있다. 그러므로 평소에 하나님과의 관계를 즐기며 잘 유지해야 한다. 그렇지 않으면 때늦은 후회를 하게 될 수도 있다.

3장. 예루살렘에 정착한 귀향민(9:2-34)

다른 지파들의 계보는 간략하게 정리한 저자가 유다, 레위, 그리고 베냐민 지파의 계보는 상세하게 기록했을 뿐 아니라, 바빌론에 포로로 끌려간 자손들의 대(代)까지 정리했다. 이제 저자는 바빌론 포로생활을 마치고 예루살렘으로 돌아온 귀향민들에 대해서 이야기하고자 한다. 그는 하나님의 도성 예루살렘에 정착한 백성들에 대해서 특별한 관심을 쏟는다. "온 이스라엘"의 대표이자 상징인 예루살렘이 포로기 이후에 재건되고 있음을 강조하기 위해서이다.

비록 이스라엘이 하나님께 범죄하여 타국까지 가게 되었지만, 아직도 하나님의 백성에게 희망이 있다는 사실을 강조하는 것이다. 이 같은 차원에서 본 텍스트는 1-8장에 대한 결론이라 할 수 있다(Japhet). 유다 백성이 바빌론에 끌려가기는 했지만, 그것이 그들의 이야기의 끝이 아니라는 것이다.

이곳에 기록된 내용 중 2-16절은 대부분 느헤미야 11:3-9을 근거로 한 것이며, 나머지 부분은 성경 다른 곳에서 찾아볼 수 없다. 저자가 정경 외에 다른 출처를 사용해 본 텍스트를 구성한 것이다. 저자는 2절에서 귀향민에 대해서 언급하면서 이스라엘 사람, 제사장, 레위 사람들 순서로 회고하는데, 이 순서에 따라 섹션을 진행한다. 저자의 논리에 따르면 예루살렘에 정착한 귀향민 중에는 "평신도들"(이스라엘 사람들) 뿐만 아니라 "사역자들"(레위 사람들)도 있었다. 그리고 사역자 중에서도 고위 지도자들(제사장들)이 있었는가 하면 그보다 낮은 자들(레위 사람들)도 있었다(Japhet).

예루살렘은 모든 사람들의 것이며, 그곳에는 예전처럼 모든 계층의 사람들이 살고 있었기 때문에 예배와 예식의 회복이 어려운 일만은 아니었다. 왜냐하면 귀향민들은 예루살렘이 바빌론의 손에 의해 망하기 전에 이곳에서 살았던 주의 백성의 맥을 잇는 사람들이기 때문이다. 그러므로 그들은 당당하게 선조들의 도성을 재건할 수 있다는 것을 암시한다. 본 텍스트는 예루살렘에 정착한 귀향민들에 대해서 다음과 같이 세 파트로 나누어 회고한다.

A. 이스라엘 자손(9:2-9)

B. 제사장들(9:10-13)

C. 레위 사람들(9:14-34)

I. 서론: 계보(1:1–9:34)
3장. 예루살렘에 정착한 귀향민(9:2–34)

1. 이스라엘 자손(9:2-9)

2 그들의 땅 안에 있는 성읍에 처음으로 거주한 이스라엘 사람들은 제사장들과 레위
사람들과 느디님 사람들이라 3 유다 자손과 베냐민 자손과 에브라임과 므낫세 자손
중에서 예루살렘에 거주한 자는 4 유다의 아들 베레스 자손 중에 우대이니 그는 암미
훗의 아들이요 오므리의 손자요 이므리의 증손이요 바니의 현손이며 5 실로 사람 중
에서는 맏아들 아사야와 그의 아들들이요 6 세라 자손 중에서는 여우엘과 그 형제 육
백구십 명이요 7 베냐민 자손 중에서는 핫스누아의 증손 호다위아의 손자 므술람의
아들 살루요 8 여로함의 아들 이브느야와 미그리의 손자 웃시의 아들 엘라요 이브니
야의 증손 르우엘의 손자 스바댜의 아들 무술람이요 9 또 그의 형제들이라 그들의 계
보대로 계수하면 구백오십육 명이니 다 종족의 가문의 우두머리들이더라

저자는 귀향민들이 이스라엘 땅에 정착하게 된 것을 "자기들의 성읍 소유지로 돌아온 것"이라고 표현한다(2절, 새번역). "소유지"(אֲחֻזָּה)라는 단어는 역대기에서 몇 차례 사용되지 않는 개념이다(cf. 대상 7:28; 대하 11:14; 31:1). 이 단어는 조상들의 재산을 뜻한다(Hill). 귀향민들이 차지한 땅은 새롭고 낯선 곳이 아니며, 그들의 조상이 소유했던 곳이다. 이스라엘 후손들이 바빌론에서 돌아와 가나안 땅에 정착하게 된 것은 조상이 소유했던 땅을 되찾는 당연한 행위라는 것을 의미한다.

귀향민들이 조상들의 땅으로 돌아와 정착하는 일은 역사적인 관점에서 볼 때 매우 중요한 상징성을 가지고 있지만, 더 중요한 것은 예루살렘이 귀향민들로 채워지기 시작했다는 점이다(3절). 무엇보다도 선지자들은 이스라엘이 재건될 때, 예루살렘을 중심으로 이루어질 것을 예언했기 때문이다(cf. 사 44:26, 28; 렘 33:16). 그러므로 예언의 관점에서 볼 때, 귀향민들이 예루살렘에 정착한 것은 이스라엘의 회복과 재건이 시작되었음을 알리는 것이다.

저자는 바빌론에서 돌아와 예루살렘에 정착한 이스라엘 자손들은 유다 지파, 베냐민 지파, 에브라임 지파, 그리고 므낫세 지파 사람들이라고 한다(3절). 역대기 저자가 인용하는 느헤미야 11:4에는 에브라임과 므낫세 지파 사람들에 대한 언급은 없다. 느헤미야서는 남 왕국 유다의 회복에 깊은 관심을 가지고 있었기에 에브라임과 므낫세 지파 사람들에 대해서는 언급할 필요를 느끼지 않은 것에 반해, 역대기는 "온 이스라엘"의 회복에 초점을 맞추고 있다. 그러므로 저자가 남 왕국을 대표하는 유다와 베냐민 지파 그리고 북 왕국 이스라엘을 대표하는 에브라임과 므낫세 지파가 통일왕국 재건에 앞장섰다는 사실을 강조하는 것은 당연한 일이다.

유다의 아들 베레스의 자손 중 리더는 베레스의 자손 우대(4절)와 실로 사람 아사야(5절)와 세라의 자손 여우엘(6절)이었다. 느헤미야 11:4-5에서는 우대가 아다야로, 아사야는 마아세야로 알려져 있다(Hill). 여우엘은 정경 다른 곳에서는 알려지지 않은 사람이다. 전통적으로 유다의 후손은 셀라, 베레스, 세라 자손들 등 세 개의 줄기가 있다고 본다(민 26:20). 이 점을 감안하면 본문에서 "실로 사람"이라고 하는 아사야는 "셀라 사람/셀라의 후손"으로 이해하는 것이 바람직하다(Japhet, Hill). 이렇게 이해하면 역대기 저자가 본문을 통해 유다 지파의 전통적 세 집안 지도자들을 언급하고 있음을 알 수 있다.

저자는 예루살렘에 정착한 유다 사람들이 690명이라고 하는데(6절), 느헤미야 11:6은 468명이라고 한다. 차이는 느헤미야서는 남자를 계수한 반면, 역대기는 모든 사람들을 계수했기 때문이거나(Mabie), 느헤미야서가 제시한 통계 이후 역대기가 기록될 때까지 인구가 늘었음을 뜻하는 것으로 풀이할 수도 있다(Hill). 예루살렘에 정착한 유다 자손들의 계보는 〈그림 51〉과 같다.

〈그림 51〉

예루살렘에 정착한 베냐민 지파 사람들은 살루(7절), 이브느야(8절), 엘라(8절), 무술람(8절) 등 지도자들을 포함해 956명에 달했다(9절). 느헤미야 11:7-8은 살루와 그의 계보만을 기록하고 있다. 리더들의 이름을 제시하는 일에 있어서 두 기록이 현저한 차이를 두고 있는데, 아마도 역대기 저자가 베냐민 지파에 대해서 가지고 있는 관심을 반영하고 있는 현상으로 생각된다. 느헤미야 11:8은 살루를 따라 예루살렘에 정착한 베냐민 지파 사람들이 928명에 달했다고 한다. 유다 지파의 경우 인구가 많이 늘어난 것에 비해, 베냐민 지파는 조금 더 늘었던 것이다. 본문이 "핫스누아의 증손 호다위아"(7절)라고 하는 사람이 느헤미야 11:9에서는 "핫스누아의 아들 유다"로 표기되어 있다(Japhet). 그는 예루살렘의 제2구역을 다스렸던 사람이었다. 예루살렘에 정착한 베냐민 자손들에 대한 정보를 정리해보면 〈그림 52〉와 같다.

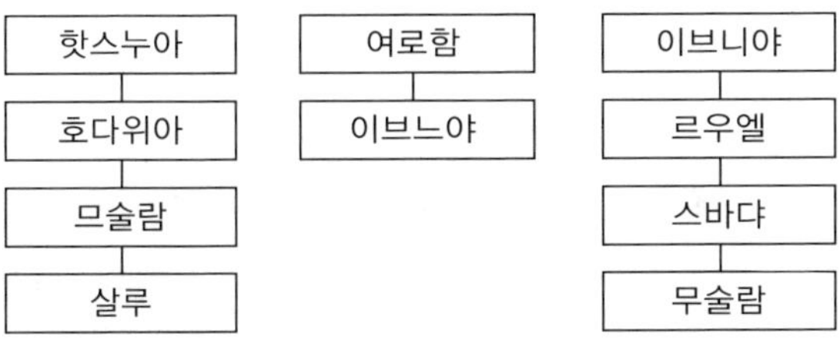

〈그림 52〉

I. 서론: 계보(1:1–9:34)
3장. 예루살렘에 정착한 귀향민(9:2–34)

2. 제사장들(9:10-13)

10 제사장 중에서는 여다야와 여호야립과 야긴과 11 하나님의 성전을 맡은 자 아사랴이
니 그는 힐기야의 아들이요 므술람의 손자요 사독의 증손이요 므라욧의 현손이요 아
히둡의 오대손이며 12 또 아다야이니 그는 여로함의 아들이요 바스훌의 손자요 말기야
의 증손이며 또 마아새니 그는 아디엘의 아들이요 야세라의 손자요 므술람의 증손이
요 므실레밋의 현손이요 임멜의 오대손이며 13 또 그의 형제들이니 종족의 가문의 우
두머리라 하나님의 성전의 임무를 수행할 힘있는 자는 모두 천칠백육십 명이더라

역대기는 예루살렘에 정착한 제사장 중 지도자급으로 여다야, 여호야립, 야긴, 아사랴, 아다야, 마아새 등 여섯 명을 언급한다. 이에 반해 느헤미야 11:10-14는 다섯 명의 이름만을 담고 있다. 느헤미야서에 기록되지 않은 지도자는 여호야립(10절)이다. 두 곳에 모두 등장하는 지도자들의 이름이 다소 차이를 보이기도 한다. 예를 들면 본문에 등장하는 아사랴(11절)가 느헤미야 11:11에서는 스라야로 언급된다. 두 사람이 같은 조상을 가졌던 점을 보면 알 수 있다. 일부 주석가들은 본문이 원래 여다야, 아다야 그리고 마아새 등 세 제사장의 계보만을 기록하고 있었는데, 세월이 지나며 부패해서 마치 6명의 제사장들을 언급한 것으로 변했다고 한다(Rudolph, Japhet). 그러나 이들의 주장을 수용하기 위해서는 텍스트의 여러 곳을 고쳐야 하기 때문에 본문을 그대로 유지하는 것이 바람직하다.

역대기 저자는 예루살렘에 정착한 제사장이 1,760명에 달했다고 하는데(13절), 느헤미야 11:12-14은 1,192명이었다고 한다. 세월이 지나면서 예루살렘에 거하는 제사장 수가 많이 늘어난 것이다. 그럼에도 불구하고 에스라 2:36-39(느 7:39-42)에서 바빌론에서 돌아온 제사장의 수가 4,289명이라고 한 점을 감안할 때, 예루살렘에 정착한 제사장의 수가 바빌론에서 돌아온 제사장들의 반이 되지 않는다. 아마도 바빌론에서 돌아온 제사장 중 상당수가 치안이 불안한 예루살렘에 정착하기를 꺼려했던 것으로 생각된다(Hill). 같은 직분을 가졌다 할지라도 믿음의 분량에 따라 어떤 사람들은 위험을 감수하고 사역 현장으로 갔는가 하면, 어떤 사람들은 다른 대안을 추구했던 것이다.

"하나님의 성전을 맡은 자"(11절)가 무엇을 뜻하는지 확실하지는 않지만 대체로 학자들은 이 표현이 대제사장을 뜻하는 것으로 생각한다(Hill, Selman). 여다야(10절)가 스룹바벨과 함께 귀향한 대제사장 여호수아 집안의 자손이라는 점도 이와 같은 해석을 뒷받침한다(cf. 스 2:36). 반면에 한 주석가는 대제사장의 범위가 11절까지이고 12절에 언급된 아다야와 마아새는 일반 제사장이지 대제사장이 아니라고 한다

(Johnstone). 그러나 저자가 여다야, 여호야립, 야긴 등에 대해서는 계보를 제시하지 않는 반면, 12절에 등장하는 두 사람에 대해서는 상당히 비중 있게 정리하는 점이 이들도 대제사장들이었음을 시사하는 듯하다. 예루살렘에 정착한 제사장 중 여다야, 여호아립, 그리고 야긴 등 정보를 제공하지 않는 사람들을 제외한 나머지 세 사람의 계보를 정리해 보면 〈그림 53〉과 같다.

〈그림 53〉

I. 서론: 계보(1:1–9:34)
3장. 예루살렘에 정착한 귀향민(9:2–34)

3. 레위 사람들(9:14-34)

예루살렘에 정착한 제사장들을 도와 성전에서 사역했던 레위 사람들에 관한 섹션이다. 저자는 다른 텍스트처럼 이들의 계보에 관심을 집중한 것이 아니라, 이들이 했던 일에 초점을 맞춘다. 계보에 대한 관심을 약화시키고, 사역에 대한 관심을 강화시킴으로써 이스라엘의 계보(1-9장) 정리가 막바지에 달했음을 암시하며, 동시에 앞으로는 이스라엘의 계보가 아닌 그들의 삶과 그들이 한 일에 초점이 맞춰질 것을 알려 준다. 저자는 레위 사람들에 대한 이야기를 다음과 같이 세 부분으로 구분하여 진행한다.

A. 레위 사람들의 계보(9:14-16)

B. 성전 문지기(9:17-27)

C. 그 외 업무(9:28-34)

I. 서론: 계보(1:1-9:34)
3장. 예루살렘에 정착한 귀향민(9:2-34)
3. 레위 사람들(9:14-34)

(1) 레위 사람들의 계보(9:14-16)

14 레위 사람 중에서는 므라리 자손 스마야이니 그는 핫숩의 아들이요 아스리감의
손자요 하사뱌의 증손이며 15 또 박박갈과 헤레스와 갈랄과 맛다냐이니 그는 미가
의 아들이요 시그리의 손자요 아삽의 증손이며 16 또 오바댜이니 그는 스마야의
아들이요 갈랄의 손자요 여두둔의 증손이며 또 베레갸이니 그는 아사의 아들이요 엘가나의 손자라 느도바 사람의 마을에 거주하였더라

본문과 평행을 이루고 있는 정경 텍스트는 느헤미야 11:15-18이다. 두 텍스트를 비교해보면 느헤미야서는 총 16명의 이름과 6명의 집안 지도자들을 언급한 것에 반해, 역대기는 총 18명의 이름과 7명의 집안 지도자들을 제시한다. 느헤미야서와 비교할 때 역대기 저자의 레위 사람들에 대한 심화된 관심을 엿볼 수 있을 뿐만 아니라, 역대기의 계보가 느헤미야서보다 더 최신(나중) 것임을 시사한다(Hill). 특이한 것은 느헤미야서는 예루살렘에 정착한 레위 사람들의 수를 284명이라 하는데(느 11:18), 역대기 저자는 이들을 계수하지 않는다.

저자는 레위 사람 중에서도 스마야, 맛다냐 그리고 오바댜에게 특별한 관심을 표한다. 이들은 다름 아닌 므라리, 아삽 그리고 여두둔의 자손들이기 때문이다. 아삽과 여두둔은 다윗이 성전 찬양대 지휘자로 임명한 사람들이었다(cf. 대상 25:1-3). 이 점을 감안할 때 아마도 이 세 사람은 성전에서 찬양대를 지휘하는 사람들이었을 것이다. 16절과 느헤미야 12:28-29에 의하면 성가를 부르는 레위 사람들은 느도바라는 곳에 모여 살았는데, 이 마을은 베들레헴에서 남동쪽으로 5㎞ 떨어진 곳에 위치했으며(Hill), 갈렙(대상 2:54), 다윗(삼하 23:28-29)과도 연관된 성읍이었다. 저자가 제시하는 내용을 정리해보면 〈그림 54〉와 같다. 박박갈(15절), 헤레스(15절), 갈랄(15절)에 대해서는 추가적인 정보가 없다.

〈그림 54〉

I. 서론: 계보(1:1-9:34)
3장. 예루살렘에 정착한 귀향민(9:2-34)
3. 레위 사람들(9:14-34)

(2) 성전 문지기(9:17-27)

17 문지기는 살룸과 악굽과 달몬과 아히만과 그의 형제들이니 살룸은 그 우두머리
라 18 이 사람들은 전에 왕의 문 동쪽 곧 레위 자손의 진영의 문지기이며 19 고라의
증손 에비아삽의 손자 고레의 아들 살룸과 그의 종족 형제 곧 고라의 자손이 수종
드는 일을 맡아 성막 문들을 지켰으니 그들의 조상들도 여호와의 진영을 맡고 출
입문을 지켰으며 20 여호와께서 함께 하신 엘르아살의 아들 비느하스가 옛적에 그
의 무리를 거느렸고 21 므셀레먀의 아들 스가랴는 회막 문지기가 되었더라 22 택함
을 입어 문지기 된 자가 모두 이백열두 명이니 이는 그들의 마을에서 그들의 계보
대로 계수된 자요 다윗과 선견자 사무엘이 전에 세워서 이 직분을 맡긴 자라 23 그
들과 그들의 자손이 그 순차를 좇아 여호와의 성전 곧 성막 문을 지켰는데 24 이
문지기가 동, 서, 남, 북 사방에 섰고 25 그들의 마을에 있는 형제들은 이레마다 와

> 서 그들과 함께 있으니 [26] 이는 문지기의 우두머리 된 레위 사람 넷이 중요한 직분을 맡아 하나님의 성전 모든 방과 곳간을 지켰음이라 [27] 그들은 하나님의 성전을 맡은 직분이 있으므로 성전 주위에서 밤을 지내며 아침마다 문을 여는 책임이 그들에게 있었더라

저자는 살룸, 악굽, 달몬, 아히만 등 성전 문지기들을 대표하는 네 명의 이름을 거론한다(17절). 또한 성전 문지기는 212명에 달했다고 한다(22절). 반면에 이 텍스트와 평행을 이루고 있는 느헤미야 11:19은 악굽과 달몬만을 언급하며 그 수도 172명이라고 한다. 세월이 지나면서 사람도 늘고, 책임자도 늘어난 것이다. 예루살렘 성전에 네 개의 문이 있던 점을 감안하면, 이들은 각각 네 문의 책임자였던 것으로 생각된다(cf. Hill). 네 문 중 가장 중요한 문은 동쪽에 있는 "왕의 문"이었으며 살룸이 이곳을 맡았다(18절). 동쪽 문이 가장 중요한 이유는 이 문을 통과하면 곧장 성전 입구가 보였기 때문이다. 역대상 26:13에 의하면 누가 어느 쪽 문을 맡는가는 제비뽑기로 결정했다.

한 주석가는 문지기의 임무를 언급하는 19-22절을 성전 문지기의 "대헌장"(Magna Carta)이라고 부른다(Japhet). "헌장"에 따르면 문지기들은 고라 자손이며 자손 대대로 이 일을 해 왔다(19절). 문지기들이 가장 자부심을 느끼는 것 중 하나가 그들의 자랑스러운 조상 비느하스다(20절). 비느하스는 이스라엘이 바알브올에서 모압 여인들과 놀아나며 우상을 숭배할 때, 창으로 이스라엘 남자와 그의 정부를 찔러 죽인 사람이다(민 25장). 비느하스의 용기는 하나님의 진노를 멈추게 해, 그날 일은 2만 4천 명의 이스라엘 사람들이 죽은 것으로 마무리되었다. 그렇지 않았다면 더 많은 이스라엘 사람들이 죽었을 것이다. 그의 용기가 많은 사람을 살렸고, 하나님은 그의 용기를 보시고 아론의 자손 중에서도 그와 그의 자손들만 제사장으로 하나님을 섬길 수 있다고 하셨다(민 25:13). 하나님이 이 사건 이후로 그와 함께하셨던 것이다(20절).

본문은 구체적으로 언급하지 않지만, 성경 다른 곳에서는 성전 문지기들이 제사장들이었다고 한다(왕하 12:9; 23:4; 25:18). 이들이 비느하스의 자손들이라는 점을 감안하면, 성전 문지기들은 제사장 중에서도 특별한 자부심을 가진 무리였음을 짐작할 수 있다. 하나님을 향한 비느하스의 용기와 결단은 자신의 집안에만 복을 가져다준 것이 아니라 온 이스라엘을 죽음에서 구하는 중보의 역할을 했다. 이와 같은 정황을 고려할 때, 그들의 가장 자랑스러운 조상이 이곳에 등장한 것은 당연한 일이다.

성전 문지기들이 자부심을 느낀 또 한 가지 이유는 그들의 사역은 다윗 왕과 사무엘 선지자가 맡긴 것이기 때문이다(22절). 이스라엘의 가장 위대한 왕과 훌륭한 선지자가 이 일을 맡겼다는 사실이 그들에게 가문의 영광으로 여겨졌을 것이다. 성전에서 예배가 제대로 드려지려면 어떤 일이 있어도 오염을 막아야 한다. 제물의 오염에서 출입하는 자들의 오염까지 모두 막아야 하는데, 일선에서 이 일을 맡은 사람들이 바로 문지기들이다. 그러므로 올바른 예배가 드려지려면 가장 믿을 수 있는 사람들이 문지기 역할을 해야 한다. 다윗과 사무엘은 이들을 신실히 여겨 이 직분에 임명했다(22절, cf. 26절).

문지기들은 쌍을 이루어 7일 주기로 교대해가며 성전에 있는 네 문을 지켰다(25절). 이들은 밤을 지새우며 하루 24시간 문들을 지켰다(27절). 자부심을 가지고 철두철미하게 자신들의 역할을 해낸 것이다. 의무감에서 비롯된 일은 오래가지 않을 수 있지만, 자부심에서 비롯된 소명은 오래 지속될 뿐만 아니라 마음을 담아서 하게 된다. 그래서 봉사는 하나님의 은혜에 감격하고, 직분을 맡기신 것에 자부심을 느끼는 사람들이 가장 잘하고 오랫동안 할 수 있다. 문지기들은 성전의 방과 곳간들도 지켰다(26절). 가장 거룩한 공간과 물건들이 인간의 죄와 부정으로 오염되지 않도록 하는 일을 맡은 것이다. 역대상 26:17-18에 의하면 총 22명의 문지기들이 항상 성전 안팎에서 주요 장소들을 지켰다.

I. 서론: 계보(1:1-9:34)
3장. 예루살렘에 정착한 귀향민(9:2-34)
3. 레위 사람들(9:14-34)

(3) 그 외 업무(9:28-34)

**28 그 중에 어떤 자는 섬기는 데 쓰는 기구를 맡아서 그 수효대로 들여가고 수효대
로 내오며 29 또 어떤 자는 성소의 기구와 모든 그릇과 고운 가루와 포도주와 기름
과 유향과 향품을 맡았으며 30 또 제사장의 아들 중의 어떤 자는 향품으로 향기름
을 만들었으며 31 고라 자손 살룸의 맏아들 맛디댜라 하는 레위 사람은 전병을 굽
는 일을 맡았으며 32 또 그의 형제 그핫 자손 중에 어떤 자는 진설하는 떡을 맡아
안식일마다 준비하였더라 33 또 찬송하는 자가 있으니 곧 레위 우두머리라 그들은
골방에 거주하면서 주야로 자기 직분에 전념하므로 다른 일은 하지 아니하였더라
34 그들은 다 레위 가문의 우두머리이며 그들의 족보의 우두머리로서 예루살렘에
거주하였더라**

레위 사람들은 성전이 오염되지 않게 보호하는 일을 했을 뿐만 아니라, 성전에서 진행되는 모든 일을 관여하고 진행했다. 하나님께 드리는 예배에 필요한 물품에 관한 모든 일을 도맡아 했다. 저자는 레위 사람들의 업무를 7가지로 말한다. (1) 일반적인 성전 기구 관리(28절), (2) 특별한 성전 기구 관리(29a절), (3) 제사에 필요한 곡물 등 필요한 물품 관리(29b절), (4) 향품과 향유 제조(30절), (5) 예배에 필요한 과자 제조(31절), (6) 진설병 제조(32절), (7) 찬양대 봉사(33절). 이미 우리가 익히 알다시피 '7'은 만수(滿數)다. 저자는 이 숫자를 사용해 레위 사람들의 업무를 묘사함으로써 성전 일을 모두 도맡아 했다는 점을 강조한다. 바빌론에서 돌아온 귀향민들은 포로기 이전 때처럼 성전을 운영했다는 것이다.

성전에서 진행된 레위 사람들의 여러 임무는 대체로 세분되었으며, 한 사람이 한 가지 일만을 하는 것이 기본적인 원칙이었다(33절). 아무래도 사람이 여러 가지를 하는 것보다 한 가지 일만 할 경우 전문성도

생기고 신속성과 효율성도 생기는 점을 고려해서였을 것이다. 크리스천의 사역에서도 이러한 요소들이 고려되어야 한다. 같은 노동과 노력으로 그만큼 더 많은 영광을 하나님께 돌릴 수 있기 때문이다.

일부 학자들은 저자가 예루살렘에 정착한 귀향민들을 논하면서 다윗 왕조의 새로운 시작을 실현할 수 있는 인물로 유다 사람은 아무도 지명하지 않는 것에 대해서 의아해한다(Braun). 귀향민들이 고레스의 칙령에 따라 기적적으로 가나안으로 돌아오게 되면서 다윗 언약의 실현을 통해 메시아 시대가 도래할 것을 기대했을 텐데 말이다. 앞으로 역대기가 얼마나 다윗 왕조에 대한 이야기를 중심으로 전개될 것인가를 감안하면 더욱더 그렇다.

그러나 이미 말라기 선지자 때부터 이스라엘의 재건에 있어 다윗 집안의 역할이 거의 언급되지 않는다(Hill). 더 나아가 역대기 저자는 포로기 이후 이스라엘은 레위 사람들과 제사장들에 의해서 운영될 것이며, 하나님이 다윗 언약의 이상을 실현할 자를 세우실 때까지 이스라엘의 회복은 다윗 집안과 상관없이 진행될 것이라고 한다(Johnstone). 포로기 이전에는 이스라엘의 정체성과 역사가 다윗 왕조를 중심으로 진행되었다면, 포로기 이후에는 제사장 지파인 레위 사람들이 이스라엘의 정체성과 역사의 중심에 서 있을 것이라는 뜻이다.

II. 통일왕국의 역사
(9:35-대하 9:31)

지금까지 역대기는 이스라엘 지파별 계보를 정리했다. 포로기 이전과 이후 시대의 계보를 제시함으로써 바빌론에서 돌아온 이스라엘이 포로기 이전 시대에 견줄만한 영화는 누리고 있지 못하지만, 민족의 재건과 부흥을 위한 뿌리를 잘 내리고 있음을 강조했다. 저자는 이스라엘의 회복 과정에서 결정적인 역할을 하고 있는 지파는 레위 지파라는 것도 암시했다. 그는 재건된 이스라엘이 세상의 정치적·경제적 중심지가 아니라, 종교적인 차원에서 열방의 중심이 될 것을 선언한다.

이제 역대기 저자는 이스라엘의 왕정 시대를 논한다. 더 이상 이스라엘의 계보가 아니라 그들의 역사를 정리하고자 한다. 먼저 이 섹션을 통해 사울-다윗-솔로몬으로 이어지는 통일왕국 시대를 회고한다. 사울은 하나님께 버림받은 통치자였으며, 다윗은 하나님께 엄청난 축복을 받고 이스라엘을 훌륭하게 다스리기는 했지만, 그에게도 어느 정도의 결함이 있었다는 것이 저자의 평가이다. 저자는 솔로몬의 통치에 대해서 회고하면서 그의 성전 건축 업적과 이 일로 인해 누리게 된 축복만 언급한다. 개인적인 정치 능력이나 수단에 대해서 직접적인 언급은 꺼린다. 솔로몬은 성전을 건축한 일 외에는 별로 바람직한 왕이 아니었음을 암시한다. 왕정 시대의 꽃이라고 할 수 있는 통일왕국 시대가 그다지 좋은 때는 아니었다는 것을 엿볼 수 있다. 그도 그럴 것이 역대기 저자는 왕권을 통해서 이 땅에 하나님의 나라를 실현하려던 이스라엘의 정치적 실험은 실패로 끝났다고 결론짓는다. 그래서 대안으로 이스라엘은 더 이상 세계 정치의 중심지로서가 아니라 세계 종교의 중심지로서 제사장의 나라가 되어야 하며, 이 일은 왕권을 통해서가 아니라 제사장권을 통해서 실현할 것을 기대한다. 이스라엘의 통일왕국 시대의 역사를 정리하는 본 텍스트는 왕에 따라 다음과 같이 세 파트로 구분한다.

A. 사울의 통치(9:35-10:14)
B. 다윗의 통치(11:1-29:30)
C. 솔로몬의 통치(대하 1:1-9:31)

1장. 사울의 통치(9:35-10:14)

사무엘서 저자는 사울에게 사무엘상 9-31장에 달하는 총 23장의 공간을 할애했다. 역대기 저자는 사울의 이야기를 한 장 분량으로 요약하는데, 사무엘서의 여러가지 이야기를 지나치고 단 한 가지, 오직 그의 신앙에만 관심을 가진다. 그래서 사울의 삶에 대한 이야기를 시작하자마자 곧장 신학적 평가를 내리며 이야기를 마무리한다. 저자는 신앙의 모범이 되는 다윗에 대한 이야기를 신속하게 시작하고자 불신자의 원흉이 되어버린 사울을 거의 지나치다시피 한다.

이스라엘의 초대 왕 사울은 많은 사람들의 기대 속에 정권을 수립했다(cf. 삼상 10-11장). 하나님도 선지자 사무엘을 통해서 앞길을 축복해 주셨지만, 결국 하나님을 불신하고 우상을 따름으로 스스로 복된 길을 포기했다. 물론 모든 사람이 사울에 대한 이와 같은 평가에 동의하는 것은 아니다. 운명론자들은 그를 다윗이 등장하기 전에 잠시 하나님께 이용당하고 버림받은 희생양이라고 한다. 사울이 아무리 신실했다 할지라도 다윗 때문에 버림받았을 것이라는 주장이다.

역대기 저자는 전혀 그렇지 않다고 한다. 사울이 비극적인 종말을 맞게 된 것은 스스로 결정한 일이지, 하나님이 결코 이유 없이 그를 버리신 것이 아니라는 것이다. 그 근거로 사울이 하나님을 지속적으로 거역하다가 끝에 가서는 신접한 여인까지 찾게 되는 사건을 회고한다(10:13). 그래서 결국 하나님은 그를 죽이고 이새의 아들 다윗에게 나라를 넘겨 주셨다는 것이 저자의 주장이다. 사무엘서가 사울의 일생에 대해서 구체적인 신학적 평가를 유보하는 데 반해, 역대기는 정확한 평가를 내리고 있다. 사울의 비극적인 이야기는 다음과 같이 두 섹션으로 구성한다.

A. 사울의 족보(9:35-44)

B. 사울의 죽음(10:1-14)

1. 사울의 족보(9:35-44)

35 기브온의 조상 여이엘은 기브온에 거주하였으니 그의 아내의 이름은 마아가라
36 그의 맏아들은 압돈이요 다음은 술과 기스와 바알과 넬과 나답과 37 그돌과 아히오
와 스가랴와 미글롯이며 38 미글롯은 시므암을 낳았으니 그들은 그들의 친족들과 더
불어 마주하고 예루살렘에 거주하였더라 39 넬은 기스를 낳고 기스는 사울을 낳고 사
울은 요나단과 말기수아와 아비나답과 에스바알을 낳았으며 40 요나단의 아들은 므
립바알이라 므립바알은 미가를 낳았고 41 미가의 아들들은 비돈과 멜렉과 다레아와
아하스이며 42 아하스는 야라를 낳고 야라는 알레멧과 아스마웻과 시므리를 낳고 시
므리는 모사를 낳고 43 모사는 비느아를 낳았으며 비느아의 아들은 르바야요 그의 아
들은 엘르아사요 그의 아들은 아셀이며 44 아셀이 여섯 아들이 있으니 그들의 이름은
아스리감과 보그루와 이스마엘과 스아랴와 오바댜와 하난이라 아셀의 아들들이 이
러하였더라

이 섹션은 평행을 이루고 있는 8:29-38과 비슷하다. 사람들의 이름 표기에 있어서 여섯 개의 이름이 다소 차이를 보이지만, 전반적으로 거의 흡사하다. 세겔/스가랴(8:31; 9:37), 시므아/시므암(8:32; 9:38), 므립바알(מְרִיב בָּעַל)/므립바알(מְרִי־בַעַל)(8:34; 9:40), 다레아(תַּאְרֵעַ)/ 다레아(תַּחְרֵעַ)(8:35;

9:41), 여호앗다/야라(8:36; 9:42), 라바/르바야(8:37; 9:43) 등이 그렇다. 이와 같은 차이는 텍스트가 보존되는 과정에서 부패되었거나, 아니면 세

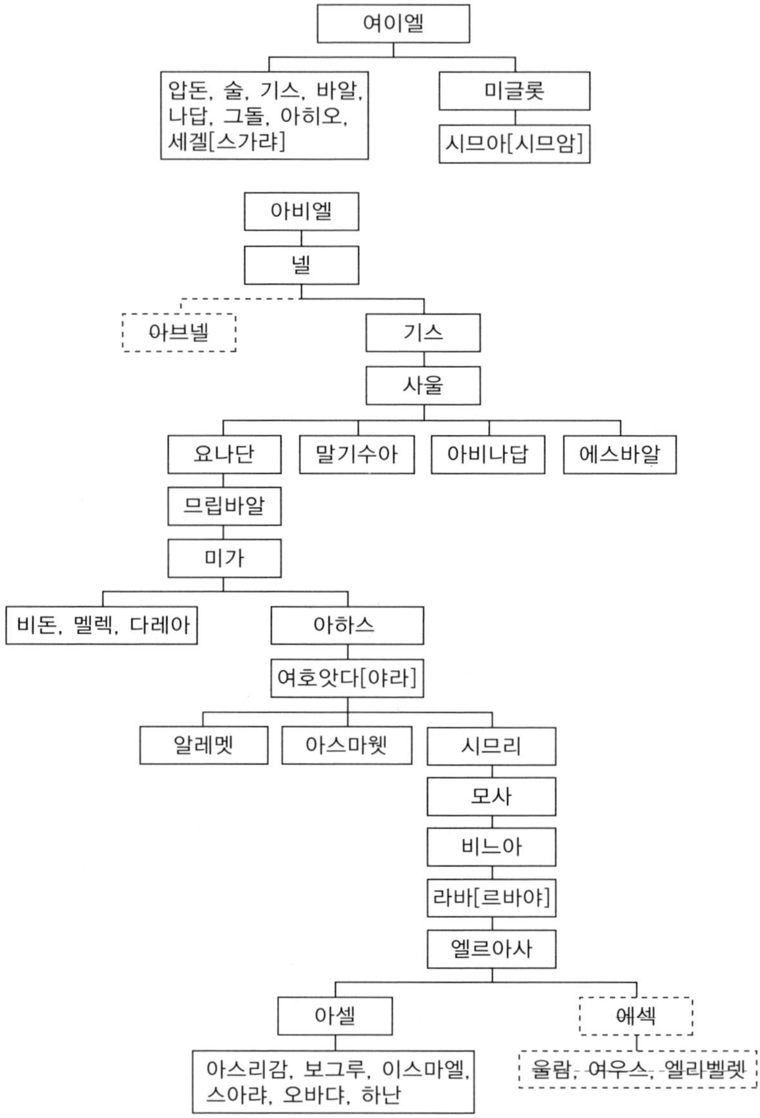

〈그림 55〉

월이 흐르면서 표기법이 변화한 것으로 볼 수 있다(Hill, cf. Japhet).

또한 8:29-38과 비교했을 때 본 텍스트에서 두 개의 이름이 추가로 보존되었음을 알 수 있다. 여이엘(9:35; cf. 8:29), 넬(9:36; cf. 8:30)이다.[1] 본문의 내용을 8:29-38과 비교해보면 〈그림 55〉와 같은 차이점을 두고 있다. 〔 〕안의 이름은 8:29-38에 기록된 이름을 대입한 것이다. 점선과 선이 그어진 이름은 8:29-38에는 있으나 이 섹션에서는 삭제된 내용이다.

Ⅱ. 통일왕국의 역사(9:35–대하 9:31)
1장. 사울의 통치(9:35–10:14)

2. 사울의 죽음(10:1-14)

사울의 죽음과 장례를 기록하고 있는 본문은 역대기의 중심을 형성하는 이스라엘 역사 섹션을 시작한다. 이 역사 섹션은 역대하 36:23에 고레스의 칙령을 마지막으로 막을 내린다. 또한 저자가 사용하는 문학 장르에서도 이 섹션은 새로운 시작이다. 저자는 그동안 계보와 통계 자료들을 제시해왔는데, 이제부터는 내러티브(narrative)를 중심 장르로 사용해 책을 집필해 나간다. 이와 같은 장르의 변화는 곧 책의 서론(대상 1-9장)이 끝나고 본론이 시작됨을 뜻하기도 한다(Japhet).

사울의 통치에 대해 회고하면서 저자는 사무엘상 31:1-13을 거의 그대로 인용한다. 다만 역대기 저자는 사무엘서 이야기에 두 가지를 더한다. 길보아 산에서 사울과 세 아들이 죽었다는 말에 "그 온 집안이 함께 죽으니라"(6절)라는 문구를 더한다. 그리고 사울의 일생과 통치를 매우 부정적으로 평가하면서, 이와 같은 사울의 불신 때문에 하나님이 그를 죽이시고 그의 나라를 다윗에게 주셨다고 회고하는 13-14절을 더한 것이다. 두 가지 추가된 내용을 통해 저자는 다윗 시대가 열리기 전

---

1 마소라 사본에는 여이엘이 없음.

에 이미 사울의 왕권과 그의 집안을 중심으로 한 통치는 끝이 났음을 강조한다. 무엇보다도 사울의 불신앙이 가장 큰 요인이었다. 하나님이 이스라엘의 왕에게 요구하신 것은 정치적 수단이나 경제적 능력이 아니라 믿음이었는데(cf. 신 17:14-20), 사울이 이러한 요구를 충족시키지 못하자, 결국 하나님은 그를 죽이시고 왕권을 빼앗아 다윗에게 주셨다.

사울의 안타까운 통치에 관한 내용은 사무엘상 9-31장에 매우 상세히 기록되어 있다. 그런데 역대기 저자는 왜 다른 내용은 모두 빼고 사울이 길보아 산에서 세 아들과 죽게 된 일만 인용한 것일까? 아마도 다윗의 이야기를 신속하게 시작하기 위해서였을 것이다. 하나님을 불신하고 결국 심판을 받아 온 집안이 망하게 된 사람의 이야기를 상세히 기록할 필요를 느끼지 못한 것이다. 특히 하나님의 심판으로 바빌론에 끌려갔다가 겨우 돌아온 귀향민들에게 불신앙으로 받게 될 심판에 대해서 자세하게 논할 필요가 없다. 이미 자신들의 삶으로 불신앙이 얼마나 혹독한 심판을 초래할 수 있는가를 뼈저리게 경험했기 때문이다.

오히려 그들에게 필요한 것은 모델로 삼을 수 있는 믿음과 순종에 임하는 하나님의 축복에 관한 이야기였다. 그래서 다윗과 솔로몬의 이야기를 신속하게 시작하기 위해서 사울의 이야기는 하나님을 불신한 자의 비참한 종말과 삶에 대한 신학적인 평가 정도로 매우 간략하게 끝내고 있다. 또한 궁극적으로 귀향민들의 미래에 대한 소망과 기대가 다윗 언약에 근거하고 있기 때문에, 저자는 사울의 이야기를 빠르게 끝내고자 한다(Selman, Hill). 사울에 관한 이야기는 다음과 같이 세 단계로 진행한다.

A. 사울의 죽음(10:1-7)

B. 사울의 장례(10:8-12)

C. 사울의 일생에 대한 평가(10:13-14)

Ⅱ. 통일왕국의 역사(9:35-대하 9:31)
1장. 사울의 통치(9:35-10:14)
2. 사울의 죽음(10:1-14)

(1) 사울의 죽음(10:1-7)

1 블레셋 사람들과 이스라엘이 싸우더니 이스라엘 사람들이 블레셋 사람들 앞에서
도망하다가 길보아 산에서 죽임을 당하여 엎드러지니라 2 블레셋 사람들이 사울
과 그 아들들을 추격하여 블레셋 사람들이 사울의 아들 요나단과 아비나답과 말
기수아를 죽이고 3 사울을 맹렬히 치며 활 쏘는 자가 사울에게 따라 미치매 사울
이 그 쏘는 자로 말미암아 심히 다급하여 4 사울이 자기의 무기를 가진 자에게 이
르되 너는 칼을 빼어 그것으로 나를 찌르라 할례 받지 못한 자들이 와서 나를 욕
되게 할까 두려워하노라 그러나 그의 무기를 가진 자가 심히 두려워하여 행하기
를 원하지 아니하매 사울이 자기 칼을 뽑아서 그 위에 엎드러지니 5 무기 가진 자
가 사울이 죽는 것을 보고 자기도 칼에 엎드러져 죽으니라 6 이와 같이 사울과 그
의 세 아들과 그 온 집안이 함께 죽으니라 7 골짜기에 있는 모든 이스라엘 사람이
그들의 도망한 것과 사울과 그의 아들들이 다 죽은 것을 보고 그 성읍들을 버리고
도망하매 블레셋 사람들이 와서 거기에 거주하니라

사사 시대 때부터 이스라엘의 숙적이 되었던 블레셋 사람들이 싸움을 걸어왔다. 블레셋 사람들이 정확히 어디서 비롯된 인종인가에 대해서 아직도 베일에 감춰진 부분이 있지만, 학자들은 대체로 에게 해(Aegean Sea) 근처에서 이주해온 해적들이라고 생각한다. 그들은 소아시아를 거치는 육로와 크레타(Crete) 섬과 키프로스(Cyprus) 섬을 거치는 해로를 거쳐 가나안에 입성한 것으로 추측한다.

육로를 통해 가나안에 입성한 사람들은 가는 곳마다 엄청난 파괴의 흔적을 남겼다. 배를 통해 가나안에 입성한 사람들은 이집트 정복을 목표로 두었으나, 주전 1190년경 이집트 왕 라메세스 3세가 이들을 물리쳤다. 라메세스는 패배한 군인 중 많은 사람을 용병으로 고용했으며, 가나안 남서쪽 해안 지역에 위치한 가사, 아스글론, 아스돗 등에 정착

시켰다(Block). 이들이 가나안 땅에 정착하면서 이미 가나안에 정착한 이스라엘과 갈등을 빚을 것은 뻔한 일이었다.

사사기에 기록된 삼손 이야기는 두 민족의 대립을 적나라하게 반영한다. 사무엘서에 기록된 엘리-사무엘-사울 시대에도 두 민족의 대립은 계속되며 다윗이 통일왕국의 왕이 된 후에야 해결되었다. 다윗이 전쟁을 통해 블레셋 사람들이 더 이상 이스라엘에게 위협이 되지 못하도록 했기 때문이다. 결국 본 텍스트의 역사적 배경이 되는 블레셋 사람 문제도 다윗의 등장을 기대하게 하고 있다.

본문이 회고하고 있는 블레셋과 이스라엘 사이의 전쟁은 사울의 마지막 전쟁이었다. 사무엘서는 사울이 군대를 이끌고 길보아 산으로 가기 전에 벌써 전쟁의 결과를 알려 주었다. 사울이 엔돌에 있는 점쟁이를 찾아갔을 때, 사무엘을 사칭한 악령이 그에게 "당신은 주님께 순종하지 아니하고, 주님의 분노를 아말렉에게 쏟지 아니하였소. 그렇기 때문에 주님께서 오늘 당신에게 이렇게 하셨소. 주님께서는 이제 당신과 함께 이스라엘도 블레셋 사람의 손에 넘겨 주실 터인데, 당신은 내일 당신 자식들과 함께 내가 있는 이 곳〔스올〕으로 오게 될 것이오. 주님께서는 이스라엘 군대도 블레셋 사람의 손에 넘겨 주실 것이오"라고 했다(삼상 28:18-19, 새번역). 그렇게 전쟁은 이스라엘의 참패로 끝났고 길보아 산은 이스라엘 군의 시체로 덮여 있었다(1절).

학자들은 전쟁이 길보아 산을 중심으로 진행되었다는 사실에서 전쟁에 임했던 사울의 감정을 엿본다. 길보아 산은 에스드래론(Esdraelon) 평지 남동쪽에 있다. 이 지역은 블레셋 사람들의 자랑거리였던 마차를 효율적으로 사용할 수 있는 곳이었다. 마병을 가지지 않았던 사울이 이 평지에서 블레셋을 상대로 전쟁을 한다면 불리할 수밖에 없다. 사울이 이처럼 어리석은 판단을 내린 것은 이 전쟁에 대한 공포와 두려움에 사로잡혀 있었기 때문이라는 것이다(Selman, Japhet, Hill). 이미 패할 것을 알고 전쟁에 나갔으니 오죽했겠는가!

사울의 세 아들 요나단, 아비나답, 말기수아도 블레셋 사람들의 손에 죽었다(2절). 사울도 활에 맞아 중태에 빠졌다(3절). 궁술은 전쟁에서 사용한 가장 보편적인 전투 방법 중 하나였으며(Yadain), 성경에는 활에 맞은 왕들의 이야기가 여럿 있다. 아합(왕상 22:34), 요람(왕하 9:24), 요시야(대하 35:23)이다. 한 가지 아이러니한 것은 사울 집안과 그가 속해있던 베냐민 지파는 활쏘기로 유명한 사람들이었다(cf. 대상 12:2). 그러나 하나님이 사울을 대적하시니 그의 자랑거리(활쏘기)가 사울을 죽였다.

부상을 입은 사울은 상황이 불리해져 이스라엘에 더 이상 승산이 없다는 것을 깨달았다. 그래서 블레셋 사람들에게 잡혀 조롱거리가 되느니 차라리 잡히기 전에 죽겠다는 각오로 그와 함께하던 무기 담당 병사에게 죽여달라고 명령했지만 병사는 사울 치기를 거부했다(4절). 결국 사울은 스스로 목숨을 끊었고, 그를 죽이기를 거부했던 자도 스스로 목숨을 끊었다(5절). 이날 전투가 얼마나 치열했던지 사울과 그의 아들들처럼 이름있는 용사들뿐만 아니라 무기 담당 병사처럼 이름없는 사람들까지 모두 죽었다(Japhet).

이렇게 사울과 세 아들뿐만 아니라 "그 온 집안이 함께 죽었다"(6절). 저자가 이와 같은 문구를 더하면서까지 사울의 시대가 막을 내린 것을 길보아 산 전쟁과 직접적으로 연관시키는 것은 잠시 후에 등장할 다윗이 사울의 죽음과는 전혀 무관하다는 점을 강조하기 위해서이다. 다윗은 먼 발치에서 전쟁 소식을 듣고 있었을 것이다. 다윗이 있는 곳과 사울의 전쟁터는 삼 일 거리였다(cf. 삼상 30:1). 아무도 사울의 죽음과 이스라엘의 패배에 대해서 다윗을 탓할 수 없는 상황이었다.

그렇다면 저자가 다윗이 사울의 죽음과 무관할 뿐만 아니라 길보아 산에서 "그 온 집안이 함께 죽었다"는 말을 더하여 강조하고자 하는 메시지는 무엇인가? 저자는 이날 길보아 산에서 단순히 사울이 죽은 것이 아니라, 사울 왕조도 죽었다는 점을 강조한다(Rudolph, Williamson,

Japhet). 사울 왕조가 막을 내리게 된 것은 불신앙에 대한 하나님의 심판으로 일어난 일이지, 결코 다윗과 사울의 정치적 갈등 구도에서 비롯된 일이 아니다. 하나님이 이미 사울과 그의 집안에서 왕권을 거두실 것을 결정하셨기 때문에 이날 길보아 산에서 사울과 세 아들을 죽이셨을 뿐만 아니라, "온 집안"을 함께 죽이신 것이다.

사울의 넷째 아들, 에스바알/이스보셋은 이날 죽지 않았다(cf. 대상 8:33; 9:39). 훗날 아브넬과 함께 다윗을 상대로 7년 반 동안 반란을 일으키지만(cf. 삼하 2:8-4:12), 이미 하나님이 그의 "온 집안까지 죽이셨으니" 승산이 없는 싸움이었다. 결국 그는 부하들에게 암살당함으로써 비참한 종말을 맞이했다(삼하 4장).

사울이 말년에는 백성들에게 지지를 받지 못하는 별로 쓸모없는 레임덕(lame duck) 왕이 되었지만 그럼에도 불구하고 그의 죽음은 이스라엘의 큰 손실이 아닐 수 없었다. 결국 이스라엘 사람들은 블레셋에게 성읍들을 내주고 도망쳤다(7절). 사울의 정치적 삶은 용두사미(龍頭蛇尾)가 무엇을 뜻하는가를 생각하게 한다. 성경적 용어로는 "처음 된 자가 나중 된다"라는 말이 실감난다. 우리는 모두 각각 다른 환경에서 삶을 시작한다. 어떤 사람은 좋은 여건에서 많은 것을 가지고, 어떤 사람은 상대적인 빈곤과 열악한 환경에서 가진 것 없이 시작한다. 그러나 우리가 사울의 일생에서 보는 것처럼 중요한 것은 어떻게 시작했는가가 아니라 어떻게 끝나느냐이다. 많은 사람들의 지탄을 받는 목회자들도 대부분 처음에는 순수한 마음과 동기로 사역을 시작했지만 세월이 지나면서 변질되었을 것이다.

이와 같은 관점에서 우리에게 좋은 본보기가 되어 감동을 주는 사람이 여호수아다. 그는 여호수아서가 시작될 때 모세의 시종으로 시작한다(수 1:1). 그러나 책이 끝날 때에는 더 이상 모세의 시종이 아니라 여호와의 종으로 삶을 마감한다(수 24:29). 우리 모두 여호수아를 닮아가도록 노력해야 할 것이다.

(2) 사울의 장례(10:8-12)

8 이튿날에 블레셋 사람들이 와서 죽임을 당한 자의 옷을 벗기다가 사울과 그의
아들들이 길보아 산에 엎드러졌음을 보고 9 곧 사울의 옷을 벗기고 그의 머리와
갑옷을 가져다가 사람을 블레셋 땅 사방에 보내 모든 이방 신전과 그 백성에게 소
식을 전하고 10 사울의 갑옷을 그들의 신전에 두고 그의 머리를 다곤의 신전에 단
지라 11 길르앗야베스 모든 사람이 블레셋 사람들이 사울에게 행한 모든 일을 듣고
12 용사들이 다 일어나서 사울의 시체와 그의 아들들의 시체를 거두어 야베스로
가져다가 그 곳 상수리나무 아래에 그 해골을 장사하고 칠 일간 금식하였더라

당시 전쟁 풍습에 따라 승리한 블레셋 사람들은 전리품을 약탈하기 위해서 산 전체에 덮여 있는 패자들의 시체 사이를 누볐다. 그들은 산을 누비다가 사울과 그의 아들들의 주검을 보았다(8절). 적의 우두머리의 시체를 발견한 블레셋 사람들은 자신들의 완전한 승리를 알리기 위해서 온 나라에 전령을 보내고, 사울의 머리와 갑옷을 취해서 갑옷은 신전에 보관하고 머리는 다곤의 신전에 매달아 두었다(9-10절).

역대기 본문도 사무엘상 31장처럼 이들이 사울의 왕관을 찾았다는 말은 하지 않는다. 먼저 도착한 아말렉 소년이 팔찌와 함께 왕관을 빼돌려 다윗에게 가져갔기 때문이다(cf. 삼하 1장). 사울이 왕위에 오를 때 울렸던 함성은(삼상 10:24) 다 어디 가고 이처럼 비참한 모습으로 그 자리에서 내려와야 하는가! 이스라엘의 "영광"인 왕이 적군의 트로피가 되었다. 하나님께 불순종하는 자들의 종말에 대한 경고성 메시지를 내포한다.

소식을 들은 길르앗 야베스 사람들이 사울과 그의 아들들의 시체를 거두어다가 칠 일간 금식하며 장사를 지내주었다. 위험을 무릅쓰고 블레셋 사람들로부터 사울과 아들들의 시체를 빼앗아 온 일도 대단하지만, 칠 일간 치러진 장례식과 금식은 길르앗 야베스 사람들이 사울과 그의 아들들을 얼마나 사랑했는가를 보여준다(Hill). 왜 길르앗 야베스 사람들은 이토록 사울과 아들들의 죽음을 슬퍼했을까?

길르앗 야베스는 사울이 맨 처음 왕이 되었을 때, 암몬 사람들의 손에서 구원한 성읍이었다(cf. 삼상 11장). 비록 사울이 백성들에게 인정받지 못하고 하나님께 버림받은 왕이었지만 길르앗 야베스 사람들에게는 은인이었고, 그들은 사울이 베풀어준 은혜를 잊지 않은 것이다. 사무엘상 31장과 비교해볼 때 본문은 사울과 그의 아들들의 시체가 벧산 성벽에 매달린 것과 야베스 사람들이 그들의 주검을 가져다 화장했다는 내용이 빠져있다(cf. 삼상 31:12). 역대기 저자는 그들이 야베스에 있는 상수리나무 아래에 사울과 아들들의 뼈를 묻었다는 말을 할 뿐이다(12절). 아마도 죽은 후에도 계속된 사울과 아들들의 수모에 대한 언급은 피하기 위해서인 듯하다(Japhet). 세월이 지난 후 사울과 그의 아들들의 뼈는 셀라에 있던 사울의 아버지 기스의 가족 묘로 이장되었다(삼하 21:12-14).

II. 통일왕국의 역사(9:35–대하 9:31)
1장. 사울의 통치(9:35–10:14)
2. 사울의 죽음(10:1–14)

(3) 사울의 일생에 대한 평가(10:13-14)

13 사울이 죽은 것은 여호와께 범죄하였기 때문이라 그가 여호와의 말씀을 지키지 아니하고 또 신접한 자에게 가르치기를 청하고 14 여호와께 묻지 아니하였으므로 여호와께서 그를 죽이시고 그 나라를 이새의 아들 다윗에게 넘겨 주셨더라

사울의 일생에 대한 저자의 평가는 단호하다. 하나님을 거역했기 때문에 벌을 받았다는 것이다. "사울이 주님을 배신하였기 때문에, 이렇게 죽었다. 그는 주님의 말씀을 지키지 않았고, 오히려 점쟁이와 상의하며 점쟁이의 지도를 받았다. 그는 주님께 지도를 받으려 하지 않았다. 그래서 주님께서 그를 죽이시고, 그의 나라를 이새의 아들 다윗에게 맡기셨다"(13-14절, 새번역). "배신/범죄"(מַעַל)는 매우 심각한 죄를 묘사하는 단어이며, 매우 큰 벌을 초래한다(McConville, cf. 겔 14:13; 15:7). 역대기 안에서 저자는 이 단어를 전략적으로 사용하면서 이스라엘이 바빌론으로 끌려간 이유를 설명한다(De Vries). 사울은 결코 역사의 희생양이 아니다. 하나님으로부터 가장 큰 벌을 받을만한 죄를 짓고 살다가 왕위에서 제거되었다.

저자는 사울의 죄를 세 가지로 정리한다. 첫째, 그는 여호와 하나님을 배신했다. 사울을 왕으로 세우신 이는 오직 여호와이시다. 그런데도 사울은 교만에 빠져 하나님께 등을 돌렸다. 사무엘서에 기록된 여러 가지 사건 외에도 사울이 얼마나 하나님을 무시했는가 하는 예로 그의 아들의 이름을 들 수 있다. 사울에게 네 아들이 있었는데(cf. 9:39), 넷째 아들의 이름을 에스바알(אֶשְׁבַּעַל)이라 했다. 문자적으로 이름을 풀이하면 "바알의 사람/바알을 숭배하는 자"라는 뜻이다. 얼마나 하나님을 배신했으면, 아들의 이름을 이와 같이 지었겠는가! 배은망덕도 이런 예는 없을 것이다.

둘째, 사울은 여호와의 말씀을 지키지 않았다. 하나님이 사무엘 선지자를 통해 아말렉 사람들을 진멸하라고 말씀하셨는데, 사울은 이 말씀에 순종하지 않았다(삼상 15장). 먼저 길갈로 가서 제물을 드리지 말고 7일 동안 기다리라는 말씀도 거역했다(삼상 10, 13장). 사울은 이처럼 하나님의 말씀에 순종하지 않았다.

셋째, 그는 여호와를 찾지 않았다. 하나님의 인도하심을 받기 꺼려했다는 것이다. 사울은 오히려 신접한 여인의 지도를 받았다(13절). 엔돌의 점쟁이를 찾아간 일을 회상하는 말이다(cf. 삼상 28장). 사무엘서는 이 사건에 대한 신학적인 평가를 내리지 않는다. 반면에 역대기 저자는 사울이 점쟁이를 찾아간 것은 자동적으로 하나님의 인도하심을 거부한 것이라고 한다(Japhet). 하나님을 배신한 것과 하나님을 찾지 않는 것은 역대기 안에서 중요한 테마로 부각되며 하나님의 심판을 초래하는 불손한 행위들이다(cf. 대하 12:1-2, 14; 15:13; 26:16, 18; 28:19, 22). 비록 세상의 눈에는 사울이 블레셋과의 전쟁에서 패하여 죽은 것으로 보이겠지만, 실제로 그는 블레셋 사람들을 도구로 사용하신 하나님께 심판을 받은 것이다.

저자는 사울의 죽음 이야기를 통해 두 가지 메세지를 준다. (1) 이스라엘 나라와 왕권은 하나님의 것이다. 사울은 이스라엘을 다스리는 왕이지만, 하나님의 권력을 위임받아 통치하는 대리인(agent)에 불과했다. 대리인이 그를 보내신 이의 뜻에 따르지 않자 곧바로 그 자리에서 제거되었다. (2) 하나님이 이스라엘을 사울에게서 빼앗아 다윗에게 주신 것은 정당한 일이다. 사울은 왕국을 빼앗길 정도로 자질이 부족한 사람이었다. 그래서 하나님이 그 나라를 빼앗아 다윗에게 주셨다. 다윗이 스스로 왕권을 취한 것이 아니라 하나님이 그에게 주신 것이다.

2장. 다윗의 통치(11:1-29:30)

사울의 통치에 대해서 매우 간략하게, 그리고 매우 부정적으로 묘사한 저자는 이제 이스라엘의 두 번째 왕인 다윗과 세 번째 왕인 솔로몬의 통치에 대해서 회고한다. 매우 간략하게 정리된 사울의 통치와는 달리 다윗-솔로몬의 왕권은 상세하게 기록한다. 저자는 두 왕에게 역대상 11장에서 역대하 9장까지 총 28장의 공간을 할애한다. 역대상·하가 총 65장으로 구성된 점을 감안할 때 두 왕에게 43퍼센트의 공간을 할애하고 있는 것이다. 다윗과 솔로몬에게 지대한 관심을 가지고 있음을 엿볼 수 있는 대목이다. 저자는 이 두 사람의 삶을 "주님을 찾는 것"(seek the Lord)의 모델로 간주하기 때문이다(McConville).

다윗은 이스라엘의 역사에 길이 빛나는 훌륭한 정치인이었으며, 하나님의 권위를 위임받아 백성을 다스리는 왕은 어떤 사람이어야 하는지에 대한 모범 사례였기에 저자는 다윗 왕에게 큰 관심을 쏟는다. 또한 다윗은 귀향민들이 미래를 소망적으로 보는 근거가 되는 다윗 언약의 장본인이자, 성전 건축에 필요한 모든 물자를 준비한 신앙인이었다. 다윗의 이야기는 다음과 같이 구분할 수 있다.

A. 다윗이 이스라엘의 왕이 됨(11:1-12:40)
B. 예배의 중심지 예루살렘(13:1-17:27)
C. 다윗의 전쟁 이야기(18:1-20:8)
D. 다윗의 업적(21:1-29:30)

II. 통일왕국의 역사(9:35–대하 9:31)
2장. 다윗의 통치(11:1–29:30)

1. 다윗이 이스라엘의 왕이 됨(11:1-12:40)

다윗의 이야기는 그가 어떻게 이스라엘의 왕이 되었는가로 시작한다. 저자는 다윗이 사울의 자리를 탐해서 스스로 보좌에 오른 것이 아니라 하나님이 이스라엘 왕으로 세우셨음을 강조한다. 다윗이 왕위에 오르게 된 것은 하나님이 사무엘을 통해 하신 말씀의 성취라는 것이다(11:3). 그래서 다윗이 이스라엘 왕이 된 것이 하나님의 뜻이라는 사실을 깨달은 이스라엘 백성들이 헤브론에 있던 그를 찾아와 왕으로 추대했다고 기록한다. 다윗이 사울의 뒤를 이어 이스라엘 왕이 된 일에 있어서 가장 중요한 점은 "온 이스라엘"이 그를 지지했다는 것이다. 그래서 "온 이스라엘"이 다윗을 왕으로 추대하기 위해서 헤브론에 모였다는 내용이(11:1-3; 12:38-40) 텍스트 전체를 감싸고 있다. 이 섹션은 다음과 같은 구조를 지닌다(Hill, cf. Williamson, Allen). 다윗이 왕이 되어 이룩한 가장 위대한 군사적 업적인 예루살렘 정복(B)은 쌍을 이루는 사건이 없다(viz., B'이 없음).

A. 다윗이 헤브론에서 왕이 됨(11:1-3)
  B. 다윗이 예루살렘을 정복함(11:4-9)
    C. 헤브론에서 다윗을 지지한 용사 목록(11:10-47)
      D. 시글락에서 다윗을 도운 사람들(12:1-7)
        E. 광야에서 다윗을 도운 갓 사람들(12:8-15)
        E'. 광야에서 다윗을 도운 유다와 베냐민 사람들(12:16-18)
      D'. 시글락에서 다윗을 도운 므낫세 사람들(12:19-22)
    C'. 헤브론에서 다윗을 지지한 지파별 병력 목록(12:23-37)
A'. 다윗이 헤브론에서 왕이 된 것을 축하함(12:38-40)

II. 통일왕국의 역사(9:35-대하 9:31)
2장. 다윗의 통치(11:1-29:30)
1. 다윗이 이스라엘의 왕이 됨(11:1-12:40)

(1) 다윗이 헤브론에서 왕이 됨(11:1-3)

**1 온 이스라엘이 헤브론에 모여 다윗을 보고 이르되 우리는 왕의 가까운 혈족이니
이다 2 전에 곧 사울이 왕이 되었을 때에도 이스라엘을 거느리고 출입하게 한 자
가 왕이시었고 왕의 하나님 여호와께서도 왕에게 말씀하시기를 네가 내 백성 이
스라엘의 목자가 되며 내 백성 이스라엘의 주권자가 되리라 하셨나이다 하니라
3 이에 이스라엘의 모든 장로가 헤브론에 있는 왕에게로 나아가니 헤브론에서 다
윗이 그들과 여호와 앞에 언약을 맺으매 그들이 다윗에게 기름을 부어 이스라엘
의 왕으로 삼으니 여호와께서 사무엘을 통하여 전하신 말씀대로 되었더라**

이야기의 장소인 헤브론은 유다 지파의 핵심 도시이다. 이 도시는 아브라함, 이삭, 야곱 등 선조들의 삶과 깊은 연관성이 있는 유서 깊은 곳이다. 다윗이 헤브론에서 통일 이스라엘의 왕이 된 일은 사무엘하 5:1-5에 기록되어 있다. 역대기 저자는 사무엘서 텍스트를 바탕으로 본문을 구성하면서 몇 가지 세부적인 사항을 빼놓았다. 저자는 다윗이 유다의 왕이 되었을 때 나이가 30세였고, 7년 6개월이 지난 다음에 온 이스라엘의 왕이 된 것과 다윗이 이스라엘을 40년 동안 다스렸다는 정보를 제공하지 않는다(삼하 5:4-5). 역대기 사가가 이와 같은 내용을 기록하지 않는 것은 독자들이 사무엘서에 기록된 내용을 잘 알고 있음을 전제하고 있기 때문이다. 다윗의 통치 기간을 오늘날 연대로 환산하면 주전 1010-970년쯤이다(Thiele).

사무엘서는 다윗이 먼저 유다 지파의 왕이 되었고(삼하 2:1-4), 사울의 아들 이스보셋을 왕으로 세운 이스라엘과 7년 6개월 동안 내란을(삼하 2:8-4:12) 치른 다음에야 통일왕국의 왕이 되었다고 한다(삼하 5:1-3). 반면에 역대기는 마치 다윗이 처음부터 통일 이스라엘의 왕이 된 것처럼 묘사한다. 다윗의 두 즉위식(유다 지파의 왕으로서, 그리고 통일 이스라엘의 왕

으로서)을 한 사건으로 묶고 있는 것이다.

역대기 저자는 사무엘서에 기록된 내용을 잘 알고 있는 독자들에게 다시 같은 내용을 반복할 필요를 느끼지 못했고, 무엇보다도 다윗의 통치가 처음부터 모든 주의 백성들의 지지를 받으며 시작된 점을 강조하고자 한다. 다윗이 거느리던 군사들만 다윗을 지지한 것이 아니라, 많은 이스라엘 사람들이 그를 왕으로 추대했다는 것이다(Williamson). 그래서 저자는 헤브론에서 다윗을 통일왕국의 왕으로 세운 "이스라엘의 모든 지파"(כָּל־שִׁבְטֵי יִשְׂרָאֵל)(삼하 5:1)라는 표현을 수와 상관없이 하나된 이스라엘을 강조하기 위해서 자주 사용하는 표현인 "온 이스라엘"(כָּל־יִשְׂרָאֵל)로 대치한다(1절). 다윗은 처음부터 "온 이스라엘"의 지지를 받으며 왕이 되었다. 다윗이 "온 이스라엘"의 지지를 받고 등극했다는 것이 본 텍스트에서 세 차례 더 반복한다(11:4, 10; 12:38).

아울러 저자가 다윗의 통치가 내란 중이었던 7년 6개월과 32년 6개월로 나뉜 점은 언급하지 않으면서 "온 이스라엘"이 그를 왕으로 삼았다는 점을 강조하는 것은(1절) 이미 10:13-14에서 언급한 대로 다윗이 무력을 사용해 나라를 차지한 것이 아니라, 하나님이 주님을 배신한 사울을 죽이시고 그의 나라 이스라엘을 다윗에게 주셨다는 사실을 다시 한 번 상기시키기 위해서이다(Japhet). 또한 다윗의 지지층이 매우 넓고 깊었음을 암시한다(Mabie). 저자는 이 이야기를 통해 옛적에 다윗의 통치 아래 온 이스라엘이 하나가 된 것처럼, 이스라엘의 이상적인 연합이 포로기 이후 시대에도 가능하다는 것을 보여준다(Hill).

다윗을 왕으로 세우기 위해서 헤브론으로 내려온 "온 이스라엘"은 그를 이스라엘의 왕으로 추대하는 일의 정당성을 세 가지로 설명한다. 첫째, 다윗은 그들과 한 골육이다(1절). 이스라엘의 왕에 대한 규례를 선언하고 있는 신명기 17장은 가장 기본적인 자격 조건 중 하나로 이방인은 결코 왕이 될 수 없으며, 꼭 이스라엘 사람이어야 한다고 정한다(신 17:15). 온 이스라엘은 다윗이 이 율법에 비추어 보아도 하자가 없는 사람이라는 점을 인정하고 있다. 아울러 다윗이 그들과 피와 살을 나누었다는 사실을 강조함으로써 그들과 다윗의 친밀한 관계를 부각한다.

둘째, 다윗은 사울 아래에서 있을 때부터 이미 온 이스라엘의 존경을 한 몸에 받았다(2a절). 다윗은 골리앗을 죽인 이후(cf. 삼상 17장) 사울의 장군이 되어 수많은 전쟁을 승리로 이끌었으며, 그의 전쟁 능력은 이미 온 이스라엘의 마음을 사로잡기에 충분했다. 다윗의 백전백승의 전투 능력은 이스라엘로 하여금 "만군의 여호와" 하나님의 능력을 조금이나마 맛볼 수 있게 했다(Johnstone). 그러므로 이스라엘은 그날 이후로 언젠가는 다윗이 통치하게 될 것을 예견하며, 은근히 기대했다는 점을 암시한다. 사무엘서에 기록된 사울의 통치를 보면 상당히 많은 백성들의 원성을 샀을 것을 상상할 수 있다. 무능한 왕 아래서 빛나던 장군 다윗은 백성들의 희망이 되기에 충분했다.

셋째, 다윗이 그들의 왕이 되어야 하는 가장 중요하고 큰 이유는 하나님이 이스라엘의 왕으로 택하신 사람이 바로 다윗이기 때문이다(2b절). 백성들은 이 사실을 입증하기 위해서 선지자의 신탁을 인용한다. "네가 나의 백성 이스라엘의 목자가 될 것이며, 네가 나의 백성 이스라엘의 통치자가 될 것이다"(새번역). 이 신탁이 포함하는 "목자가 되다"(רעה)는 성경적 왕권(리더십)의 본질을 보여주는 단어이다(McConville). 목자가 양을 헌신적으로 돌보듯이, 왕은 자기 백성을 대해야 한다. 또한 "목자가 되다"와 "통치자"(נָגִיד) 개념은 다윗의 왕권이 하나님의 선택과 주권의 결과임을 강조한다(Mabie).

우리는 이 예언이 어디서 어느 선지자에 의해서 선포된 것인지 알 수 없다. 저자가 성경이 아닌 다른 출처를 인용해 이곳에 도입하고 있기 때문이다(Johnstone). 그러나 사무엘상 13:14; 16:11-13 등은 이미 이와 같은 내용을 암시하고 있다. 다윗은 개인적인 꿈의 실현이 아니라 하나님의 뜻에 따라 이스라엘의 왕이 된 것이다.

왜 다윗이 이스라엘의 왕이 되어야 하는가를 세 가지 이유를 들어 설명한 "온 이스라엘"은 다윗의 즉위식을 거행했다. 예식은 두 파트로 나누어 진행되었다. 먼저 다윗이 백성들을 대표하는 장로들과 하나님 앞에서 언약을 세웠다(3a절). 언약의 내용이 기록되어 있지는 않다. 아마 다윗은 왕이 되어 목자가 양떼를 보살피고 보호하는 것처럼 이스라엘을 보호하고 섬길 것을 약속했을 것이며, 백성들은 다윗을 왕으로 섬기며 권위에 복종할 것을 하나님 앞에서 맹세했을 것이다.

다음으로 장로들이 다윗에게 기름부어 이스라엘의 왕으로 추대했다(3b절). 백성들을 대표하는 자로서 장로들은 다윗이 온 이스라엘의 왕이 되었음을 선언한 것이다. 장로들이 다윗을 왕으로 세운 것은 단순히 온 이스라엘의 결정만은 아니었다. 여호와께서 사무엘 선지자를 통해서 선언하신 예언의 성취이기도 했다(3b절). 다윗은 백성들의 지지와 하나님의 섭리에 따라 이스라엘의 왕이 된 것이다.

다윗의 즉위식이 헤브론에서 진행된 것은 중요한 역사적·신학적 의미를 지닌다. 헤브론은 이스라엘의 선조들이 묻힌 유서가 깊은 곳이었다. 아브라함과 사라, 이삭과 리브가, 야곱과 레아가 이곳에 묻혔다(cf. 창 13:18; 23:19; 35:27; 49:30-32). 저자는 다윗의 즉위식이 이처럼 선조들과 깊이 연관된 헤브론에서 진행된 점을 부각하여 아브라함 언약과 다윗 언약을 하나로 잇는다(Hill). 하나님이 아브라함과 선조들에게 약속하신 것들이 다윗을 통해서 성취되었다. 아브라함의 자손들이 그가 거닐던 땅을 가득 채울 것이며, 그의 몸에서 태어난 왕이 그들을 통치할 것이라는 약속이 다윗을 통해 실현된 것이다.

II. 통일왕국의 역사(9:35–대하 9:31)
2장. 다윗의 통치(11:1–29:30)
1. 다윗이 이스라엘의 왕이 됨(11:1–12:40)

(2) 다윗이 예루살렘을 정복함(11:4-9)

4 다윗이 온 이스라엘과 더불어 예루살렘 곧 여부스에 이르니 여부스 땅의 주민들

이 거기에 거주하였더라 5 여부스 원주민이 다윗에게 이르기를 네가 이리로 들어
오지 못하리라 하나 다윗이 시온 산 성을 빼앗았으니 이는 다윗 성이더라 6 다윗
이 이르되 먼저 여부스 사람을 치는 자는 우두머리와 지휘관으로 삼으리라 하였
더니 스루야의 아들 요압이 먼저 올라갔으므로 우두머리가 되었고 7 다윗이 그 산
성에 살았으므로 무리가 다윗 성이라 불렀으며 8 다윗이 밀로에서부터 두루 성을
쌓았고 그 성의 나머지는 요압이 중수하였더라 9 만군의 여호와께서 함께 계시니
다윗이 점점 강성하여 가니라

다윗이 예루살렘을 정복하여 자신의 집권 중심지로 삼은 이야기는 사무엘하 5:6-10에 나와 있다. 저자는 사무엘서에 기록된 내용을 바탕으로 이 사건을 회고한다. 사무엘서와 역대기의 내용을 비교해보면 역대기가 훨씬 더 명확하게 기록한다. 사무엘서는 여러 가지 해석적인 어려움을 담고 있다. 반면에 역대기 저자는 사무엘서의 어려움을 최소화하거나 경우에 따라서는 아예 언급하지 않음으로써 내용을 쉽게 이해하게 할뿐만 아니라, 텍스트에 통일성과 연결성을 더한다. 예를 들면, 사무엘서에서 "눈먼 사람과 다리 저는 사람"에 대한 언급이 세 차례 등장해(삼하 5:6, 8[2x]) 텍스트에 불확실성을 더하는데, 역대기 저자는 이 표현을 아예 삭제했다.

사무엘하 5:6-10과 비교했을 때 본문은 세 가지 세부 사항에서 차이를 보인다. (1) "왕과 그의 부하들"(הַמֶּלֶךְ וַאֲנָשָׁיו)(삼하 5:6)이 "다윗과 온 이스라엘"(דָּוִיד וְכָל־יִשְׂרָאֵל)(4절)로 바뀌었다. (2) 여부스 사람들이 다윗을 모욕하는 내용이(삼하 5:6) 최소화되어 있다(5절). (3) 사무엘서에서는 예루살렘 정복 전략이 부각되는 반면(삼하 5:8), 역대기에서는 제일 먼저 성을 정복한 요압이 부각된다(6절). 이와 같은 차이에도 불구하고 사무엘서와 역대기는 다윗이 예루살렘을 수도로 삼았으며 이곳에서 살았다는 점을 동일하게 회고한다. 두 책의 예루살렘 정복 과정에 대한 세부적인 내용이 다소 다르기는 하지만, 이 정복이 가져온 결과는 두 저자에게 같은 것이다.

사무엘서는 다윗이 예루살렘을 정복한 일을 회고하면서 "왕과 그의 부하들"(הַמֶּלֶךְ וַאֲנָשָׁיו)(삼하 5:6)이 한 일이라고 한다. 다윗과 소수 엘리트 부하들이 해낸 일이라는 것이다. 반면에 역대기는 헤브론에서 왕이 된 "다윗과 온 이스라엘"(דָּוִיד וְכָל־יִשְׂרָאֵל)(4절)이 함께한 일이라고 한다. 이와 같은 차이는 "온 이스라엘"의 통일성과 역할을 중요시하는 역대기 사가의 신학적인 입장을 잘 반영하고 있다(Johnstone, Mabie). 온 이스라엘의 하나 됨을 강조하는 상황에서 다윗과 소수의 엘리트 부하들이 해낸 일을 온 이스라엘이 한 것으로 확대해서 모든 백성에게 영광을 돌리는 것은 자연스러운 일이다.

예루살렘 정복 전쟁에서 다윗은 제일 먼저 여부스 사람을 치는 사람에게 총사령관 자리를 상으로 내걸었으며, 요압이 그 영광을 차지했다(6절). 다윗은 자신이 점령한 시온 산성에서 살았으며 사람들이 그 산성을 "다윗 성"이라 불렀다(7절). 다윗이 예루살렘을 정복한 후 성을 쌓았는데 밀로(מִלּוֹא)에서부터 쌓았다고 한다(8절). 밀로는 고유명사가 아니라 계단식 테라스를 뜻하는 일반명사이다(HALOT). 고고학자들은 여부스 사람들이 시온 산 동편 비탈에 테라스들을 지었다고 한다(cf. Hill).

다윗이 예루살렘을 정복해서 얻은 가장 큰 수입은 정권의 이상적인 수도를 얻은 일이었다. 예루살렘은 천연 요새였기 때문에 적들을 쉽게 방어할 수 있는 장점을 지녔다. 그동안 아무도 정복하지 못한 곳이었기 때문에, 예루살렘이 거론될 때마다 마침내 이 성을 정복한 다윗을 긍정적으로 떠올릴 것이다. 게다가 예루살렘은 지난 수백 년 동안 그 어느 지파에 속한 땅이 아니었으니 이곳을 수도로 삼으면 소외감을 느낄 지파가 없다. 지리적으로도 예루살렘은 열두 지파의 땅의 한 중앙에 있다. 더 나아가 이스라엘의 선조 아브라함도 이 도시의 왕 멜기세덱에게 십일조를 바친 적이 있으며(cf. 창 14장), 이삭을 제물로 바치려 했던 모리아 산이 바로 예루살렘에 있다. 예루살렘은 매우 유서 깊은 도시이다. 다윗은 모든 면에서 완벽한 새 수도를 얻게 되었다.

다윗의 즉위식과 예루살렘 정복을 통해 이스라엘 역사는 전환기(turning point)를 맞았다(Japhet). 그동안 여러 가지로 불안하고 완전하지 못했던 이스라엘의 시작이 다윗의 통치를 통해 완전해졌기 때문이다. 이스라엘은 다윗 시대에 접어들면서 주변 국가들이 더 이상 무시할 수 없는 나라가 되었으며, 이스라엘 종교는 예루살렘을 중심으로 굳건히 자리매김하게 되었다. 저자는 다윗이 이러한 위대한 업적을 쌓고 점점 강대해 질 수 있었던 것은 여호와께서 함께하셨기 때문이라고 한다(9절). 모든 것이 하나님이 다윗에게 베풀어주신 은혜이다. 다윗에 대한 이와 같은 평가는 하나님의 심판을 받아 몰락한 사울과 대조를 이룬다(cf. 대상 10:13-14).

역대기 저자는 예루살렘 정복을 다윗이 왕이 된 다음 처음으로 행한 업적으로 기록하는데, 이 일의 중요성을 생각해 보자. 구약에서는 한 인물이 어떤 직책으로 임명되면 그 사람이 그 일을 감당할만한 자격이나 소질을 가지고 있는가를 가늠하는 이야기가 곧 뒤따른다. 사울이 이스라엘의 초대 왕으로 추대된 이후 제일 처음 했던 일은 길르앗 야베스를 침략한 암몬 사람들을 물리친 것이다(삼상 11장). 솔로몬이 이스라엘의 왕이 된 다음 하나님께 제일 먼저 구한 것은 지혜이다(왕상 3:1-15). 자신은 이스라엘을 다스리기에 지혜가 부족하다며 백성들을 바르게 다스릴 수 있는 지혜를 구한 것이다. 하나님은 큰 지혜를 주셨다. 하나님의 지혜를 받은 솔로몬이 제일 먼저 한 것은 두 창녀가 한 아이를 두고 서로 자기 아이라고 우기는 일을 지혜롭게 재판한 일이었다.

이와 같은 맥락에서 다윗이 온 이스라엘의 왕이 된 다음 제일 먼저 한 일은 예루살렘 정복이었다. 예루살렘은 베냐민 지파와 유다 지파 영토의 경계선에 있었기에 두 지파에게 기업으로 주어진 성읍이었다(cf. 수 15:8; 18:28). 그러나 이 도성은 여호수아 시대 이후 다윗 시대까지 한 번도 이스라엘의 수중에 들어온 적이 없었다(cf. 수 15:63). 그러므로 이 도성을 정복하는 것은 여호수아가 지정해 준 기업을 이스라엘의 영토로 영입하는 민족의 숙원 사업이었으며, 하나님이 아브라함에게 주신 축복의 마지막 실현으로 간주할 수 있었다. 다윗을 앞서간 사무엘과 사울도 달성하지 못한 업적이었다. 그런데 드디어 다윗이 해낸 것이다! 그는 참으로 이스라엘의 왕이 될만한 자질과 능력을 갖춘 사람이었다.

II. 통일왕국의 역사(9:35-대하 9:31)
2장. 다윗의 통치(11:1-29:30)
1. 다윗이 이스라엘의 왕이 됨(11:1-12:40)

(3) 헤브론에서 다윗을 지지한 용사 목록(11:10-47)

사무엘서는 다윗을 도와 이스라엘을 다스린 사람들의 목록을 다윗의 통치가 거의 끝나갈 무렵인 사무엘하 23:8-39에 보존하고 있다. 다윗의 이야기가 거의 끝나가는 시점에서 사람들의 목록을 마치 부록처럼 추가해 다윗의 일생을 통해 얼마나 훌륭한 군사력을 이루었는가를 강조하고자 했다. 반면에 역대기 저자는 다윗이 이야기가 시작되는 이곳에 용장들의 목록을 삽입하여 마치 이들이 다윗의 즉위식에 참석해 그를 지지한 장군들처럼 취급한다. 다윗이 왕으로 즉위할 때 이미 매우 용맹스러운 군대 지휘관들을 거느린 군주였음을 강조하기 위해서이다.

내용을 살펴보면 모두 헤브론 즉위식에 참석한 것으로 보이지는 않는다. 또한 이곳에 언급된 사람 중 일부가 훗날 다윗의 군대에서 두각을 나타낸 사람들이었을 가능성을 완전히 배제할 수는 없다. 그러나 "온 이스라엘"이 헤브론에서 다윗을 왕으로 세웠다는 사실을 강조하고자 저자가 이곳에 용장들의 목록을 삽입한 것은 당연한 일이다. 다윗이 거느렸던 용장들의 목록을 기록하고 있는 본 텍스트를 12장까지 연계해서 지리적으로 분석해보면 다음과 같은 구조를 보인다(Hill).

A. 헤브론(11:10)

B. 시글락(12:1)

C. 광야에 있는 요새(12:8)

C'. 광야에 있는 요새(12:16)

B'. 시글락(12:20)

A'. 헤브론(12:23)

본 텍스트는 서론(10절)과 마지막 부분(41b-47절)을 제외하고는 사무엘하 23:8-39과 내용이 비슷할 뿐만 아니라 구조도 흡사하다. (1) 세 용사와 각 용사의 용맹(삼하 23:8-12//대상 11:10-14). (2) 세 용사가 한 그룹이 되어 보인 용맹(삼하 23:13-17//대상 11:15-19). (3) 특별한 지위에 있는 두 사람의 용맹(삼하 23:18-23//대상 11:20-25), (4) 그 외 모든 용장들(삼하 23:24-39//대상 11:26-41a). 여기에 역대기 사가는 본문 전체에 대한 서론(1절)과 사무엘서에서는 발견되지 않은 목록을 뒷부분에 추가한다(11:41b-47). 다윗의 용장들에 대한 이야기를 회고하는 본문은 다음과 같이 구분할 수 있다.

A. 소개(11:10)

B. 다윗의 부하들의 영웅담(11:11-25)

C. 다윗의 부하들의 목록(11:26-47)

Ⅱ. 통일왕국의 역사(9:35–대하 9:31)
2장. 다윗의 통치(11:1–29:30)
1. 다윗이 이스라엘의 왕이 됨(11:1–12:40)
(3) 헤브론에서 다윗을 지지한 용사 목록(11:10–47)

① 소개(11:10)

10 다윗에게 있는 용사의 우두머리는 이러하니라 이 사람들이 온 이스라엘과 더불어 다윗을 힘껏 도와 나라를 얻게 하고 그를 세워 왕으로 삼았으니 이는 여호와께서 이스라엘에 대하여 이르신 말씀대로 함이었더라

저자는 지금부터 소개하는 용사들은 다윗이 왕이 될 수 있도록 적극적으로 도운 자들이라고 한다. 이들은 "온 이스라엘"과 함께 다윗을 왕위에 오르게 했다. 더 중요한 것은 자신들의 개인적인 판단과 결단에 따라 다윗을 도운 것이 아니라, 하나님이 말씀하신 것을 이루기 위해서 행한 일이라는 것이다. 즉, 다윗을 도운 것은 곧 하나님의 말씀에 순종한 일이었다.

이와 같은 관점은 2절과 직접 연관이 있어 보인다. 헤브론에 모인 장로들은 다윗이 이스라엘의 통치자가 될 것이라는 하나님의 말씀을 언급했다. 이 말씀은 다윗의 운명에서 전환점(turning point)이었으며 이날 이후로 이스라엘의 왕권은 다윗의 것이었다(Japhet). 사울이 그 일을 잠시 지연시켰을 뿐이다(cf. 12:1). 인간의 불신앙과 죄가 세상일이 하나님의 뜻대로 진행되는 것을 잠시 보류할 수는 있어도 결코 막을 수는 없다. 다윗의 이야기가 시작된 11:1 이후 지금까지 다윗이 하나님의 뜻에 따라 왕이 되었으며, 하나님이 함께하시며 축복하셨다는 말을 벌써 네 차례나 했다(11:2, 3, 9, 10). 다윗이 왕위에 오른 것은 전적으로 하나님의 섭리에 의한 것이며, 하나님께 버림받은 사울의 왕권과는 질적으로 다르다는 것을 강조한다.

II. 통일왕국의 역사(9:35–대하 9:31) 2장. 다윗의 통치(11:1–29:30) 1. 다윗이 이스라엘의 왕이 됨(11:1–12:40) (3) 헤브론에서 다윗을 지지한 용사 목록(11:10–47)

② 다윗의 부하들의 영웅담(11:11–25)

저자는 헤브론에서 다윗을 도왔던 용장들의 용맹과 능력을 다음과 같이 세 가지 이야기를 예로 들며 설명한다. 참으로 대단한 능력자들이다. 이런 사람들을 곁에 둔 다윗은 무서울 것이 없었다.

A. 세 용사와 각 용사의 용맹(11:11-14)

B. 세 용사가 한 팀이 되어 보인 용맹(11:15-19)

C. 특별한 지위에 있는 두 사람의 용맹(11:20-25)

II. 통일왕국의 역사(9:35-대하 9:31)
2장. 다윗의 통치(11:1-29:30)
1. 다윗이 이스라엘의 왕이 됨(11:1-12:40)
(3) 헤브론에서 다윗을 지지한 용사 목록(11:10-47)
② 다윗의 부하들의 영웅담(11:11-25)

i. 세 용사와 각 용사의 용맹(11:11-14)

**11 다윗에게 있는 용사의 수효가 이러하니라 학몬 사람의 아들 야소브암은 삼십 명
의 우두머리라 그가 창을 들어 한꺼번에 삼백 명을 죽였고 12 그 다음은 아호아 사람
도도의 아들 엘르아살이니 세 용사 중 하나이라 13 그가 바스담밈에서 다윗과 함께
있었더니 블레셋 사람들이 그 곳에 모여와서 치니 거기에 보리가 많이 난 밭이 있
더라 백성들이 블레셋 사람들 앞에서 도망하되 14 그가 그 밭 가운데에 서서 그 밭을
보호하여 블레셋 사람들을 죽였으니 여호와께서 큰 구원으로 구원하심이었더라**

다윗에게는 매우 특별하게 용맹스러운 세 용사가 있었다. 본문과 평행을 이루고 있는 사무엘하 23:8-12에는 한꺼번에 800명의 적들과 싸워 이겼던 다그몬 사람 요셉밧세벳, 블레셋 사람들과의 싸움에서 큰 공을 세운 아호아 사람 도대/도도의 아들 엘르아살, 역시 블레셋 사람들과의 싸움에서 큰 공을 세운 하랄 사람 아게의 아들 삼마 등이 언급된다. 이들 중 리더는 요셉밧세벳이었다.

이와 달리 역대기 저자는 학몬 사람의 아들인 야소브암이 세 용사의 우두머리였으며, 그는 창을 들어 300명을 모두 죽였다고 한다(11절). 사무엘서의 "다그몬 사람 요셉밧세벳"(יֹשֵׁב בַּשֶּׁבֶת תַּחְכְּמֹנִי)을 "학몬 사람의 아들 야소브암"(יָשָׁבְעָם בֶּן־חַכְמוֹנִי)이 대체하고 있다. 그러나 벨하우젠(Wellhausen)이 처음 주장한 이후로 많은 주석가는 원래 이 사람이 "학몬 사람의 아들 야소브암"이었는데 세월이 지나면서 텍스트가 부패하여 "다그몬 사람 요셉밧세벳"이 된 것으로 간주한다(Hill, cf. Japhet). 두 사람은 같은 인물이라는 것이다. 두 사람의 히브리어 이름 표기를 감안하면 충분히 가능한 일이다.

사무엘서가 역대기보다 더 부패한 텍스트라는 점을 고려하면 야소브암은 사무엘서가 기록하는 것처럼 800명이 아니라 역대기가 말하는

것처럼 300명의 적을 한꺼번에 죽인 인물이었다. 반면에 야소브암보다 지위가 낮은 아비새가 한꺼번에 죽인 적이 300명이었다는 점을 고려하여(cf. 20절), 그 사람보다 지위가 더 높았던 야소브암이 800명을 죽였을 것이라는 주장도 있다(cf. Japhet). 이 이야기에 있어서는 사무엘서가 역대기보다 더 잘 보존된 텍스트라는 것이다.

두 번째 용장인 아호아 사람 도도의 아들 엘르아살은 다윗의 세 용사 중 유일하게 사무엘서와 역대기 양쪽 다에 등장하는 인물이다. 사무엘서는 엘르아살이 블레셋 군대로부터 후퇴하는 이스라엘을 보호하기 위해서 홀로 적들을 맞이하여 손에 쥐가 날 때까지 싸워 큰 공을 세운 사람이었다고 한다(삼하 23:9-10). 역대기 저자는 그가 공을 세운 곳이 바스담밈(פַּס דַּמִּים)에 위치한 밭이었다는 정보를 추가로 제공한다(13절). 바스담밈을 문자적으로 풀이하면 "피로 물든 손바닥/영토"(palm/boundary of blood)라는 뜻이다. 아마도 엘르아살의 용맹을 기리기 위해서 붙여진 이름으로 생각되며 유다 지파에 속한 땅이었다.

역대기 저자는 세 번째 인물인 하랄 사람 아게의 아들 삼마에 대해서는 언급하지 않는다. 대부분 주석가들이 세월이 지나면서 텍스트를 복사하여 보존한 사람들의 실수로 누락된 것이라고 한다(Selman, Hill). 바로 다음 절인 15절이 다시 세 용사의 영웅담을 언급하는 것으로 보아 역대기 저자가 삼마에 대한 기록을 일부러 뺄 가능성은 별로 없어 보인다. 오히려 다음 섹션에 기록된 이야기는 독자들이 세 용사 모두에 대해서 정보를 제공받은 상황을 전제하는 듯하다.

저자는 사무엘서가 엘르아살이 공을 세운 일을 회고하면서 3인칭 남성 단수 동사들을 지속적으로 사용하고 있는 것을(וַיִּתְיַצֵּב ;וַיַּצִּילֶהָ ;וַיַּךְ)(삼하 23:12) 모두 3인칭 남성 복수 동사들로 바꾸었다(וַיִּתְיַצְּבוּ ;וַיַּצִּילוּהָ ;וַיַּכּוּ)(14절). 일부 주석가들은 역대기 저자가 엘르아살과 다윗이 함께 싸웠다는 점을 부각하고자 변화를 준 것이라고 한다(Johnstone, cf. Japhet). 그러나 필자는 저자가 세 용장들이 엘르아살처럼 한결같이 용맹스러웠다는 점을 강조하고자 동사들을 복수로 바꾸었다고 생각한다. 다윗의 가장 중요한 장관이였던 요압이 세 용사 서클에 들지 않은 것이 예외라고 생각할 수 있지만, 이미 총사령관의 자리를 굳혔기 때문에(6절) 세 용사들과 차별되는 특별한 지위를 누렸을 것으로 이해한다.

역대기 저자는 한 가지 중요한 사실을 더한다. 이들이 용감무쌍한 것은 사실이지만, 승리를 주신 분은 여호와시라는 것이다(14절). 다윗은 자신뿐만 아니라 부하들까지 하나님의 복을 누리게 하는 이상적인 정권을 세웠다. 역대기 저자는 이 사실을 상기시킴으로 귀향민들에게 소망을 불어넣어 주고자 한다. 다윗 시대에는 분명 훌륭한 지도자들이 많이 있었지만, 이스라엘의 능력은 위대한 영웅이나 지도자들에게 있었던 것이 아니라 하나님의 도우심에 있었다. 그러므로 역대기 저자는 이 코멘트를 통해 이스라엘의 영광을 회복하고자 하는 귀향민들에게 하나님만을 바라라는 메시지를 선포하고 있다. 사무엘서 저자는 원래 이 말씀을 엘르아살이 하나님의 은총을 입었다며 언급한 것인데 역대기 저자가 확대해서 다윗의 세 용사 모두의 영웅적인 업적에 적용한다.

Ⅱ. 통일왕국의 역사(9:35-대하 9:31)
2장. 다윗의 통치(11:1-29:30)
1. 다윗이 이스라엘의 왕이 됨(11:1-12:40)
(3) 헤브론에서 다윗을 지지한 용사 목록(11:10-47)
② 다윗의 부하들의 영웅담(11:11-25)

ii. 세 용사가 한 팀이 되어 보인 용맹(11:15-19)

15 삼십 우두머리 중 세 사람이 바위로 내려가서 아둘람 굴 다윗에게 이를 때에 블
레셋 군대가 르바임 골짜기에 진 쳤더라 16 그 때에 다윗은 산성에 있고 블레셋 사
람들의 진영은 베들레헴에 있는지라 17 다윗이 갈망하여 이르되 베들레헴 성문 곁
우물 물을 누가 내게 마시게 할꼬 하매 18 이 세 사람이 블레셋 사람들의 군대를
돌파하고 지나가서 베들레헴 성문 곁 우물 물을 길어가지고 다윗에게로 왔으나
다윗이 마시기를 기뻐하지 아니하고 그 물을 여호와께 부어드리고 19 이르되 내
하나님이여 내가 결단코 이런 일을 하지 아니하리이다 생명을 돌아보지 아니하고

> 갔던 이 사람들의 피를 어찌 마시리이까 하고 그들이 자기 생명도 돌보지 아니하고 이것을 가져왔으므로 그것을 마시기를 원하지 아니하니라 세 용사가 이런 일을 행하였더라

다윗의 세 용사는 또한 30인 특별부대 소속이었다(15절). 이들의 무용담을 담고 있는 이 이야기는 사무엘하 23:13-17에도 기록되어 있다. 이야기를 해석하는 데 어려운 점은 지리와 지형적인 배경이다. 다윗이 베들레헴을 점령하고 있던 블레셋 사람들과 대치할 때 거한 곳이 아둘람 동굴(15절)이었는가 아니면 산성 요새였는가(16절)가 확실하지 않다. 아둘람 동굴은 다윗이 사울의 눈을 피해 방랑자 생활을 하던 중 거한 곳이다. 반면에 산성 요새는 훗날 왕이 된 다음의 정황과 더 잘 어울린다(Japhet). 시대적으로 두 장소는 큰 차이를 보인다.

게다가 아둘람과 베들레헴은 서로 22㎞ 이상 떨어져 있는 곳이었다. 당시 전쟁 방식과 가나안 지역의 크기를 감안할 때 이와 같이 먼 거리에서 쌍방이 대치하는 것이 쉬운 문제가 아니다. 그래서 상당수의 주석가들이 이 이야기는 다윗이 사울을 피해 살던 시대에서 비롯된 텍스트(15절)와 왕이 되고 얼마 지나지 않은 때에 블레셋 사람들을 상대로한 전쟁 이야기를(16절) 섞어서 역사적 배경으로 삼고 있다고 풀이한다(cf. Japhet). 역대기 저자의 기술법 중 하나가 두 이야기를 묶어 한 이야기처럼 전개해 나가는 것(viz. 다윗의 헤브론 즉위식 이야기)이라는 점을 감안하면 충분히 가능한 추론이다.

이야기의 내용은 이러하다. 다윗이 베들레헴을 점령한 블레셋 군과 대치하고 있는 상황에서 쓸데없는 소리를 했다. 베들레헴 성문 곁에 있는 우물물을 마시고 싶다고 한 것이다(17절). 어렸을 때 이 물을 마시며 자란 일이 생각나서였을까? 어찌 되었건 다윗의 말은 세 용사의 충성심을 자극하기에 충분했고, 결국 그들은 블레셋 군대와 사투를 벌이며 우물물을 길어다 다윗에게 바쳤다(18a절). 자신의 실언이 자칫하면 가

장 유능한 장수 셋을 죽게 하는 끔찍한 결과를 초래할 수 있었다는 사실을 깨달은 다윗은 그 물을 마시지 않고 하나님께 부어드렸다(18b절). 다윗은 장수들이 길어온 것은 물이 아니라 그들의 피나 다름없다는 것을 누구보다도 잘 알았다(19b절).

만약에 다윗이 이 물을 마셨다면 군인들은 어떤 반응을 보였을까? 아마도 다윗과의 관계에서 주-종 모델을 초월하지 못한다고 생각했을 것이다. 다윗은 이 물을 마시지 않음으로써 그를 위해 싸우고 있는 군사들을 어떻게 생각하고 있는가를 보여주었다. 떨리는 손으로 물을 붓는 다윗을 보며 군사들은 크게 감동하여 그를 위해서 더욱더 열심히 싸우고 그를 사랑했을 것이다. "이렇게 우리의 생명을 귀하게 여기시는 분을 위해서 죽기까지 충성하리라"는 각오가 절로 생겨났을 것이다. 그래서 이 사건은 다윗과 그의 군사들 사이에 존재한 "거룩한 동맹"의 한 면모를 잘 보여준다.

이 사건은 분명 다윗이 얼마나 위대한 지도자이며, 주변 사람들을 얼마나 쉽게 감동시켜 상상을 초월하는 용기를 자아낼 수 있게 하는가를 보여준다. 또한 다윗이 가장 아꼈던 세 장수의 무용담이기도 하다. 그러나 다윗은 말 한마디 잘못하여 큰 화를 초래할 뻔했다. 리더들, 특히 주변에 생명이라도 바치겠다며 따르는 자들을 둔 리더들은 말 한마디를 할 때에도 신중해야 한다. 그 말이 어떤 여파를 미칠지 알 수 없기 때문이다.

II. 통일왕국의 역사(9:35-대하 9:31)
2장. 다윗의 통치(11:1-29:30)
1. 다윗이 이스라엘의 왕이 됨(11:1-12:40)
(3) 헤브론에서 다윗을 지지한 용사 목록(11:10-47)
② 다윗의 부하들의 영웅담(11:11-25)

iii. 특별한 지위에 있는 두 사람의 용맹(11:20-25)

20 요압의 아우 아비새는 그 세 명 중 우두머리라 그가 창을 휘둘러 삼백 명을 죽이고 그 세 명 가운데에 이름을 얻었으니 21 그는 둘째 세 명 가운데에 가장 뛰어

> 나 그들의 우두머리가 되었으나 첫째 세 명에게는 미치지 못하니라 22 갑스엘 용
> 사의 손자 여호야다의 아들 브나야는 용감한 사람이라 그가 모압 아리엘의 아들
> 둘을 죽였고 또 눈 올 때에 함정에 내려가서 사자 한 마리를 죽였으며 23 또 키가
> 큰 애굽 사람을 죽였는데 그 사람의 키가 다섯 규빗이요 그 손에 든 창이 베틀채
> 같으나 그가 막대기를 가지고 내려가서 그 애굽 사람의 손에서 창을 빼앗아 그 창
> 으로 죽였더라 24 여호야다의 아들 브나야가 이런 일을 행하였으므로 세 용사 중
> 에 이름을 얻고 25 삼십 명 중에서는 뛰어나나 첫째 세 사람에게는 미치지 못하니
> 라 다윗이 그를 세워 시위대장을 삼았더라

이 섹션은 비록 세 용사 서클에는 들지 못했지만, 특별 부대 30인 중 가장 용맹스러운 사람 둘에 관한 이야기로 구성되어 있다. 역대기 저자는 사무엘하 23:18-23을 별다른 편집 없이 그대로 인용한다. 첫 번째 인물은 다윗의 총사령관 요압(cf. 6절)의 아우 아비새이다(20절). 그는 30인 중 우두머리였으며, 창으로 300명을 죽였다(20절). 그도 매우 유명했지만, 세 용사에 비교할만한 명성은 얻지 못했다(21절). 세 용사는 매우 특별한 엘리트였음을 암시하며, 아마도 다윗이 거느린 모든 군인들의 꿈은 세 용사 서클에 들어가는 것이었을 것이다.

두 번째 인물은 여호야다의 아들 브나야였다(22절). 그는 갑스엘 출신이었으며, 저자는 그의 업적을 세 가지 사건으로 묘사한다. 첫째, 사자처럼 기운이 센 모압의 장수 아리엘(אֲרִיאֵל; lit., "신의 사자"; 챔피언으로 해석하는 것이 바람직함; cf. Allen)의 아들 둘을 쳐죽였다(22a절). 둘째, 눈이 내리는 날 함정에 빠진 사자를 때려 죽였다(22b절). 삼손이 사자의 턱을 찢어 죽인 일을 연상케 한다. 전쟁과는 전혀 상관없는 용기와 패기의 표현이었다. 셋째, 키가 다섯 규빗(약 2.25m)이나 되는 중무장한 이집트 사람을 막대기 하나로 대적하여 창을 빼앗고 그를 죽였다(23절). 마치 옛적에 다윗이 골리앗을 때려눕힌 사건을 연상케 한다. 다윗은 여호야다의 용맹을 높이 사 경호대장을 시켰지만, 그럼에도 불구하고 그의 명

성은 세 용사의 것과는 견줄만한 것이 못되었다(25절). 다윗의 세 용사 서클에 들어가는 것은 최고의 영광이자 최고로 어려운 일이었다.

Ⅱ. 통일왕국의 역사(9:35-대하 9:31)
2장. 다윗의 통치(11:1-29:30)
1. 다윗이 이스라엘의 왕이 됨(11:1-12:40)
(3) 헤브론에서 다윗을 지지한 용사 목록(11:10-47)

③ 다윗의 부하들의 목록(11:26-47)

26 또 군사 중의 큰 용사는 요압의 아우 아사헬과 베들레헴 사람 도도의 아들 엘하
난과 27 하롤 사람 삼훗과 블론 사람 헬레스와 28 드고아 사람 익게스의 아들 이라
와 아나돗 사람 아비에셀과 29 후사 사람 십브개와 아호아 사람 일래와 30 느도바
사람 마하래와 느도바 사람 바아나의 아들 헬렛과 31 베냐민 자손에 속한 기브아
사람 리배의 아들 이대와 비라돈 사람 브나야와 32 가아스 시냇가에 사는 후래와
아르바 사람 아비엘과 33 바하룸 사람 아스마웻과 사알본 사람 엘리아바와 34 기
손 사람 하셈의 아들들과 하랄 사람 사게의 아들 요나단과 35 하랄 사람 사갈의 아
들 아히암과 울의 아들 엘리발과 36 므게랏 사람 헤벨과 블론 사람 아히야와 37 갈
멜 사람 헤스로와 에스배의 아들 나아래와 38 나단의 아우 요엘과 하그리의 아들
밉할과 39 암몬 사람 셀렉과 스루야의 아들 요압의 무기 잡은 자 베롯 사람 나하래
와 40 이델 사람 이라와 이델 사람 가렙과 41 헷 사람 우리아와 알래의 아들 사밧과
42 르우벤 자손 시사의 아들 곧 르우벤 자손의 우두머리 아디나와 그 추종자 삼십
명과 43 마아가의 아들 하난과 미덴 사람 요사밧과 44 아스드랏 사람 웃시야와 아
로엘 사람 호담의 아들 사마와 여이엘과 45 시므리의 아들 여디아엘과 그의 아우
디스 사람 요하와 46 마하위 사람 엘리엘과 엘라암의 아들 여리배와 요사위야와
모압 사람 이드마와 47 엘리엘과 오벳과 므소바 사람 야아시엘이더라

역대기 저자는 사무엘하 23:24-39을 근거로 본 텍스트를 작성했다. 그러나 41b-47절은 사무엘서 텍스트에서 찾을 수 없는 내용이다. 사무엘서에서는 밧세바의 남편이었던 헷 사람 우리아로 목록을 마감한 것에 반해 저자는 16명의 이름을 더 추가한다. 저자가 다른 출처를 인용해 작성한 것이다. 여기에 나열된 사람들이 속한 지파들을 살펴보면 대체로 다음과 같은 순서에 따라 언급된다. 유다(26-30절)-북쪽 지파들(31-37절)-비이스라엘계 용사들(38-41a절)-요단 강 동편 지파들(41b-47절)(Selman)이다. 하나님의 백성은 일찍부터 이방인들을 포함하고 있었다(McConville).

사무엘서와 비교했을 때 본문의 가장 큰 차이는 사무엘서의 "삼십인 특별부대에 들어 있는 다른 용사들"(삼하 23:24, 새번역)이라는 말과 용사의 수가 37명이라는 총계(삼하 23:39)를 뺐다는 사실이다. 대신 역대기 저자는 단순히 "군대의 용사들"로 부른다(26절). 아마도 사무엘서 목록에 41b-47절을 추가했기 때문에 이러한 내용을 본문에서 제거한 것으로 생각된다.

> II. 통일왕국의 역사(9:35–대하 9:31)
> 2장. 다윗의 통치(11:1–29:30)
> 1. 다윗이 이스라엘의 왕이 됨(11:1–12:40)

(4) 시글락에서 다윗을 도운 사람들(12:1-7)

1 다윗이 기스의 아들 사울로 말미암아 시글락에 숨어 있을 때에 그에게 와서 싸
움을 도운 용사 중에 든 자가 있었으니 2 그들은 활을 가지며 좌우 손을 놀려 물매
도 던지며 화살도 쏘는 자요 베냐민 지파 사울의 동족인데 그 이름은 이러하니라
3 그 우두머리는 아히에셀이요 다음은 요아스이니 기브아 사람 스마아의 두 아들
이요 또 아스마웻의 아들 여시엘과 벨렛과 또 브라가와 아나돗 사람 예후와 4 기
브온 사람 곧 삼십 명 중에 용사요 삼십 명의 우두머리가 된 이스마야이며 또 예
레미야와 야하시엘과 요하난과 그데라 사람 요사밧과 5 엘루새와 여리못과 브아
랴와 스마랴와 하룹 사람 스바댜와 6 고라 사람들 엘가나와 잇시야와 아사렐과 요
에셀과 야소브암이며 7 그돌 사람 여로함의 아들 요엘라와 스바댜더라

저자는 "온 이스라엘"이 다윗을 도왔다고 하는데, 그의 주장이 본문에서 절정에 이른다. 이스라엘의 초대 왕을 배출한 베냐민 사람들이 사

울 집안과의 관계 때문에라도 다윗을 지지하기가 쉽지 않았을 것이다. 그럼에도 불구하고 베냐민 지파 사람 중에는 다른 지파 사람들처럼 다윗을 지지한 사람이 많았다. 저자는 혹시 독자들이 이 포인트를 놓칠까 봐 베냐민 지파는 사울의 일족이라는 사실을 상기시킨다(2절). 더욱이 이 목록이 다윗이 사울에게 쫓겨 블레셋 왕 아기스에게 망명했다가 그로부터 얻은 시글락에 정착하여 살던 때에(1절; cf. 삼상 27장) 다윗을 도운 사람들이라는 점을 감안하면 시사하는 바가 크다. 사울 정권은 자신의 지파 사람들로부터도 지지를 받지 못했다.

본문이 정확하게 밝히고 있진 않지만, 1-22절에 기록된 사람들은 사울의 군대에서 이탈한 군인들로 생각된다(Selman, Japhet, Hill). 다윗에게 모인 사람들은 사울이 통치하는 나라에서 사회적으로 소외되었거나 불만이 있는 사람들만이 아니라(cf. 삼상 22장), 정치적·종교적 이념에서 사울과 차이를 극복하지 못하고 다윗을 찾은 엘리트들도 많이 포함되었다(cf. 21-22절). 다윗을 도우려는 이들의 발걸음이 끊이지 않아 다윗의 군대는 마치 하나님의 군대와 같이 큰 군대를 이루게 되었다(22절).

다윗이 시글락에 거한 기간은 1년 4개월이었으며(삼상 27:7), 이때 그와 함께한 군인이 600명에 달했다(cf. 삼상 23:13; 27:2). 다윗을 도왔던 베냐민 사람들은 양손을 자유자재로 사용해 활을 쏘고 돌팔매질을 할 수 있는 유능한 용사들이었다(2절). 베냐민 지파 사람들의 돌팔매질은 옛적부터 유명했다(삿 20:16). 돌팔매질이 얼마나 훌륭한 무기가 될 수 있는가는 다윗이 골리앗을 죽인 일을 생각하면 짐작할 수 있다. 게다가 이들은 활쏘기에 능숙한 사람들이었다. 본문이 이 같은 사실을 밝히는 것도 중요하다.

저자는 시글락에서 다윗을 도운 베냐민 궁수 23명의 이름을 기록하고 있다. 오늘날의 전쟁에서 23명은 큰 수가 아니지만, 당시 전쟁에서 소수의 숙련된 궁수들은 전쟁의 승패를 결정지을 정도로 중요했다(Moran, Hill). 다윗은 이들을 환영했을 뿐만 아니라 이스마야를 삼십 인

서클의 대장으로 임명했다(4절). 한때 자신과 창을 겨누던 적장을 다윗이 부하 장수로 임명한 것은 분명 다윗의 넓은 아량과 포용력 있는 리더십에 대한 증언이다(Selman).

II. 통일왕국의 역사(9:35–대하 9:31)
2장. 다윗의 통치(11:1–29:30)
1. 다윗이 이스라엘의 왕이 됨(11:1–12:40)

(5) 광야에서 다윗을 도운 갓 사람들(12:8-15)

8 갓 사람 중에서 광야에 있는 요새에 이르러 다윗에게 돌아온 자가 있었으니 다
용사요 싸움에 익숙하여 방패와 창을 능히 쓰는 자라 그의 얼굴은 사자 같고 빠르
기는 산의 사슴 같으니 9 그 우두머리는 에셀이요 둘째는 오바댜요 셋째는 엘리압
이요 10 넷째는 미스만나요 다섯째는 예레미야요 11 여섯째는 앗대요 일곱째는 엘
리엘이요 12 여덟째는 요하난이요 아홉째는 엘사밧이요 13 열째는 예레미야요 열한
째는 막반내라 14 이 갓 자손이 군대 지휘관이 되어 그 작은 자는 백부장이요, 그
큰 자는 천부장이더니 15 정월에 요단 강 물이 모든 언덕에 넘칠 때에 이 무리가
강물을 건너서 골짜기에 있는 모든 자에게 동서로 도망하게 하였더라

다윗이 광야에서 생활할 때 그를 찾은 갓 지파 사람들에 대한 이야기이다. 이때 다윗은 아둘람 광야(cf. 삼상 22:1) 혹은 엔게디(cf. 삼상 24:1)에 거하고 있었다. 아둘람은 베들레헴에서 서남쪽으로 22㎞ 떨어진 곳이었으며, 엔게디는 사해 서쪽 해안 중간 지역에 있었다. 두 곳 모두 유다 지파의 땅이었다. 갓은 가나안 북쪽에 정착한 지파이다. 갓 지파는 지리적으로 다윗이 머물던 유다 땅에서 멀리 떨어진 곳에서 그를 돕기 위해서 찾아온 것이다.

갓 지파 사람들의 얼굴은 사자 같았다(8절). 그들이 사자처럼 힘이 세고 상대방을 두려움으로 제압하는 기상을 가졌다는 뜻이다. 고대 근동에서 용사의 능력을 짐승에 비교하는 것은 매우 흔한 일이며 용사들이 짐승의 이름을 타이틀로 사용한 것도 흔한 일이었다(Williamson).

갓 사람들의 용맹에 대한 긍정적인 평가가(8, 14-15절) 용사 열한 명의 이름을(9-13절) 감싸고 있다. 특히 14-15절은 갓 지파의 능력을 두 가지로 찬양한다. 첫째, 그들은 다른 지파 사람들과 비교할 수 없는 뛰어난 군인이었다(14절). 갓 지파 사람 중 계급이 낮은 사람은 백 명을, 높은 사람은 천 명을 거느렸을 정도였다. 둘째, 저자는 갓 지파의 능력을 입증하는 예로 그들이 범람하는 요단 강을 건너가 적을 친 일을 든다(15절). 겨울 내내 헤르몬 산에 쌓였던 눈이 녹아 내리면서 이른 봄 요단 강은 살을 도려낼 만큼 차가운 물로 범람한다. 갓 사람들은 이런 강을 건너가 적들을 쳐서 물리쳤다(cf. Myers).

갓 지파 출신인 사울의 군사 중 다윗에게 온 사람의 수는 많지 않았지만, 저자는 그들의 위상을 매우 높게 평가한다. 베냐민 사람들은 활과 돌팔매질을 통해 거리가 먼 곳에서 적을 공격하는 전술에 익숙한 사람들인 반면에 갓 사람들은 방패와 창을 다룰 줄 아는, 곧 적과 얼굴을 맞대고 펼치는 전투에 익숙한 전사들이었다(8절). 베냐민 사람들과 갓 사람들은 좋은 전술적 파트너가 될 수 있었던 것이다. 다윗은 이처럼 갖가지 전술에 능한 군인들을 모아갔다. 모두 하나님의 축복이었다.

> II. 통일왕국의 역사(9:35–대하 9:31)
> 2장. 다윗의 통치(11:1–29:30)
> 1. 다윗이 이스라엘의 왕이 됨(11:1–12:40)

(6) 광야에서 다윗을 도운 유다와 베냐민 사람들(12:16-18)

16 베냐민과 유다 자손 중에서 요새에 이르러 다윗에게 나오매 17 다윗이 나가서 맞
아 그들에게 말하여 이르되 만일 너희가 평화로이 내게 와서 나를 돕고자 하면 내
마음이 너희 마음과 하나가 되려니와 만일 너희가 나를 속여 내 대적에게 넘기고
자 하면 내 손에 불의함이 없으니 우리 조상들의 하나님이 감찰하시고 책망하시기
를 원하노라 하매 18 그 때에 성령이 삼십 명의 우두머리 아마새를 감싸시니 이르되
다윗이여 우리가 당신에게 속하겠고

이새의 아들이여 우리가 당신과 함께 있으리니
원하건대 평안하소서
당신도 평안하고 당신을 돕는 자에게도 평안이 있을지니
이는 당신의 하나님이 당신을 도우심이니이다
한지라 다윗이 그들을 받아들여 군대 지휘관을 삼았더라

다윗이 요새에 있다는 점(16절; cf. 삼상 23:14), 유다 사람들과 베냐민 사람들이 자신을 적에게 넘길까 두려워한 것(17절), 그들을 받아들여 군대 지휘관으로 삼은 것(18절) 등을 감안하면 이 이야기는 다윗이 사울을 피해 유다 광야를 방황할 때의 일이라는 것이 확실하다. 사울의 군사 중 일부 유다와 베냐민 출신 군인들이 다윗을 찾아왔다(16절). 다윗은 그들이 사울을 버리고 자신을 찾아온 이유에 대해서 의심을 품었다. 이때 다윗은 매우 어려운 상황에 처해 있었고, 이미 에돔 사람 도엑(삼상 22:22)과 그일라 사람들(삼상 23:12)과 십 광야 사람들(삼상 26:1)에 의해 배반당한 적이 있었기 때문에 신중할 수밖에 없었다.

이들의 마음을 알 수 없는 다윗은 하나님께 맡겼다(17b절). 하나님은 다윗의 기도를 아마새에게 영을 부어주심으로 응답해 주셨다(18a절). 저자는 아마새가 삼십 명의 우두머리였다고 한다. 일부 주석가들은 이 아마새가 압살롬이 다윗에게 반역한 후 자신의 군대에서 요압을 대신해서 총사령관으로 임명한 자, 곧 다윗이 훗날 다시 장군으로 받아들였지만 결국 요압에 의해서 암살당한 아마새라고 한다(Japhet, Hill). 그러나 확실하지는 않다.

하나님의 영에 사로잡힌 아마새는 자신들은 참으로 다윗을 위해서 왔다는 사실을 고백했다(18b절). 아마새는 다윗이 17절에서 사용한 "평화/평안"(שָׁלוֹם)을 세 차례나 반복하며 자신들은 화친하기 위해서 왔음을 강조했다. 또한 다윗이 "돕고자(עזר) 왔는가?" 하고 묻는 질문에 두 차례나 "돕다"(עזר)라는 말을 사용하여 화답한다. 이들이 다윗을 돕기 위해서 찾았다는 점을 하나님이 확인해 주신다.

아마새가 하나님의 영에 취해 선포한 내용의 핵심은 하나님이 다윗을 돕고 계신다는 사실이다. 이들이 다윗을 찾은 이유는 하나님이 다윗과 함께하시면서 환란 중에서도 평화를 주시니 자신들도 다윗과 함께하면서 이 평화, 곧 오직 하나님만 주실 수 있는 평화를 누리기 위해서라는 것이다. 아마새의 고백을 통해 역대기 저자는 다윗을 돕는 자들을 하나님이 도우실 것이라고 강조한다(Hill). 다윗 정권은 이처럼 사울에게 쫓길 때부터 하나님의 보호 아래 있는 믿음의 연합체였다. 하나님은 자신의 종들에게 좋은 사람들을 붙여주셔서 일하신다.

II. 통일왕국의 역사(9:35-대하 9:31)
2장. 다윗의 통치(11:1-29:30)
1. 다윗이 이스라엘의 왕이 됨(11:1-12:40)

(7) 시글락에서 다윗을 도운 므낫세 사람들(12:19-22)

19 다윗이 전에 블레셋 사람들과 함께 가서 사울을 치려 할 때에 므낫세 지파에서
두어 사람이 다윗에게 돌아왔으나 다윗 등이 블레셋 사람들을 돕지 못하였음은
블레셋 사람들의 방백이 서로 의논하고 보내며 이르기를 그가 그의 왕 사울에게
로 돌아가리니 우리 머리가 위태할까 하노라 함이라 20 다윗이 시글락으로 갈 때
에 므낫세 지파에서 그에게로 돌아온 자는 아드나와 요사밧과 여디아엘과 미가
엘과 요사밧과 엘리후와 실르대이니 다 므낫세의 천부장이라 21 이 무리가 다윗을
도와 도둑 떼를 쳤으니 그들은 다 큰 용사요 군대 지휘관이 됨이었더라 22 그 때에
사람이 날마다 다윗에게로 돌아와서 돕고자 하매 큰 군대를 이루어 하나님의 군
대와 같았더라

저자는 다윗이 하마터면 블레셋 사람들과 함께 사울을 상대로 전쟁할 뻔했던 사무엘상 29장 사건을 독자들이 알고 있음을 전제하고 이 이야기를 시작한다. 그는 이때 정치적 삶에서 가장 큰 위기를 맞고 있었다. 다윗은 이때까지 1년 4개월 동안 블레셋 왕 아기스의 도움을 받으며 살고 있었고, 그로부터 큰 신임도 얻었다. 그러나 다윗은 이 기간에 블레셋 사람들을 속이고 이방인들의 마을들을 습격했다. 사울이 이끄는 이스라엘 군을 상대로 출전하는 아기스는 다윗에게 함께 전쟁터로 가자고 했다. 다윗에게 이스라엘을 상대로 전쟁하자는 것이다!

다윗은 전혀 그렇게 할 생각이 없었다. 그러나 만일 다윗이 난색을 표하면 아기스의 의심을 살 수밖에 없으며, 그렇게 되면 다윗과 그의 군인들은 생명이 위태로워진다. 다윗은 기꺼이 전쟁에 참여하겠다고 답했고, 이에 아기스의 부하들이 다윗을 믿을 수 없다며 들고 일어났다. 다윗은 전혀 의심받지 않고 오히려 "서운하다"라고 말하며 전쟁에 나가지 않게 되었다.

다윗이 사울을 상대로 전쟁을 하지 않게 된 것은 두 가지 차원에서 하나님의 은총이었다. 첫째는 다윗이 하나님의 기름부음 입은 자를 해치지 않아도 되게 하신 은혜였다. 다윗은 이 원리를 지키기 위해서 두 번이나 사울을 죽이지 않고 살려 주었다. 다윗은 사울이 죽을 때 멀리 떨어져 있었으므로 자신은 사울의 죽음과 아무런 상관이 없음을 온 천하에 알리는 기회가 되었다. 둘째는 시글락에 남아있던 다윗과 군사들의 가족들을 아말렉 사람들의 습격으로부터 구할 수 있게 하신 자비였다. 만일 다윗이 전쟁에 참여했다면 그럴 수 없었을 것이다. 다윗이 맞은 최고의 정치적 위기가 하나님의 섭리 속에서 무난히 잘 해결되었다.

저자는 이때 므낫세 지파 사람 중 사울을 떠나 다윗으로 넘어온 사람 일곱 명이 있었다고 한다(cf. 20절). 일곱 명은 매우 적은 수지만, 저자는 그들의 실력을 높이 평가해 매우 중요한 인물들로 묘사한다. 그들은 모두 자기 지파의 천부장이었으며(20절), 매우 용맹스러운 용사들이었다(21절). 모두 다윗 군대의 지휘관이 되었다(21절). 다윗은 용맹스런 이들의 도움을 받아 시글락에 남아있던 여인들과 아이들을 끌고 간 침략자들, 곧 아말렉 사람들을 쳤다.

본문에서 "이탈하다"(נפל; 개역개정은 본문에서 이 동사를 "돌아오다"라는 의미로 번역하고 있다)라는 단어가 세 차례나 사용되어(19[2회], 20절) 이 섹션의 중심 주제가 되었다(Japhet). 수많은 탈영병들이 생겼으며, 결과적으로 다윗의 군대가 날이 갈수록 강대해졌다(cf. 22절). 저자가 다윗의 군대가 하나님의 군대와 같다고(22절) 하는 것은, 다윗의 전쟁이 곧 하나님의 전쟁이요 다윗의 진이 곧 하나님의 진이라는 점을 강조하기 위해서이다(Johnstone). 그 어느 때보다도 바로 이때 하나님이 다윗과 함께 하셨다는 뜻이다.

Ⅱ. 통일왕국의 역사(9:35–대하 9:31)
2장. 다윗의 통치(11:1–29:30)
1. 다윗이 이스라엘의 왕이 됨(11:1–12:40)

(8) 헤브론에서 다윗을 지지한 지파별 병력 목록(12:23-37)

23 싸움을 준비한 군대 지휘관들이 헤브론에 이르러 다윗에게로 나아와서 여호와
의 말씀대로 사울의 나라를 그에게 돌리고자 하였으니 그 수효가 이러하였더라
24 유다 자손 중에서 방패와 창을 들고 싸움을 준비한 자가 육천팔백 명이요 25 시
므온 자손 중에서 싸움하는 큰 용사가 칠천백 명이요 26 레위 자손 중에서 사천육
백 명이요 27 아론의 집 우두머리 여호야다와 그와 함께 있는 자가 삼천칠백 명이
요 28 또 젊은 용사 사독과 그의 가문의 지휘관이 이십이 명이요 29 베냐민 자손 곧
사울의 동족은 아직도 태반이나 사울의 집을 따르나 그 중에서 나온 자가 삼천 명
이요 30 에브라임 자손 중에서 가족으로서 유명한 큰 용사가 이만팔백 명이요 31 므
낫세 반 지파 중에 이름이 기록된 자로서 와서 다윗을 세워 왕으로 삼으려 하는 자
가 만 팔천 명이요 32 잇사갈 자손 중에서 시세를 알고 이스라엘이 마땅히 행할 것
을 아는 우두머리가 이백 명이니 그들은 그 모든 형제를 통솔하는 자이며 33 스불
론 중에서 모든 무기를 가지고 전열을 갖추고 두 마음을 품지 아니하고 능히 진영
에 나아가서 싸움을 잘하는 자가 오만 명이요 34 납달리 중에서 지휘관 천 명과 방
패와 창을 가지고 따르는 자가 삼만 칠천 명이요 35 단 자손 중에서 싸움을 잘하는
자가 이만 팔천육백 명이요 36 아셀 중에서 능히 진영에 나가서 싸움을 잘하는 자

가 사만 명이요 37 요단 저편 르우벤 자손과 갓 자손과 므낫세 반 지파 중에서 모든 무기를 가지고 능히 싸우는 자가 십이만 명이었더라

저자는 시글락과 광야에서 다윗을 찾아온 사람들의 이야기를 마치고 다시 헤브론으로 이야기의 무대를 바꾼다. 다윗을 찾아 헤브론으로 온 사람들의 이야기를 처음 꺼냈을 때는(11:1-3) 수가 그리 많다는 느낌을 받지 못했다. 반면에 이 섹션에서는 헤브론을 찾아온 군사의 규모가 매우 큼을 강조한다. 다윗을 왕으로 추대한 사람들의 수도 경이롭다. 총 34만 명 가량이 된다. 출애굽 때 이스라엘의 군대가 60만 명이었으니 매우 많은 사람들이 헤브론을 찾은 것이다.

일부 주석가들은 이처럼 많은 사람이 헤브론을 찾았다는 점에 어려움을 느끼고 해석적인 대안을 제시한다. 한 주석가는 "1,000"(אֶלֶף)을 조그만 규모의 군대 구성단위라고 풀이한다(Myers). 이렇게 풀이할 경우 유다 지파에서 온 6,800명은 6개 단위(אֶלֶף; viz., 중대)에 속한 800명이 된다. 어떤 주석가는 "1,000"(אֶלֶף)을 "지도자/장교"(אַלּוּף)로 바꿀 것을 제안한다(Wenham). 이 경우 유다 지파에서 온 6,800명은 장교 6명의 지휘를 받는 800명이 된다.

또 다른 주석가는 이 숫자들을 군인들의 수로 보지 않고 장교들의 직위로 간주한다(Payne). 이 경우 유다 지파에서 온 6,800명은 장교(אֶלֶף) 8명으로 해석한다. 한 순간에 6,800명이 8명으로 줄어든 것이다! 이와 같은 해석으로 나머지를 모두 정리해보면, 다윗을 왕으로 세우기 위해서 헤브론을 찾은 사람들은 398명의 장교들이 된다(Payne). 당시 상황과 이들이 온 이스라엘을 대표해서 다윗을 왕으로 세우기 위해서 헤브론에 모였다는 것을 감안하면 매우 현실적이고 매력적인 해석이다. 그러나 우리가 조금 더 신중히 이 문제를 고려하는 것이 좋을 것 같아서 필자는 전통적인 견해를 수용해서 문자적으로 이해한다.

역대기 사가는 요셉에서 비롯된 에브라임과 므낫세를 두 지파로 구분할 뿐만 아니라 요단 강 서쪽과 동쪽에 정착한 므낫세 지파를 두 지파로 취급한다. 이렇게 해서 총 14지파가 다윗의 즉위식에 참여한 것처럼 묘사하여, 이스라엘 지파 수로 고정된 12지파를 초월한다. 그러므로 본문은 구약에서 가장 많은 이스라엘 지파 수를 언급하는 텍스트이다. 가장 포괄적인 의미에서 "온 이스라엘"의 군대가 다윗을 왕으로 추대하기 위해서 헤브론을 찾은 것이다. 역대기 저자는 이 이야기를 통해 하나 된 이스라엘의 절정(zenith)을 과시한다(Japhet).

저자는 이 섹션을 시작하면서 다윗이 이스라엘 왕이 된 것은 하나님의 섭리에 의한 것임을 강조했다(23절). 다윗이 왕의 자리를 탐해서 사울로부터 빼앗은 것이 아니라 하나님이 사울의 나라를 다윗에게 주셨다는 것이다. 다윗이 결코 부정한 방법 혹은 인간적인 방법을 동원해 왕권을 차지하지 않았음을 강조한다. 또한 하나님의 계획은 그 누구도 막을 수 없고, 하나님은 자신의 뜻을 꼭 이루신다는 교훈을 담고 있다.

레위 자손들의 수가 4,600명에 달했다(26절). 그런데 이 숫자가 아론의 자손 여호야다가 거느린 3,700명과(27절) 사독과 지휘관 22명을(28절) 포함한 수인가, 아니면 추가적인 수인가는 확실하지 않다. 즉, 레위 지파에서 온 사람의 수가 4,600명이었는가, 아니면 8,322명이었는가? 대부분 번역본들이 추가한 수로 취급한다(개역; 공동; NRS; NAS; JPS). 반면에 4, 600명이 3,722명을 포함한 수라고 해석하는 번역본들도 있다(표준; NIV). 저자가 이 섹션에서 제시하는 지파별 군인들의 수가 한결같이 100단위인 점을 감안하면, 포함한 것으로 풀이하는 것이 좋을 듯하지만 확실하지는 않다.

다윗을 왕으로 추대하려고 헤브론으로 몰려온 군인들의 수를 더해보면 30만 명이 훨씬 넘는다. 므낫세 반 지파의 경우 요단 강 서편에 정착한 지파에서 온 군대가 먼저 언급되고(31절), 요단 강 동편에 정착한 지파에서 온 군대는 르우벤과 갓과 함께 취급된다(37절). 한 가지 특이한 점은 유다, 시므온, 베냐민 등 가나안 남쪽에 정착한 지파들에서 온 군인들의 수가 북쪽이나 요단 강 동편 지파에서 온 용사들보다 상대적으로 빈약하다는 것이다. 아마도 이 지파들에 속한 군사들은 수년 전부터 이미 다윗의 군대가 되었기 때문이라 사료된다(Hill). 저자가 제시하고 있는 지파별 군인 수는 다음과 같다.

지파	군인 수	세부 사항
유다	6,800	방패와 창으로 무장한 군인
시므온	7,100	용맹스러운 용사들
레위	4,600	아론의 자손 여호야다의 부하 3,700 사독과 그의 가문 지휘관 22
베냐민	3,000	이때까지 사울 가문을 지키던 자들
에브라임	20,800	용맹스러운 용사들
므낫세(½)	18,000	다윗을 왕으로 추대하라는 지파의 지명을 받은 자들
잇사갈	200+	200명 모두 지도자들이며 부하들을 이끌고 옴. 분별력이 좋음
스불론	50,000	완전 무장하고 일편단심 충성된 자들
납달리	38,000	지휘관 1,000명, 부하들 37,000명
단	28,600	전투병
아셀	40,000	전투병
르우벤, 갓, 므낫세(½)	120,000	갖가지 무기로 무장한 군인들
총계	337,100+	다윗을 왕으로 추대하기 위해 약 34만 명 가량이 헤브론을 찾음

다윗을 왕으로 세우기 위해서 찾아온 군인들은 "성심으로"(בְּלֵבָב שָׁלֵם) 헤브론을 찾았다(38절). 그 누구도 다윗의 왕권에 대해서 다른 생각을 가진 자는 없었다. 그들뿐만 아니라 나머지 모든 이스라엘 사람들도 다윗을 왕으로 추대하는 일에 뜻을 같이했다(38절). 저자는 온 이스라엘이 이 일에 있어서 "한 마음"(לֵב אֶחָד)을 품었다며 온 나라가 함께 한 일이라는 점을 강조한다. 하나님의 섭리에 따라 다윗은 하나님의 축

복과 백성들의 열렬한 환영 속에서 이스라엘 왕좌에 오르게 된다. 아마도 이날 밤 잠자리에 누운 다윗은 사울에게 쫓기면서 몇 번씩이나 죽을 고비를 넘겼던 지난 날들을 회상했을 것이다. 그러고는 지난 날의 모든 고통과 아픔이 이처럼 아름다운 일을 창출하기 위한 하나님의 훈련이었음을 고백했을 것이다.

Ⅱ. 통일왕국의 역사(9:35-대하 9:31) 2장. 다윗의 통치(11:1-29:30) 1. 다윗이 이스라엘의 왕이 됨(11:1-12:40)

(9) 다윗이 헤브론에서 왕이 된 것을 축하함(12:38-40)

38 이 모든 군사가 전열을 갖추고 다 성심으로 헤브론에 이르러 다윗을 온 이스라
엘 왕으로 삼고자 하고 또 이스라엘의 남은 자도 다 한 마음으로 다윗을 왕으로
삼고자 하여 39 무리가 거기서 다윗과 함께 사흘을 지내며 먹고 마셨으니 이는 그
들의 형제가 이미 식물을 준비하였음이며 40 또 그들의 근처에 있는 자로부터 잇
사갈과 스불론과 납달리까지도 나귀와 낙타와 노새와 소에다 음식을 많이 실어왔
으니 곧 밀가루 과자와 무화과 과자와 건포도와 포도주와 기름이요 소와 양도 많
이 가져왔으니 이는 이스라엘 가운데에 기쁨이 있음이었더라

다윗의 즉위식이 성대했던 것만큼이나 뒤따른 잔치도 성대했다. 온 이스라엘이 마련해준 음식으로 그들은 사흘 동안 잔치를 했다(39절). 다윗과 언약을 맺은 자들이(cf. 11:3) 그와 함께 잔치하며 음식을 나눈다는 것은 언약 체결식이 절정에 달했음을 뜻한다(Johnstone, cf. 창 31:54; 출 24:11). 사흘 동안이나 잔치가 계속되었다는 것은 다윗의 즉위를 온 이스라엘이 얼마나 기뻐했는지를 암시한다. 잇사갈과 스불론과 납달리 지파도 나귀와 낙타와 노새와 소에 음식물을 싣고 왔다. 이들은 북쪽에 정착한 지파들이다. 그런데 저자는 이들을 "근처에 있는 자들/이웃들"(הַקְּרוֹבִים־אֲלֵיהֶם)이라고 한다(40절). 온 이스라엘이 다윗을 축하하는 일에 한마음이 되었기에 먼 길도 마다하지 않고 마치 이웃을 찾는 것처럼 달려왔다는 것이다. 밀가루 과자, 무화과 과자, 건포도, 포도주, 기름, 소, 양의 고기 등이 잔치를 풍성하게 만들었다(40절).

저자는 이 잔치의 가장 중요한 의미를 마지막에 기록한다. "이스라엘 가운데에 기쁨이 있었다"(שִׂמְחָה בְּיִשְׂרָאֵל)(40절). 이스라엘의 모든 지파가 하나가 되어 다윗을 왕으로 추대했으며, 하나님이 계획하신 일이 이루어지는 순간이니 얼마나 기뻤겠는가! 저자는 이와 같은 기쁨이 자신의 시대에도 임할 것을 갈망한다. 그래서 이제부터 그는 기쁨(שִׂמְחָה)을 책의 중요한 테마로 삼는다(cf. 대상 15:16, 25; 16:10, 31; 29:9, 17; 대하 6:41; 7:10; 15:15; 20:27; 23:13, 18, 21; 24:10; 29:30, 36; 30:21, 23, 25, 26). 사람이 하나님의 뜻에 따라 사는 것이 항상 기쁜 일만은 아니겠지만, 대체로 크리스천의 삶에는 기쁨이 충만해야 한다. 또한 하나님을 아는 기쁨과 하나님의 뜻에 따라 사는 기쁨은 이 세상이 줄 수 없는 값지고 큰 즐거움이다.

II. 통일왕국의 역사(9:35–대하 9:31)
2장. 다윗의 통치(11:1–29:30)

2. 예배의 중심 예루살렘(13:1-17:27)

저자는 다윗이 온 이스라엘과 함께 예루살렘을 공략하여 취한 이야기를(11:4-9) 한 다음, 다윗을 지지한 사람들에 대한 이야기를 네 단계로 나누어 했다(11:10-12:40). 이제 다윗을 지지한 자들을 계수하느라 멈춘 예루살렘 이야기를 다시 시작한다(Johnstone).

다윗이 통일왕국의 왕이 되어 여부스 족에게서 빼앗은 예루살렘은 정치적으로 중요한 수도였다. 앞으로 다윗은 이곳에서 "온 이스라엘"을 다스리게 된다. 그러므로 예루살렘은 다윗 왕정에 가장 중요한 정치적 요지가 될 것이다. 그러나 예루살렘은 정치적 요충지의 역할을 초월하는 특별한 성읍이었다. 신명기 저자는 때가 되면 하나님이 한 곳을 지정하실 것이며, 이스라엘은 하나님이 정해주신 그곳에서만 예배를 드려야 할 것이라고 했다(cf. 신 12장). 그러나 신명기는 그곳이 어디인지는 지명하지 않았다. 드디어 다윗-솔로몬 시대에 이르러 이스라엘의 유일한 예배 처소가 지명된다. 그곳은 바로 '예루살렘'이다.

이 섹션은 법궤의 이동을 통해서 예루살렘이 하나님이 지명하신 영구적인 예배 처소가 된 과정을 묘사한다. 또한 이곳에서 다윗과 그의 자손들이 영원히 이스라엘을 통치할 것이라는 하나님의 약속을 축복으로 받는다. 이것이 일명 "다윗 언약"이다. 이 언약은 장차 인류의 구원자로 오실 메시아에 관한 것이기도 하다. 그래서 다윗 언약이 주어진 이후로 선지자들은 메시아가 제2의 다윗, 다윗의 후손, 혹은 새로운 다윗으로 오실 것이라고 하는데, 이러한 유형의 예언들은 모두 이 언약에 근거한 것이다. 세월이 지나면서 다윗 언약은 이스라엘의 미래와 연관된 가장 중요한 언약이 되었다.

저자는 전반적으로 사무엘하 5-6장을 바탕으로 이 텍스트를 구성했다. 그러나 어떤 부분은 특별히 강조하고, 경우에 따라서는 텍스트의 순서를 재조정하고 있다. 이것은 이야기가 사건이 일어난 순서에 따라 전개된 것이 아니라, 신학적·테마적 순서에 따라 재조정되었음을 알려 준다(Williamson). 사무엘서에 의하면 다윗은 예루살렘을 평정한(삼하 5:6-12) 이후에 몇 가지 업적을 쌓았으며(삼하 5:13-25), 그 다음에 하나님의 법궤를 예루살렘으로 운반해오려다 실패했다(삼하 6:1-11). 반면에 역대기 저자는 다윗이 왕이 되자마자(cf. 대상 11-12장) 맨 처음 한 일이 법궤를 예루살렘으로 옮겨오려다가 실패한 일인 것처럼 이야기를 진행한다(대상 13장). 그런 다음에 14장에 가서 사무엘하 5:13-25에 기록된 내용을 도입하고 있다. 사무엘서의 이야기 순서를 바꾸고 있다. 이러한 변화를 통해 역대기 저자는 다윗 왕의 가장 우선적이고 중요한 임무는 종교적인 것임을 암시한다. 이 섹션은 다음과 같이 구분할 수 있다.

A. 첫 번째 법궤 이동(13:1-14)

B. 다윗의 명성(14:1-17)

A'. 두 번째 법궤 이동(15:1-16:3)
B'. 여호와 찬양(16:4-43)
C. 하나님이 다윗과 언약을 맺으심(17:1-27)

II. 통일왕국의 역사(9:35–대하 9:31)
2장. 다윗의 통치(11:1–29:30)
2. 예배의 중심 예루살렘(13:1–17:27)

(1) 첫 번째 법궤 이동(13:1-14)

역대기 저자는 다윗이 법궤를 이동하려다 실패한 일을 회고하면서 사무엘하 6:2-11에 기록된 내용을 6-14절에서 거의 그대로 인용하고 있다. 반면에 1-5절에 기록된 내용은 성경 다른 곳에서 찾아볼 수 없다. 저자가 정경 외의 다른 출처들을 사용해서 이야기를 재구성한 것이다.

지금까지 하나님은 10-12장에 기록된 모든 사건을 주관하셨다. 하나님은 사울을 죽이셨고(10:14), 다윗의 승승장구를 도우셨다(11:9). 하나님의 특별한 은혜로 왕이 된 다윗이 하나님을 이스라엘 공동체의 한 중심으로 모시려 한다(Allen). 문제는 다윗이 순수한 종교적 동기에서만 하나님의 임재를 상징하는 법궤를 예루살렘으로 운반해오려고 한 것이 아니라, 정치적 계산(viz., 자신의 정권에 종교적 정당성을 더하기 위함)도 앞세우고 있다는 것이다. 결국 다윗이 법궤를 경솔하게 대하다가 혼이 난다. 본 텍스트는 다음과 같이 구분할 수 있다.

A. 법궤 운반 결정(13:1-4)
B. 기럇여아림으로 내려감(13:5-6)
C. 법궤 운반과 웃사의 죽음(13:7-11)
D. 법궤가 오벧에돔 집으로 실려감(13:12-14)

Ⅱ. 통일왕국의 역사(9:35–대하 9:31)
2장. 다윗의 통치(11:1–29:30)
2. 예배의 중심 예루살렘(13:1–17:27)
(1) 첫 번째 법궤 이동(13:1–14)

① 법궤 운반 결정(13:1–4)

1 다윗이 천부장과 백부장 곧 모든 지휘관과 더불어 의논하고 2 다윗이 이스라엘
의 온 회중에게 이르되 만일 너희가 좋게 여기고 또 우리의 하나님 여호와께로 말
미암았으면 우리가 이스라엘 온 땅에 남아 있는 우리 형제와 또 초원이 딸린 성
읍에 사는 제사장과 레위 사람에게 전령을 보내 그들을 우리에게로 모이게 하고
3 우리가 우리 하나님의 궤를 우리에게로 옮겨오자 사울 때에는 우리가 궤 앞에서
묻지 아니하였느니라 하매 4 뭇 백성의 눈이 이 일을 좋게 여기므로 온 회중이 그
대로 행하겠다 한지라

다윗은 법궤를 예루살렘으로 옮겨오기를 원해 이스라엘의 여러 지도자들과 의논했다. 사무엘하 6장은 법궤를 운반하는 일을 다윗이 혼자 결정하고 진행한 일이라고 한 것에 반해, 본문은 법궤를 예루살렘으로 운반해오는 것은 분명 다윗의 생각이었지만 온 이스라엘을 설득해서 백성들의 적극적인 지지를 얻은 다음에야 진행했다고 한다. 사무엘서에는 다윗이 모든 일을 기획하고 진행하고 백성들은 참관인이었는데, 역대기에서는 다윗이 주도하여 온 백성이 함께 한 일로 묘사되어 있다. 역대기 저자의 "온 이스라엘" 강조에서 비롯된 편집이다.

다윗은 먼저 천부장과 백부장, 그 밖의 모든 지휘관과 의논했다(1절). 리더들의 동의를 얻은 다윗이 온 이스라엘 회중에게 자신의 계획을 발표하고(2-3절), 회중들은 다윗의 계획을 적극적으로 지지했다(4절). 저자는 온 이스라엘이 한마음이 되어 이 일에 동참했다고 묘사한다. 다윗의 목적은 분명 법궤를 예루살렘으로 가져오는 것이지만, 저자에게 목적만큼이나 중요한 것은 결정 과정에서 백성들의 동조와 역할이다. 여기에서 다윗과 백성들의 관계가 점진적으로 확대되고 있다. 다윗→지도자들→이스라엘 영토에 남아있는 백성→시홀에서 하맛 어귀에 이르기까지 온 이스라엘(Japhet)이다.

저자가 이처럼 백성의 역할을 강조하는 것은 왕권에 대한 귀향민들의 생각이 바뀌고 있음을 시사한다. 전에는 왕권이 절대적인 권력이었기에 백성들은 왕이 결정하는 대로 따랐을 뿐 별다른 목소리를 내지 않았다. 왕이 무대에서 연기하는 자였다면 백성들은 청중에 불과했다. 그러나 저자의 시대(viz., 포로기 이후 시대)에 와서는 백성들은 더 이상 왕의 공연을 지켜보는 청중으로 머물지 않았다. 백성은 왕의 파트너였으며 왕이 결정하는 일에 고문 역할을 했다. 그렇기 때문에 왕의 통치 방법도 바뀌어야 했다. 왕은 더 이상 권력으로 백성들을 제압하는 것이 아니라 백성의 자문을 구하고 설득함으로 인도해야 한다. 성경적 리더십을 추구하는 사람들이 참고할 부분이다.

다윗에게 법궤를 예루살렘으로 운반해오는 일은 물리적인 프로젝트 이상의 의미를 지닌 영적 프로젝트였다. 저자는 사울이 하나님을 찾지 않은 죄를 저질렀다며 "찾다/묻다"(דרשׁ) 동사를 그의 죄를 묘사하는 중요한 개념으로 사용했다(cf. 10:14; McConville). 다윗은 사울 시대에 이스라엘이 찾지 않은 하나님을 '찾기'(דרשׁ) 위해서 법궤를 예루살렘으로 모셔오자고 제안한다(3절). 그러므로 저자는 사울이 통치기간 내내 법궤를 방치한 일(cf. 삼상 7:2)을 하나님을 등한시한 것의 상징으로 보며, 다윗이 기럇여아림에 방치된 법궤를 예루살렘으로 모셔오는 것을 하나님을 '찾는 삶'의 상징으로 간주한다(McConville, Allen).

법궤가 머물고 있던 기럇여아림은 예루살렘에서 서쪽으로 약 13㎞ 떨어진 곳에 있다(McCarter). 기럇여아림은 유다 지파에 속한 땅이었다(cf. 6절). 기럇여아림도 이스라엘 땅이므로 만일 법궤의 물리적 위치가 이슈였다면, 굳이 예루살렘으로 옮겨올 필요가 없었다(Hill). 그런데 다윗은 법궤를 운반해옴으로써 "법궤를 우리 것으로 만들자"라고 외친다(Japhet). 그들의 영적인 삶에서 법궤를 더욱더 가까이하자는 것이다(cf. 3절).

② 기럇여아림으로 내려감(13:5-6)

5 이에 다윗이 애굽의 시홀 시내에서부터 하맛 어귀까지 온 이스라엘을 불러모으
고 기럇여아림에서부터 하나님의 궤를 메어오고자 할새 6 다윗이 온 이스라엘을
거느리고 바알라 곧 유다에 속한 기럇여아림에 올라가서 여호와 하나님의 궤를
메어오려 하니 이는 여호와께서 두 그룹 사이에 계시므로 그러한 이름으로 일컬
음을 받았더라

온 회중의 지지를 얻은 다윗은 법궤를 운반해오는 일에 동참할 사람들을 모았다. 사무엘하 6:1은 다윗이 3만 명의 정예군을 이끌고 기럇여아림으로 내려갔다고 한다. 군사적인 작전이었던 것이다. 반면에 역대기 저자는 이 일이 민간인을 동원한 일이었다고 한다. 다윗은 이집트의 시홀에서부터 하맛 어귀에 이르기까지 온 이스라엘을 불러모았다(5절). 구약 성경에서는 이스라엘 영토의 범위를 대체로 북쪽 단에서부터 남쪽 브엘세바로 규정한다(cf. 대상 21:2). 본문에서는 가나안 서남쪽에 있는 이집트 나일 강의 다른 이름인 시홀에서부터(Japhet)(cf. 사 23:3; 렘 2:18) 약속의 땅 동북쪽 시리아에 속한 하맛 어귀를 이스라엘 영토로 규정한다. 하맛 어귀는 다마스쿠스에서 북쪽으로 70㎞ 떨어진 곳이다. 이스라엘의 영토를 이렇게 규정한 곳은 본문과 여호수아 13:2-5뿐이다. 여호수아 텍스트는 이 두 곳을 여호수아가 다 정복하지 못한 이스라엘 영토를 정의하는 일종의 책 받침대(bookends)로 사용했다.

저자가 두 곳을 언급하는 것에는 두 가지 의미가 있다(Hill). 첫째, 다윗이 법궤를 옮겨오고자 하는 일을 지지하는 이스라엘 사람들의 수를 극대화하기 위해서이다. 그래서 성경이 거의 사용하지 않는 가장 넓은 이스라엘 영토 범위를 사용하고 있다. 둘째, 이스라엘이 정복할 이상적인 영토 범위를 규정하는 여호수아 13:2-5을 이곳에 언급한 것은 이스라엘이 다윗의 통치 아래 마침내 가나안을 완전히 정복했음을 강조하기 위해서이다. 역대기 저자는 다윗이 이스라엘 왕 중 이스라엘의 영토를 가장 이상적인 수준으로 확장했다는 점을 강조하고자 한다(Allen). 다윗은 참으로 위대한 왕이며 참으로 위대한 일을 해낸 사람이었다.

II. 통일왕국의 역사(9:35-대하 9:31)
2장. 다윗의 통치(11:1-29:30)
2. 예배의 중심 예루살렘(13:1-17:27)
(1) 첫 번째 법궤 이동(13:1-14)

③ 법궤 운반과 웃사의 죽음(13:7-11)

7 하나님의 궤를 새 수레에 싣고 아비나답의 집에서 나오는데 웃사와 아히오는 수
레를 몰며 8 다윗과 이스라엘 온 무리는 하나님 앞에서 힘을 다하여 뛰놀며 노래
하며 수금과 비파와 소고와 제금과 나팔로 연주하니라 9 기돈의 타작 마당에 이르
러서는 소들이 뛰므로 웃사가 손을 펴서 궤를 붙들었더니 10 웃사가 손을 펴서 궤
를 붙듦으로 말미암아 여호와께서 진노하사 치시매 그가 거기 하나님 앞에서 죽
으니라 11 여호와께서 웃사의 몸을 찢으셨으므로 다윗이 노하여 그 곳을 베레스 웃
사라 부르니 그 이름이 오늘까지 이르니라

다윗과 백성들은 기럇여아림에 있는 아비나답의 집에서 하나님의 궤를 꺼내 새 수레에 실었다. 법궤는 블레셋에서 돌아온 이후로(cf. 삼상 4장) 이곳에서 지난 수십 년을 보냈다. 웃사와 아히오가 법궤를 실은 수레를 몰았다(7절). 다윗과 온 이스라엘은 하나님 앞에서 기뻐하고 즐거워하였다(8절). 본문이 제시하는 상황은 법궤를 둘러싼 온 이스라엘 백성들과 왕이 흥겹게 찬양하며 춤추는 모습이다. 참으로 하나님이 "이스라엘 회중 중에 계셨던 것"이다.

모든 것이 순조롭게 진행되는 듯하다가 법궤가 기돈(삼하 6:6은 나곤이라 함)의 타작 마당에 이르렀을 때 문제가 생겼다. 웃사가 수레를 끌던 소들이 뛰어서 떨어질 것 같은 궤를 붙들었다가 그 자리에서 하나님의 심판을 받아 죽은 것이다(10절). 웃사의 죽음을 기념하기 위해서 그곳을 베레스 웃사(פֶּרֶץ עֻזָּה; lit., "웃사를 침")로 불렀다. 모세가 시내 산에 임할 하나님의 현현에 대해서 경고하면서 만일 사람이 시내 산 주변으로 쳐 놓은 선을 넘어 산의 거룩함을 무시하면 하나님은 이스라엘을 치실(פרץ) 것이라고 했다(출 19:24). 똑같은 단어이다. 웃사는 하나님의 거룩하심을 침범했다가 죽임을 당한 것이다. 웃사와 아히오는 아비나답의 아들이거나 손자였을 가능성이 있다(Gordon). 웃사는 엘리아살의 다른 이름의 형태라고 주장하기도 한다(McCarter).

웃사가 저지른 죄가 무엇인가? 첫째, 어떤 경우에도 손을 대서는 안 되는 거룩한 물건을 만졌다(Milgrom, cf. 민 4:15). 웃사는 법궤가 걱정돼서 한 일이지만 하나님은 용납하지 않으셨다. 옛적에 호기심 때문에 여호와의 궤를 들여다 본 까닭에 벧세메스 사람 70명이 죽은 일 역시 하나님의 철저한 거룩하심을 강조한 사건이었다(cf. 삼상 6장). 둘째, 비록 거의 반사적 행동으로 법궤를 잡았다 할지라도, 하나님의 능력을 믿지 않는 불신의 죄를 저질렀다(Japhet). 법궤는 하나님이 스스로 알아서 하시는 것이지 인간이 보호하는 것이 아니다. 법궤가 블레셋에 빼앗긴 뒤 그 사람들에게 어떤 일이 일어났고, 어떻게 다시 이스라엘로 돌아왔는지를(cf. 삼상 5-6장) 생각해보면 이 원리를 쉽게 이해할 수 있다.

다윗은 웃사의 죽음을 단순한 사고로 보지 않았다. 그는 이 일에 대해서 화를 냈지만(11절), 동시에 두려워했다(12절). 본 텍스트나 사무엘서는 다윗이 무엇을 두려워했는지에 대한 구체적인 언급을 피한다. 법궤가 잘못하면 사람을 죽일 정도로 거룩하신 하나님의 임재와 연관되었다는 사실을 두려워한 것은 아니다. 그가 법궤를 예루살렘으로 옮기려 했던 이유가 바로 이것이기 때문이다. 한 가지 확실한 것은 다윗이 웃사가 죽은 일을 개인적으로 받아들여 하나님이 법궤 운반 자체를 기뻐하시지 않는다고 생각했다는 점이다(Hill, Japhet).

하나님은 왜 자신이 영원한 예배 처소로 지목하실 예루살렘으로 법궤가 운반되는 것을 기뻐하지 않으셨단 말인가? 다윗의 두 번째 시도 때에는 법궤가 예루살렘에 입성하는 것을 기꺼이 허락하신 점으로 미루어보아 문제는 첫 번째 시도에 있지, 법궤를 운송하는 일에 있는 것은 아니다. 그렇다면 첫 번째 시도는 어떤 문제를 안고 있는 것일까? 다윗과 백성들이 너무 흥분한 나머지 하나님의 거룩하심을 침범하는 죄를 범한 것일까?(Williamson). 아니면 율법에 따라 레위 사람들이 운송해야 하는 것을 위반했기 때문일까?(Japhet, Hill). 두 번째 시도와 비교해 보았을 때, 운송 방법이 문제였음을 쉽게 알 수 있다.

또한 사무엘서에서는 법궤 운반이 안고 있는 추가적인 문제가 명백히 드러난다. 다윗이 시도하는 법궤 운반 사건과 이스라엘과 블레셋의 싸움에서(cf. 삼상 4-6장) 있었던 법궤 사건이 몇 가지 공통점을 지니고 있다. 두 사건이 비슷한 의도에서 빚어진 일이었음을 시사한다.

첫째, 사무엘서는 법궤를 "그룹들 사이에 좌정하신 만군의 여호와의 이름으로 불리는 것이라"(אֲשֶׁר־נִקְרָא שֵׁם שֵׁם יְהוָה צְבָאוֹת יֹשֵׁב הַכְּרֻבִים עָלָיו אֲרוֹן הָאֱלֹהִים)(삼하 6:2; cf. 대상 13:6)고 설명한다. 이 문장은 사무엘상 4:4의 "그룹 사이에 계신 만군의 여호와의 언약궤"(בְּרִית־יְהוָה צְבָאוֹת יֹשֵׁב הַכְּרֻבִים אֲרוֹן)와 비슷하다. 저자는 두 사건을 의도적으로 연결하고자 한다.

둘째, 법궤가 예루살렘으로 옮겨지면서 소들이 끄는 수레에 실려가고 있다(삼하 6:3; cf. 대상 13:7). 옛적에 법궤가 블레셋에서 돌아올 때 수레에 실려왔다(삼상 6:7-12). 모세의 율법은 분명히 법궤가 이동할 때에는 해달의 가죽으로 덮고, 레위 지파에 속하는 고핫 자손들만이 그것을 장대로 꿰어 메고 옮기라고 한다(민 4:5-15). 그런데 지금 다윗은 새로운 방법을 사용하고 있다. 그것도 오래전에 블레셋 사람들이 사용한 방법을! 이방인이 법궤를 취급한 방식에 영향을 받아 이스라엘 왕이 그 방식을 모방하고 있는 것이다(Selman).

역대기 기자는 다윗도 절차가 잘못되었음을 시인한 것으로 기록한다(대상 15:13). 법궤를 운반하는 일은 처음부터 매우 불안하게 시작했다. 절차상 하자가 있는 일은 차라리 하지 않는 게 오히려 낫다. 현재 교회에서 윤리와 도덕성을 어기는 사역과 프로젝트들이 있다면 자제해야 함을 깨닫는다.

셋째, 이스라엘의 장로들은 블레셋과의 싸움에 법궤를 옮겨올 때, 하나님의 뜻을 물어보지 않았다. 다윗도 하나님의 뜻을 물어보지 않고 이 일을 진행했다(cf. 대상 15:13). 사무엘서에 묘사된 다윗을 보면 그동안 항상 하나님의 뜻을 구한 것을 감안하면 조금 특이한 일이라 생각된다.

넷째, 법궤가 블레셋 사람들에게서 벧세메스로 돌아온 것이 끝에 가서는 70명의 생명을 앗아갔다(cf. 삼상 6장). 본문에서는 웃사가 죽임을 당했다. 두 사건 모두에 살상이 포함되어 있다. 이번 사건에서 웃사의 죽음은 지도자 다윗으로 인해 빚어진 일이다(McConville). 하나님의 법궤를 정치적으로 이용하려다가 벌어진 일이기 때문이다.

근본적으로 사무엘서 저자는 두 사건을 연결함으로써 일종의 모형 사건(type-scene)을 형성한다. 저자는 첫 번째 일의 잘못이 여기서 반복되고 있음을 암시하는 것이다. 블레셋과의 전쟁에서 범한 이스라엘의 잘못이 무엇이었는가? 법궤를 일종의 부적으로 사용한 것이다. 그렇다면 여기서도 문제가 되는 것은 다윗이 순수한 동기에서 이 일을 진행하고 있지 않다는 것이다. 그는 지금 여호와의 법궤를 정치적으로 이용하기 위해 예루살렘으로 들이려 하였다.

예루살렘을 정복하여 자신의 통치 수도로 삼은 다윗은 이제 자신의 정권에 종교적인 정당성을 부여하는 방법을 모색했다. 가장 좋은 방법은 하나님의 임재의 상징인 법궤를 예루살렘으로 운반해오는 것이었다. 물론 그에게는 하나님을 가까이하고 싶은 순수한 열망도 있었으나 여기에 정치적인 필요가 잘 어우러진 것이다.

그러므로 다윗이 법궤를 예루살렘으로 운반해오려 했던 동기가 순수하지 못했다. 하나님을 이용하려던 다윗은 일종의 "하나님 길들이기"를 시도한 것이다. 비록 하나님이 다윗을 매우 사랑하셨지만, 결코 이러한 일을 용납하실 리 없다. 하나님은 다윗에게 경고의 메시지를 보내기 위해서 소들이 뛰게 했고, 이 일로 인해 웃사를 치신 것이다. 그러므로 웃사는 다윗 때문에 죽었다는 말이 나온 것이다(McConville).

II. 통일왕국의 역사(9:35–대하 9:31)
2장. 다윗의 통치(11:1–29:30)
2. 예배의 중심 예루살렘(13:1–17:27)
(1) 첫 번째 법궤 이동(13:1–14)

④ 법궤가 오벧에돔 집으로 실려감(13:12–14)

12 그 날에 다윗이 하나님을 두려워하여 이르되 내가 어떻게 하나님의 궤를 내 곳
으로 오게 하리요 하고 13 다윗이 궤를 옮겨 자기가 있는 다윗 성으로 메어들이지
못하고 그 대신 가드 사람 오벧에돔의 집으로 메어가니라 14 하나님의 궤가 오벧
에돔의 집에서 그의 가족과 함께 석 달을 있으니라 여호와께서 오벧에돔의 집과
그의 모든 소유에 복을 내리셨더라

웃사의 죽음은 다윗에게 큰 충격이었다. 그는 법궤를 자신의 정권을 정당화시키는 데 이용했다. 과거에 블레셋 진영에서 돌아온 법궤로 인해 벧세메스 사람 70명이 죽었고 이번에는 웃사가 죽음으로, 법궤를 함부로 대하지 말 것을 경고하고 있다. 하나님은 분명히 다윗을 사랑하시고 인정하시지만, 그분은 결코 그 누구의 손에도 머물 수 없는 분이다. 다윗은 여호와의 법궤를 자신의 정치적 야심과 목적을 위해 사용하려 했지만, 하나님은 법궤가 그런 목적으로 사용될 수 없음을 가르쳐 주신 것이다(Gordon). 이 사건은 크리스천들에게 강한 경고의 메시지를 준다. 하나님이 우리를 사랑하신다는 말을 결코 우리가 그분의 인격을 쉽게 생각하는 것을 용납하신다는 의미로 여겨서는 안 된다는 것이다.

다윗은 하나님을 두려워하여 오벧에돔의 집에 법궤를 남겨두고 예루살렘으로 돌아갔다(13절). 일부 학자들은 가드 사람(גִּתִּי) 오벧에돔(עֹבֵד־אֱדֹם)이란 이름과 연관된 고대 근동의 정황을 고려하면 이 사람은 아마도 이방인, 그것도 블레셋 사람이었을 가능성이 높다고 한다(Hertzberg, cf. Hill). 이 해석을 따르면 다윗이 법궤를 이방인의 손에 남겨두었다는 것이며, 이 이방인이 결코 자원해서 법궤를 받지는 않았을 것이다. 이러한 다윗의 행위가 윤리적으로 문제가 될 수 있다(Hertzberg, Selman). 그러나 역대상 26:1-5에 의하면 이 사람은 레위 사람이었다.

다윗이 하나님의 법궤의 위력을 보고 새로운 차원의 두려움에 휩싸였던 일은 그에게 매우 좋은 경험이 되었을 것이다. 훗날 밧세바와 간음한 일로 찾아온 나단의 메시지를 그가 쉽게 받아들이고 즉시 하나님 앞에 회개할 수 있었던 것은, 이 사건을 통해서 형성된 살아 계신 하나님에 대한 두려움이 상당한 영향을 미쳤을 것이라는 상상을 할 수 있다. 그렇게 3개월이 흐르는 동안 하나님이 오벧에돔의 집에 복을 주셨다. 임마누엘의 위력이 그 집에 나타난 것이다.

(2) 다윗의 명성(14:1-17)

다윗의 첫 번째 법궤 운반 프로젝트가 실패한 후 그는 예루살렘으로 돌아갔으며 3개월의 시간이 지났다. 사무엘하 6장은 첫 번째 프로젝트의 실패에 이어 곧바로 두 번째 법궤 운반 이야기를 진행하는데, 역대기는 첫 번째와 두 번째 시도 사이에 다윗의 명성이 온 천하에 퍼지게 된 이야기를 삽입한다. 이 이야기는 두 법궤 이동 프로젝트 사이에 있었던 3개월의 시간을 채우는 역할을 한다(Allen). 본 텍스트가 기록하는 내용이 사무엘서에서는 모두 사무엘하 6장에 실려있다. 역대기 저자가 사무엘서를 인용하면서 사건의 순서를 바꾸고 있다. 본문을 다음과 같이 구분한다.

A. 다윗 정권 번영의 신학적 근거(14:1-2)

B. 예루살렘에서 태어난 다윗의 자녀들(14:3-7)

C. 블레셋과의 첫 번째 전쟁(14:8-12)

D. 블레셋과의 두 번째 전쟁(14:13-16)
E. 다윗의 명성(14:17)

II. 통일왕국의 역사(9:35–대하 9:31)
2장. 다윗의 통치(11:1–29:30)
2. 예배의 중심 예루살렘(13:1–17:27)
(2) 다윗의 명성(14:1–17)

① 다윗 정권 번영의 신학적 근거(14:1–2)

1 두로 왕 히람이 다윗에게 사신들과 백향목과 석수와 목수를 보내 그의 궁전을
건축하게 하였더라 2 다윗이 여호와께서 자기를 이스라엘의 왕으로 삼으신 줄을
깨달았으니 이는 그의 백성 이스라엘을 위하여 그의 나라가 높이 들림을 받았음
을 앎이었더라

하나님이 축복하신 다윗의 명성에 대한 이야기는 주변 국가로부터 시작한다. 두로 왕 히람이 다윗의 궁을 지어준 것이다. 다윗이 첫 번째 법궤 운반 사건에 실패한 이후 곧바로 그의 궁궐 건설과 여호와께서 그의 왕권을 굳건하게 해 주셨다는 사실이 언급된 것은 비록 하나님이 다윗에게 불편한 심기를 드러내셨어도 그를 버리신 것이 아니라는 사실을 강조하기 위해서이다. 다윗의 궁이 건설되었다는 것은 하나님이 아직도 그를 사랑하셔서 자비를 베풀기 원하신다는 징조였다(Japhet).

다윗이 왕이 된 후 이스라엘은 여러 면에서 눈부신 발전을 거듭한다. 나라의 발전은 다윗 개인의 명성과 발전을 의미했다. 그가 왕이 된 후 두로의 왕 히람은 사절단과 나무, 기능공 등을 보내 궁궐을 지어 주었다. 어떤 학자들은 이 일을 히람이 다윗이 통치하는 지역에서 영업을 하기 위해서 지불하는 일종의 세금으로 해석하기도 하고(Katzenstein), 종속국이 종주에게 바치는 조공으로 간주하기도 한다(Allen).

두로는 오래전부터 지중해 주변국 사이의 교역을 좌우하는 상업주의(commercialism)의 중심에 서 있는 나라였다. 그런 나라가 왜 이스라엘에게 호의를 베풀겠는가? 다윗 왕국의 위상이 높아졌으며, 두로의 호의를 받아들인 것은 이제 다윗이 이스라엘을 국제적 규모의 상업주의의 일원으로 올려놓았다는 의미이다. 이 일이 계기가 되어 두 나라의 외교는 매우 두터워지며 훗날 솔로몬은 두로의 기능공들과 무역 능력의 도움에 의존하여 여호와의 성전을 짓게 된다.

다윗은 자신이 누리는 이런 외교적인 안정과 나라의 번영은 왕으로 세워주신 여호와께서 그의 백성을 번영하게 하시려고 이루신 일이라는 것을 잘 알고 있었다(2절). 물론, 이스라엘이 이웃 나라들과 경제적인 교류, 부, 자급자족을 추구하는 일이 지나치면 하나님을 망각할 수 있는 위험한 행위가 될 수도 있다. 그러나 이런 것들을 잘 관리하면 나라에 긍정적인 영향을 미칠 수 있다. 다윗은 이 일을 잘 감당해서 이스라엘이 물질적인 풍요를 누리는 반면에 영적으로 타락하는 일이 없도록 최선을 다해야 한다는 것을 알고 있었다. 여호와의 도구로서의 자신의 위치를 확실히 알았던 것이다. 자기 왕권의 정체성은 여호와를 대신해서 권력을 누리는 데 있지 않고, 주의 백성인 이스라엘을 발전시키는 촉매(catalyst) 역할에 있다는 것을 의식했다. 이것이 올바른 기독교 정치관이다. 국가 정치인들은 고사하고 각 교단에서 정치하는 사람들이라도 듣고, 깨닫고, 이행해야 할 가치관이다.

Ⅱ. 통일왕국의 역사(9:35-대하 9:31)
2장. 다윗의 통치(11:1-29:30)
2. 예배의 중심 예루살렘(13:1-17:27)
(2) 다윗의 명성(14:1-17)

② 예루살렘에서 태어난 다윗의 자녀들(14:3-7)

3 다윗이 예루살렘에서 또 아내들을 맞아 다윗이 다시 아들들과 딸들을 낳았으니
4 예루살렘에서 낳은 아들들의 이름은 삼무아와 소밥과 나단과 솔로몬과 5 입할과
엘리수아와 엘벨렛과 6 노가와 네벡과 야비아와 7 엘리사마와 브엘랴다와 엘리벨
렛이었더라

구약에서 자녀는 가장 기본적이면서 중요한 하나님의 축복 중 하나이다. 저자가 이곳에서 다윗의 자녀들을 언급하는 것은 하나님이 다윗의 왕권을 굳건하게 세우셨을 뿐만 아니라(cf. 2절), 개인적인 삶도 축복하셨음을 강조하기 위해서이다. 그래서 저자는 "또"(עוֹד)라는 말을 두 차례 반복한다. "또 아내들을 맞아, 또 자녀들을 낳았다"(3절, 새번역). 다윗이 "여러 아들"을 얻었다는 사실은 사울이 "여러 아들"을 잃은 것(cf. 10:6)과 극명한 대조를 이루고 있다(Allen). 두 사람의 엇갈리는 운명은 한 사람(viz., 다윗)은 하나님의 축복 안에 있으며, 다른 한 사람(viz., 사울)은 하나님의 축복 밖에 있었기 때문이다.

다윗은 예루살렘에서 살면서 총 열세 명의 아들을 새로 얻었으며, 이들 중에 성전을 짓게 될 솔로몬이 있다(4절). 저자가 인용하고 있는 사무엘하 5:13-16와 비교했을 때 엘벨렛과 노가 등 두 이름이 이곳에 추가되었다. 사무엘서가 두 아이의 이름을 포함하지 않은 것은 아마도 이들이 어렸을 때 죽었기 때문일 것이다(Payne).

II. 통일왕국의 역사(9:35–대하 9:31)
2장. 다윗의 통치(11:1–29:30)
2. 예배의 중심 예루살렘(13:1–17:27)
(2) 다윗의 명성(14:1–17)

③ 블레셋과의 첫 번째 전쟁(14:8-12)

8 다윗이 기름 부음을 받아 온 이스라엘의 왕이 되었다 함을 블레셋 사람들이 듣
고 모든 블레셋 사람들이 다윗을 찾으러 올라오매 다윗이 듣고 대항하러 나갔으
나 9 블레셋 사람들이 이미 이르러 르바임 골짜기로 쳐들어온지라 10 다윗이 하나
님께 물어 이르되 내가 블레셋 사람들을 치러 올라가리이까 주께서 그들을 내 손
에 넘기시겠나이까 하니 여호와께서 그에게 이르시되 올라가라 내가 그들을 네
손에 넘기리라 하신지라 11 이에 무리가 바알브라심으로 올라갔더니 다윗이 거기
서 그들을 치고 다윗이 이르되 하나님이 물을 쪼갬 같이 내 손으로 내 대적을 흩
으셨다 하므로 그 곳 이름을 바알브라심이라 부르니라 12 블레셋 사람이 그들의
우상을 그 곳에 버렸으므로 다윗이 명령하여 불에 사르니라

다윗이 왕이 되었다는 말을 들은 블레셋 사람들이 그의 정권이 뿌리 내리기 전에 무너뜨릴 목적으로 이스라엘을 쳐들어왔다(8절). 다윗이 사울에게 쫓길 때에는 도움을 주었던 자들이(삼상 27장) 그를 견제하게 된 것이다. 그러나 다윗이 왕이 되었다는 사실보다 지난 400여 년 동안 이스라엘이 정복하지 못했던 예루살렘을 그가 정복했다는 사실이 블레셋 사람들을 더 긴장시켰을 것이다(Hauer).

이 싸움은 이스라엘의 생존이 걸려있는 싸움이었다. 다윗은 침착하게 성전(聖戰)에 임하는 자세로 여호와의 인도함을 받아 이들을 쉽게 물리쳤다(10절). 전에는 블레셋 사람들이 승리하여 길보아 산에서 사울을 죽였는데, 하나님이 다윗과 함께하시니 이스라엘에게 블레셋은 더 이상 문제가 되지 않았다. 이스라엘 왕이 하나님을 찾느냐 찾지 않느냐가 승패를 갈랐다(Allen). 첫 번째 싸움은 르바임 골짜기에서 있었으며, 다윗은 "홍수가 모든 것을 휩쓸어 버리듯이" 블레셋 사람들을 쓸어버렸다(11절, 새번역). 이스라엘의 대승이었다. 다윗은 이 일을 기념하기 위해서 그곳을 바알브라심(בַּעַל־פְּרָצִים)이라고 불렀다. 바알브라심을 풀이하면 "휩쓸어버리는 주"라는 뜻이다. 하나님의 절대적인 승리를 기념하는 말이다.

이 싸움의 중요성은 쫓겨가는 블레셋 사람들이 다급해서 버리고 간 온갖 우상들을 다윗과 군인들이 불에 태운 것에 있다(12절). 사무엘서는 군인들이 블레셋 사람들이 버리고 간 우상들을 치웠다고 하는데, 역대기는 모두 태웠다고 한다. 역대기 저자는 혹시라도 다윗과 부하들이 "조각한 우상들을 불사를 것이니라"(신 7:5)고 규정하는 율법을 어겼다는 오해를 받지 않도록 이들의 행위를 구체적으로 묘사한다.

II. 통일왕국의 역사(9:35–대하 9:31)
2장. 다윗의 통치(11:1–29:30)
2. 예배의 중심 예루살렘(13:1–17:27)
(2) 다윗의 명성(14:1–17)

④ 블레셋과의 두 번째 전쟁(14:13–16)

13 블레셋 사람들이 다시 골짜기를 침범한지라 14 다윗이 또 하나님께 묻자온대 하
나님이 이르시되 마주 올라가지 말고 그들 뒤로 돌아 뽕나무 수풀 맞은편에서 그
들을 기습하되 15 뽕나무 꼭대기에서 걸음 걷는 소리가 들리거든 곧 나가서 싸
우라 너보다 하나님이 앞서 나아가서 블레셋 사람들의 군대를 치리라 하신지라
16 이에 다윗이 하나님의 명령대로 행하여 블레셋 사람들의 군대를 쳐서 기브온에
서부터 게셀까지 이르렀더니

여호와께서 블레셋과 두 번째 싸움에서 다윗에게 구체적인 전략을 제시해 주셨다. 뽕나무(בָּכָא) 숲에서 기다리다가 블레셋 사람들이 움직일 때 덮치라는 것이다. 개역개정과 새번역에서 "뽕나무"로 번역되고 있는 히브리어 단어(בָּכָא)의 의미가 명확하지 않다. 그래서 공동번역은 "사시나무"로 번역했다. 대부분의 영어 번역본들은 발삼나무(balsam tree)로 번역하고 있지만, 한 번역은 히브리어 단어의 소리를 그대로 음역하여 바카나무(baca tree)로 표기한다(TNK).

여호와께서 구체적인 전술까지 가르쳐 주셨는데 다윗이 승리하지 못할 이유가 있는가? 게다가 뽕나무 밭 위쪽에서 행군하는 소리가 날 것이라 했는데, 이 소리는 하나님의 군대가 다윗보다 먼저 전쟁하러 나가시는 소리이다(15절). 여호와께서 천군천사를 동원하여 다윗을 위해서 싸우게 하신 것이다. 이러한 상황이라면 누구든 성공할 수밖에 없다.

다윗의 승리는 언급하는 성읍 이름들에서도 확실히 드러난다(cf. 16절). 그는 기브온에서 게셀에 이르기까지 블레셋 군대를 무찔렀다. 기브온은 베냐민 지파에 속한 땅이며, 게셀은 에브라임 지파에 속한 땅이었다. 다윗은 블레셋 사람들이 넘보던 이스라엘 영토에서 블레셋 사람들의 영향력을 완전히 제거한 것이다.

다윗이 블레셋을 상대로 싸워 결정적인 승리를 거둔 것은 사울과 그의 아들들이 블레셋에 패해 죽은 길보아 산 전쟁(삼상 31장)의 결과를 반전시키기에 충분했다. 이스라엘의 수치가 영광으로 바뀐 것이다. 다윗이 이와 같은 성과를 올리기 위해서는 블레셋과 여러 차례 전쟁을 치러야 했다. 그러나 저자는 마치 한 번에 이렇게 된 것처럼 요약적으로 묘사하고 있다(Japhet). 각 전투를 상세하고 세부적으로 기록할 필요가 없기 때문이다.

> II. 통일왕국의 역사(9:35-대하 9:31)
> 2장. 다윗의 통치(11:1-29:30)
> 2. 예배의 중심 예루살렘(13:1-17:27)
> (2) 다윗의 명성(14:1-17)

⑤ 다윗의 명성(14:17)

[17] 다윗의 명성이 온 세상에 퍼졌고 여호와께서 모든 이방 민족으로 그를 두려워하게 하셨더라

다윗이 블레셋과 싸워 결정적인 승리를 거두자 그의 명성이 온 세상에 널리 퍼졌다. 다윗의 위대함이 절정(zenith)에 달한 것이다(Japhet). 그뿐만 아니라 여호와께서 이스라엘 주변 모든 나라가 다윗을 두려워하게 하셨다. 다윗의 성공은 하나님이 축복하신 일이었다. 이것이 진정한 명성이다. 명예는 사람이 스스로 얻는 것이 아니라 하나님에게 신실할 때 주시는 축복이다.

> II. 통일왕국의 역사(9:35-대하 9:31)
> 2장. 다윗의 통치(11:1-29:30)
> 2. 예배의 중심 예루살렘(13:1-17:27)

(3) 두 번째 법궤 이동(15:1-16:3)

다윗이 다시 법궤를 예루살렘으로 옮기려 했다. 이번에는 사전에 철저하게 준비했으며, 지난번 사건에서 체험한 여호와에 대한 새로운 두려움이 다윗을 사로잡았기에 영적으로도 만반의 준비를 했다. 법궤 운반을 위한 사전 준비를 다루고 있는 15:1-24의 내용은 성경 다른 곳에서 찾아볼 수 없다. 준비부터 철저하게 한 법궤 운반 프로젝트는 다윗과 이스라엘 영성의 절정이라 할 수 있다(Allen). 한 가지 흥미로운 사실은 역대기 저자가 활동하던 시대에는 더 이상 법궤가 없는데도 법궤의 예루살렘 입성에 대해서 상세히 기록하고 있다는 사실이다(Hill).

귀향민들이 바빌론 사람들에 의해서 파괴된 법궤의 모조품을 만들어 스룹바벨 성전에 두었다는 기록은 그 어디에도 없다. 그럼에도 불구하고 저자가 법궤의 행방에 대해서 이처럼 관심을 표하는 것은 법궤의 거룩함 때문이 아니라 법궤가 상징하는 백성 중에 운행하시는 하나님의 임재와 그분의 완전한 거룩하심 때문이다(Thompson, Hill). 역대기 저자에게 하나님 임재의 상징인 법궤가 얼마나 중요했던지, 사무엘서는 두 번째 법궤 운송 프로젝트를 8절에 걸쳐 정리하고 있는데 저자는 사무엘서보다 4배나 많은 공간을 할애한다(Allen). 본문은 다음과 같이 구분할 수 있다.

A. 법궤 운반을 위한 사전 준비(15:1-3)
B. 레위 사람 소집과 정결(15:4-15)
C. 레위 찬양대 목록(15:16-24)
D. 법궤 운반(15:25-16:3)

II. 통일왕국의 역사(9:35-대하 9:31)
2장. 다윗의 통치(11:1-29:30)
2. 예배의 중심 예루살렘(13:1-17:27)
(3) 두 번째 법궤 이동(15:1-16:3)

① 법궤 운반을 위한 사전 준비(15:1-3)

1 다윗이 다윗 성에서 자기를 위하여 궁전을 세우고 또 하나님의 궤를 둘 곳을 마
련하고 그것을 위하여 장막을 치고 2 다윗이 이르되 레위 사람 외에는 하나님의
궤를 멜 수 없나니 이는 여호와께서 그들을 택하사 여호와의 궤를 메고 영원히 그

를 섬기게 하셨음이라 하고 3 다윗이 이스라엘 온 무리를 예루살렘으로 모으고 여호와의 궤를 그 마련한 곳으로 메어 올리고자 하여

첫 번째 법궤 운반 프로젝트에 실패하고 혼이 난 다윗이 이번에는 철저하게 사전 준비를 했다. 다윗은 그동안 다윗 성에 자신을 위한 궁전을 세웠다(1절). 히람이 세워준 궁전(cf. 14:1) 이야기가 사무엘서에는 법궤 운반 이야기와 순서가 바뀌어 있는 점으로 보아, 굳이 이 궁전을 히람이 선사한 것으로 볼 필요는 없다. 중요한 것은 다윗이 자신의 궁전을 지으면서 하나님의 법궤를 예루살렘으로 다시 운반해오고자 한 일을 한 번도 잊지 않았다는 것이다. 그의 마음속에는 항상 거룩한 열망이 자리 잡고 있었다.

그래서 자신의 궁을 지으면서 동시에 하나님의 법궤를 안치할만한 장소를 물색해 장막을 쳤다. 장막(אֹהֶל)은 성막(מִשְׁכָּן)과는 다르다. 장막은 유목민들이 기거하던 이동식 텐트를 뜻한다. 이때 성막이 어디에 있었는지는 확실하지 않다. 사무엘서가 시작할 때에는 엘리와 아들들이 사역하던 실로에 있었지만, 실로가 망한 후에는 놉으로 옮겨간 것으로 생각된다(cf. 삼상 21장). 훗날 솔로몬이 성전을 건축하기 전에는 장막이 기브온에 있었다(cf. 왕상 3장). 실로가 망한 이후 성막과 법궤가 왜 분리되어 보존되었는지는 하나의 미스터리로 남아있다.

법궤가 안치될 장소를 준비한 다음, 다윗은 법궤 운반 프로젝트의 두 번째 단계로 넘어갔다. 법궤 운반 방법을 준비한 것이다. 첫 번째 시도가 실패한 가장 큰 이유는 다윗의 운반 방법이 율법을 따르지 않았기 때문이다(cf. 15:13). 하나님이 법궤를 예루살렘으로 옮겨오는 것 자체를 거부하신 것이 아니라 옳지 않은 운송 방법과 순수하지 않은 다윗의 목적 때문에 거부하셨던 것이다. 법궤 운반을 수레로 대충 하려다 혼이 난 다윗이 이번에는 율법이 지시하는 대로 레위 사람들에게 법궤를 메게 하기 위해서(cf. 신 10:8; 18:5) 이 일에 적합한 레위 사람들을 사전에 물색하여 준비시켰다(2절). 어느덧 이 이야기는 하나님을 예배함에 있어서 율법의 지침에 따라서 하는 것이 얼마나 중요한지에 대한 권면이 되었다(Allen). 하나님이 다윗을 철저하게 훈련시키신 것이다.

마지막 준비 단계는 예루살렘의 법궤 처소로 준비한 곳으로 온 이스라엘을 불러모은 일이었다(3절). 그는 두 번째 법궤 운반 시도를 개인적인 일이 아니라 온 이스라엘을 동원하는 국가적인 대사로 치르고자 했다. 여호와의 임재의 상징인 법궤 앞에서 온 이스라엘이 하나된 모습을 보여주고 싶은 것이다. 또한 이스라엘 하나님의 법궤를 예루살렘으로 옮겨오는 일은 모든 이스라엘 사람들이 염원하는 일이었음을 온 천하에 알리고자 했다.

II. 통일왕국의 역사(9:35–대하 9:31)
2장. 다윗의 통치(11:1–29:30)
2. 예배의 중심 예루살렘(13:1–17:27)
(3) 두 번째 법궤 이동(15:1–16:3)

② 레위 사람 소집과 정결(15:4–15)

4 다윗이 아론 자손과 레위 사람을 모으니 5 그핫 자손 중에 지도자 우리엘과 그의
형제가 백이십 명이요 6 므라리 자손 중에 지도자 아사야와 그의 형제가 이백이
십 명이요 7 게르솜 자손 중에 지도자 요엘과 그의 형제가 백삼십 명이요 8 엘리사
반 자손 중에 지도자 스마야와 그의 형제가 이백 명이요 9 헤브론 자손 중에 지도
자 엘리엘과 그의 형제가 팔십 명이요 10 웃시엘 자손 중에 지도자 암미나답과 그
의 형제가 백십이 명이라 11 다윗이 제사장 사독과 아비아달을 부르고 또 레위 사
람 우리엘과 아사야와 요엘과 스마야와 엘리엘과 암미나답을 불러 12 그들에게 이
르되 너희는 레위 사람의 지도자이니 너희와 너희 형제는 몸을 성결하게 하고 내
가 마련한 곳으로 이스라엘의 하나님 여호와의 궤를 메어 올리라 13 전에는 너희
가 메지 아니하였으므로 우리 하나님 여호와께서 우리를 찢으셨으니 이는 우리가
규례대로 그에게 구하지 아니하였음이라 하니 14 이에 제사장들과 레위 사람들이
이스라엘 하나님 여호와의 궤를 메고 올라가려 하여 몸을 성결하게 하고 15 모세

가 여호와의 말씀을 따라 명령한 대로 레위 자손이 채에 하나님의 궤를 꿰어 어깨에 메니라

법궤를 운반하기 위해서 예루살렘에 모인 "온 이스라엘"에는 레위 사람과 아론 자손〔제사장들〕이 포함되어 있었다(4절). 법궤를 운반하려고 모인 레위 사람들은 그핫 자손 중 지도자 우리엘과 120명(5절), 므라리 자손 중 지도자 아사야와 220명(6절), 게르솜 자손 중 지도자 요엘과 130명(7절), 엘리사반 자손 중 지도자 스마야와 200명(8절), 헤브론 자손 중 지도자 엘리엘과 80명(9절), 웃시엘의 자손 중 지도자 암미나답과 112명(10절) 등 총 862명에 달했다.

대체로 성경이 레위 사람들을 언급할 때에 게르솜(게르손)-그핫(고핫)-므라리 순서로 하는데, 본문은 바꾸어 그핫-므라리-게르솜 순서로 하는 것이 특이하다. 여기에 역대기는 엘리사반(엘사반), 헤브론, 웃시엘 자손들을 더한다. 헤브론과 웃시엘은 아므람과 이스할과 함께 그핫의 아들들로 기록되어 있다(출 6:18). 엘리사반은 웃시엘의 아들이자 그핫의 손자였다(출 6:22). 본문에서 그핫의 자손들이 특별한 조명을 받고 있는 것이다. 아마도 저자의 시대에 이르러서 레위 사람 중에서도 그핫 집안이 가장 유력했기 때문일 것이다(Thompson, Hill).

다윗은 법궤를 나르는 일에 어떤 문제도 일어나지 않도록 위에 언급한 레위 사람 지도자 6명과 제사장 사독과 아비아달을 불러 그들 자신과 그들이 지휘하는 사람들의 몸을 성결하게 했다(11-12절). 역대기 저자는 레위 사람들과 제사장들이 솔로몬(대하 5:11), 히스기야(대하 29:5), 요시야(대하 35:6) 시대에도 성결 예식을 행한 것으로 기록한다. 역대기에서는 제사장들과 레위 사람들이 성결 예식을 행할 때마다 이스라엘에 대한 하나님의 축복이 뒤따른다(Selman). 율법에 의하면 성결 예식은 몸을 씻는 것과 성관계를 하지 않는 것 등을 포함했다(출 19:14-15).

다윗은 첫 번째 법궤 운반이 실패한 이유를 레위 사람들이 법궤를 메지 않아 율법을 어겼기 때문이라고 덧붙인다(13절). 다윗은 이 일을 회고하면서 웃사의 잘못보다는 자신을 포함한 온 공동체의 잘못에 초점을 맞추고 있다. 그는 "우리 하나님 여호와께서 우리를 찢으셨으니 이는 우리가 규례대로 그에게 구하지 아니하였음이라"고 고백한다. 다윗은 반성하면서 "구하다/찾다"(דרשׁ)라는 동사를 사용하는데(13절), 이 단어는 이미 역대기에서 다윗과 사울의 차이를 설명하면서 사용했다. 하나님이 사울을 버리신 것은 그가 하나님을 찾지(דרשׁ) 않았기 때문이고, 다윗을 사랑하신 것은 그가 하나님을 찾았기(דרשׁ) 때문이라고 한다. 다윗은 자신의 죄를 고백하면서 같은 동사를 사용해 첫 번째 법궤 운반 시도는 율법의 지침을 따르지 않았으므로 하나님을 "찾지 않은" 행위라고 한다(Allen). 이번에는 한 치 오차도 없이 모두 율법에 따라 이 일을 행할 것이라는 뜻이다. 다윗은 하나님의 일을 하는 것에 있어서 하나님의 말씀과 기준을 따르지 않는다면 차라리 안 함만 못하다는 사실을 철저히 깨달은 것이다.

제사장들과 레위 사람들은 다윗이 명령한 대로 모두 자신들을 성결하게 했다(14절). 리더와 따르는 자들이 모두 하나가 되어 요구된 기준을 철저히 따랐다. 성결 의식을 마친 레위 사람들이 모세의 율법에 따라 법궤를 채에 꿰어 어깨에 메었다(15절). 율법이 요구하는 모든 규정을 준수하면서 법궤가 예루살렘으로 이동하기 시작한다.

II. 통일왕국의 역사(9:35–대하 9:31)
2장. 다윗의 통치(11:1–29:30)
2. 예배의 중심 예루살렘(13:1–17:27)
(3) 두 번째 법궤 이동(15:1–16:3)

③ 레위 찬양대 목록(15:16–24)

16 다윗이 레위 사람의 어른들에게 명령하여 그의 형제들을 노래하는 자들로 세우
고 비파와 수금과 제금 등의 악기를 울려서 즐거운 소리를 크게 내라 하매 17 레
위 사람이 요엘의 아들 헤만과 그의 형제 중 베레야의 아들 아삽과 그의 형제 므

라리 자손 중에 구사야의 아들 에단을 세우고 [18] 그 다음으로 그들의 형제 스가랴
와 벤과 야아시엘과 스미라못과 여히엘과 운니와 엘리압과 브나야와 마아세야와
맛디디야와 엘리블레후와 믹네야와 문지기 오벧에돔과 여이엘을 세우니 [19] 노래하
는 자 헤만과 아삽과 에단은 놋제금을 크게 치는 자요 [20] 스가랴와 아시엘과 스미
라못과 여히엘과 운니와 엘리압과 마아세야와 브나야는 비파를 타서 알라못에 맞
추는 자요 [21] 맛디디야와 엘리블레후와 믹네야와 오벧에돔과 여이엘과 아사시야
는 수금을 타서 여덟째 음에 맞추어 인도하는 자요 [22] 레위 사람의 지도자 그나냐
는 노래에 익숙하므로 노래를 인도하는 자요 [23] 베레갸와 엘가나는 궤 앞에서 문
을 지키는 자요 [24] 제사장 스바냐와 요사밧과 느다넬과 아미새와 스가랴와 브나야
와 엘리에셀은 하나님의 궤 앞에서 나팔을 부는 자요 오벧에돔과 여히야는 궤 앞
에서 문을 지키는 자이더라

법궤를 예루살렘으로 운반하는 일은 즐거운 일이다. 여기에 음악이 빠질 수 없다. 다윗이 음악을 사랑하고 잘했던 사람이라는 점을 감안하면 더욱더 그렇다(cf. 삼상 16:14-23). 다윗은 레위 사람의 지도자들에게 명령하여 찬양대를 세우도록 했다. 이 찬양대는 거문고/비파, 수금, 제금/바라/심벌즈를 연주하며 큰 소리로 즐겁게 노래를 불렀다(16절).

한 주석가는 17-24절을 서로 연관된 레위 찬양대의 목록 2개로(Braun) 보는데, 본문을 이해하는 데 도움이 된다. 첫 번째 목록은 17-18절이며, 헤만, 아삽, 에단 등 3명의 찬양대장, 12명의 찬양대원, 그리고 2명의 문지기를 나열하고 있다. 18절에서 나열된 사람 중 문지기가 몇 명인지 정확히 알 수 없지만, 24절을 참조하면 문지기는 두 사람이었던 것이 확실하다. 이 첫 번째 목록은 사람들의 이름만 나열할 뿐 그들이 어떤 역할을 했는지, 혹은 어떤 악기를 연주했는지는 밝히지 않는다.

두 번째 목록은 19-24절이며, 첫 번째 목록에 (1) 아사시야와 그나냐 등 2명의 찬양대장, (2) 베레갸와 엘가나 등 2명의 문지기, (3) 나팔을 부는 제사장 7명 등을 추가한다. 두 번째 목록은 각 사람의 역할과 연주 방식을 밝힌다. "알라못"(עֲלָמוֹת)(20절)[2]과 "스미닛"(הַשְּׁמִינִית)(21절, 새번역)[3]이 정확히 무엇을 의미하는지 알 수 없지만, 구체적인 음악 장르를 뜻하는 것은 확실하다.

법궤 운반 프로젝트에서 문지기가 어떤 역할을 했는지도 알 수 없다. 고대사회에서 문지기들은 주요 건물들의 출입구를 지키는 역할을 했을 뿐만 아니라, 출입구를 드나드는 사람을 환영하고 그들의 입장과 퇴장을 선언하기도 했다. 이 점을 감안하면, 문지기들은 아마도 법궤가 예루살렘에 들어서는 것을 외쳐서 알리고 법궤를 운송하는 레위 사람들을 앞서가며 법궤의 행차를 선포하는 역할을 했을 것이다.

II. 통일왕국의 역사(9:35–대하 9:31)
2장. 다윗의 통치(11:1–29:30)
2. 예배의 중심 예루살렘(13:1–17:27)
(3) 두 번째 법궤 이동(15:1–16:3)

④ 법궤 운반(15:25–16:3)

25 이에 다윗과 이스라엘 장로들과 천부장들이 가서 여호와의 언약궤를 즐거이 메
고 오벧에돔의 집에서 올라왔는데 26 하나님이 여호와의 언약궤를 멘 레위 사람을
도우셨으므로 무리가 수송아지 일곱 마리와 숫양 일곱 마리로 제사를 드렸더라
27 다윗과 및 궤를 멘 레위 사람과 노래하는 자와 그의 우두머리 그나냐와 모든 노
래하는 자도 다 세마포 겉옷을 입었으며 다윗은 또 베 에봇을 입었고 28 이스라엘
무리는 크게 부르며 뿔나팔과 나팔을 불며 제금을 치며 비파와 수금을 힘있게 타
며 여호와의 언약궤를 메어 올렸더라 29 여호와의 언약궤가 다윗 성으로 들어올
때에 사울의 딸 미갈이 창으로 내다보다가 다윗 왕이 춤추며 뛰노는 것을 보고 그
마음에 업신여겼더라 16:1 하나님의 궤를 메고 들어가서 다윗이 그것을 위하여 친
장막 가운데에 두고 번제와 화목제를 하나님께 드리니라 2 다윗이 번제와 화목제
드리기를 마치고 여호와의 이름으로 백성에게 축복하고 3 이스라엘 무리 중 남녀

---

2 시 46편 표제어를 참고하라.

3 개역성경에는 "여덟 째 음에 맞추어"라고 표현하고 있다. 시 6, 12편 표제어를 참고하라.

를 막론하고 각 사람에게 떡 한 덩이와 야자열매로 만든 과자와 건포도로 만든 과자 하나씩을 나누어 주었더라

자신만의 출처를 인용해서 1-24절을 정리한 저자가 다시 사무엘서를 바탕으로 이야기를 이어간다. 본문의 배경이 되는 텍스트는 사무엘하 6:12-22이다. 사무엘서는 법궤를 나른 사람들이 레위 사람이라는 사실을 언급하지 않는다. 반면에 역대기는 이 사실을 명백하게 밝힌다. 오해의 소지를 미리 차단하기 위해서이다. 아울러 저자는 온 이스라엘이 이 일에 참여했음을 강조하기 위해서 사무엘서의 내용을 재구성하고 있다.

사무엘하 6:12은 다윗이 내려가 법궤를 가져온 것으로 기록하는데, 역대기 저자는 다윗과 이스라엘 장로들과 천부장들이 함께했다고 한다(25절). 또한 사무엘하 6:13은 다윗이 제물들을 바쳤다며 단수를 사용하는데, 본문은 "무리"가 바쳤다며 복수를 사용하고 있다(26절). 저자는 이 일이 레위 사람들과 온 이스라엘이 함께한 일이라는 것을 강조하고자 한다.

사무엘하 6:13은 다윗이 법궤를 멘 사람들이 여섯 걸음을 뗄 때마다 소와 양을 제물로 바쳤다고 한다. 마치 법궤 운반 프로젝트가 성공적으로 끝나는 데에 제물이 큰 역할을 한 것처럼 묘사되어 있다(Japhet). 반면에 본문은 이와 같은 내용을 빼고, 대신 "하나님이 여호와의 언약궤를 멘 레위 사람을 도우셨으므로 무리가 수송아지 일곱 마리와 숫양 일곱 마리로 제사를 드렸더라"(26절)라고 기록한다. 이 일이 성공적으로 끝난 것은 하나님의 도우심 때문이었으며, 이와 같은 사실을 확인하는 의미에서 무리가 제물을 바쳤다는 것이다. 비록 작지만, 역대기 저자의 관점과 신학을 엿볼 수 있는 부분이다.

제사장들만이 입을 수 있었던 의복을 입은 다윗(27절)은 제사장·왕 역할을 잘 감당해냈다(cf. 16:1-3). 사실 이날 다윗은 대제사장 역할을 했다. 심지어 백성들에게 축도를 하기도 했다. 종종 사울이 제사장 역할을 하다가 버림받은 것이라고 주장하는 사람들이 있는데, 잘못된 해석이다. 사울은 제사장 노릇을 하다가 버림받은 것이 아니라, 불순종해서 버림받았다. 다윗과 솔로몬은 어떠한 후한도 두려워하지 않으면서 제사장 역할을 한다. 그뿐만 아니라 본문에서 노래하고 찬양하는 레위 사람들도 율법에 의하면 법궤와 물건들을 이동하는 일에만 종사하게 되어 있다. 율법이 시대와 상황에 따라 상당한 융통성을 가지고 준수된 것을 볼 수 있다.

다윗은 신이 나서 하나님 앞에서 열렬하게 춤을 추었다(29절). 여호와 앞에서 춤을 추는 것은 참으로 좋은 일인데 유독 한 여인이 불편한 눈으로 다윗을 주시했다(29절). 아내이자 사울의 딸인 미갈이었다. 미갈이 다윗의 모습을 보고 천하다고 생각하며 업신여겼다. 사무엘서에는 두 사람이 다투는 이야기가 기록되어 있는데(삼하 6:20-23), 역대기에는 미갈이 다윗을 멸시했다는 말을 할 뿐, 더 이상의 이야기는 하지 않는다. 그래서 일부 주석가들은 다윗과 미갈이 다투는 이야기가 원래 여기에 있었는데 분실된 것이라고도 하고, 아예 29절을 본문에서 삭제시켜 15:28에서 곧장 16:1로 넘어가야 한다고도 주장한다(cf. Japhet).

다윗과 사울 집안의 갈등이 중요한 주제였던 사무엘서에는 다윗과 미갈의 다툼이 거기에 종지부를 찍는 역할을 하기 때문에 꼭 언급되어야 한다. 하지만 역대기 저자에게는 다윗과 사울 집안의 갈등은 중요한 이슈가 아니며 대신 법궤가 매우 중요한 주제이다. 이러한 상황에서 저자는 미갈의 반응을 다윗과 사울 집안의 대립 구도가 아니라 단순히 법궤와 연결해서 해석하고자 한다. 역대기 저자는 사울 집안이 원래부터 법궤에 대해서 부정적인 시각을 가지고 있었는데(Allen, Mabie, cf. 13:3), 사울 집안의 마지막 생존자들을 대표하는 미갈은 법궤가 온 이스라엘의 축복과 환호 속에 예루살렘에 입성할 때에도 부정적인 시각을 버리지 못했다는 것을 강조한다(Japhet, cf. Selman, Hill). 사울 집안을 대표하는 미갈은 법궤에는 별 관심이 없다. 마치 그의 아버지 사울이 법궤를 등한시 했던 것처럼 말이다(Allen).

다윗은 법궤를 미리 준비한 장막에 들여놓고 번제와 화목제를 드렸다(16:1). 번제(cf. 레 1:1-17)는 하나님과 사람의 관계 회복을, 화목제(레 3:1-6)는 하나님과 사람 사이의 교제/교통을 염원하는 제물이다(Mabie). 다윗은 하나님의 이름으로 백성에게 복을 빌어주었다(2절). 매우 성대한 잔치도 베풀었다. 그리고 참관한 모든 백성들과 하나님 앞에서 일종의 "애찬식"을 거행했다(cf. 16:3). 그들에게 여러 가지 음식을 나누어준 것이다(3절).

다윗이 온 백성에게 음식을 나누어준 것은 잔치의 즐거움과 풍요로움을 초월하는 상징성을 지닌다. 법궤가 드디어 신명기가 예언한 "하나님이 택하실 곳"(cf. 신 12장; 16장), 곧 영구적인 예배의 터전(viz., 성전이 세워질 땅)에 와 있다. 시내 산에서 법궤가 만들어진 이후 계속되었던 법궤의 이동이 드디어 끝나는 순간이다. 이제부터 하나님은 영원히 예루살렘에만 머무시며 주의 백성을 축복하고 돌보실 것이다. 이러한 상황에서 다윗이 주의 백성에게 풍족한 음식을 선물하는 것은 앞으로 하나님의 선하심이 주의 백성의 모든 필요를 풍족하게 채워주실 것을 상징한다(McConville). 또한 이날은 하나님의 법궤가 영원한 처소가 될 예루살렘으로 옮겨 온 날이니 그 기쁨이 얼마나 컸겠는가!

(4) 여호와 찬양(16:4-43)

다윗이 법궤를 예루살렘으로 운반해온 이야기는 귀향민들에게 하나님 백성의 정체성을 회복시켜 주고, 장차 이 땅에 임할 하나님의 통치를 기대하게 하는 이스라엘 역사에서 가장 중요한 사건 중 하나이다

(McConville). 이야기의 분위기는 처음부터 끝까지 기쁨과 즐거움이다. 하나님의 임재의 상징인 법궤가 드디어 예루살렘에 입성했으니 얼마나 기뻤겠는가! 이제 이 중요한 사건이 결론에 치닫고 있다.

다윗은 이날 이후로 여호와의 궤 앞에서 영원히 섬기며 찬양할 찬양대를 임명했다. 그뿐만 아니라 다윗은 기브온 산당에서 드려지는 예배도 강화했다. 온 이스라엘을 동원하여 정성을 다해 법궤를 예루살렘으로 옮겨온 다윗은 이스라엘의 찬송이 하나님께 끊임없이 드려질 수 있도록 후속조치를 취했다. 그는 법궤 운반 프로젝트를 이벤트로 끝내지 않고 새로이 강화된 예배와 찬양의 기회로 삼은 것이다. 저자는 본문에서 시편 중 몇 부분을 합하여 새로이 구성된 찬양대가 하나님께 드린 찬송으로 편집한다.

본 텍스트를 구성하면서 저자가 인용하고 있는 사무엘서 본문은 사무엘하 6:17-20이다. 저자는 여기에 시편 105:1-15, 시편 96:1-13, 시편 106:1, 47-48절을 중간에 더하여 아삽이 지휘했던 찬양대의 노래 샘플로 제시한다(cf. Johnstone). 사무엘서와 시편 인용구들과 본문의 순서를 정리해보면 다음과 같다.

대상 16:1	삼하 6:17
2절	삼하 6:18
3절	삼하 6:19a
4–7절	–
8–22절	시 105:1–15
23–33절	시 96:1–13
34–36절	시 106:1, 47–48절
37–42절	–
43절	삼하 6:19b–20a

하나님을 찬양하는 본문은 법궤 운반의 결론이자 절정에 해당된다(McConville). 본문에 16:1-3을 편입시켜 구조를 분석하면 16장의 구조는 다음과 같다(cf. Japhet).

A. 사무엘서 인용(16:1-3; cf. 삼하 6:17-19a)
  B. 영구적 예배 조치(16:4-6)
    C. 연결 고리(16:7)
      D. 노래(16:8-36)
    C'. 연결 고리(16:37)
  B'. 영구적 예배 조치(16:38-42)
A'. 사무엘서 인용(16:43; cf. 삼하 6:19b-20a)

필자는 다음과 같이 텍스트를 구분하여 본문을 주해하고자 한다.

A. 예루살렘 찬양대(16:4-6)
B. 감사 찬송(16:7-36)
C. 예루살렘과 기브온 예배(16:37-43)

① 예루살렘 찬양대(16:4–6)

**4 또 레위 사람을 세워 여호와의 궤 앞에서 섬기며 이스라엘 하나님 여호와를 칭
송하고 감사하며 찬양하게 하였으니 5 아삽은 우두머리요 그 다음은 스가랴와 여
이엘과 스미라못과 여히엘과 맛디디아와 엘리압과 브나야와 오벧에돔과 여이엘이
라 비파와 수금을 타고 아삽은 제금을 힘있게 치고 6 제사장 브나야와 야하시엘은
항상 하나님의 언약궤 앞에서 나팔을 부니라**

다윗은 법궤를 예루살렘으로 운반해와 장막에 안치한 이후, 특별한 대책 없이 궤를 방치해둘 수 없었다. 그가 얼마나 어렵게 옮겨온 법궤

였던가! 그리고 그는 이 법궤가 머물 곳을 사전에 준비해 놓고 운반해 왔다. 법궤의 예루살렘 입성을 위해서 많은 정성을 쏟은 것이다. 게다가 법궤는 하나님의 임재를 상징하는 특별한 기구이기 때문에 소중히 간수되어야 했다. 그래서 그는 법궤가 안치된 장막에서 영구적으로 사역할 사람들을 임명했다. 물론 레위 사람들이었다.

레위 사람들은 법궤가 안치된 장막에서 일상적인 일을 하며 필요에 따라 하나님을 기리며 감사하고 찬양하는 일을 맡았다. "기리다"(זכר; 개역: "칭송하다")(4절)는 제사장이 하는 일을 묘사한다(민 10:10). 주로 어려움에 처했을 때 하나님을 기념하고 그분께 도움을 바라는 행위를 뜻한다(Williamson). "감사하다"(ידה)(4절)는 예배자가 하나님의 은총과 역사에 감사를 표할 때 사용한다. "찬양하다"(הלל)는 시와 노래를 통해 하나님을 칭송/칭찬한다는 뜻이다(Hill). 이 찬양대는 레위 사람들과 제사장들로 구성되었으며, 각자 맡은 일이 달랐다. 그들은 하나님을 기리고, 감사하고, 찬양하는 등 세 가지 임무를 맡았던 것이다(Williamson). 이 세 개념은 다음 섹션(8-37절)에 두루 배어있다.

예루살렘에 안치된 법궤 앞에서 새로운 임무를 맡은 찬양대의 우두머리는 아삽이었으며, 그 밑에는 스가랴, 여이엘(1), 스미라못, 여히엘, 맛디디아, 엘리압, 브나야, 오벧에돔, 여이엘(2) 등 9명의 단원이 있었다. 모두 15:17-21에서 이미 언급한 사람들이다. 15:17-21에는 언급했지만, 이 섹션에서는 빠진 사람들은 아마도 기브온에서 사역을 했을 것으로 생각된다(Hill). 이들 중 스가랴, 여이엘, 스미라못, 여히엘, 엘리압, 브나야 등 6명은 거문고/비파를 탔고, 맛디디아, 오벧에돔, 여이엘 등 세 명은 수금을 탔다(cf. 15:17-21). 이처럼 예루살렘 장막에서 사역할 찬양대로 총 10명의 레위 사람들이 선발되었다. 여기에 제사장 브나야와 야하시엘이 가세하여 나팔을 불었다(7절). 하나님을 기리는 것은 이들 몫이었다. 레위 사람들과 제사장으로 구성된 찬양대는 총 12명에 달했다. 마치 하나님 앞에 선 온 이스라엘 12지파를 상징하는 듯하다.

② 감사 찬송(16:7-36)

이미 언급한 것처럼 이 노래는 세 편의 시를 인용해 저작한 것이다. 본 텍스트에 평행을 이루는 시편들에 대해서는 다음 도표를 참조하라.

대상 16:8-22	시 105:1-15
대상 16:23-33	시 96:1-13
대상 16:34-36	시 106:1, 47-48절

본문이 세 편의 시를 인용하여 구성했다고 해서 임의적이고 피상적으로 하나로 묶은 것은 아니다. 제사장·레위 사람 찬양대의 세 가지 임무인 "기리다"(זכר), "감사하다"(ידה), "찬양하다"(הלל) 등의 개념이 시 전체에 배어있다. 게다가 "감사하다"(ידה)가 노래의 첫 부분(8-13절)과 마지막 부분(34-47절)을 구성하고, "노래하라"(שיר)가 중간에 등장하여 (9, 23절) 텍스트에 연결성을 더하고 있다(Hill).

이미 존재하는 시를 바탕으로 새로운 노래를 만들어내는 것은 새로운 기법이 아니다. 시편에도 이런 현상이 여러 차례 나타나며 대표적인 예가 시편 108편이다. 시편 108편은 시편 57편과 60편을 바탕으로 저작되었다. 쿰란에서 발굴된 시편 사본들도 이러한 현상을 반영하고 있다(Sanders). 그러나 이미 존재한 노래가 새 노래를 제작하는 데 사용된 것은 단순한 인용 차원을 뛰어넘어 창의적인 해석과 저작 행위로 보아야 한다. 역대기 저자는 이미 존재하는 시편들을 인용해 자신만의 독특한 노래를 만들어내고 있는 것이다(Japhet).

이 노래의 핵심 주제는 언약을 맺으신 하나님(16:7-22), 창조주·통치자 하나님(16:23-33), 선하고 인자하신 하나님(16:34-36)이다. 이 세 가지는 이스라엘이 하나님을 이해하는 데 가장 중요한 주제이기에 이 노래를 하나님의 "전기"(biography)라고 부르기도 한다(Hill). 이스라엘과 언약을 맺으신 일을 강조하는 하나님의 성호인 "여호와"(יהוה)가 이 시에서 16차례나 사용되면서 이스라엘과 하나님의 특별한 관계를 강조한다. 하나님은 어떤 분이신가를 노래하는 본문을 다음과 같이 구분한다.

A. 이스라엘과 언약을 맺으신 하나님(16:7-22)
B. 창조주이자 통치자이신 하나님(16:23-33)
C. 선하시고 인자하신 하나님(16:34-36)

II. 통일왕국의 역사(9:35-대하 9:31) 2장. 다윗의 통치(11:1-29:30) 2. 예배의 중심 예루살렘(13:1-17:27) (4) 여호와 찬양(16:4-43) ② 감사 찬송(16:7-36)

i. 이스라엘과 언약을 맺으신 하나님(16:7-22)

7 그 날에 다윗이 아삽과 그의 형제를 세워 먼저 여호와께 감사하게 하여 이르기를

8 너희는 여호와께 감사하며 그의 이름을 불러 아뢰며
그가 행하신 일을 만민 중에 알릴지어다
9 그에게 노래하며 그를 찬양하고
그의 모든 기사를 전할지어다
10 그의 성호를 자랑하라
여호와를 구하는 자마다 마음이 즐거울지로다
11 여호와와 그의 능력을 구할지어다
항상 그의 얼굴을 찾을지어다
12-13 그의 종 이스라엘의 후손 곧 택하신 야곱의 자손 너희는
그의 행하신 기사와 그의 이적과 그의 입의 법도를 기억할지어다
14 그는 여호와 우리 하나님이시라
그의 법도가 온 땅에 있도다
15 너희는 그의 언약
곧 천 대에 명령하신 말씀을 영원히 기억할지어다

16 이것은 아브라함에게 하신 언약이며
이삭에게 하신 맹세이며
17 이는 야곱에게 세우신 율례
곧 이스라엘에게 하신 영원한 언약이라
18 이르시기를 내가 가나안 땅을 네게 주어
너희 기업의 지경이 되게 하리라 하셨도다
19 그 때에 너희 사람 수가 적어서 보잘것없으며
그 땅에 객이 되어
20 이 민족에게서 저 민족에게로,
이 나라에서 다른 백성에게로 유랑하였도다
21 여호와께서는 사람이 그들을 해하기를 용납하지 아니하시고
그들 때문에 왕들을 꾸짖어
22 이르시기를 나의 기름 부은 자에게 손을 대지 말며
나의 선지자를 해하지 말라 하셨도다

이 섹션이 인용하는 시편 105편은 온 이스라엘 공동체를 이집트에서 구원하시고, 생명을 위협하는 광야에서 보호해주신 여호와를 찬양하는 노래이다. 이스라엘의 불신앙과 죄에도 불구하고 끝까지 보살펴주신 하나님의 신실하심이 중심 주제이다. 이 시는 하나님이 이스라엘을 구원하신 이유는 그들이 하나님의 규례와 율법을 지키게 하기 위한 것이라는 말씀으로 끝을 맺는다(시 105:45). 이스라엘 공동체의 가장 이상적인 모습(viz., 율법대로 사는 것)을 제시한 것이다.

저자는 먼저 여호와께서 하신 놀라운 일을 묵상하고 기념하라고 한다(8-13절). 정확히 하나님이 하신 일이 무엇인지는 다음 섹션(14-18절)에서 밝히지만, 이 섹션에서는 이 놀라운 일에 대해서 그분을 찬양하고(8절), 온 세상에 이 일을 알리고(8절) 깊이 묵상하라고 한다(9절). 이스라엘은 놀라운 일을 하신 하나님을 끊임없이 찬양하고 기뻐해야 한다

(10절). 여호와의 능력을 항상 사모하고, 그의 얼굴을 찾아 예배해야 한다(11절). 주께서 하신 일이 참으로 놀랍기 때문이다(12-13절).

그렇다면 하나님이 과연 어떤 일을 하셨기에 저자는 이 같은 권면을 하는 것일까? 저자는 구체적인 답을 제시하기 전에 하나님의 두 가지 성품을 추가로 찬양한다. 첫째, 하나님은 통치자이시다(14절). 하나님의 능력에 한계가 없다는 것이다. 둘째, 하나님은 언약을 천 대까지(viz., 영원히) 지키시는 분이시다(15절). 하나님은 한 번 하신 약속은 수천 년이 지나도 잊지 않으시는 참으로 신실하신 분이라는 뜻이다. 역대기 저자가 이 사실을 강조하는 의도가 분명하다. 그는 하나님이 오래전에 선조들과 맺으신 언약이 아직도 유효하다는 것을 선포하고자 한다. 귀향민들은 아직도 하나님의 선택의 은혜 아래 있는 언약 민족이라는 것이다(McConville).

그런 다음에야 하나님이 하신 놀라운 일을 회고한다. 저자는 하나님이 하신 가장 놀라운 일로 이스라엘의 선조들과 맺으신 언약을 다시 한 번 지목한다(16절). 은혜를 받을만한 자격이나 가치가 없는 사람들이 하나님의 은혜로운 선택을 받았다는 뜻이다. 그러므로 하나님의 선택의 은혜가 더욱더 값지고 빛나는 것이다. 우리도 하나님이 우리와 언약(viz., 관계)을 맺으신 것을 가장 놀라운 은혜로 기념해야 한다.

하나님은 언약에 따라 이스라엘에게 가나안 땅을 주셨다(17-18절). 하나님이 이스라엘을 택하시고 땅을 주셨을 때 그들은 수가 얼마 안 되는 참으로 보잘것없는 민족이었다(19절). 하나님이 보잘것없는 민족을 택하신 것은 구약의 "선택 신학"(election theology)의 핵심 요소이다(McConville). 하나님은 보잘것없는 소수의 사람들을 큰 나라가 되게 하셨다. 저자는 이러한 사실을 귀향민들에게 상기시킴으로써 수가 적다는 이유로 좌절해서는 안되며, 오히려 자신들을 선택하신 하나님이 자신들을 크게 하실 날이 분명히 올 것을 기대하고 소망할 것을 권면한다. 과거에 이런 일을 이루신 하나님이 다시 그렇게 하지 않으실 이유가 없기 때문이다.

이스라엘의 선조들은 수가 너무 적어 이곳 저곳 옮겨 다니며 살았다. 당연히 그들은 가는 곳마다 위험을 느꼈을 것이다. 다행히 하나님이 모든 위험에서 보호해 주셔서 이날까지 이르게 되었다(19-22절). 여호와는 한 번 관계를 맺으면 끝까지 책임지고 보호하시는 하나님이시다. 하나님의 신실하심을 찬양하고 있는 노래이다. 옛적에 하나님의 보호를 받았던 사람들의 자손들이 바로 저자 앞에 서 있는 귀향민들이다. 저자는 그 하나님이 후손들도 꼭 지켜 주실 것을 확신하고 있다.

Ⅱ. 통일왕국의 역사(9:35–대하 9:31)
2장. 다윗의 통치(11:1–29:30)
2. 예배의 중심 예루살렘(13:1–17:27)
(4) 여호와 찬양(16:4–43)
② 감사 찬송(16:7–36)

ii. 창조주이자 통치자이신 하나님(16:23–33)

23 온 땅이여 여호와께 노래하며
그의 구원을 날마다 선포할지어다
24 그의 영광을 모든 민족 중에,
그의 기이한 행적을 만민 중에 선포할지어다
25 여호와는 위대하시니 극진히 찬양할 것이요
모든 신보다 경외할 것임이여
26 만국의 모든 신은 헛것이나
여호와께서는 하늘을 지으셨도다
27 존귀와 위엄이 그의 앞에 있으며
능력과 즐거움이 그의 처소에 있도다
28 여러 나라의 종족들아
영광과 권능을 여호와께 돌릴지어다
여호와께 돌릴지어다
29 여호와의 이름에 합당한 영광을 그에게 돌릴지어다

제물을 들고 그 앞에 들어갈지어다
아름답고 거룩한 것으로 여호와께 경배할지어다
30 온 땅이여 그 앞에서 떨지어다
세계가 굳게 서고 흔들리지 아니하는도다
31 하늘은 기뻐하고 땅은 즐거워하며
모든 나라 중에서는 이르기를 여호와께서 통치하신다 할지로다
32 바다와 거기 충만한 것이 외치며
밭과 그 가운데 모든 것은 즐거워할지로다
33 그리 할 때에 숲 속의 나무들이 여호와 앞에서 즐거이 노래하리니
주께서 땅을 심판하러 오실 것임이로다

본 섹션은 시편 96편을 인용하는데, 이 노래는 창조주 하나님의 범우주적 주권을 기념하는 종말론적 노래(eschatological psalm)이다(Allen). 오직 여호와만이 하나님이시며 그의 통치가 세상의 평안을 보장한다. 창조주께서 세상을 심판하러 오실 것이라는 내용이 노래의 골자이다.

하나님은 이스라엘의 구원자이실 뿐만 아니라 온 세상을 다스리는 분이시다. 하나님이 이스라엘을 택해 구원하신 것은 범세계적인 의미를 지닌다(McConville). 그러므로 저자는 이스라엘뿐만 아니라 온 세상이 그를 찬양하고 그의 업적을 기리며 노래해야 한다고 한다(23-24절). 여호와는 우상에 불과한 세상 신들에 비교할 수 없는 창조주이므로 무한한 찬송을 받기에 합당한 분이시다(25-26절). 열방의 신들이 능력과 권능의 그림자를 소유하고 있다면, 여호와는 그 능력의 실체를 지닌 분이시다(McConville). 그러므로 창조주이신 여호와는 존귀와 위엄이 넘치는 분이시며, 그의 처소는 능력과 즐거움으로 가득하다(27절).

온 세상은 하나님의 영광과 권능을 찬양해야 하며, 그분에 걸맞는 예배와 예물을 드려야 한다(28-29절). 온 세상은 놀라우신 창조주 하나님을 찬양해야 한다(30절). 그분이 세상 모든 것을 창조하셨을뿐만 아

니라 창조하신 모든 것을 지키시기 때문이다. 그러므로 하늘과 땅 사이의 세상 만물은 하나님을 기뻐하고 그분의 능력을 찬양해야 한다(31-32절). 그리고 주님은 언젠가는 꼭 세상을 심판하러 오실 것이다(33절).

Ⅱ. 통일왕국의 역사(9:35-대하 9:31)
2장. 다윗의 통치(11:1-29:30)
2. 예배의 중심 예루살렘(13:1-17:27)
(4) 여호와 찬양(16:4-43)
② 감사 찬송(16:7-36)

ⅲ. 선하시고 인자하신 하나님(16:34-36)

34 여호와께 감사하라
그는 선하시며 그의 인자하심이 영원함이로다
35 너희는 이르기를 우리 구원의 하나님이여
우리를 구원하여 만국 가운데에서 건져내시고 모으사
우리에게 주의 거룩한 이름을 감사하며
주의 영광을 드높이게 하소서 할지어다
36 여호와 이스라엘의 하나님을 영원부터 영원까지 송축할지로다
하매 모든 백성이 아멘 하고 여호와를 찬양하였더라

본 텍스트의 배경이 되는 시편 106편은 이스라엘 공동체가 자신들의 죄를 하나님께 고백하는 "공동체 탄식 시"이다(Allen). 그들은 조상들의 죄와 자신들의 죄를 고백하며 하나님의 용서를 구한다. 이스라엘이 하나님의 용서를 구하는 근거가 되는 것은 선행이나 믿음이 아니다. 단지 하나님의 자비로운 성품에 근거해서 하나님의 은총을 구한다.

저자는 하나님의 은총을 구하기 전에 먼저 하나님의 선하심과 인자하심을 찬양함으로써 간구의 토대를 만든다(34절). 이스라엘이 공동체로 구하는 것은 세상 방방곡곡에 흩어져 있는 주의 백성들을 모아달라는 것이다(35절). 그들은 세상 모든 주의 백성이 함께 여호와를 찬양할 수 있을 날을 꿈꾼다. 이와 같은 이상의 실현은 자신들의 능력으로 할 수 있는 일이 아니며, 하나님이 도와주셔야만 가능한 일이다. 하나님은

영원히 찬송 받기에 합당한 분이시기에, 모든 백성이 함께 아멘으로 화답하며 주님을 찬양했다(36절).

저자는 이처럼 이스라엘과 언약을 맺으신 여호와 하나님이 한 번 약속하면 영원히 약속을 지키는 신실한 분이며, 창조주이자 세상을 다스리는 통치자, 선하고 인자가 무한하신 분으로 선포한다. 세상 그 누구와도 비교할 수 없는 전능자이시다. 이런 여호와를 주님으로 모신 이스라엘은 참으로 복 받은 민족이다. 하나님과 함께한다면 세상에 두려울 것이 전혀 없다. 법궤가 예루살렘에 입성한 일을 통해서 이스라엘은 온 천하를 다 얻은 것이나 다름없다. 이 같은 하나님의 축복과 함께하심이 오늘날 우리의 것이 되었다. 참으로 가슴 뿌듯한 일이다.

II. 통일왕국의 역사(9:35–대하 9:31)
2장. 다윗의 통치(11:1–29:30)
2. 예배의 중심 예루살렘(13:1–17:27)
(4) 여호와 찬양(16:4–43)

③ 예루살렘과 기브온 예배(16:37–43)

**37 다윗이 아삽과 그의 형제를 여호와의 언약궤 앞에 있게 하며 항상 그 궤 앞에서
섬기게 하되 날마다 그 일대로 하게 하였고 38 오벧에돔과 그의 형제 육십팔 명과
여두둔의 아들 오벧에돔과 호사를 문지기로 삼았고 39 제사장 사독과 그의 형제
제사장들에게 기브온 산당에서 여호와의 성막 앞에 모시게 하여 40 항상 아침 저
녁으로 번제단 위에 여호와께 번제를 드리되 여호와의 율법에 기록하여 이스라엘
에게 명령하신 대로 다 준행하게 하였고 41 또 여호와의 인자하심이 영원하시므로
그들과 함께 헤만과 여두둔과 그리고 택함을 받아 지명된 나머지 사람을 세워 감
사하게 하였고 42 또 그들과 함께 헤만과 여두둔을 세워 나팔과 제금들과 하나님
을 찬송하는 악기로 소리를 크게 내게 하였고 또 여두둔의 아들에게 문을 지키게
하였더라 43 이에 뭇 백성은 각각 그 집으로 돌아가고 다윗도 자기 집을 위하여 축
복하려고 돌아갔더라**

다윗은 아삽과 그가 지휘하는 찬양대를 법궤가 안치된 예루살렘 천

막에 두어 봉사하게 한다(37절). 또한 오벧에돔과 68명의 동료들, 그리고 여두둔의 아들 오벧에돔과 호사 등 총 71명의 문지기를 두었다. 오벧에돔은 찬양대와 문지기를 겸직한 것이다. 그러므로 오벧에돔을 찬양대로 취급하면 문지기들은 총 70명에 달했다. 이들은 조를 편성해서 하루 24시간 장막을 지켰던 것으로 생각된다. 물론 이들 외에도 제사장들이 이곳에서 섬겼을 것이다. 이 오벧에돔과 법궤가 3개월 동안 머물던 집주인 오벧에돔이(cf. 13:14) 같은 인물인지 아니면 동명이인인지는 확실하지 않다.

다윗은 또, 제사장 사독과 동료들을 기브온 산당에 있는 성막에서 봉사하도록 했다(39절). 제사장 중 사독만 언급되는 것은 사독이 총책임자였음을 시사한다. 아비아달(cf. 15:11)이 이곳에 언급되지 않은 것으로 보아, 그는 예루살렘 천막에서 봉사했던 제사장들의 우두머리가 된 것으로 생각한다(Hill). 기브온은 솔로몬이 하나님께 지혜를 구한 곳이다(cf. 왕상 3장). 그래서 일부 학자들은 역대기 저자가 솔로몬의 행위를 정당화시키기 위해서 없는 이야기를 꾸며낸 것이라고 한다(Wellhausen, Curtis). 그러나 역대기 저자가 정경 외에도 다른 출처들을 인용한 점을 감안하면, 이 내용 역시 다른 출처에서 비롯된 것임이 거의 확실하다(Hertzberg, Bonn, Milgrom, Hill). 솔로몬의 행위를 합리화시키기 위해서 만들어낸 이야기가 아니라는 것이다. 법궤와 성막에 관한 다윗과 솔로몬 왕정의 연계성을 강조하기 위해서 기브온 산당에 있는 성막에 대해서 정보를 이곳에 제공하고 있다(Japhet).

제사장들은 율법에 따라 꾸준히 하나님께 제물을 드리는 일을 했다(40절). 찬양대는 악기들을 동원하여 하나님의 인자가 영원하심을 쉬지 않고 찬양했다(41-42절). 혹시라도 생길 수 있는 오염을 막기 위해서 항상 문지기가 문을 지키고 있었다(cf. 42절). 법궤 이동 프로젝트에 참여한 백성들이 모두 집으로 돌아갔다(43절). 다윗은 사람들에게 복을 빌어주었다. 이날 행사의 모든 것이 완벽하게 끝난 것이다. 다윗이 자기 마음대로 하지 않고 율법에 따라 법궤를 운반한 결과였다. 하나님이 율법에 순종한 다윗과 이스라엘에게 복을 주셨다. 역대기 저자는 이 사건을 통해 귀향민들이 하나님의 말씀에 순종하기만 하면 다윗과 백성들이 누린 복이 아직도 그들의 것이 될 수 있음을 시사한다. 하나님의 말씀에 순종하여 복을 누리자고 권면하고 있다.

II. 통일왕국의 역사(9:35–대하 9:31)
2장. 다윗의 통치(11:1–29:30)
2. 예배의 중심 예루살렘(13:1–17:27)

(5) 하나님이 다윗과 언약을 맺으심(17:1-27)

여호와의 법궤를 예루살렘으로 모셔온 것은 다윗의 가장 위대한 업적이라고 할 수 있다(McConville). 사무엘과 사울도 하지 못했던 일이기 때문이다. 그러나 다윗은 법궤를 예루살렘으로 모셔오는 것에 만족하지 않았다. 그는 법궤가 영원히 머물 수 있는 성전을 짓기를 원했다. 그러나 하나님은 다윗이 성전을 짓는 것을 거부하고 오히려 그를 위해서 영원한 "집"(בַּיִת)을 주셨다. 나단을 통한 하나님의 선포와 이에 대한 다윗의 화답 기도로 이루어진 이 이야기는 역대기에서도 매우 중요한 위치에 있다. 또한 저자가 인용하고 있는 사무엘서 전체의 중심에 서 있는, 구약에서 가장 중요한 본문 중 하나이다.

본 텍스트에 기록된 나단 신탁은 다윗과 후손들에게 영구적인 이스라엘 왕권을 보장하는 문서(title-deed) 역할을 한다(Gordon). 저자는 사무엘하 7장에 기록되어 있는 내용을 거의 그대로 이곳에 도입한다. 본문의 핵심 단어인 "집"(בַּיִת)이 텍스트에 통일성과 짜임새를 더한다(Allen, Mabie, cf. 1, 6, 11, 12, 14, 17-27절). 다음과 같이 본문을 구별할 수 있다.

A. 서론(17:1-3)

B. 하나님의 말씀(17:4-15)

C. 다윗의 감사 기도(17:16-27)

① 서론(17:1–3)

1 다윗이 그의 궁전에 거주할 때에 다윗이 선지자 나단에게 이르되 나는 백향목
궁에 거주하거늘 여호와의 언약궤는 휘장 아래에 있도다 2 나단이 다윗에게 아뢰
되 하나님이 왕과 함께 계시니 마음에 있는 바를 모두 행하소서 3 그 밤에 하나님
의 말씀이 나단에게 임하여 이르시되

고대 왕들은 자신의 정권을 정당화시키고자 할 때 흔히 그들이 섬기는 신들의 신전을 건축했다. 종교를 중심으로 이루어진 사회였기에 왕들의 신전 건축은 온 백성을 통치하는 데 상당히 긍정적인 영향을 주었다. 다윗은 이와 같은 정치적 목적과는 상관없이 순수한 동기에서 하나님의 임재의 상징인 여호와의 궤가 영구적으로 안치될만한 처소를 건축하고자 했다. 하나님 백성의 지도자가 가져야 하는 당연한 열망이다.

다윗은 자신은 백향목으로 지은 궁전에 사는데 여호와의 언약궤가 머무는 곳은 겨우 천막이라는 점이 죄송해서 여호와께서 거하실 만한 성전을 건축하고자 했다(1절). 같은 사건을 회고하는 사무엘하 7:2은 "하나님의 궤"(אֲרוֹן הָאֱלֹהִים)라고 하는데, 역대기는 "여호와의 언약궤"(אֲרוֹן בְּרִית־יְהוָה)라고 부른다(1절). 역대기 저자에게 법궤의 가장 중요한 상징성은 언약에 있기 때문이다. 하나님이 잠시 후에 다윗에게 주실 언약(viz., 다윗 언약)을 암시하기 위해서도 이 같은 변화가 필요하다(Allen). 그래서 선지자 나단에게 자신의 계획을 말했고, 나단은 다윗이 계획한 일을 좋게 여기고 복을 빌어주었다(2절). 여기까지는 모든 일이 순조롭게 진행되는 듯했다.

하나님의 선지자 나단은 다윗의 생각을 좋게 여겨 그렇게 하라고 말했지만 정작 하나님의 뜻은 그렇지 않았다(3절). 그래서 하나님은 나단을 통해 이 일에 대한 자신의 뜻을 밝혀주셨다. 여기서 우리는 한 가지 좋은 교훈을 얻는다. 선지자라고 항상 하나님의 뜻을 대변하는 것은 아니라는 사실이다. 선지자라도 경우에 따라서는 인간의 말을 할 수 있다. 나단과 같이 훌륭한 선지자도 이슈와 주제에 대해서 하나님으로부터 들어야만 정확히 대언할 수 있었다. 예레미야와 거짓 선지자 하나냐의 대립에서도 비슷한 일이 일어난다(cf. 렘 28장). 예레미야가 하룻밤 지내며 기도해보고 나서야 하나냐의 신탁이 거짓임을 알았다. 성경이 기록하는 참 선지자들이 이러했다면, 목회자는 더욱더 그렇지 않겠는가! 항상 하나님과의 채널을 유지해야 하나님의 말씀을 전할 수 있다.

② 하나님의 말씀(17:4-15)

4 가서 내 종 다윗에게 말하기를 여호와의 말씀이 너는 내가 거할 집을 건축하지
말라 5 내가 이스라엘을 애굽에서 올라오게 한 날부터 오늘까지 집에 있지 아니하
고 오직 이 장막과 저 장막에 있으며 이 성막과 저 성막에 있었나니 6 이스라엘 무
리와 더불어 가는 모든 곳에서 내가 내 백성을 먹이라고 명령한 이스라엘 어느 사
사에게 내가 말하기를 너희가 어찌하여 내 백향목 집을 건축하지 아니하였느냐고
말하였느냐 하고 7 또한 내 종 다윗에게 이처럼 말하라 만군의 여호와께서 이처럼
말씀하시기를 내가 너를 목장 곧 양 떼를 따라다니던 데에서 데려다가 내 백성 이
스라엘의 주권자로 삼고 8 네가 어디로 가든지 내가 너와 함께 있어 네 모든 대적
을 네 앞에서 멸하였은즉 세상에서 존귀한 자들의 이름 같은 이름을 네게 만들어
주리라 9 내가 또 내 백성 이스라엘을 위하여 한 곳을 정하여 그들을 심고 그들이
그 곳에 거주하면서 다시는 옮겨가지 아니하게 하며 악한 사람들에게 전과 같이
그들을 해치지 못하게 하여 10 전에 내가 사사에게 명령하여 내 백성 이스라엘을
다스리던 때와 같지 아니하게 하고 또 네 모든 대적으로 네게 복종하게 하리라 또
네게 이르노니 여호와가 너를 위하여 한 왕조를 세울지라 11 네 생명의 연한이 차

서 네가 조상들에게로 돌아가면 내가 네 뒤에 네 씨 곧 네 아들 중 하나를 세우고
그 나라를 견고하게 하리니 12 그는 나를 위하여 집을 건축할 것이요 나는 그의 왕
위를 영원히 견고하게 하리라 13 나는 그의 아버지가 되고 그는 나의 아들이 되리
니 나의 인자를 그에게서 빼앗지 아니하기를 내가 네 전에 있던 자에게서 빼앗음
과 같이 하지 아니할 것이며 14 내가 영원히 그를 내 집과 내 나라에 세우리니 그
의 왕위가 영원히 견고하리라 하셨다 하라 15 나단이 이 모든 말씀과 이 모든 계시
대로 다윗에게 전하니라

하나님은 먼저 다윗을 "내 종"(עַבְדִּי)이라고 부르시며 그와의 관계를 확인해 주셨다(4절). 다윗은 하나님이 친애하고 귀히 여기시는 사람이라는 뜻이다. 특히 이와 같이 기특한 생각을 했으니 하나님은 다윗이 얼마나 대견하셨겠는가! 그러나 그런 하나님이 다윗의 호의를 정중히 거절하셨다(4절). 다윗은 하나님께 매우 사랑받는 종이었지만 여호와의 성전을 건축하는 영광은 허락되지 않았다.

하나님은 다윗에게 출애굽 이후 이때까지 400년의 세월이 흐르는 동안 자신은 백성들에게 한 번도 영구히 거할 장소를 요구한 바 없으며 당분간은 현재 그대로 유지할 것이라고 말씀하신다(5-6절). 여기에서 우리가 감지할 수 있는 것은 일종의 하나님의 거부이다(cf. Brueggemann). 하나님은 성전에 거하시기를 별로 좋아하지 않으셨다. 원리적으로 성전은 법궤와 긴장 관계를 가진다. 법궤는 여호와의 자유와 유동성을 의미한다. 반면에 성전은 하나님이 부재(不在)하실 가능성과 위험을 제거한다. 훗날 이 점을 의식한 솔로몬은 성전을 헌당하면서 하나님께 "백성들이 이곳에 와서 기도할 때마다 하늘에서 들으시고"라고 간구한다. 성전이 지상에 있는 하나님의 거처지만 이 건물이 결코 하나님을 통제할 수 없다는 것을 고백한 것이다. 오늘날 어떤 성도들은 교회를 지나치게 "하나님의 처소"로 간주하여 마치 하나님이 그곳에만 자신의 임재를 두신 것처럼 생각하는데 건전한 생각은 아니다.

다윗은 순수한 동기에서 하나님을 위해 집을 짓기를 원했지만 하나님은 아직 성전을 지을 때가 아니라고 거절하신다. 그리고 다윗의 정성과 관심을 기특하게 여기시고 오히려 다윗을 위해서 영원히 즐길 수 있는 "집"(בַּיִת)을 지어 주시겠다고 하신다. 그런데 이와 같은 축복을 선언하시기 전에 다윗의 지난 날들을 회고하신다. 제일 먼저 하나님은 그동안 다윗의 삶에서 일어난 일들에 대한 하나님의 관여를 요약하신다(7-8절). 말씀의 요지는 간단하다. 다윗은 끊임없는 하나님의 능력과 은혜에 의해서 창조된 작품이라는 것이다.

하나님은 양 떼를 보살피는 목자였던 다윗을 데려다가 이스라엘의 주권자로 삼으셨다. 만약에 하나님이 관여하시지 않았다면 그는 아직도 목장에서 양을 치고 있었을 것이다. 양을 치던 다윗이 하나님의 은혜로 주님의 백성 이스라엘을 치게 된 것이다. 우리도 끊임없이 우리 자신에게 질문해 보아야 한다. 하나님의 은혜를 입어 이곳에 있는 나에게 만일 하나님의 도우심과 인도하심이 없었다면 나는 지금 어디서 무엇을 하고 있을까? 나는 행복했을까? 이런 질문들을 해보면 오늘 이 순간 우리가 얼마나 큰 축복받으며 살고 있는지 깨닫게 될 것이다.

다윗은 많은 전쟁에서 승리했다. 신앙의 사람인 다윗은 그때마다 여호와께서 함께하셨기에 승리할 수 있었다고 고백했다. 그러나 다윗은 또한 사울 때문에 산전수전을 겪기도 했다. 생명이 위협받는 절박한 순간마다, 도망자 생활이 너무 힘이 들 때마다 얼마나 하나님을 찾았을까? 아마도 비통한 마음으로 "하나님 어디 계십니까? 왜 저를 버리셨나요?" 하는 질문을 수없이 해 보았을 것이다.

그런데 하나님은 뭐라고 하시는가? "네가 어디로 가든지 내가 너와 함께 있어 네 모든 대적을 네 앞에서 멸하였다"(8절)라고 하신다. 여기에는 사울의 일도 포함되었을 것이다. 이는 사무엘이 블레셋을 물리치고 "에벤에셀"의 기념탑을 쌓았던 일을 연상시킨다(삼상 7:12). 사무엘이 기념비를 쌓기 전에 지난 400년의 이스라엘의 역사를 회상했을 것이다. 사사 시대의 혼돈, 주변 민족들에게 받은 수없이 많은 천대와 박해, 한 민족으로서 생존이 불투명했던 순간들, …. 과거를 돌아봤을 때 이스라엘이 그 순간까지 한 나라로 명맥을 유지할 수 있었던 것은 "에벤에셀"의 은혜였다.

우리의 삶이라는 것이 이런 것이 아닐까? 아픔과 고통의 순간들을 지나면서 때로는 하나님이 나를 버리셨노라고 울부짖지만 세월이 지나 모든 것이 제자리를 찾고 정리되면, 하나님이 가장 멀리 계신 것처럼 느껴졌던 그 순간 그분은 가장 가까운 곳에서 나를 도우셨다는 사실을 깨닫게 된다. 하나님은 다윗에게 이 사실을 가르쳐 주신다. "너의 삶의 가장 어두운 순간에 나는 네가 걸어야 할 길에 불을 밝히고 있었노라." 다윗이 이 사실을 깨달았기에 "내가 사망의 음침한 골짜기로 다닐지라도 해를 두려워하지 않을 것은 주께서 나와 함께 하심이라"(시 23:4)라고 고백할 수 있었을 것이다.

다윗의 지극한 정성을 보시고 하나님이 감동하신 것일까? 하나님은 오히려 다윗에게 "집"(בַּיִת)을 지어 주겠다고 하셨다(9-14절). 이것은 여호와께서 다윗과 그의 후손이 영원히 통치할 수 있도록 기회를 주시겠다는 말씀이다. 그래서 개역개정은 "집"을 "왕조"로 해석했다(10절). 하나님이 다윗뿐만 아니라 앞으로 그의 후손들을 통해 이어질 왕조가 정당한 정권으로 영원히 지속될 것을 약속하신 것이다. 하나님이 다윗에게 약속하신 이 약속은 하나님이 아브라함과 그의 후손들에게 주신 약속과 맥을 같이하고 있다.

"세상에서 존귀한 자들의 이름 같은 이름을 네게 만들어 주리라"(8절; cf. 창 12:2). 세상에서 명성을 떨치고 살았던 사람 중에 다윗과 같이 영원토록 기억되는 사람이 몇이나 되는가? 또한 그의 이름이 얼마나 위대했던지, 열왕기의 왕들이 죽으면 모두 다윗이 기준으로 적용되고(그의 아비 다윗과 같지 않았더라), "다윗의 도시"에 묻힌다. 다윗의 그림자는 죽은 지 몇천 년이 지난 오늘날에도 길게 드리워져 있지 않은가?

"내가 또 내 백성 이스라엘을 위하여 한 곳을 정하여 그들을 심으리라"(9절; cf. 창 15:18; 신 11:24-25; 수 1:4-5). 이제는 방황과 정착을 반복하는 시대가 지났다는 것이다. 더 이상 사사 시대의 혼돈과 혼란이 없을 것이며 이제부터는 마치 나무가 뿌리를 내리듯 이스라엘이 가나안 땅에서 뿌리를 내리며 한 민족으로서 자리를 굳혀갈 것을 약속하신다. 다윗의 통치기간 동안 고대 근동의 정치는 매우 조용했다. 남쪽 이집트에서는 26대 왕조가 쇠퇴해가고 있었고 북쪽 메소포타미아 지역에서는 아시리아가 제국으로 탄생하려고 꿈틀거리고 있었다. 이런 상황에서 다윗과 솔로몬 시대의 가나안 지역은 상대적인 평온함을 누릴 수 있었다. 세상의 눈에는 우연으로 보이겠지만 믿음의 관점에서 이것은 분명히 하나님의 축복이었다.

"네 모든 대적으로 네게 복종하게 하리라"(10절; cf. 신 12:10; 수 21:44-45). 앞으로 다윗은 주변 국가들을 쳐서 가나안 전 지역을 평정한다. 그의 영토는 이스라엘이 전에는 상상도 못했던 규모로 커지게 된다. 그리고 주변 국가들로부터 많은 부를 취하게 된다. 그의 시대에는 그의 대적이 될만한 나라나 인물이 없었다. 그러므로 이 말씀은 단순한 축복이 아니라, 앞으로 다윗이 어떤 평화를 누리게 될 것인가에 대한 예언이기도 하다(cf. Allen).

"네 생명의 연한이 차서 네가 조상들에게로 돌아가면 내가 네 뒤에 네 씨 곧 네 아들 중 하나를 세우고 그 나라를 견고하게 하리라"(11절; cf. 창 17:7-10, 19). 목회자들은 간혹 "내가 없으면 이 교회는 큰일 난다!" 라는 착각에 빠진다. 그래서 어떤 목사들은 80세가 되도록 목회를 하며 교회를 떠나지 않는다. 그 교회에 뼈를 묻겠다는 각오다. 성도들이 원하지 않는데도! 심지어는 하나님이 원하시지 않는데도! 지나치게 하나님의 일을 걱정하지 마라. 하나님은 이미 계획을 세우시고, 떠나주기를 바라고 계실 수도 있다.

"그는 나를 위하여 집을 건축할 것이요"(12절; cf. 왕상 8:18-20; 대상 28:6-

7). 물론 그는 솔로몬이다. 다윗은 열심히 물질을 모았다. 솔로몬은 아버지의 유산으로 성전을 지은 것이다. 우리의 사명과 목적은 모두 다르다. 한 사람이 다할 수는 없다. 이런 이야기가 있다. 동물들이 왕을 세우기를 원했다. 모두 자신들이 처한 상황을 충분히 이해하는 왕을 원했다. 기어다니는 동물들은 모두 비록 치타와 같이 날렵하지는 못하더라도 그들이 세울 왕은 꼭 땅을 걸을 수 있어야 한다고 했다. 하늘을 나는 새들은 모두 비록 독수리와 같이 높이 오르지는 못하더라도 그들이 세울 왕은 꼭 날 수 있는 날개가 있어야 한다고 주장했다. 물 속에서 사는 물고기들은 모두 돌고래와 같이 민첩하지는 못하더라도 그들이 세울 왕은 분명히 헤엄을 칠 수 있어야 한다고 했다. 오랜 심사숙고 끝에 그들이 왕으로 세운 짐승은 바로 오리였다!

"나는 그의 아버지가 되고 그는 나의 아들이 되리라"(13절; cf. 출 4:22-23; 시 89:26-27). 만약에 그가 잘못하면 하나님이 아버지가 자식을 징계하듯 그를 징계하실 것이다. 그러나 결코 사울과 같이 버림받지는 않을 것이라고 선언하고 있다. 즉, 다윗과 솔로몬을 비롯한 그의 후손들이 사울과 그의 후손들과 강하게 대조되고 있다.

"내가 영원히 그를 내 집과 내 나라에 세우리니 그의 왕위가 영원히 견고하리라"(14절). 하나님이 다윗에게 말씀하시면서 "영원히"(עַד־עוֹלָם) 라는 말을 두 차례 사용하셔서 그와 후손들이 영원히 이스라엘의 왕권을 유지하도록 지켜주실 것을 약속하신다. 그러나 엘리의 집안에 주어진 영원한 제사장직을 영원한 저주로 바꾸신 것을 보면 결코 방심하거나 이 약속을 남용할 수 없다(cf. 삼상 2:27-36). 이 점을 감안하면 여호와께서 다윗에게 하신 약속은 특별하다. 때로는 하나님이 다윗과 그의 후손을 징계하셔야 할 필요가 있겠지만, 엘리 집안과는 달리 다윗 집안은 결코 버리지 않으실 것이라는 약속인 것이다.

II. 통일왕국의 역사(9:35-대하 9:31)
2장. 다윗의 통치(11:1-29:30)
2. 예배의 중심 예루살렘(13:1-17:27)
(5) 하나님이 다윗과 언약을 맺으심(17:1-27)

③ 다윗의 감사 기도(17:16-27)

나단을 통해 선포된 하나님의 말씀에 감격한 다윗은 떨리는 목소리로 하나님께 감사의 기도를 드린다. 기도문의 초점은 하나님이 자신과 집안을 위해서 하신 일에 맞추어져 있다. 그래서 다윗은 16절에서 자신의 심정을 표현하면서 1인칭을 사용하고, 나머지 문장들에서는 모두 2인칭과 3인칭만을 사용한다. 하나님을 기리며 2인칭 접미사를 20회 이상 사용하고("주의 종," "주의 눈" 등등), 2인칭 동사가 13차례 등장한다(Japhet). 반면에 1인칭은 기도를 시작하는 16절에서만 사용되었다. 그 이후 다윗은 자신을 3인칭으로 말한다. 그의 기도는 철저하게 하나님과 주께서 하시는 일에만 초점이 맞추어져 있다.

다윗의 기도에는 수사학적인 질문(16, 18a, 21절)과 고백을 담은 감탄사가 잘 어우러져 있다(17, 18b, 20절 등등). 또한 그의 기도는 나단이 선포한 신탁의 주요 내용을 반복하고 있다. "주의 종 다윗의 왕조가 주 앞에서 견고히 서게 하옵소서"(24절; cf. 12절), "주께서 종을 위하여 왕조를 세우실 것이라고 하셨습니다"(25절; cf. 10절), "이제 주께서 종의 왕조에 복을 주사 주 앞에 영원히 두시기를 기뻐하시나이다"(27절; cf. 14절).

다윗은 기도문에서 여러 차례 "여호와 하나님"(16, 17절), "하나님"(17, 25절), "여호와"(19, 20, 22, 23, 26, 27절) 등 하나님의 성호를 직접 부르며 기도한다. 하나님의 은총에 감격하여 감탄사로 하나님의 성호를 연발하고 있는 것이다. 또한 "당신의 종"(עַבְדְּךָ [10회]); "집"(בַּיִת [6회]); "영원히"(עַד־עוֹלָם [5회]) 등 같은 문구와 단어를 여러 차례 반복한다.

이 기도는 하나님에 대한 경외, 찬송, 간구를 포함한다. 그는 감사를 드리면서도 챙길 것은 분명히 챙기고 있다. 이런 감사와 요구의 균형 잡힌 기도를 통해 다윗의 신앙과 이스라엘의 최고의 모습을 묘사하고 있다(Brown). 다윗의 기도는 다음과 같이 구분한다.

A. 감사 찬송(17:16-19)

B. 하나님의 위대하심 선포(17:20-22)

C. 약속을 지켜달라는 간구(17:23-27)

Ⅱ. 통일왕국의 역사(9:35-대하 9:31)
2장. 다윗의 통치(11:1-29:30)
2. 예배의 중심 예루살렘(13:1-17:27)
(5) 하나님이 다윗과 언약을 맺으심(17:1-27)
③ 다윗의 감사 기도(17:16-27)

i. 감사 찬송(17:16-19)

16 다윗 왕이 여호와 앞에 들어가 앉아서 이르되 여호와 하나님이여 나는 누구이
오며 내 집은 무엇이기에 나에게 이에 이르게 하셨나이까 17 하나님이여 주께서
이것을 오히려 작게 여기시고 또 종의 집에 대하여 먼 장래까지 말씀하셨사오니
여호와 하나님이여 나를 존귀한 자들 같이 여기셨나이다 18 주께서 주의 종에게
베푸신 영예에 대하여 이 다윗이 다시 주께 무슨 말을 하오리이까 주께서는 주의
종을 아시나이다 19 여호와여 주께서 주의 종을 위하여 주의 뜻대로 이 모든 큰 일
을 행하사 이 모든 큰 일을 알게 하셨나이다

예기치 못한 하나님의 은혜에 감동한 다윗은 성전이 완성될 때까지 예배 처소로 사용하려고 세워놓은 장막에 들어가 하나님 앞에 무릎을 꿇었다. 그는 "하나님, 보통 때에도 인간들을 이렇게 대하십니까? 제가 받은 약속을 감당하기가 힘듭니다. 저와 제 집이 무엇이기에 이렇게 은혜를 베푸십니까?"하고 자신의 솔직한 심정을 털어놓았다(16절). 아무리 생각해도 자신은 도저히 이런 은총을 입을 자격이 없다는 것이다. 사실 하나님의 은총의 본질이 이런 것이 아닐까? 가장 아름다운 기도는 멋있는 말로 꾸며진 기도가 아니라 마음속 가장 깊은 곳에서부터 우러나오는 감사와 찬송이다.

다윗은 자신의 연약함과 무한히 강하신 하나님을 비교해 가면서 찬송을 드린다. 무엇보다 다윗을 감동시킨 하나님은 자신이 하고자 하신 일을 자신의 종에게 미리 알려 주시는 여호와시라는 것이다(17, 19절).

신들은 인간들을 귀찮게 여긴다고 생각했던 고대 근동의 종교적 상황에서 여호와의 이런 성향은 대단히 획기적인 것이다. 다윗은 무한히 인격적이고 자기 백성들에게 모든 것을 자상하게 알려 주시는 하나님을 찬양하고 있다. 창조주 하나님이 피조물인 인간에게 자신의 뜻을 알려 주시기를 마다하지 않으셨다. 하나님이 인간을 존중하신다는 뜻이다. 그래서 하나님은 앞으로 다윗과 그의 집안에 있을 일을 알려 주셨다.

II. 통일왕국의 역사(9:35–대하 9:31) 2장. 다윗의 통치(11:1–29:30) 2. 예배의 중심 예루살렘(13:1–17:27) (5) 하나님이 다윗과 언약을 맺으심(17:1–27) ③ 다윗의 감사 기도(17:16–27)

ii. 하나님의 위대하심 선포(17:20–22)

20 여호와여 우리 귀로 들은 대로는 주와 같은 이가 없고 주 외에는 하나님이 없나
이다 21 땅의 어느 한 나라가 주의 백성 이스라엘과 같으리이까 하나님이 자기 백
성을 구속하시려고 나가사 크고 두려운 일로 말미암아 이름을 얻으시고 애굽에서
구속하신 자기 백성 앞에서 모든 민족을 쫓아내셨사오며 22 주께서 주의 백성 이
스라엘을 영원히 주의 백성으로 삼으셨사오니 여호와여 주께서 그들의 하나님이
되셨나이다

하나님이 영원한 왕권 약속을 주신 것에 먼저 감사 찬송을 드린 다윗이 이 섹션에서는 하나님이 어떤 분이신가에 대한 묵상적인 기도를 드린다. 하나님의 성품을 이스라엘의 역사와 연결하여 기념한다. 그의 결론은 세상 어디를 봐도 여호와 같은 신을 섬기는 백성은 없다는 것이다. 이스라엘은 참으로 특별한 위치에 서 있으며, 그들이 누리는 특권은 이루 말할 수 없이 크다고 고백한다. 하나님의 성품을 크게 세 가지로 묵상한다.

첫째, 여호와 하나님은 거룩하신 분이다(20절). 하나님은 세상의 그 어느 신(들)과도 비교할 수 없는 분별된 분이다. 다윗은 자신이 듣던 것과 같이 여호와 외에는 신이 없음을 고백했다. 게다가 여호와 하나님은 열방의 신들과 달리 자기 백성의 일거수일투족에 매우 관심을 가지고 계시며, 꾸준히 보호하고 위기에서 구원해 주시는 분이다(21절).

둘째, 여호와는 이스라엘을 선택하신 하나님이다(21절). 다윗은 이스라엘의 오늘이 있게 된 것은 전적으로 여호와의 과분한 은혜 덕분임을 고백하고 있다. 그동안 이스라엘이 여호와께 입은 은총은 감당하기 힘들 정도로 크다는 것이다. 감격으로 가득 찬 고백이다.

셋째, 여호와는 이스라엘과 영원한 언약을 세우신 분이다(22절). 다윗은 여호와의 자비를 절정으로 끌어올리고 있다. 이스라엘과 영원한 언약을 세우시고, 그동안 언약을 신실하게 지키신 여호와를 찬양하고 있다. 물론 다윗은 앞으로도 하나님은 이미 이스라엘과 하신 약속을 지키실 뿐만 아니라, 이날 다윗에게 주신 약속도 이루실 것을 확신한다.

Ⅱ. 통일왕국의 역사(9:35-대하 9:31)
2장. 다윗의 통치(11:1-29:30)
2. 예배의 중심 예루살렘(13:1-17:27)
(5) 하나님이 다윗과 언약을 맺으심(17:1-27)
③ 다윗의 감사 기도(17:16-27)

ⅲ. 약속을 지켜달라는 간구(17:23-27)

23 여호와여 이제 주의 종과 그의 집에 대하여 말씀하신 것을 영원히 견고하게 하시며 말씀하신 대로 행하사 24 견고하게 하시고 사람에게 영원히 주의 이름을 높여 이르기를 만군의 여호와는 이스라엘의 하나님 곧 이스라엘에게 하나님이시라 하게 하시며 주의 종 다윗의 왕조가 주 앞에서 견고히 서게 하옵소서 25 나의 하나님이여 주께서 종을 위하여 왕조를 세우실 것을 이미 듣게 하셨으므로 주의 종이 주 앞에서 이 기도로 간구할 마음이 생겼나이다 26 여호와여 오직 주는 하나님이시라 주께서 이 좋은 것으로 주의 종에게 허락하시고 27 이제 주께서 종의 왕조에 복을 주사 주 앞에 영원히 두시기를 기뻐하시나이다 여호와여 주께서 복을 주셨사오니 이 복을 영원히 누리리이다 하니라

다윗은 여호와의 신실하시고 거룩하심을 절정에 올려놓은 뒤에 자신의 요구를 표현한다. 하나님의 축복을 확실하게 챙기는 방법이다. 자세히 논리를 살펴보면 "하나님, 정말 그러실 필요가 없었는데 큰 은혜를 저와 저희 집안에 주셨습니다. 하나님은 옛날부터 약속을 잘 지키시는 분이십니다. 일단 저에게 약속하셨으니 꼭 지켜주십시오"라는 형태로 기도를 펼쳐나가고 있다.

다윗은 "〔그리고〕 이제"(וְעַתָּה)라는 표현을 세 차례 사용하고 있다(23, 26, 27절). 이 표현은 앞에 전개된 내용에 근거하여 무엇을 요구할 때 자주 사용하는 문구이다. 다윗은 "하나님은 이런 분이시기에 … 이제 이렇게 하여 주십시오" 하며 자신의 요구를 분명히 한다. 자신이 알고 있는 하나님의 인격에 근거해 요구 사항들이 받아들여질 것으로 알겠다는 자신감이다.

다윗은 "영원히"(עַד־עוֹלָם)라는 말을 네 차례 사용한다(23, 24, 27절[2x]). 다윗은 하나님이 하신 약속이 영원히 유효하다는 사실을 하나님께 확인하고 있다. 마치 하나님의 축복을 받아낼 때까지 여호와께 매달리던 야곱을 연상시킨다. 하나님 앞에서 자신 있게 자기의 뜻을 밝히고 더 나아가 요구 사항을 확실히 말하는 다윗이 부럽지 않은가? 우리도 할 수 있다. 하나님은 우리와 인격적으로 만나기를 원하신다.

야곱은 그의 후손들을 다스릴 왕이 유다에게서 나올 것을 벌써 예언했다(창 49:10). 발람은 한 별과 한 홀이 야곱에게서 나올 것을 예언했다(민 24:17). 이제 나단은 유다에 속한 한 집안이 이스라엘을 영원히 다스리게 될 것을 선언한다. 이 약속은 아브라함 언약과 맥을 같이하면서 신약의 복음으로 나아간다. 이렇다 할 대가/조건을 내걸지 않고 전적으로 하나님이 하실 것만 나열하는 것은, 예수 그리스도의 사역과 비슷하다. 본문은 성경이 제시하는 은혜 신학과 메시아 사상을 가장 잘 표현한 도구 역할을 한다(Brueggemann). 그럼에도 불구하고 우리가 시인해야 할 점은 다윗 언약의 무조건적 성향이 시내 산 언약의 조건적 성향을 결코 무효화하지 않는다는 사실이다. 구약을 해석할 때 "조건적"과 "무조건적"의 갈등 속에서 균형을 유지하며 해나가야 한다.

3. 다윗의 전쟁 이야기(18:1-20:8)

이 섹션은 다윗이 이웃 나라들과 전쟁하여 승리한 기록을 담고 있다. 하나님이 나단의 신탁을 통해 다윗과 그의 왕권을 튼튼하게 해 주겠다고 하셨다(cf. 17:12). 여기에 기록된 승전 이야기들은 하나님의 약속이 잘 성취되어가고 있음을 시사한다. 저자는 이 사실을 강조하기 위해서 이 섹션을 "그 후에"(וַיְהִי אַחֲרֵי־כֵן)라는 말로 시작한다(1절). 즉 다윗이 하나님께로부터 약속을 받은 후에 있었던 일이라는 것이다. 전쟁을 통해서 주변 국가들을 정복하는 다윗의 모습은 마치 가나안 정복에 나섰던 여호수아를 연상케 한다(Hill, cf. 18:6, 13).

여기에 기록된 전쟁 이야기들의 또 한 가지 기능은 다윗이 성전을 건축하는 것을 허락하지 않은 일이 타당했음을 보여주는 것이다. 하나님이 다윗의 성전 건축을 거부하신 이유는 그가 피를 많이 흘렸기 때문이다(cf. 22:8; 28:3). 다윗이 주변 나라들과 전쟁을 한 것이 나쁜 일은 아니었다. 하나님은 이 전쟁들을 통해 그를 축복하셨기 때문이다(cf. McConville, 18:6, 13).

그러나 신명기는 이스라엘이 원수들로부터 평안해질 때 하나님이 자기 이름을 두실 곳을 정하실 것이라고 했다(신 12:10-11; 25:19). 이 이야기들은 다윗이 여러 전쟁들을 통해 참으로 많은 피를 흘린 사람이었으며 아직까지 그의 시대에는 이스라엘에 평안이 임하지 않았음을 강조한다. 다윗 시대에 성전을 건축하는 것은 시기상조라는 의미이다. 그러므로 솔로몬이 성전 건축을 시작하기 전에 이스라엘은 주변 국가들과 전쟁을 마무리해야 한다. 또한 이 전쟁들은 이후에 솔로몬이 성전을 건축하는 데 필요한 비용을 마련하는 계기가 되었다(18:8, 11; cf. 22:3; 14; 29:3).

저자는 이 섹션을 구성하면서 전쟁 이야기(18:1-6, 12-13; 19:16-19), 전리품 리스트(18:7-11; 20:2-3), 영웅담(20:4, 5) 등 여러 가지 문학적인 장르의 문서를 사용했다(De Vries). 이 이야기들은 "그 후에"(וַיְהִי אַחֲרֵי־כֵן)라는 말로 서로 연결된다(18:1; 19:1; 20:4). 또한 처음과 마지막에 "정복하다/빼앗다"(כנע)를 사용하고(18:1; 20:4; cf. 17:10), 중간에 "〔다윗이 정복한 나라가 다윗의〕 종이 되다"(עבד)를 삽입함으로써(18:2, 6, 13; 19:19) 텍스트에 연결성과 통일감을 더한다(Allen). 이 섹션은 사무엘하 8-21장에 기록된 내용을 선별적으로 인용하였다. 본문과 사무엘서의 관계는 다음 도표를 참조하라.

대상 18장	삼하 8장	다윗의 승전기록
대상 19장	삼하 10장	암몬 전쟁
대상 20:1a	삼하 11:1	암몬 전쟁의 끝
대상 20:1b	삼하 12:26	랍바 포위
대상 20:2–3	삼하 12:30–31	랍바 전리품 목록
대상 20:4–8	삼하 21:18–22	다윗 용사들의 무용담

필자는 본 텍스트를 다음과 같이 구분하여 주해해 나가고자 한다.

A. 블레셋 평정(18:1)

B. 모압 평정(18:2)

C. 소바와 시리아와의 전쟁(18:3-8)

D. 하맛의 선물(18:9-11)

E. 에돔 평정(18:12-13)

F. 다윗 정권의 각료들(18:14-17)

G. 암몬-시리아와의 전쟁(19:1-20:3)

H. 블레셋과의 전쟁(20:4-8)

(1) 블레셋 평정(18:1)

1 그 후에 다윗이 블레셋 사람들을 쳐서 항복을 받고 블레셋 사람들의 손에서 가드와 그 동네를 빼앗고

블레셋 사람들은 사사 시대 때부터 이스라엘을 괴롭혀 왔던 족속이다(cf. 삿 10, 13장 등등). 엘리 시대에는 법궤가 이들에게 넘어가기도 했으며(cf. 삼상 4장), 사무엘과 사울은 이들과 여러 차례 전쟁을 치렀다(cf. 삼하 5:17-25). 그럼에도 불구하고 그들은 사라지지 않는 영원한 원수 같았다. 그러나 이제 블레셋과의 싸움은 다윗 시대에 끝이 난다(cf. 20:4-8). 다윗 시대 이후로 블레셋은 다시는 이스라엘을 괴롭히지 못한다. 하나님이 다윗에게 주신 약속 후에 결정적인 승리가 오는 것은 우연이 아니다. 지금까지 이스라엘이 블레셋과 치렀던 전쟁은 모두 다 방어적이었다. 블레셋이 침략하면 이스라엘이 대항한 전쟁들이었다.

이제 다윗이 그들을 먼저 공격했다. 하나님이 내려주신 복을 실현하기 위해서는 먼저 이스라엘의 숙적인 블레셋을 제거해야 했는데, 이 전쟁은 드디어 그들의 수많은 도발에 대해서 이스라엘이 보복하는 기회가 되었다. 다윗은 블레셋과의 전쟁을 매우 성공적으로 끝냈다. 이렇게 해서 가나안의 남서쪽에서 이스라엘을 위협하던 블레셋을 평정하였다.

그는 블레셋 사람들을 제압하고 가드와 주변 마을들을 빼앗았다. 사무엘하 8:1은 다윗이 메덱암마를 빼앗았다고 하는데, 역대기 저자가 메덱암마를 가드로 대체하는 것으로 보아 메덱암마는 잘 알려진 블레셋의 도시 가드의 다른 이름일 것으로 생각된다. 만일 메덱암마가 다른 도시였다면, 이 도시의 위치는 아직까지 밝혀지지 않고 있다(cf. Japhet).

Ⅱ. 통일왕국의 역사(9:35–대하 9:31)
2장. 다윗의 통치(11:1–29:30)
3. 다윗의 전쟁 이야기(18:1–20:8)

(2) 모압 평정(18:2)

2 또 모압을 치매 모압 사람이 다윗의 종이 되어 조공을 바치니라

다윗은 이스라엘의 서남쪽에 있는 블레셋을 친 다음, 이번에는 시선을 동쪽으로 돌려 그곳에 살고있던 모압 족을 쳤다. 모압 족은 다윗의 증조모 룻의 조국이었다. 다윗이 사울에게 쫓길 때 모압은 그의 가족들의 안식처가 되기도 했다(삼상 22:3-4). 개인적인 차원에서 모압은 다윗에게 고마운 나라였다. 그러나 모압은 이스라엘의 원수이기도 했다(cf. 삼상 12:9; 14:47). 이제 이스라엘을 통치하는 왕으로서 다윗은 이스라엘의 원수, 모압을 평정하기 위해서 나섰다. 공과 사의 구분이 필요했던 것이다.

사무엘하 8:2은 다윗이 포로로 잡은 모압 남자들을 땅바닥에 눕혀놓고 줄로 잰 다음에, 한 줄 길이 안에 든 사람들은 살려주고, 두 줄 길이 안에 드는 사람은 죽였다고 한다. 인구의 3분의 2를 죽였다는 뜻이다. 이런 처형 방법은 고대 근동에서 확인된 방법이 아니다. 다만 확실한 것은 다윗이 필요 이상의 살상을 하고 있다는 사실이다. 그래서 역대기 저자는 다윗에 대한 부정적인 시각을 최소화하기 위해서 이 내용을 삭제했다.

Ⅱ. 통일왕국의 역사(9:35–대하 9:31)
2장. 다윗의 통치(11:1–29:30)
3. 다윗의 전쟁 이야기(18:1–20:8)

(3) 소바와 시리아와의 전쟁(18:3-8)

다윗의 전쟁 이야기는 서쪽의 적 블레셋을 친 이야기로 시작하여 (1절), 동쪽의 적 모압을 친 이야기로 이어졌다(2절). 이제 저자는 다윗이 북쪽의 적을 친 이야기를 하고자 한다. 처음에는 소바와 전쟁을 했는데, 시리아가 소바의 편에 서서 전쟁에 참여하여 결국 다윗은 시리아와도 싸웠다. 다음과 같이 본문을 구분할 수 있다.

A. 소바 견제(18:3-4)

B. 시리아 평정(18:5-6)

C. 전리품(18:7-8)

II. 통일왕국의 역사(9:35–대하 9:31)
2장. 다윗의 통치(11:1–29:30)
3. 다윗의 전쟁 이야기(18:1–20:8)
(3) 소바와 시리아와의 전쟁(18:4–8)

① 소바 견제(18:3–4)

3 소바 왕 하닷에셀이 유브라데 강 가에서 자기 세력을 펴고자 하매 다윗이 그를 쳐서 하맛까지 이르고 4 다윗이 그에게서 병거 천 대와 기병 칠천 명과 보병 이만 명을 빼앗고 다윗이 그 병거 백 대의 말들만 남기고 그 외의 병거의 말은 다 발의 힘줄을 끊었더니

동쪽의 적, 모압을 제압한 다윗은 북쪽에서 세력을 굳혀가고 있던 소바를 견제하기 위해서 유브라데 강까지 갔다. 다윗이 왕이었던 시대에는 이집트와 아시리아 등 전통적인 강대국이 내부적인 어려움으로 인해 국제 정치에 관심을 두지 못하던 때였다. 그러다 보니 가나안 지역에서는 이스라엘과 소바가 강대국 행세를 하며 입지를 굳히고 있었다(Johnstone, Japhet). 이런 상황에서 소바 왕 하닷에셀이 유브라데 강으로 가서 그 지역이 자신의 영토라고 선언했다는("세력을 굳히려 했다") 소식이 다윗에게 전해졌다(3절).

다윗은 하맛까지 원정을 가서 그를 무찔렀다. 그러나 이 전쟁은 소바를 평정하려는 목적에서 비롯된 것이 아니라, 소바가 더 이상 세력을 뻗어나가지 못하도록 견제하는 차원에서 시작한 전쟁이었다. 하맛은 역대하 8:3에서는 하맛소바로 알려져 있다(Japhet). 이곳은 단 지파 영토의 북쪽, 다마스쿠스의 서쪽에 있던 것으로 추정되지만(Hill), 정확한 위치는 아직까지 밝혀지지 않았다(ISBE).

이 전쟁을 통해 다윗은 병거 1,000대, 기마병 7,000명, 보병 2만 명을 노획했다. 사무엘하 8:4은 기마병 1,700명과 보병 2만 명을 포로로 잡았다고 한다. 학자들은 칠십인역과 쿰란의 네 번째 동굴에서 발견된 사무엘서 사본(4QSam[a])에 근거해, 사무엘하 8:4의 기마병 1,700명보다는 본문의 병거 1,000대와 기마병 7,000명이 더 잘 보존된 텍스트라고 생각한다(Japhet). 다윗은 병거를 끌던 말 중 100마리만 남기고 나머지는 모두 다리의 힘줄을 끊어버렸다. 그는 보병을 중심으로 전쟁을 했고 아직까지 병거와 기마병을 자신의 군대에 영입할 생각이 없었기 때문이다. 병거와 기마병은 솔로몬 시대에 가서야 이스라엘 군대에 편성된다. 이전에 이스라엘에서 병거를 타고 등장하는 사람은 압살롬과 아도니야에 불과했다(삼하 15:1; 왕상 1:5). 그런데 둘 다 비참한 종말을 맞았다.

II. 통일왕국의 역사(9:35–대하 9:31)
2장. 다윗의 통치(11:1–29:30)
3. 다윗의 전쟁 이야기(18:1–20:8)
(3) 소바와 시리아와의 전쟁(18:4–8)

② 시리아 평정(18:5–6)

**5 다메섹 아람 사람이 소바 왕 하닷에셀을 도우러 온지라 다윗이 아람 사람 이만
이천 명을 죽이고 6 다윗이 다메섹 아람에 수비대를 두매 아람 사람이 다윗의 종
이 되어 조공을 바치니라 다윗이 어디로 가든지 여호와께서 이기게 하시니라**

다윗이 하닷에셀을 쳤다는 소식을 듣고 시리아가 소바 왕을 도우려고 군대를 보냈다(5절). 다윗은 맞서 싸워 승리했으며 시리아 군 2만 2,000명을 죽였다. 시리아는 이스라엘보다 소바와 더 가까운 나라였으니 당연한 일이겠지만, 결과적으로는 줄을 잘못 서서 엄청난 피해를 보게 되었다. 다윗은 시리아 군을 물리친 것에 만족하지 않고 시리아의 수도 다마스쿠스로 진군하여 그곳을 평정하고 시리아를 속국으로 삼아

조공을 바치게 했다(6절). 이렇게 해서 다윗은 이스라엘 영토 북쪽에 인접한 나라들을 단속할 수 있었다.

다윗이 모든 전쟁에서 승리할 수 있었던 것은 여호와께서 은혜를 베풀어주셨기 때문이었다(6절). 다윗의 승리의 중요성은 이스라엘의 영토 확장과 적들을 잠재우는 것뿐만 아니라, 무엇보다 하나님이 다윗(viz., 이스라엘)과 함께하심을 보여주는 데 있다. 이스라엘이 사울 시대에는 누리지 못한(cf. 13:3) 하나님의 함께하심을 다윗 시대에 와서야 누리게 된 것이다.

Ⅱ. 통일왕국의 역사(9:35–대하 9:31)
2장. 다윗의 통치(11:1–29:30)
3. 다윗의 전쟁 이야기(18:1–20:8)
(3) 소바와 시리아와의 전쟁(18:4–8)

③ 전리품(18:7–8)

7 다윗이 하닷에셀의 신하들이 가진 금 방패를 빼앗아 예루살렘으로 가져오고 8 또 하닷에셀의 성읍 디브핫과 군에서 심히 많은 놋을 빼앗았더니 솔로몬이 그것으로 놋대야와 기둥과 놋그릇들을 만들었더라

다윗은 하닷에셀을 물리쳐 소바의 팽창을 견제하게 되었을 뿐만 아니라 많은 노획물을 얻었다. 그는 소바 군으로부터 금 방패를 빼앗았다(7절). 또한 하닷에셀이 통치하던 두 성읍 디브핫과 군에서 많은 양의 놋을 빼앗아왔다(8절). 사무엘하 8:8은 두 성읍의 이름을 베다와 베로대라고 한다. 본문이 잘 보존되지 않은 결과이다(Japhet). 성전에서 사용될 기구들을 만드는 데 매우 중요한 재료로 쓰이는 놋이 책에서 언급되기는 이곳이 처음이다.

훗날 솔로몬은 노획물을 사용해 놋대야와 기둥과 놋그릇들을 만들었다(8절). 사무엘서에는 이 내용이 없다. 역대기 저자는 성전 건축에 있어서 다윗의 역할을 솔로몬이 성공적으로 공사를 진행할 수 있도록 필요한 모든 물자를 준비하는 것으로 이해하고 있기 때문에 이런 코멘트가 등장하는 것은 당연한 일이다.

II. 통일왕국의 역사(9:35–대하 9:31)
2장. 다윗의 통치(11:1–29:30)
3. 다윗의 전쟁 이야기(18:1–20:8)

(4) 하맛의 선물(18:9-11)

9 하맛 왕 도우가 다윗이 소바 왕 하닷에셀의 온 군대를 쳐서 무찔렀다 함을 듣고
10 그의 아들 하도람을 보내서 다윗 왕에게 문안하고 축복하게 하니 이는 하닷에
셀이 벌써 도우와 맞서 여러 번 전쟁이 있던 터에 다윗이 하닷에셀을 쳐서 무찔렀
음이라 하도람이 금과 은과 놋의 여러 가지 그릇을 가져온지라 11 다윗 왕이 그것
도 여호와께 드리되 에돔과 모압과 암몬 자손과 블레셋 사람들과 아말렉 등 모든
이방 민족에게서 빼앗아 온 은금과 함께 하여 드리니라

하맛과 소바는 서로 국경을 맞대고 있었으며 관계가 좋지 않았다(10절). 그래서 다윗이 소바 왕 하닷에셀을 물리쳤다는 소식에 하맛 왕 도우가 기뻐했다(9절). 그는 감사를 표하기 위해서 자신의 아들 하도람을 축하 사절단으로 다윗에게 보내 많은 선물을 주었다(10절). 물론 도우가 다윗에게 많은 선물을 보낸 것은 단순히 그의 승리를 축하하기 위해서가 아니라, 이스라엘과 우호적인 관계를 형성하기 위해서였다(Wiseman, Hill).

도우의 아들 하도람은 금과 은과 놋으로 만든 물건들을 다윗에게 선물로 주었다. 이렇게 해서 하맛은 자연스럽게 이스라엘의 아군이 되었다. 다윗은 이스라엘을 북쪽에서 위협하는 적들을 견제하는 데 협조할 동맹국가를 얻게 된 것이다. 다윗은 요람이 가져온 물건들을 다른 전쟁에서 얻은 노획물들과 함께 성전 건축을 위해서 하나님께 바쳤다(11절). 그는 솔로몬이 별 어려움 없이 성전 건축할 수 있도록 물자를 꾸준히 모으고 있었던 것이다.

(5) 에돔 평정(18:12-13)

12 스루야의 아들 아비새가 소금 골짜기에서 에돔 사람 만 팔천 명을 쳐죽인지라
13 다윗이 에돔에 수비대를 두매 에돔 사람이 다 다윗의 종이 되니라 다윗이 어디
로 가든지 여호와께서 이기게 하셨더라

다윗은 승리의 여세를 몰아 아비새 장군에게 사해를 끼고 이스라엘의 남동쪽을 접하고 있는 에돔을 치도록 했다(12절). 아비새는 다윗의 조카였다(cf. 대상 2:16). 그는 "소금 골짜기"(גֵּיא הַמֶּלַח)에서 에돔 사람들을 물리쳤는데, 소금 골짜기는 아라바를 뜻한다(Grollenberg, Johnstone). 사무엘하 8:13은 아비새가 아니라 다윗이 에돔 사람들을 친 것으로 기록하고 있다. 사무엘서는 다윗이 이 전쟁을 명령한 점을 부각하고자 하는 반면, 본문은 다윗의 명령을 받고 전쟁을 지휘하게 된 아비새 장군의 명성을 높이고자 한다. 다윗이 성공적이었던 만큼 그의 신하들도 성공적이었다는 것이다. 하나님의 복을 받은 자의 주변에 있는 사람들도 덩달아 하나님의 복을 받게 된다.

아비새는 에돔 군 1만8천 명을 쳐 죽이고 에돔을 평정하였다. 에돔은 다윗에게 조공을 바치는 속국이 되었다(13절). 이렇게 하여 다윗은 이스라엘의 남서쪽(블레셋), 동쪽(모압), 북쪽(시리아, 소바), 남동쪽(에돔)의 적들을 상대로 승리했다. 그의 통치를 견제할만한 외부 세력을 모두 평정한 것이다. 그는 솔로몬이 평화롭게 다스릴 수 있는 기반을 마련해나가고 있다. 모두 다 하나님이 다윗과 함께하시며 내려주신 축복의 결과였다(13절). 하나님은 양 떼를 따라다니던 다윗을 데려다가 이스라엘의 통치자로 삼고(cf. 17:7), 당시 세상에서 가장 존귀한 자로 높이셨다.

(6) 다윗 정권의 각료들(18:14-17)

14 다윗이 온 이스라엘을 다스려 모든 백성에게 정의와 공의를 행할새 15 스루야의
아들 요압은 군대사령관이 되고 아힐룻의 아들 여호사밧은 행정장관이 되고 16 아
히둡의 아들 사독과 아비아달의 아들 아비멜렉은 제사장이 되고 사워사는 서기관
이 되고 17 여호야다의 아들 브나야는 그렛 사람과 블렛 사람을 다스리고 다윗의
아들들은 왕을 모시는 사람들의 우두머리가 되니라

저자는 잠시 전쟁 이야기를 멈추고 다윗의 내각에 관심을 돌린다. 독자들에게 잠시 숨을 고를 기회를 주기 위해서이다. 다윗은 이스라엘의 적들에게는 잔인하게 느껴질 정도로 냉정한 용장이었다. 그러나 이스라엘에게는 공평과 정의로 정평이 나 있는 의로운 사람이었다(14절). 그는 모든 백성에게 존경받는 왕이었다. 본문은 다윗의 통치 방법의 한 단면을 보여주는데, 공평하고 정의롭게 통치할 수 있었던 정치적 구조와 내각을 소개한다. 다윗은 이 사람들을 옆에 두고 여러 가지 이슈에 자문을 구했다(Japhet). 저자는 세 가지 주요 관료들을 언급한다.

첫째, 군사적 관료들로 군대사령관 요압(15절)과 지휘관 브나야(17절) 등이 있었다. 군사력은 정권의 안보를 위해서 꼭 필요하다. 둘째, 통계와 기록을 맡았던 여호사밧(15절)과 서기관 사워사(16절)가 있었다. 사무엘하 8:17은 사워사를 스라야라고 한다. 왕권을 유지하기 위해서는 세금 징수, 징병 등이 필수적인데 이 관료들의 자료가 모든 것을 뒷받침했다. 셋째, 종교적 관료들로 제사장 사독과 아비멜렉이 있었다(16절). 사독은 솔로몬 시대에 이르러서는 엘리의 집을 완전히 대체하여 왕족들의 제사장으로 자리를 잡는다. 제사장들은 정권에 종교적 정체성과 정당성을 부여하는 자들이었다. 이와 같은 관료 제도는 다윗이 이스라엘을 통치하는 데 커다란 힘이 되었을 것이다.

이 외에도 다윗은 아들들을 기용하여 정치를 했다(17절). 본문의 배경이 되는 사무엘하 8:18은 다윗의 아들들이 제사장 일을 했다고 한다(새번역). 서로 다른 정보를 제공하고 있다. 한 주석가는 역대기 저자가 레위 지파가 아닌 다윗의 아들들이 제사장 일을 하는 것을 용납할 수 없어서, 그들을 왕을 모시는 사람들의 우두머리로 묘사하고 있다고 한다(Japhet). 또 다른 학자는 사무엘서가 대신/관료(סֹכֵן)를 제사장(כֹּהֵן)으로 혼돈한 것이라며 사무엘서 텍스트가 부패한 결과라고 풀이한다(Wenham, Thompson). 이 둘을 중재하는 대안으로, 다윗의 아들들은 비레위 지파 제사장으로서 왕의 개인적인 제사장 혹은 왕족 제사장이었다는 주장도 있다(Selman). 그런데 다윗은 여러 차원에서 왕도(王道)에 관한 율법을 어긴 사람이었다(cf. 신 17장). 이러한 정황에서 아들들을 제사장으로 임명한 일이 별로 특별한 것은 아니다(Hill). 그러나 다윗이 율법에 따라 신중하게 레위 사람들에게 법궤를 운반하게 한 점을 감안하면, 아들 제사장들은 아마도 레위 제사장들과 다른 사역을 하게 한 것으로 추정한다(cf. Selman).

Ⅱ. 통일왕국의 역사(9:35-대하 9:31)
2장. 다윗의 통치(11:1-29:30)
3. 다윗의 전쟁 이야기(18:1-20:8)

(7) 암몬-시리아와의 전쟁(19:1-20:3)

다윗은 암몬 왕 나하스가 죽고 그의 아들 하눈이 왕위에 올랐다는 소식을 듣고 조의를 표하기 위해서 사절단을 보냈다. 좋은 의도에서 조문객을 보냈지만, 암몬 사람들은 선의를 의심해서 악의로 되갚았다. 이 일이 발단이 되어 두 나라 사이에는 큰 전쟁이 있었으며, 자신들의 힘으로는 다윗을 이길 수 없다는 것을 잘 알고 있었던 암몬은 시리아에게 도움을 청했다. 시리아는 이때 이스라엘의 속국으로 있었던 터라(18:5-6), 이번 기회에 암몬과 합세하여 이스라엘을 물리치고 독립하고자 했다. 그래서 이스라엘과 몇 차례의 치열한 전쟁을 치렀지만, 결국 다윗에게 무릎을 꿇었다.

저자는 이 섹션을 구성하면서 사무엘하 10-12장의 내용을 선별적으로 인용하고 있다. 사무엘하 10:1-11:1; 12:26, 29b-31절을 별다른 편집 없이 그대로 인용한다. 그러나 사무엘하 11:2-12:25에 기록된 다윗과 밧세바 사건은 전혀 언급하지 않는다. 랍바 점령 이야기(20:1-3)는 사무엘하 12:26-31을 근거로 하고 있지만, 이 중 사무엘하 12:27-29a은 삭제되어 있다. 이 섹션은 다음과 같이 구분할 수 있다.

A. 사절단이 수모를 당함(19:1-5)

B. 이스라엘 군과 암몬 군의 대치(19:6-9)

C. 첫 번째 전쟁(19:10-15)

D. 두 번째 전쟁(19:16-19)

E. 마지막 전쟁(20:1-3)

II. 통일왕국의 역사(9:35-대하 9:31)
2장. 다윗의 통치(11:1-29:30)
3. 다윗의 전쟁 이야기(18:1-20:8)
(7) 암몬-시리아와의 전쟁(19:1-20:3)

① 사절단이 수모를 당함(19:1-5)

1 그 후에 암몬 자손의 왕 나하스가 죽고 그의 아들이 대신하여 왕이 되니 2 다윗
이 이르되 하눈의 아버지 나하스가 전에 내게 호의를 베풀었으니 이제 내가 그의
아들 하눈에게 호의를 베풀리라 하고 사절들을 보내서 그의 아버지 죽음을 문상
하게 하니라 다윗의 신하들이 암몬 자손의 땅에 이르러 하눈에게 나아가 문상하
매 3 암몬 자손의 방백들이 하눈에게 말하되 왕은 다윗이 조문사절을 보낸 것이
왕의 부친을 존경함인 줄로 여기시나이까 그의 신하들이 왕에게 나아온 것이 이
땅을 엿보고 정탐하여 전복시키고자 함이 아니니이까 하는지라 4 하눈이 이에 다
윗의 신하들을 잡아 그들의 수염을 깎고 그 의복을 볼기 중간까지 자르고 돌려보
내매 5 어떤 사람이 다윗에게 가서 그 사람들이 당한 일을 말하니라 그 사람들이

심히 부끄러워하므로 다윗이 그들을 맞으러 보내 왕이 이르기를 너희는 수염이 자라기까지 여리고에 머물다가 돌아오라 하니라

다윗은 암몬 왕 나하스가 죽고 그의 아들이 왕이 되었다는 소식을 접한다(1절). 나하스는 사울이 왕으로 임명된 직후 길르앗 야베스를 쳐서 패배를 안겨준 사람이었다(cf. 삼상 11:1-11). 그 후 암몬은 이스라엘의 원수가 되었다(cf. 삼상 12:12; 14:47). 이런 상황에서 다윗이 나하스와 친하게 지냈다는 것을 어떻게 설명할 수 있는가? 성경은 다윗과 나하스가 어떻게 해서 친한 사이가 되었는가에 대해서 어디에서도 언급하지 않는다. 아마도 두 사람 모두 사울을 적대시하는 상황에서 가까워진 것으로 생각된다(Selman). 다윗과 나하스는 상대하는 적이 같았다.

다윗은 나하스에게 은혜(חֶסֶד)를 입은 적이 있었다며, 그의 아들에게 은혜(חֶסֶד)를 베풀고자 사절단을 보냈다. 성경에서 이 히브리어 단어는 언약을 전제하여 자주 사용된다. 나하스와 다윗 사이에 일종의 조약/동맹이 체결되었을 가능성이 크다. 그러므로 나하스의 아들 하눈이 다윗이 보낸 사절단에게 수모를 준 것은 그의 아버지와 다윗이 맺은 언약을 파기하겠다는 자신의 의지를 밝히는 행위로 해석할 수도 있다(Hill).

고대 근동에서 한 왕이 죽으면 사절단을 보내는 행위는 우호국들 사이에 자주 있었던 예절이었다(Gordon). 조문단을 보내는 일은 보낸 자의 개인적인 관심을 표현하는 것을 초월하여 양국 간에 평화를 유지하자는 정치적인 의도를 지닌 제스처였다(Japhet). 성경에서 은혜(חֶסֶד)는 항상 좋은 의미로 사용되는 점으로 보아 다윗의 의도는 진실했다. 나하스에게서 좋은 것을 받았으므로 그의 아들에게 좋은 것으로 갚아주고자 했다.

그러나 다윗이 보낸 사절단은 환영받지 못했다. 다윗의 자비가 오히려 위협으로 받아들여졌다. 암몬 사람들은 다윗의 의도를 의심한 것이다(3절). 나하스가 죽은 시점은 다윗이 요단 강 동편에 있는 모압(18:2)

과 에돔(18:12-13)을 평정할 때였다는 점을 감안하면, 모압과 인접해있던 암몬 사람들의 의심이 황당한 것만은 아니다(Myers). 신하들이 나서서 하눈을 부추겼다. 이것은 솔로몬이 죽은 후 아들 르호보암이 경험없고 어린 신하들의 부추김으로 결국 나라를 둘로 나눈 일을 연상케 한다(cf. 왕상 12장).

암몬 사람들은 더 이상 이스라엘과 유대 관계를 유지할 필요를 느끼지 못했기에 다윗이 보낸 사절들에게 온갖 수모와 수치스러운 일을 행해서 돌려보냈다. 수염을 깎고, 엉덩이가 드러나도록 바지를 도려냈다(4절). 다윗이 보낸 사절단은 곧 다윗을 대표하는 것을 감안할 때, 이들이 당한 수모는 곧 다윗의 수모였다. 암몬 사람들은 사절단을 통해 다윗에게 씻을 수 없는 모멸감을 준 것이다. 그 당시 문화에서 수염은 "남자다움"(manhood)을 상징했다(Brueggemann, Hill). 이들은 "남자가 아니다"라는 수치를 당했다. 돌아오는 길에 이들의 표정이 어떠했을까?

소식을 전해 들은 다윗이 그들에게 전갈하여 여리고 성에서 수염이 다시 자랄 때까지 기다렸다가 예루살렘으로 돌아오도록 했다(5절). 이러한 처사는 그들의 수치감을 최소화하려는 배려였다. 다윗은 자비로운 마음으로 하눈을 대했던 것처럼 자비로운 마음으로 이들의 일을 결정했다. 하눈의 행위는 다윗과 이스라엘에게 선전포고를 의미했다. 그러나 다윗은 이렇다 할 반응을 보이지 않았다. 다윗은 최대한으로 하눈의 입장을 이해하려고 했던 평화의 사람이었다(Japhet). 그러나 이제 선을 악으로 갚은 자가 어떻게 되는지 보자.

II. 통일왕국의 역사(9:35-대하 9:31)
2장. 다윗의 통치(11:1-29:30)
3. 다윗의 전쟁 이야기(18:1-20:8)
(7) 암몬-시리아와의 전쟁(19:1-20:3)

② 이스라엘 군과 암몬 군의 대치(19:6-9)

6 암몬 자손이 자기가 다윗에게 밉게 한 줄 안지라 하눈과 암몬 자손은 더불어 은

천 달란트를 아람 나하라임과 아람마아가와 소바에 보내 병거와 마병을 삯 내되
7 곧 병거 삼만 이천 대와 마아가 왕과 그의 군대를 고용하였더니 그들이 와서 메
드바 앞에 진 치매 암몬 자손이 그 모든 성읍으로부터 모여 와서 싸우려 한지라
8 다윗이 듣고 요압과 용사의 온 무리를 보냈더니 9 암몬 자손은 나가서 성문 앞에
진을 치고 도우러 온 여러 왕은 따로 들에 있더라

다윗과 사절단에게 수모를 준 것도 이해가 잘 안 가는데, 현실을 보니 하눈은 참으로 어리석은 사람이라는 것이 드러난다. 암몬은 결코 이스라엘을 상대로 싸울 수 있는 나라가 아니었다. 자신의 능력을 전혀 고려하지 않은 채 당시 그 지역에서 가장 막강한 나라에게 싸움을 건 것이다. 그것도 어리석은 신하들의 말을 듣고 좋은 뜻에서 보낸 사절단을 그렇게 대했으니 어떡하려나!

암몬은 결코 다윗의 적수가 될 수 없다는 사실을 알고 있었던 하눈이 이스라엘을 상대로 선제공격하기 위해서 주변 국가들로부터 용병을 끌어모았다. 그는 유브라데 강 북쪽에 자리 잡은 나하라임의 시리아, 소바 등에 은 1,000달란트를 보냈다. 한 달란트를 54kg으로 계산하면, 총 5만4천 kg의 은을 보낸 것이다. 요즈음 은 시세로 치면 상상을 초월하는 금액이다. 하눈은 안 써도 되는 돈을 쓰는 어리석은 지도자였다.

시리아(18:5-6)와 소바(18:3-4) 역시 다윗에게 패배한 적이 있어서 이번 기회를 통해 보복하고 이스라엘의 굴레에서 벗어나려고 기꺼이 하눈에게 힘을 합했다. 병거 3만2천 대와 시리아 왕 마아가의 군대가 메드바 앞에 진을 쳤다. 메드바는 모압 영토에 속한 고산 지역이다(ISBE). 본 텍스트의 배경이 되는 사무엘하 10:6은 보병 2만 명, 마아가의 군대 1천 명, 돕 사람 1만2천 명 등 총 3만3천 명을 고용했다고 한다(6절). 역대기 저자는 사무엘하의 내용을 요약하고 있으며, 3만3천 명이 아니라 병거 3만2천으로 표기한 것은 본문이 부패한 것으로 생각된다(Japhet).

나하스를 생각하며 이때까지 이렇다 할 대책을 마련하지 않았던 다윗은 이들이 이스라엘을 치기 위해서 진을 치고 있다는 소식을 듣고 신속하게 움직였다(8절). 총사령관 요압을 출정시킨 것이다. 이들은 서로 진을 치고 대치하였다.

II. 통일왕국의 역사(9:35–대하 9:31)
2장. 다윗의 통치(11:1–29:30)
3. 다윗의 전쟁 이야기(18:1–20:8)
(7) 암몬–시리아와의 전쟁(19:1–20:3)

③ 첫 번째 전쟁(19:10–15)

10 요압이 앞 뒤에 친 적진을 보고 이스라엘에서 뽑은 자 중에서 또 뽑아 아람 사
람을 대하여 진을 치고 11 그 남은 무리는 그의 아우 아비새의 수하에 맡겨 암몬
자손을 대하여 진을 치게 하고 12 이르되 만일 아람 사람이 나보다 강하면 네가 나
를 돕고 만일 암몬 자손이 너보다 강하면 내가 너를 도우리라 13 너는 힘을 내라
우리가 우리 백성과 우리 하나님의 성읍들을 위하여 힘을 내자 여호와께서 선히
여기시는 대로 행하시기를 원하노라 하고 14 요압과 그 추종자가 싸우려고 아람
사람 앞에 나아가니 그들이 그 앞에서 도망하고 15 암몬 자손은 아람 사람이 도망
함을 보고 그들도 요압의 아우 아비새 앞에서 도망하여 성읍으로 들어간지라 이
에 요압이 예루살렘으로 돌아오니라

적들은 요압을 앞뒤에서 견제했다. 시리아 군대는 모압의 메드바 성 밖 들녘에서 진 쳐서 이스라엘 군을 견제했고, 암몬 사람들은 성문 앞으로 나와 위협했다. 아마도 암몬의 수도 랍바(cf. 20:1) 성을 뜻하는 듯하다(Hill). 요압은 정예병을 뽑아 자신과 함께 시리아 용병을 치도록 했고, 나머지 병력은 동생 아비새에게 주어 암몬 사람들을 공격하도록 했다. 그러고는 서로 전세를 살피다가 만일 자신이 불리해지면 아비새가 군대를 이동하고, 아비새가 불리하면 자신이 군대를 이동하여 합하는 것으로 했다. 군대가 함께 모이면 후퇴하기가 더 쉽다는 생각에서 이런 전술을 사용한 것이다.

요압이 퇴각하는 방법까지 강구하는 것으로 보아 이 전쟁이 그의 군대에게도 상당히 부담되었던 것을 알 수 있다. 수적으로 요압의 군대가 열세였을 가능성이 크다. 아마도 이런 이유 때문에 일단 전투가 끝나자 요압은 군대를 이끌고 예루살렘으로 돌아간다(cf. 15절).

그는 마지막으로 이렇게 외쳤다. “너는 힘을 내라 우리가 우리 백성과 우리 하나님의 성읍들을 위하여 힘을 내자 여호와께서 선히 여기시는 대로 행하시기를 원하노라”(13절). 요압은 백성들의 용기를 북돋을 뿐만 아니라, 전쟁의 결과는 하나님이 결정하실 것이라며 그분의 주권과 선하신 뜻에 따라 승패가 좌우되는 점을 고백한다. 요압의 기도는 저자와 함께했던 귀향민들에게 소망을 오직 하나님께 두라는 좋은 조언이 된다(Hill). 요압의 권면은 여호수아가 가나안 정복에 나설 때 하나님이 권면해 주셨던 말씀을(수 1:6-7) 생각나게 하기도 한다. 우리가 잘 알다시피 여호와께서 다윗과 함께하시니 큰 어려움은 없을 것이다(cf. 18:13).

아니나다를까, 첫 번째 전투는 싱겁게 끝났다. 시리아 용병이 요압이 이끄는 군대와 싸워보지도 못하고 도망했다(14절). 시리아 용병이 패한 것을 본 암몬 사람들도 아비새 앞에서 도망하여 성안으로 들어가버렸다. 패배한 적을 상대로 승리의 효과를 최대한으로 누리는 것이 일상적인데, 요압은 자신의 군대를 이끌고 예루살렘으로 돌아갔다. 이유는 첫째, 비록 적이 패했지만 심각한 피해를 본 상황이 아니고 단순히 도망한 것이기 때문에 그들을 상대로 약탈한다는 것이 쉽지 않았을 것이다. 둘째, 요압이 이끌고 온 군대는 소수 병력이어서 효과적으로 싸우려면 더 큰 군대가 필요하다는 것을 의식한 것이다(cf. 17절). 계절이 추가적 요인으로 작용했을 수도 있다. 이때가 늦가을이었기 때문에 전쟁을 할 수 없는 겨울이 다가와 봄철에 다시 싸울 것을 생각하고 철수한 것이다(Hill).

④ 두 번째 전쟁(19:16–19)

[16] 아람 사람이 자기가 이스라엘 앞에서 패하였음을 보고 사신을 보내 강 건너편
에 있는 아람 사람을 불러내니 하닷에셀의 군대사령관 소박이 그들을 거느린지라
[17] 어떤 사람이 다윗에게 전하매 다윗이 온 이스라엘을 모으고 요단을 건너 아람 사
람에게 이르러 그들을 향하여 진을 치니라 다윗이 아람 사람을 향하여 진을 치매
그들이 다윗과 맞서 싸우더니 [18] 아람 사람이 이스라엘 앞에서 도망한지라 다윗이
아람 병거 칠천 대의 군사와 보병 사만 명을 죽이고 또 군대 지휘관 소박을 죽이매
[19] 하닷에셀의 부하들이 자기가 이스라엘 앞에서 패하였음을 보고 다윗과 더불어
화친하여 섬기고 그 후로는 아람 사람이 암몬 자손 돕기를 원하지 아니하였더라

싸워보지도 못하고 도망하여 자존심이 상할 대로 상한 시리아 군이 명예를 회복하기 위해서 더 큰 군대를 동원했다. 암몬이 주도한 전쟁에 용병으로 참가했던 시리아가 이 전쟁을 주도하게 된 것이다! 자존심이 많이 상했나 보다! 하닷에셀의 군대 사령관 소박이 군대를 이끌고 전쟁터를 찾았다. 하닷에셀은 이미 다윗에게 패한 경험이 있다(cf. 18:3-4, 8). 다윗에게 복수하기 위해서라도 최고의 사령관과 군대를 보냈을 것이다.

이번에는 다윗이 직접 나서서 그들을 물리쳤다. 그는 온 이스라엘에서 군대를 징집하여 강을 건넜다. 이번에도 이스라엘이 승리했다. 저자는 다윗이 보병 4만 명과 병거를 모는 자 7천 명을 죽이고 소박 사령관도 죽였다고 한다(18절). 사무엘하 10:18은 다윗이 기마병 4만 명과 병거를 모는 자 700명을 죽였다고 기록한다(18절). 사무엘하 8:4과 역대상 18:4을 감안하면 기마병보다는 보병이 더 설득력 있어 보인다. 역대기가 더 정확하게 회고하고 있는 것으로 생각되는 것이다. 이스라엘의 완벽한 승리였다.

이 전쟁의 가장 중요한 결과는 하닷에셀이 통치하던 나라 소바를 다윗이 무력화시켰다는 것이다. 소바가 이스라엘의 속국이 되었는지는 확실하지 않다. 소바가 다윗에게 조공을 바쳤다는 말이 없기 때문이다. 그러나 다시는 이들이 다윗을 견제하거나 다윗의 적을 돕지 않은 점으로 보아(19절) 이스라엘과 소바 사이에 일종의 조약을 맺은 것으로 생각된다(Hill). 이 전쟁을 통해 다윗은 시리아와 암몬의 동맹관계를 무효화시킬 수 있었다. 훗날 솔로몬은 하맛소바를 정복한다(대하 8:3). 시리아는 실력보다는 열정을 앞세우다가 변을 당했다. 우리에게 좋은 교훈이 된다.

Ⅱ. 통일왕국의 역사(9:35–대하 9:31)
2장. 다윗의 통치(11:1–29:30)
3. 다윗의 전쟁 이야기(18:1–20:8)
(7) 암몬–시리아와의 전쟁(19:1–20:3)

⑤ 마지막 전쟁(20:1–3)

1 해가 바뀌어 왕들이 출전할 때가 되매 요압이 그 군대를 거느리고 나가서 암몬
자손의 땅을 격파하고 들어가 랍바를 에워싸고 다윗은 예루살렘에 그대로 있더니
요압이 랍바를 쳐서 함락시키매 2 다윗이 그 왕의 머리에서 보석 있는 왕관을 빼
앗아 중량을 달아보니 금 한 달란트라 그들의 왕관을 자기 머리에 쓰니라 다윗이
또 그 성에서 노략한 물건을 무수히 내오고 3 그 가운데 백성을 끌어내어 톱과 쇠
도끼와 돌써래로 일하게 하니라 다윗이 암몬 자손의 모든 성읍을 이같이 하고 다
윗이 모든 백성과 함께 예루살렘으로 돌아오니라

본 텍스트는 사무엘하 11:1-12:31을 근거로 한다. 그러나 사무엘하 11:2-12:25에 기록된 다윗과 밧세바 사건은 전혀 언급하지 않는다. 역대기 저자가 밧세바 사건을 암시하는 의미에서 남겨 놓은 유일한 문구는 "다윗은 예루살렘에 그대로 있었다"(1b절)이다. 다윗의 전쟁 업적과 전쟁에서 얻은 노획물을 "성전 건축 준비 기금"으로 모으는 데 관심을 쏟고 있는 저자가 밧세바 사건을 회고할 필요를 느끼지 못한 것이다. 특히 성전을 건축할 솔로몬이 밧세바의 아들이라는 점을 감안하면, 그 누구보다도 솔로몬을 높이 평가하는 저자가 밧세바 사건에 대해서 침묵하는 것은 당연한 일이다. 요압이 암몬을 점령하고 난 후 다윗에게 사람을 보내 암몬의 수도 랍바의 "함락식"에 참여해 달라는 내용을 담고 있는 사무엘하 12:27-29a도 삭제했다.

다윗이 암몬 왕 나하스의 죽음을 애도하기 위해서 보낸 사절단을 하눈과 부하들이 희롱하여 돌려보낸 일로 시작된 암몬-시리아와의 전쟁이 드디어 막을 내리는 순간이다. 다윗은 암몬으로부터 많은 전리품을 빼앗았고, 암몬 사람들을 노예로 부리도록 하였다(3절). 지도자를 잘못 만난 백성들이 치러야 할 대가였다.

다윗은 금 한 달란트나 되는 왕관도 빼앗아 자신이 썼다(2절). 54kg에 달하는 금관이면 오늘날 시세로 거의 24억 원에 달한다. 다윗이 보여준 호의를 무시하다가 하눈이 치른 대가는 참으로 엄청났다. 빼앗긴 금관만도 이 정도였으니, 나머지 노획물은 얼마나 대단했겠는가! 다윗이 전리품을 어떻게 했는가에 대해서 본문은 침묵하고 있지만, 그동안 다윗이 해왔던 일을 생각하면 아마도 암몬 사람들에게 빼앗은 것도 성전 건축 헌금으로 들여놓았을 것이다(cf. 18:11).

II. 통일왕국의 역사(9:35-대하 9:31)
2장. 다윗의 통치(11:1-29:30)
3. 다윗의 전쟁 이야기(18:1-20:8)

(8) 블레셋과의 전쟁(20:4-8)

4 이 후에 블레셋 사람들과 게셀에서 전쟁할 때에 후사 사람 십브개가 키가 큰 자
의 아들 중에 십배를 쳐죽이매 그들이 항복하였더라 5 다시 블레셋 사람들과 전쟁
할 때에 야일의 아들 엘하난이 가드 사람 골리앗의 아우 라흐미를 죽였는데 이 사
람의 창자루는 베틀채 같았더라 6 또 가드에서 전쟁할 때에 그 곳에 키 큰 자 하
나는 손과 발에 가락이 여섯씩 모두 스물넷이 있는데 그도 키가 큰 자의 소생이라

7 **그가 이스라엘을 능욕하므로 다윗의 형 시므아의 아들 요나단이 그를 죽이니라**
8 **가드의 키 큰 자의 소생이라도 다윗의 손과 그 신하의 손에 다 죽었더라**

본문의 배경이 되는 사무엘하 21:15-22은 여러 개의 전쟁을 언급하고 있다. 역대기 저자는 이 중 두 번째 섹션인 사무엘하 21:18-22의 내용만 이곳에서 활용한다. 그 내용은 이스라엘이 블레셋을 상대로 치른 전쟁에 초점을 맞춘 것이 아니라, 이스라엘의 장군들이 블레셋 군을 지휘하던 거인들을 죽인 일들을 강조한다. 저자는 이들을 거인 족(רְפָאִים)이라고 하는데(4, 6, 8절; cf. 신 2:11, 20-21; 3:11-13), 이들은 이스라엘이 두려워하던 전설적인 존재들이었으며 요단 강 동편에 살던 자들로 아낙 족속(עֲנָקִים)으로 알려지기도 했다. 골리앗도 이 족속에 속했는데, 키가 6규빗(270㎝)에 달했다(삼상 17:4). 바산 왕 옥은 얼마나 키가 컸던지 길이가 약 4m에 달하는 침대가 필요했다고 한다(신 3:11). 이들이 본문에서 언급하는 블레셋의 거인족들과는 어떻게 연관되는지는 아직까지 알려진 바가 없다.

본문에 기록된 첫 번째 전쟁에서는 후사 사람 십브개가 거인 족의 자손 십배를 쳐 죽였다고 한다(4절). 십브개는 다윗의 용장 중 하나였다(cf. 11:29). 본문은 이 전쟁이 게셀에서 있었다고 하는데 사무엘하 21:18은 곱이라고 한다. 곱은 사무엘서에만 언급되는 도시 이름이다. 저자가 잘 알려지지 않은 이름을 잘 알려진 이름으로 대체한다(Japhet, Hill). 그러나 열왕기상 9:16에 의하면 이때 게셀은 블레셋이 아니라 가나안 사람들의 성읍이었다.

두 번째 전쟁에서는 야일의 아들 엘하난이 가드 사람 골리앗의 아우 라흐미를 죽였다(5절). 엘하난 역시 다윗의 용장 중 하나였다(cf. 11:26). 역대기에서는 엘하난이 골리앗의 아우 라흐미(לַחְמִי אֲחִי גָּלְיָת)를 죽였다고 하는데, 사무엘하 21:19은 엘하난이 가드 사람 골리앗(גָּלְיָת הַגִּתִּי)을 죽였다고 한다. 주석가들은 둘 중 하나가 잘 보존되지 않은 결과로 보기도 하고 "골리앗"을 이름이 아닌 타이틀로 보기도 한다(cf. Selman, Hill). 어떤 학자들은 탈굼에 근거하여 골리앗을 죽인 "엘하난"이 실제 이름이고 "다윗"이 타이틀이었다고 하기도 한다(Stamm). 라흐미가 얼마나 힘이 좋았는지 소지했던 창 자루는 베틀채처럼 굵었다고 한다. 그도 엄청난 능력을 지닌 거인이었다.

세 번째 전쟁은 가드에서 일어났다(6절). 이때 이름이 알려지지 않은 거인이 이스라엘을 상대로 나왔는데, 손가락과 발가락이 각각 6개씩 총 24개를 가진 '육손이'였다. 저자는 다른 사람들보다 더 많은 손가락과 발가락을 가진 자(더 많은 능력을 가진 자)도 이스라엘을 대적할 수 없었다는 것을 강조하고자 한다. 블레셋 사람의 거인적인 모습과 그가 이스라엘을 조롱한 일은 옛적 다윗과 골리앗 사건을 연상케 한다. 그러나 저자는 이 사람의 이름조차 기록하지 않는다. 기록할 가치가 없는 사람이었던 것이다. 다윗의 형 시므아의 아들 요나단이 그를 죽였다.

사무엘하 21:15-17은 세 거인의 목록에 다윗의 생명을 위협했던 이스비브놉이라는 사람 이야기를 더한다. 역대기 저자는 이 사람의 이야기를 제외했다. 하나님이 함께하면서 보호하셨기 때문에 어디를 가든지 승승장구하던 다윗이(cf. 18:13) 한순간이라도 생명에 위협을 받았다는 사실을 부각해서 얻을 것이 별로 없다고 생각해서이다.

이 사람들은 모두 다윗의 부하들이 죽였다. 옛적에 갈렙이 이스라엘이 그렇게 두려워하던 아낙 자손들을 물리치고 헤브론을 취했던 것처럼, 다윗은 모든 난적을 물리치고 승리하였다. 하나님이 함께하시면 아무리 어려워 보이는 적이라도 결코 문제가 될 수 없음을 일깨워준다. 패배감에 젖어있던 귀향민들이 귀담아들어야 할 교훈이다. 이로써 다윗의 전쟁 업적에 대한 기록이 막을 내리고 있다.

4. 다윗의 업적(21:1-29:30)

다윗은 주변 국가들과의 전쟁을 통해 이스라엘의 위상을 드높였다(18:1-20:8). 하나님이 함께하시니 누구도 다윗을 당해낼 수가 없었다. 여러 전쟁을 통해 많은 재물을 얻었으며, 이 재물들을 대부분 성전 건축 헌금으로 바쳤다. 성전을 건축하기에 적절한 때가 되어 공사가 시작되면, 자금이 부족해서 공사가 중단되는 일이 없도록 자금을 충분히 마련해 둔 것이다(cf. 22:14).

다윗은 전쟁을 통해 국제적으로 이스라엘의 위상을 한껏 올려놓으면서 동시에 성전 건축 자금을 충분히 마련했다. 이제부터 다윗은 성전 건축을 염두에 두고 내실을 기하는 일들을 시작한다. 다윗은 솔로몬이 성전을 건축하도록 만반의 준비를 다 해놓는 것이 마치 자신의 사명인 것처럼 열심히 준비했다는 것이 저자의 평가이다. 다윗은 공사비를 모으는 데만 전념하지 않고, 이스라엘 예배에서 중요한 기능과 역할을 할 여러 가지 전통과 제도를 신설하거나 조정했다. 이는 성전 건축이 단순히 건물 짓는 일로 끝나는 것이 아니라 이스라엘 종교와 예식의 전환점이 되게 하기 위한 것이었다. 실제로 다윗이 이스라엘 예배에 가져온 변화는 개혁이라는 말이 더 어울린다. 율법이 규정하는 레위 사람들의 임무를 재조정하는 다윗은 모세에 버금가는 율법가이다.

다윗은 제2의 모세가 되어 옛적에 모세가 선포한 율법, 특히 레위 사람들의 업무에 관한 율법을 개정한다. 전에는 레위 사람들의 가장 중요한 업무가 법궤와 성막 기구들을 운반하는 일이었는데, 이 시대 이후로는 찬양과 거룩한 물건과 공간을 보존하고 보호하는 일이 주 업무가 된다. 다윗의 성전과 연관된 업적들을 묘사하는 본 텍스트는 다음과 같이 구분할 수 있다.

A. 성전 터 지정(21:1-22:1)
B. 성전 건축 준비와 증언(22:2-23:1)
C. 성직자 조직(23:2-26:32)
D. 사회 조직(27:1-34)
E. 청사 건축과 솔로몬 즉위(28:1-29:25)
F. 다윗 통치의 끝맺음(29:26-30)

II. 통일왕국의 역사(9:35-대하 9:31)
2장. 다윗의 통치(11:1-29:30)
4. 다윗의 업적(21:1-29:30)

(1) 성전 터 지정(21:1-22:1)

다윗이 하나님의 허락을 받지 않고 인구조사를 했다가 엄청난 대가를 치른 사건을 회고하는 이 섹션은 사무엘하 24:1-25을 근거로 한다. 그러나 이 에피소드가 역대기에서 감당하는 역할은 사무엘서의 기능과 사뭇 다르다. 사무엘서의 이 사건은 매우 짜임새 있는 구조를 보이는 사무엘하 21-24장의 일부이다. 사무엘하 21-24장의 구조는 다음과 같다(McCarter).

A. 내러티브(Narrative): 3년의 기근과 죽음, 제물로 해결(21:1-14)
B. 목록(List): 다윗의 용장들(21:15-22)
C. 시(Poem): 다윗이 사울로부터 해방되었을 때 부른 노래(22:1-51)
C'. 시(Poem): 다윗의 마지막 노래(23:1-7)
B'. 목록(List): 다윗의 용장들(23:8-39)
A'. 내러티브(Narrative): 3일의 재앙과 죽음, 제물로 해결(24:1-25)

위 구조를 바탕으로 이 이야기의 역할을 생각해 보면 사무엘서에서 이 이야기는 다윗에 대해서 상당히 부정적인 시각을 제시하고 있음을 알 수 있다. 과거에 사울이 이스라엘과 기브온 사람들 사이에 맺어진 언약을(cf. 수 9장) 무시하고 기브온 사람들을 말살하려고 했던 이유로 다윗이 통치하던 이스라엘에 3년의 기근이 있었고, 결국 사울의 자손 중 남자 7명을 처형함으로써 하나님의 재앙이 풀린 적이 있다(A, 삼하 21:1-14). 또한 다윗이 교만해져 요압의 만류에도 불구하고 하나님의 허락 없이 인구조사를 했다가 하나님의 엄청난 재앙을 초래한 적이 있다(A'). 두 사건이 대칭을(A, A') 이루고 있는 위 구조에서 이스라엘의 초대 왕 사울의 이야기(A)와 2대 왕 다윗의 이야기(A')는 두 왕이 모두 이스라엘에 엄청난 피해를 가져온 자들로 묘사한다.

역대기 저자는 다윗의 인구조사 이야기를 이러한 사무엘서 정황에서 떼어내어 다른 용도로 사용한다. 이 이야기를 사무엘서와는 다른 목적을 위해서 사용하고 있다는 것은, 이 이야기와 대칭을 이루고 있는 사울의 이야기(A)뿐만 아니라 구조의 중앙을 차지하는 노래들도 인용하지 않고 오직 이 이야기만을 인용한 점에서도 알 수 있다. 또한 저자는 이 이야기를 시작하면서 사무엘서의 "여호와께서 다시 이스라엘을 향하여"라는 말씀(삼하 24:1)에서 "다시"(יסף)를 빼버렸다. "다시"라는 단어가 첫 번째 재앙 이야기인 사무엘하 21:1-14와 연결해야 의미가 있는데, 이곳에서는 이 이야기를 다른 목적으로 사용하기 때문에 이런 변화를 주었다(Japhet, Hill). 더 나아가 만일 사무엘서와 동일한 목적으로 인용하고자 했다면, 사무엘하 21-24장 전체 내지는 최소한 21:1-14을 이 이야기와 함께 인용했을 것이다.

그렇다면 역대기 저자는 어떤 목적을 가지고 이 이야기를 이곳에 인용한 것일까? 성전 건축에 필요한 모든 비용을 준비한 다윗과 그것을 사용하여 성전 건축 공사를 했던 솔로몬을 최대한 긍정적인 인물로 묘사하는 저자는 다윗을 비난하거나 폄하하려는 의도는 전혀 없다. 저자가 이 이야기를 인용하는 이유는 성전을 어디에 건축할 것인가는 다윗 시대에 이미 결정되었다는 점을 강조하기 위해서이다(22:1). 성전의 터로 지명된 땅을 하나님이 다윗이 드리는 제물을 받고 진노를 멈추신 곳이라는 사실을 부각함으로써 이곳이 백성들이 하나님께 제물을 드리고 용서와 복을 바라는 성전의 터로 적합한 곳임을 강조한다.

이처럼 역대기 저자가 이 이야기를 사무엘서 안에서의 기능과 다른 목적으로 사용하다 보니 두 이야기의 전개는 거의 비슷하면서도 현저한 차이를 둔다. 먼저, 사무엘서 텍스트와 본문은 다음과 같이 거의 비슷하게 전개된다. 차이점이라면 역대기는 인구조사의 일정(삼하 24:4b-7)을 언급하지 않는 반면, 사무엘서는 다윗이 제단을 쌓고 제물을 드린 아라우나/오르난의 타작 마당이 성전 터로 결정되었다는 내용을 포함하지 않는다.

역대상	사건	사무엘하
21:1–4a	다윗이 인구조사를 명함	24:1–4a
–	인구조사 일정	24:4b–7
21:4b–7	인구조사 결과	24:8–10
21:8–12	심판 방법 선택	24:11–13
21:13–17	심판 이행	24:14–17
21:18–27	성전 터 매입	24:18–25
21:28–22:1	결론	–

또한 사무엘서와 본문은 다음과 같은 주요 차이점들이 있다(Braun).

1	역대기 저자는 사탄(שָׂטָן)을 언급한다(21:1).
2	역대기 저자는 몇 가지 내용상의 작은 변화를 주면서 이 일에 관한 다윗의 책임을 더욱더 부각하고 있다(21:3, 8, 17 등등).
3	역대기는 하나님의 선제(先制) 역할을 강조한다(21:9, 15, 26).
4	역대기는 사무엘서보다 다윗의 잘못을 더 강조하는 동시에 그가 하나님의 자비를 구하여 재앙을 멈추게 하고 성전 터를 정하게 된 일도 더 강조한다.

5	역대기는 하나님의 심판이 이행되는 일에서 천사의 역할을 더 부각한다.
6	인구조사의 결과가 다르다. 역대기에서는 장정이 157만 명에 달했다고 하는데 (21:5), 사무엘서는 130만 명이었다고 한다(삼하 24:9).
7	역대기에서는 하나님이 다윗의 기도와 제물을 하늘에서 내린 불로 화답하셨다. 이 일이 근거가 되어 이곳이 성전의 터로 지정되었다.
8	역대기 이야기에는 구약의 제단과 성지(聖地)에 대한 이해와 관점이 배어있다.

저자는 백성이 하나님을 찾고 예배하는 성전의 터가 어떻게 지정되었는가를 회고하는 이 이야기를 주의 백성의 영성을 직접적으로 연관시키기 위해서 책 안에서 매우 전략적으로 사용하는 동사, "찾다/묻다"(דרשׁ)로 이야기를 마무리한다(21:30). 이 시대 이후로 이스라엘은 더 이상 성막이 아니라, 예루살렘에 세워질 성전에서 하나님을 찾게 될 것을 암시한다(Allen). 성전 터전이 어떻게 해서 정해지게 되었는가를 회고하는 본 텍스트는 다음과 같이 구분할 수 있다.

A. 인구조사(21:1-6)

B. 심판(21:7-14)

C. 제단과 성전 터(21:15-22:1)

II. 통일왕국의 역사(9:35–대하 9:31)
2장. 다윗의 통치(11:1–29:30)
4. 다윗의 업적(21:1–29:30)
(1) 성전 터 지정(21:1–22:1)

① 인구조사(21:1–6)

1 사탄이 일어나 이스라엘을 대적하고 다윗을 충동하여 이스라엘을 계수하게 하
니라 2 다윗이 요압과 백성의 지도자들에게 이르되 너희는 가서 브엘세바에서부
터 단까지 이스라엘을 계수하고 돌아와 내게 보고하여 그 수효를 알게 하라 하
니 3 요압이 아뢰되 여호와께서 그 백성을 지금보다 백 배나 더하시기를 원하나이
다 내 주 왕이여 이 백성이 다 내 주의 종이 아니니이까 내 주께서 어찌하여 이 일

을 명령하시나이까 어찌하여 이스라엘이 범죄하게 하시나이까 하나 4 왕의 명령
이 요압을 재촉한지라 드디어 요압이 떠나 이스라엘 땅에 두루 다닌 후에 예루살
렘으로 돌아와 5 요압이 백성의 수효를 다윗에게 보고하니 이스라엘 중에 칼을 뺄
만한 자가 백십만 명이요 유다 중에 칼을 뺄 만한 자가 사십칠만 명이라 6 요압이
왕의 명령을 마땅치 않게 여겨 레위와 베냐민 사람은 계수하지 아니하였더라

다윗이 인구조사를 하려고 한 것은 확실한데, 어떤 정황에서 무슨 목적으로 하고자 했는가가 혼란스럽다. 역대기 저자는 이 일은 사탄(שָׂטָן)이 이스라엘을 치려고 다윗을 부추겨 빚어진 일이라고 한다(1절). 반면에 똑같은 일을 두고 사무엘하 24:1은 여호와께서 이스라엘에게 진노하셔서 백성을 치시려고 다윗을 부추기셨다고 한다. 두 텍스트의 서로 다른 증언을 어떻게 이해해야 하는가?

전통적으로 주석가들은 하나님이 다윗을 부추기셨다는 사무엘서의 말씀을 역대기가 하나님이 실질적으로 누구를 통해 부추기셨는가를 설명한 것으로 이해했다. 하나님이 사탄을 도구로 사용하셔서 다윗을 부추기셨다는 것이다(cf. Johnstone, Selman, Hill). 이와 같은 해석에 가장 문제가 되는 것은 사탄(שָׂטָן)이란 단어에 대한 이해이다.

성경에서 이 단어는 "원수/적"을 뜻하는 일반명사로 사용한다(cf. 민 22:22, 32; 삼상 29:4; 삼하 19:22[23]; 왕상 5:4[18] 등등). 일반적으로 생각할 때 명사 앞에 정관사가 붙으면 그 명사는 분명 일반명사이며, 정관사가 붙지 않을 때는 구체화/지명되지 않은(indefinite) 일반명사이다. 또한 단어가 일반명사의 의미를 완전히 상실했을 때는 고유명사(viz., 이름)로 사용할 수 있다(Japhet). 전통적으로 주석가들은 본문에서 사탄(שָׂטָן)이 정관사를 동반하지 않은 이유로 이 단어를 고유명사로 해석했다(cf. HALOT).

그러나 이러한 해석을 수용하기가 쉽지 않은 것은 히브리어에서는 형용사나 명사에 정관사를 붙여 고유명사를 만드는 경우가 허다하기 때문이다(GKC). 예를 들면 "거룩"(קֹדֶשׁ)이라는 일반명사에 정관사(הַ)를

붙이면 고유명사 "〔그〕 거룩한 자/〔그〕 거룩한 곳"(הַקֹּדֶשׁ)이 된다. 욥기 1-2장에서 하나님의 허락을 받아 욥을 괴롭게 하는 사탄 그리고 스가랴서에서 대제사장 여호수아를 법정에 세우고 비난하는 사탄(슥 3:1)에게도 모두 정관사(הַ)가 사용되어 "〔그〕 원수/사탄"(הַשָּׂטָן)이라고 한다. 즉 우리는 구약 성경이 명사에 정관사를 붙여 고유명사로 사용하고 있는 예를 쉽게 볼 수 있다.

정경 시대 이후의 히브리어(post-biblical Hebrew)에서도 사탄을 뜻하는 고유명사에 정관사가 붙는 것이 일상화되어 있다(Jastrow). 이러한 구약의 정황을 고려할 때, 본문에 등장하는 단어를 사탄을 뜻하는 고유명사로 해석하는 것은 바람직하지 않다(Japhet). 본문에서 사탄(שָׂטָן)은 "원수/적"을 뜻하는 일반명사인 것이다. 일반명사로 해석할 경우 본문에서 사탄은 "원수/적의 역할을 하는 자"라는 뜻이다(Hill).

이러한 내용을 종합해보면 인구조사는 하나님이 다윗을 부추기신 결과인데, 하나님이 누구를 통해 다윗을 부추기셨는가 하면 바로 "〔다윗의〕 한 원수"를 통해 그를 부추기셨다. 저자는 이 원수가 누구인지 구체적으로 밝히기를 꺼린다. 그러나 우리가 오늘날 이해하는 사탄은 아니다.[4] 다윗이 견제해야 하는 다른 나라 왕일 수도 있고(Wright), 다윗이 몰락하기를 바라며 주변에 맴돌며 온갖 간교한 조언으로 다윗의 허세와 교만을 부추기는 사람일 수도 있다(cf. Mabie, Sailhamer, McConville). 저자가 구체적으로 밝히기를 꺼리며 단순히 "한 원수"(an enemy)로만 묘사하니(Day) 더 이상 논하는 것은 무리이다. 신약은 우리가 경험하는 영적인 싸움은 이 땅에서 경험하는 육체적인 힘과 보고 느끼지 못하는 영적인 힘을 동시에 대항하는 것이라고 하는데(cf. 엡 4:22-24; 6:12; 고후 10:3-5), 이런 경우를 두고 하는 말은 아닐까?

다윗은 요압과 군사령관들을 불러 브엘세바에서 단에 이르기까지 두

4 만일 우리가 이해하는 원수 사탄이라면, 성경에서 사탄이라는 이름으로 모습을 드러내기는 이곳이 처음이다(Allen).

루 다니며 이스라엘과 유다의 인구를 조사하도록 했다(2절). 브엘세바는 요단 강 서편 이스라엘 영토의 최남단에 있는 곳이며, 유다 지파에 속한 땅이었다. 단은 요단 강 동편 최북단에 있는 곳이다. 다윗은 이스라엘 영토에 사는 사람은 하나도 빠짐없이 모두 계수하라고 명령했다. 본문과 평행을 이루는 사무엘하 24:2은 "브엘세바에서 단" 대신 "단에서 브엘세바"라고 말한다. 성경에서는 "단에서 브엘세바"가 고정된 표현이다(삿 20:1; 삼상 3:20; 삼하 3:10; 17:11; 왕상 4:25; 암 8:14). "브엘세바에서 단"은 역대기에서만 사용하는 표현이다(cf. 대하 30:5).

역대기 저자가 포로기 이후 변화된 이스라엘의 형편(북 왕국은 회복되지 못함)을 의식해서 남 왕국에 속한 땅을 먼저 언급하는 듯하다(Johnstone). 사무엘서에는 다윗이 요압과 군사령관들이 아니라 요압에게만 명령한 것으로 되어 있다. 공동체의 중요성을 강조하는 역대기 저자가 이 일에 대한 책임을 단지 다윗이 아니라, 다윗 정권의 모든 지도자도 어느 정도 책임이 있음을 강조하고자 변화를 준 것이다.

요압은 다윗의 지시에 문제를 제기하며 이 일을 하지 말라고 간구했다(3절). 요압이 다윗에게 호소한 포인트는 세 가지이다. 첫째, 하나님은 이미 아브라함에게 약속하신 대로 이스라엘을 "하늘의 별들처럼, 바닷가의 모래알처럼" 많게 하셨기 때문에 수를 센다는 것이 불가능한 일이라는 것이다. "여호와께서 그 백성을 지금보다 백 배나 더하시기를 원하나이다"라는 말은 이스라엘의 인구가 이미 너무 많아서 수를 세는 것이 현실적으로 불가능하다는 뜻을 지닌다(cf. 대상 27:23-24; 신 1:11). 요압이 이렇게 말하는데도 다윗이 계속 밀어붙이는 것은 하나님의 약속이 성취되었음을 믿지 못해서 수를 세어보는 것으로 해석할 수 있다(Allen, Johnstone). 특히 "내게 보고하여 그 수효를 알게 하라"(2절)는 다윗의 말은 그러한 그의 심중을 알 수 있게 한다.

요압이 반대하는 두 번째 이유는 인구조사가 정말 필요하냐는 논리이다. 다윗은 이미 온 이스라엘을 지배하는 사람인데 뭘 더 원하냐는 의미이다(Japhet). 요압의 "이 백성이 다 내 주의 종이 아니니이까?"라는 질문이 이러한 의미를 담고 있다(Johnstone). 만일 다윗이 전쟁을 위해서 군대를 일으켜야 하는 상황이라면 인구조사가 정당화될 수 있지만, 명분 없는 인구조사를 하는 것은 왕에게 화가 될 수도 있다는 것이 요압의 주장이다.

셋째, 다윗이 인구조사를 강행하면 온 이스라엘이 하나님께 죄를 범하는 결과를 초래할 것이라는 우려이다. 요압은 "어찌하여 임금님께서는 이스라엘을 벌받게 하시려고 하십니까?"라고 반문한다(3절, 새번역). 그는 다윗이 인구조사를 강행하면 "사탄이 이스라엘을 대적하려고"(1절) 부린 농간에 왕이 놀아나는 꼴이라는 사실을 지적하고 있다. 요압은 평생 다윗의 충견이었지만, 이번만큼은 사리판단이 분명한 조언자로 왕을 보필하고 있다.

요압의 "어찌하여 임금님께서는 이스라엘을 벌받게 하시려고 하십니까?"라는 반문은 사무엘서에는 없다. 또한 사무엘서는 다윗의 인구조사가 재앙을 가져올 수 있지만, 죄라고 규명하지는 않는다. 반면에 역대기 저자는 이러한 행위는 죄일 뿐만 아니라 인구조사에 참여하는 것도 죄라고 규정한다(Japhet). 다윗이 잘못을 뉘우치고 "이 백성의 인구를 조사하도록 지시한 사람은 바로 내가 아닙니까? 바로 내가 죄를 짓고 이런 엄청난 악을 저지른 사람입니다. 백성은 양 떼일 뿐입니다. 그들에게야 무슨 잘못이 있습니까?"(17절, 새번역)라며 백성들을 벌하지 말라고 호소하는 것에서도 이러한 사실이 확인된다. 리더의 잘못으로 백성들은 본의 아니게 죄를 짓게 된 것이다.

또한 요압의 인구조사를 반대하는 발언이 언급하고 있진 않지만, 다윗이 인구조사를 단행하고자 했던 네 번째 이유는 군사력 확보와 확인을 위해서다. 조사를 마친 후 다윗에게 보고된 유일한 결과가 "이스라엘 중에 칼을 뺄 만한 자가 백십만 명이요 유다 중에 칼을 뺄 만한 자가 사십칠만 명이라"(5절)고 하는 점이 이 사실을 확인해 준다. 다윗은 하나님이 이스라엘을 보호하시고 인도하신다는 점을 잊고 자신이 다스리는 나라의 군사적 능력을 확인해보려고 했던 것이다(Johnstone).

요압의 강력한 반대는 무시되고 다윗의 뜻에 따라 인구조사가 진행되었다. 저자가 인용하는 사무엘서는 이 조사가 약 10개월이 걸렸다고 하며(삼하 24:8), 이스라엘에서는 80만 명, 유다에서는 50만 명의 장정들이 집계된 것으로 기록한다(삼하 24:9). 그러나 숫자 “1,000”을 뜻하는 히브리어 단어(אֶלֶף)가 소수의 유닛을 뜻할 수도 있다(McCarter).

역대기는 인구조사가 진행된 기간에 대해서 언급하지 않으며, 통계도 다르게 말한다. 이스라엘에는 장정이 110만 명, 유다에는 47만 명이 있었으며(5절), 이 수는 베냐민과 레위 지파 사람들은 포함하지 않은 것이라고 한다(6절). 다윗이 인구조사를 강행해서 불만을 품은 요압이 이들을 조사에 포함하지 않은 것이다. 요압이 베냐민 지파와 레위 지파를 조사에서 제외한 것도 사무엘서에는 기록되어 있지 않다. 전체적으로 볼 때 역대기가 제시하는 이스라엘의 인구수가 사무엘서가 제시하는 것보다 많다. 다윗의 영화를 강조하려는 역대기 저자의 노력의 결과이다(Allen). 여기서 조사된 수를 근거로 당시 이스라엘의 인구를 대략 500만 명으로 추산한다. 그러나 대부분의 학자들이 500만 명은 이 시대의 인구수로는 너무 많다고 주장한다.

II. 통일왕국의 역사(9:35–대하 9:31) 2장. 다윗의 통치(11:1–29:30) 4. 다윗의 업적(21:1–29:30) (1) 성전 터 지정(21:1–22:1)

② 심판(21:7–14)

7 하나님이 이 일을 악하게 여기사 이스라엘을 치시매 8 다윗이 하나님께 아뢰되
내가 이 일을 행함으로 큰 죄를 범하였나이다 이제 간구하옵나니 종의 죄를 용서
하여 주옵소서 내가 심히 미련하게 행하였나이다 하니라 9 여호와께서 다윗의 선
견자 갓에게 말씀하여 이르시되 10 가서 다윗에게 말하여 이르기를 여호와의 말씀

이 내가 네게 세 가지를 내어 놓으리니 그 중에서 하나를 네가 택하라 내가 그것
을 네게 행하리라 하셨다 하라 하신지라 11 갓이 다윗에게 나아가 그에게 말하되
여호와의 말씀이 너는 마음대로 택하라 12 혹 삼년 기근이든지 혹 네가 석 달을 적
군에게 패하여 적군의 칼에 쫓길 일이든지 혹 여호와의 칼 곧 전염병이 사흘 동안
이 땅에 유행하며 여호와의 천사가 이스라엘 온 지경을 멸할 일이든지라고 하셨
나니 내가 무슨 말로 나를 보내신 이에게 대답할지를 결정하소서 하니 13 다윗이
갓에게 이르되 내가 곤경에 빠졌도다 여호와께서는 긍휼이 심히 크시니 내가 그
의 손에 빠지고 사람의 손에 빠지지 아니하기를 원하나이다 하는지라 14 이에 여
호와께서 이스라엘 백성에게 전염병을 내리시매 이스라엘 백성 중에서 죽은 자가
칠만 명이었더라

"하나님이 이 일을 악하게 여기시다"(וַיֵּרַע בְּעֵינֵי הָאֱלֹהִים עַל־הַדָּבָר הַזֶּה)(7절)라는 표현은 밧세바의 남편 우리아를 죽이고 그녀를 아내로 취한 일에 대한 하나님의 평가 "다윗이 행한 그 일이 여호와 보시기에 악하였더라"(וַיֵּרַע הַדָּבָר אֲשֶׁר־עָשָׂה דָוִד בְּעֵינֵי יְהוָה)(삼하 11:27)를 히브리어 문장 거의 그대로 도입한 것이다(Allen). 이 같은 사실은 역대기 저자가 밧세바 사건을 언급하지 않지만, 그 사건에 대해서 알고 있으며(cf. 3:5), 다윗이 인구조사를 한 일이 밧세바와 간음하고 우리아를 살해한 일만큼 하나님을 노하게 했음을 암시한다.

그래서 하나님은 다윗이 한 일을 악하게 보시고 이스라엘을 치셨다(7절). 정확히 알 수 없지만 일종의 재앙이 이스라엘에 임한 것이다. 다윗의 잘못된 인구조사로 인해 이스라엘은 두 차례(이때와 다윗이 재앙을 결정한 후)나 대가를 치른다. 리더가 잘못되면 그 지배 아래 있는 사람들도 대가를 치른다는 것이 성경의 가르침이다. 그런데 인구조사의 어떤 부분이 잘못된 것일까? 물론 위에 언급된 이유들이 동기에 문제가 있다는 것을 분명히 하지만, 절차나 결과에는 문제가 없었는가?

고대 사회에서 인구조사는 주로 세금을 징수할 때와(cf. 출 30:12; 민

3:40-51) 군대를 소집할 때 행해졌다(cf. 민 26:1-4). 이스라엘에서도 예외는 아니었다. 율법에 의하면 이스라엘이 인구조사를 하면 꼭 지켜야 하는 규례가 있다. 출애굽기 30:11-16에 따르면 인구조사를 할 때마다 20세가 넘은 이스라엘의 모든 성인 남자는 목숨값으로 반(半) 세겔씩 성전에 속전을 내야 한다. 부자라고 더 내놓고, 가난하다고 덜 내놓는 것이 아니라 모든 성인 남자가 동일한 액수를 내야 한다. 만일 그렇게 하지 않을 경우 그들에게 재앙이 임할 것이라고 경고한다(출 30:12).

당시 반 세겔이면 노동자들이 2주 동안 일해서 벌어야 하는 액수였다. 이스라엘에서 인구조사를 하는 것은 곧 온 국민에게 큰 경제적 부담을 주는 일이 되었다. 그런데 다윗이 인구조사를 했는데, 백성들은 목숨값을 들여놓지 않았다. 애초에 다윗이 잘못한 일이지만, 그렇다 할지라도 인구조사에 참여한 백성들이 목숨값을 성소에 들여놓지 않은 것도 죄가 되었다. 그래서 하나님이 이스라엘을 치셨다. 비록 리더의 잘못으로 시작한 일이지만, 의무를 다하지 않은 백성들에게도 책임이 있는 것이다.

다윗은 자신의 교만과 잘못을 깨닫고 하나님께 용서를 빌었다(8절). 그는 용서를 구했지만 하나님은 선견자 갓을 통해서 세 가지 징벌 중 하나를 택하라고 하셨다(10절). 다윗이 사울에게 쫓겨 다니던 시절에 한때 아둘람 광야에 거한 적이 있다. 이때 그곳을 떠나 유다의 광야로 돌아가라는 하나님의 명령을 전해준 사람이 바로 갓 선지자였다(삼상 22:1-5). 다윗과 오래전부터 알았던 옛 친구가 찾아온 것이다.

그동안 다윗의 주변을 맴돌았던 선지자는 나단이었다(cf. 17:1). 그런데 나단이 아니라 갓이 온 것은 무언가 상징적인 의미가 숨겨져 있지 않을까? 아마도 이 사건에서 문제가 되고 있는 다윗의 마음 자세를 교정하기 위함인 것 같다. 통일왕국의 왕이 된 이후 다윗은 지금까지 오랫동안 이스라엘을 통치하면서 사울에게 쫓기던 시절에 지녔던 마음의 순수성을 잃어가고 있었다. 인구조사도 다윗이 통치자로서 자신의 위상을 높이기 위해서 시작했다. 그러므로 하나님은 다윗이 가장 비참한 생활을 할 때 하나님의 뜻을 전했던 선지자 갓을 다윗에게 보내셔서 "옛날, 네가 여호와만을 왕으로, 주권자로 의지하며 살아가던 때의 마음을 되찾아라"라는 권면을 하는 듯하다. 즉, "첫사랑"을 회복하라는 상징적인 의미가 담겨있다. 하나님이 다윗에게 겸손을 깨우쳐주시기 위해서 나단이 아니라 갓을 보내신 것이다.

하나님은 누구보다도 다윗을 사랑하셨지만, 지은 죄에 대한 대가는 치르게 하셨다. 또한 하나님은 분명 용서를 구하는 다윗의 죄를 용서하시지만 그에게 죗값을 요구하셨다. 용서와 죗값을 치르는 것은 별개 문제이다. 오늘날 많은 사람이 하나님께 죄를 자백만 하면 다 된 것으로 착각하는데, 그렇지만은 않다는 것이 성경의 가르침이다. 때로는 하나님이 용서하셨어도 죄인이 치러야 할 대가가 분명히 따를 때가 있다.

갓이 제시한 세 가지 재앙은 다음과 같다(12절). (1) 삼 년 동안 이스라엘에 흉년이 드는 것,[5] (2) 석 달 동안 다윗이 원수들에게 쫓기는 것, (3) 사흘 동안 온 땅에 전염병이 퍼지는 것이다. 첫 번째와 세 번째는 온 이스라엘에 영향을 미치는 것이며, 두 번째 재앙은 다윗이 혼자 감당해야 하는 일이다. 우리는 은근히 다윗이 두 번째를 선택해 주기를 바라는 마음이 있다. 주변의 만류에도 불구하고 다윗 자신이 억지를 써서 저지른 죄이니 자기 혼자 그 대가를 치르는 것은 당연하기 때문이다. 또한 진정한 리더라면 자신이 피해를 보더라도 백성들에게 가는 피해를 최대한으로 막아야 할 책임이 있다. 그러나 옛적에 압살롬에게 쫓기던 일이 떠올라 두려웠는지, 다윗은 세 번째 옵션을 택했다. 전염병이 온 이스라엘에 사흘 동안 유행하는 것을 택한 것이다. 그가 아무리 훌륭한 왕이고 신앙인이었지만, 자신의 개인적인 평안과 안녕을 제일

5 사무엘서는 3년이 아니라 7년을 말한다. 텍스트의 보존에 문제가 있었던 것으로 생각되는데, 대체로 주석가들은 역대기가 더 잘 보존된 것으로 생각한다. 7보다 3이라는 숫자가 석 달, 삼 일과 더 잘 어울리기 때문이다.

중요하게 여겼던 평범한 사람임을 보여준다. 결국 하나님은 다윗을 치는 대신 다윗이 가장 자랑스럽게 여겼던 이스라엘을 치셨다(Allen).

물론 다윗은 세 번째 옵션을 택했다는 명확한 답은 주지 않았다. 다만 "내가 그의 손에 빠지고 사람의 손에 빠지지 아니하기를 원하나이다"라고 고백할 뿐이다(13절). 표면적으로 볼 때 그의 대답은 첫 번째와 세 번째에 적용될 수 있다. 그러나 사건의 전개를 살펴보면 세 번째 옵션을 택한 것이 확실하다. 다윗이 이와 같은 선택을 하는 순간만큼은 하나님 앞에서 진실했을 것이다. 그러나 자신의 죄 때문에 7만 명이나 죽게 하는(14절) 다윗의 선택을 곱게 보지 않는 학자들이 많다.

II. 통일왕국의 역사(9:35–대하 9:31)
2장. 다윗의 통치(11:1–29:30)
4. 다윗의 업적(21:1–29:30)
(1) 성전 터 지정(21:1–22:1)

③ 제단과 성전 터(21:15–22:1)

많은 사람이 죽어가는 것을 보고 마음이 아프셨던 하나님이 죽음의 천사에게 심판을 멈추라고 하셨다. 하나님의 명령에 따라 천사가 여부스 사람 오르난의 타작 마당에서 재앙을 멈춘 이후의 에피소드를 기록하는 이야기는 다음과 같이 구분할 수 있다.

A. 다윗이 타작 마당에 도착함(21:15-21)

B. 오르난과 흥정함(21:22-25)

C. 제단 세움과 효력(21:26-22:1)

II. 통일왕국의 역사(9:35–대하 9:31)
2장. 다윗의 통치(11:1–29:30)
4. 다윗의 업적(21:1–29:30)
(1) 성전 터 지정(21:1–22:1)
③ 제단과 성전 터(21:15–22:1)

i. 다윗이 타작 마당에 도착함(21:15–21)

15 하나님이 예루살렘을 멸하러 천사를 보내셨더니 천사가 멸하려 할 때에 여호와께서 보시고 이 재앙 내림을 뉘우치사 멸하는 천사에게 이르시되 족하다 이제는

네 손을 거두라 하시니 그 때에 여호와의 천사가 여부스 사람 오르난의 타작 마당
곁에 선지라 [16] 다윗이 눈을 들어 보매 여호와의 천사가 천지 사이에 섰고 칼을 빼
어 손에 들고 예루살렘 하늘을 향하여 편지라 다윗이 장로들과 더불어 굵은 베를
입고 얼굴을 땅에 대고 엎드려 [17] 하나님께 아뢰되 명령하여 백성을 계수하게 한
자가 내가 아니니이까 범죄하고 악을 행한 자는 곧 나이니이다 이 양 떼는 무엇을
행하였나이까 청하건대 나의 하나님 여호와여 주의 손으로 나와 내 아버지의 집
을 치시고 주의 백성에게 재앙을 내리지 마옵소서 하니라 [18] 여호와의 천사가 갓
에게 명령하여 다윗에게 이르시기를 다윗은 올라가서 여부스 사람 오르난의 타작
마당에서 여호와를 위하여 제단을 쌓으라 하신지라 [19] 이에 갓이 여호와의 이름으
로 이른 말씀대로 다윗이 올라가니라 [20] 그 때에 오르난이 밀을 타작하다가 돌이
켜 천사를 보고 오르난이 네 명의 아들과 함께 숨었더니 [21] 다윗이 오르난에게 나
아가매 오르난이 내다보다가 다윗을 보고 타작 마당에서 나와 얼굴을 땅에 대고
다윗에게 절하매

사무엘서는 하나님의 천사가 다윗이 요압에게 인구조사를 명령할 때 영토의 한계를 표현하며 사용한 "단에서부터 브엘세바에 이르기까지" 전염병으로 쳤다고 기록하는 반면(삼하 24:15), 역대기는 세부적인 내용은 언급하지 않는다. 이 천사는 출애굽기 12:23과 열왕기하 19:35 등에 나오는 죽음의 사신으로 이스라엘 사람 7만 명을 죽였다(14절).

죽음의 천사가 드디어 예루살렘을 치려는 순간 하나님이 재앙을 멈추셨고 천사는 여부스 사람 오르난의 타작 마당 곁에 섰다(16절). 사무엘서는 여부스 사람의 이름을 오르난(אָרְנָן)이 아니라 아라우나(הָאֲרַוְנָה)라고 한다(삼하 24:16). 아라우나의 이름에 정관사가 붙는 것으로 보아 아라우나는 사람의 이름보다는 그 사람이 가졌던 타이틀로 생각된다. 아라우나라는 타이틀이 정확히 무엇을 뜻하는지 모르지만("귀족?", cf. HALOT) 그 사람의 실제 이름은 오르난이었을 것이다.

하나님의 천사가 이스라엘을 치는 것을 멈추자 다윗이 장로들과 더

불어 굵은 베를 입고 얼굴을 땅에 대고 엎드려 기도했다(16절). 다윗은 "바로 내가 죄를 지은 사람입니다. 바로 내가 이런 악을 저지른 사람입니다. 백성은 양 떼일 뿐입니다. 그들에게는 아무런 잘못이 없습니다. 나와 내 아버지의 집안을 쳐 주십시오"(cf. 17절)라고 고백한다. 그제야 다윗은 이스라엘의 목자다운 자세를 되찾은 것이다.

다윗이 그저 엎드려 용서를 구할 뿐 하나님의 진노를 거두기 위해서 어떤 일을 해야 하는가를 모르고 있을 때, 답답해진 하나님의 천사가 선지자 갓을 통해 다윗이 해야 할 일을 알려 주었다(18절). 갓은 훗날 다윗이 레위 찬양대를 세우는 데 도움을 주었으며(대하 29:25), 다윗의 통치에 관해서 책을 남기는 등(대상 29:29) 다윗에게 실질적인 도움을 많이 준 선지자였다. 이번에도 갓 선지자는 다윗에게 무엇을 해야 하는가를 가르쳐 준 것이다.

갓 선지자는 다윗에게 오르난의 타작 마당으로 가서 그곳에서 여호와께 제단을 쌓으라고 했다. 다윗은 급히 오르난의 타작 마당을 향했고, 그곳에는 오르난이 추수하다가 천사를 보고 네 아들과 함께 숨어 있었다(20절). 사무엘서에는 오르난이 아들들과 숨어 있다는 사실이 기록되어 있지 않다. 역대기 저자가 사무엘서 기자보다 상황의 절박함을 더 실감 나게 묘사하는 것이다. 다윗이 그곳에 도착하자 숨어 있던 오르난이 타작 마당에서 나와 다윗을 맞이하였다(21절). 상황이 매우 긴박하게 전개되고 있다. 잠시 후 다윗은 이 장소를 구입해서 성전의 터전으로 삼고자 한다. 이곳에는 하나님의 은혜와 용서가 있기 때문에 성전이 세워질 장소로 가장 적합하기 때문이다(Mabie).

Ⅱ. 통일왕국의 역사(9:35–대하 9:31)
2장. 다윗의 통치(11:1–29:30)
4. 다윗의 업적(21:1–29:30)
(1) 성전 터 지정(21:1–22:1)
③ 제단과 성전 터(21:15–22:1)

ii. 오르난과 흥정함(21:22–25)

22 다윗이 오르난에게 이르되 이 타작하는 곳을 내게 넘기라 너는 상당한 값으로
내게 넘기라 내가 여호와를 위하여 여기 한 제단을 쌓으리니 그리하면 전염병이
백성 중에서 그치리라 하니 23 오르난이 다윗에게 말하되 왕은 취하소서 내 주 왕
께서 좋게 여기시는 대로 행하소서 보소서 내가 이것들을 드리나이다 소들은 번
제물로, 곡식 떠는 기계는 화목으로, 밀은 소제물로 삼으시기 위하여 다 드리나이
다 하는지라 24 다윗 왕이 오르난에게 이르되 그렇지 아니하다 내가 반드시 상당
한 값으로 사리라 내가 여호와께 드리려고 네 물건을 빼앗지 아니하겠고 값 없이
는 번제를 드리지도 아니하리라 하니라 25 그리하여 다윗은 그 터 값으로 금 육백
세겔을 달아 오르난에게 주고

다윗이 오르난을 보자마자 땅을 팔라는 말을 꺼냈다. 하나님이 이스라엘에 내리신 재앙을 멈추게 하려면 그의 타작 마당에 제단을 세우고 그 위에서 제물을 드려야 하니 그 땅을 팔라고 부탁했다(22절). 값은 후하게 쳐주겠다고 했다. 오르난이 다윗에게 자신의 땅과 소들을 마음대로, 공짜로 사용하라고 했지만(23절) 다윗은 결코 그럴 수 없다며 모든 것을 샀다(24절). 이 거래에 곡물들도 포함되었다(23절). 물론 여러 가지 짐승 제물을 드릴 때 곡물도 소제로 함께 드리기 위해서이다. 사무엘서에는 밝히지 않는 정보이다.

본문은 다윗이 지불한 돈의 액수를 금 600세겔(6.6kg)이었다고 하는데, 사무엘서는 은 50세겔(550g)을 주고 그 땅과 짐승들을 샀다고 한다. 사무엘서는 이 액수가 타작 마당(גֹּרֶן)의 값이라고 하는데(삼하 24:24), 역대기는 타작 마당을 포함한 훨씬 더 넓은 곳, 곧 성전을 지을만한 넓은 "터"(מָקוֹם)의 값이라고 한다(22, 25절). 아마도 다윗이 처음에 타작 마당을 사들인 후 나중에 마당을 둘러싸고 있는 넓은 터를 사들인 것을 암

시하는 듯하다. 본문이 사무엘서의 은이 아닌 금을 지불했다는 것도 이 장소에 대해서 충분한 값을 치렀을 뿐만 아니라, 훗날 성전이 온통 금으로 치장될 것을 예고한다(cf. Allen). '600'은 '50'의 12배가 되는 숫자이다. 역대기 저자는 12배 되는 숫자를 사용하고 은을 금으로 바꿈으로써 다윗이 "상당한 값"(22, 24절)을 치르고 이 땅을 구입했다는 사실을 강조한다(Japhet). 백성들에게서 취하는 것을 쉽게 생각했던 다윗이 이 사건을 통해서 백성들의 권리도 인정하게 되었다. 다윗은 오르난과 같은 이방인의 소유권도 인정해 주었다.

오르난과 다윗의 흥정은 옛적에 아브라함이 아내 사라의 묘를 구입하기 위해 흥정하던 모습을 연상시킨다(cf. 창 23장). 여기에 사용된 단어 "넘기라"(נתן), "상당한 값"(בְּכֶסֶף מָלֵא)도 아브라함이 사용한 표현들이다(22절; cf. 창 23:4, 9). 아브라함이 값을 치르고 산 땅은 약속의 땅에서 처음 매입한 부동산이었으며 이스라엘의 영구적인 소유가 되었다. 다윗이 오르난에게 값을 치르고 구입한 성전 터 역시 비슷한 상징성을 지닌다(Allen). 이스라엘의 영구적인 소유가 되는 예배 터전이 생긴 것이다.

다윗은 자기 것은 아끼고 남의 것을 희생해가며 예배를 드리는 것은 결코 옳지 않다는 사실을 알고 있었다(cf. 24절). 밧세바와 간음하고 우리아를 죽였을 때 나단이 와서 전해준 비유가 바로 이 점을 강조했고, 다윗은 그런 사람은 꼭 죽어야 한다고 선언했다. 이러한 정황에서 이 사건의 원인은 자기 자신이라는 부담감도 크게 작용했을 것이다.

II. 통일왕국의 역사(9:35–대하 9:31)
2장. 다윗의 통치(11:1–29:30)
4. 다윗의 업적(21:1–29:30)
(1) 성전 터 지정(21:1–22:1)
③ 제단과 성전 터(21:15–22:1)

iii. 제단 세움과 효력(21:26–22:1)

26 다윗이 거기서 여호와를 위하여 제단을 쌓고 번제와 화목제를 드려 여호와께
아뢰었더니 여호와께서 하늘에서부터 번제단 위에 불을 내려 응답하시고 27 여호

와께서 천사를 명령하시매 그가 칼을 칼집에 꽂았더라 28 이 때에 다윗이 여호와
께서 여부스 사람 오르난의 타작 마당에서 응답하심을 보고 거기서 제사를 드렸
으니 29 옛적에 모세가 광야에서 지은 여호와의 성막과 번제단이 그 때에 기브온
산당에 있었으나 30 다윗이 여호와의 천사의 칼을 두려워하여 감히 그 앞에 가서
하나님께 묻지 못하더라 22:1 다윗이 이르되 이는 여호와 하나님의 성전이요 이는
이스라엘의 번제단이라 하였더라

다윗이 오르난에게서 산 땅에 제단을 쌓고 번제와 화목제를 드렸다. 여호와께서 다윗의 기도를 들으시고 하늘에서부터 번제단 위에 불을 내려 응답하셨다(26절). 하늘에서 내려온 하나님의 불이 제물들을 모두 불살랐다는 뜻이다. 훗날 엘리야가 갈멜 산 위에서 바알 선지자들과 대결할 때에도 동일한 현상이 일어난다. 하나님은 이스라엘에 내리신 재앙을 멈추셨다(27절). 다윗은 하나님이 오르난의 타작 마당에서 응답하신 것을 보고 그 이후에도 거기서 제사를 드렸다(28절). 당시 성막과 번제단이 기브온 산당에 있었지만, 다윗은 하나님이 무서워서 그곳을 방문하지 않았다(29-30절). 다윗 시대에는 성막과 번제단이 기브온에 있지만, 머지않아 이곳으로 옮겨올 것을 암시한다. 솔로몬이 훗날 기브온 산당에서 하나님을 뵙게 된다.

다윗은 오르난의 타작 마당에서 하나님의 진노가 멈추었을 뿐만 아니라, 제단을 쌓고 제물을 드렸을 때 하나님이 기도를 들으시고 하늘에서 불을 내리셔서 제물을 태우신 것을 주목했다. 이처럼 하나님의 역사가 특별히 나타난 곳이 전에는 없었으며, 이곳처럼 하나님이 매우 특별한 방법으로 죄인을 만나주신 곳도 없었다. 그래서 이곳을 앞으로 솔로몬이 건설할 하나님 성전의 터로 지정했다(22:1).

또한 이곳은 아브라함이 이삭을 제물로 드리려 했던 모리아 산이다(대하 3:1; cf. 창 22:2). 여러 가지 정황을 고려할 때 성전 장소로는 가장 적합한 곳이었다. 저자는 이곳이 성전 터로 지정된 정황을 설명하기 위해서 이 이야기를 사무엘서 문맥에서 떼어내어 여기에 인용하면서 일부 내용을 편집하거나 추가한 것이다. 물론 이 과정에서 다윗이 가진 인간적 한계가 대부분 다 드러났다. 저자는 다윗과 솔로몬의 과오와 죄는 최대한으로 가리려 한다. 그럼에도 불구하고 이 사건을 싣는 것은 성전터가 정해진 사실이 다윗의 치부를 드러내는 것과 맞바꿀 정도로 중요하다고 생각해서이다.

II. 통일왕국의 역사(9:35-대하 9:31)
2장. 다윗의 통치(11:1-29:30)
4. 다윗의 업적(21:1-29:30)

(2) 성전 건축 준비와 증언(22:2-23:1)

하나님은 다윗이 아닌 그의 아들이 성전을 지을 것이라고 말씀하셨다(17:11-12). 이제 그 아들이 다름 아닌 솔로몬이라는 사실이 밝혀진다. 또한 성전 터도 결정되었다(22:1). 다윗은 이제 솔로몬이 성공적으로 성전을 건축할 수 있도록 죽기 전에 만반의 준비를 한다. 다윗이 성전 건축을 준비한 일을 기록하는 22-29장은 정경 다른 곳에서 발견되지 않는 내용이다. 저자가 우리에게 전수되지 않은 자신만의 출처를 인용해서 이 섹션을 구성하고 있다. 이 섹션의 내용을 살펴보면 다윗이 이스라엘의 예배를 개혁하여 성전에서 기능을 수행할 여러 가지 제도들(viz., 찬양대, 문지기 등등)을 둔 일과 성전 건축에 필요한 모든 자재를 모아둔 것 등으로 구성되어 있다.

22-29장은 다윗의 성전 건축 준비를 묘사한다. 본 텍스트(22장)는 뒤따르는 23-29장에 대한 서론이며, 다윗이 성전 건축의 필요성을 솔로몬과 이스라엘 지도자들에게 설명하는 내용으로 구성되어 있다. 본 텍스트의 주제가 성전 건축 준비이기에 이 텍스트에는 성전에 대한 언급이 10차례나 등장한다. "하나님의 성전"(2절), "여호와를 위하여 건축할 성전"(5절), "이스라엘 하나님 여호와를 위한 성전"(6절), "내 하나님

여호와의 이름을 위한 성전"(7절), "내[여호와] 이름을 위한 성전"(8, 10절), "네 하나님 여호와의 성전"(11절), "여호와의 성전"(14절), "여호와 하나님의 성전"(19절), "여호와의 이름을 위하여 건축한 성전"(19절).

아울러 같은 단어들의 반복이 텍스트에 연결성을 더한다. "집"(בַּיִת)(10차례 언급된 "성전"이 모두 "여호와/하나님의 집"으로 표기됨), "세우다/건설하다"(בנה)(2, 5, 6, 7, 8, 10, 11, 19절), "준비하다"(כון)(3, 5, 14절), "이스라엘"(יִשְׂרָאֵל)(2, 9, 10, 12, 13, 17절), "많은"(רֹב)(3, 4, 5, 14절), "아들"(בֵּן)(5, 6, 7, 9, 10, 11, 17절)이 그 예이다. 이 장은 다음과 같이 나눌 수 있다.

A. 다윗의 준비(22:2-5)

B. 다윗이 솔로몬을 권면함(22:6-16)

C. 다윗이 지도자들을 권면함(22:17-19)

D. 다윗이 솔로몬을 왕으로 세움(23:1)

위 섹션들의 특징은 모두 스피치를 중심으로 구성되어 있다는 것이다. 첫 번째 섹션에서 다윗이 홀로 말하고(5절), 두 번째 섹션에서는 다윗이 솔로몬에게(7b-16절), 세 번째 섹션에서는 다윗이 장로들에게(18-19절) 하는 말이 중심을 이룬다. 분량으로 말하면 3분의 2가 스피치로 구성되어 있으며 3분의 1밖에 되지 않는 내러티브 역시 스피치를 보조하는 역할을 한다.

Ⅱ. 통일왕국의 역사(9:35–대하 9:31)
2장. 다윗의 통치(11:1–29:30)
4. 다윗의 업적(21:1–29:30)
(2) 성전 건축 준비와 증언(22:2–23:1)

① 다윗의 준비(22:2–5)

2 다윗이 명령하여 이스라엘 땅에 거류하는 이방 사람을 모으고 석수를 시켜 하나님의 성전을 건축할 돌을 다듬게 하고 3 다윗이 또 문짝 못과 거멀 못에 쓸 철을 많이 준비하고 또 무게를 달 수 없을 만큼 심히 많은 놋을 준비하고 4 또 백향목

> 을 무수히 준비하였으니 이는 시돈 사람과 두로 사람이 백향목을 다윗에게로 많
> 이 수운하여 왔음이라 5 다윗이 이르되 내 아들 솔로몬은 어리고 미숙하고 여호와
> 를 위하여 건축할 성전은 극히 웅장하여 만국에 명성과 영광이 있게 하여야 할지
> 라 그러므로 내가 이제 그것을 위하여 준비하리라 하고 다윗이 죽기 전에 많이 준
> 비하였더라

다윗은 성전 건축을 위해서 두 가지로 준비했다. 첫째, 이스라엘 땅에 있는 외국인들로 필요한 인력을 확보했다. 석공들에게는 성전 건축에 필요한 돌들을 다듬게 했다(2절). 기능공과 일반 도우미들을 함께 준비해 두었던 것이다. 아마도 상당수의 외국인이 석공들의 지시에 따라 잡일을 했을 것으로 생각된다.

둘째, 성전 건축에 필요한 자재를 충분히 준비해 두었다. 다윗은 다듬은 돌들(2절)뿐만 아니라 철(בַּרְזֶל)과 놋(נְחֹשֶׁת)과 백향목(עֲצֵי אֲרָזִים)을 매우 많이 준비했다(3-4절). 그가 자재들을 얼마나 많이 준비했던지 "〔수를 셀 수/무게를 잴 수〕 없을 만큼"(לְאֵין)이 두 차례, "매우 많이"(רֹב)라는 말이 세 차례나 나온다. 참으로 온 마음을 다해서 하나님의 성전 공사 준비를 했다.

성전을 건축하는 일은 솔로몬의 몫인데, 다윗은 왜 이처럼 노고를 아끼지 않았을까? 다윗은 그 이유를 5절에서 밝힌다. 하나님의 성전은 아주 웅장하고 화려해서 그 명성이 온 천하에 알려져야 하는데, 그 일을 맡은 솔로몬은 아직 어리고 연약하기 때문이다. 예정된 프로젝트에 비해 그 일을 해야 할 사람이 아직은 너무 어리고 경험이 없다는 뜻이다. 그러니 어리고 연약한 솔로몬이 성전을 잘 짓도록 도와주는 길은 필요한 모든 자재를 충분히 준비해 놓는 것으로 생각했다. 큰일을 해야 하는 아들에 대한 아버지 다윗의 애틋한 마음이 느껴진다.

Ⅱ. 통일왕국의 역사(9:35–대하 9:31)
2장. 다윗의 통치(11:1–29:30)
4. 다윗의 업적(21:1–29:30)
(2) 성전 건축 준비와 증언(22:2–23:1)

② 다윗이 솔로몬을 권면함(22:6–16)

6 다윗이 그의 아들 솔로몬을 불러 이스라엘 하나님 여호와를 위하여 성전 건축
하기를 부탁하여 7 다윗이 솔로몬에게 이르되 내 아들아 나는 내 하나님 여호와의
이름을 위하여 성전을 건축할 마음이 있었으나 8 여호와의 말씀이 내게 임하여 이
르시되 너는 피를 심히 많이 흘렸고 크게 전쟁하였느니라 네가 내 앞에서 땅에 피
를 많이 흘렸은즉 내 이름을 위하여 성전을 건축하지 못하리라 9 보라 한 아들이
네게서 나리니 그는 온순한 사람이라 내가 그로 주변 모든 대적에게서 평온을 얻
게 하리라 그의 이름을 솔로몬이라 하리니 이는 내가 그의 생전에 평안과 안일함
을 이스라엘에게 줄 것임이니라 10 그가 내 이름을 위하여 성전을 건축할지라 그
는 내 아들이 되고 나는 그의 아버지가 되어 그 나라 왕위를 이스라엘 위에 굳게
세워 영원까지 이르게 하리라 하셨나니 11 이제 내 아들아 여호와께서 너와 함께
계시기를 원하며 네가 형통하여 여호와께서 네게 대하여 말씀하신 대로 네 하나
님 여호와의 성전을 건축하며 12 여호와께서 네게 지혜와 총명을 주사 네게 이스
라엘을 다스리게 하시고 네 하나님 여호와의 율법을 지키게 하시기를 더욱 원하
노라 13 그 때에 네가 만일 여호와께서 모세를 통하여 이스라엘에게 명령하신 모
든 규례와 법도를 삼가 행하면 형통하리니 강하고 담대하여 두려워하지 말고 놀
라지 말지어다 14 내가 환난 중에 여호와의 성전을 위하여 금 십만 달란트와 은 백
만 달란트와 놋과 철을 그 무게를 달 수 없을 만큼 심히 많이 준비하였고 또 재목
과 돌을 준비하였으나 너는 더할 것이며 15 또 장인이 네게 많이 있나니 곧 석수와
목수와 온갖 일에 익숙한 모든 사람이니라 16 금과 은과 놋과 철이 무수하니 너는
일어나 일하라 여호와께서 너와 함께 계실지로다 하니라

다윗은 솔로몬을 불러 자신이 성전을 지으려 했지만 할 수 없었고 대신 솔로몬이 성전을 건축해야 하는 이유를 설명해 주며, 이 일을 잘 하라고 당부했다. 이 대화는 다윗과 솔로몬 사이에 있었던 사적인 대화

이다. 이 점을 강조하기 위해서 저자는 다윗이 "아들"(בֵּן)에게 말하고 있음을 누차 강조한다(6, 7, 11절; cf. 5, 17절). 그의 아들 솔로몬과의 대화에서 몇 가지 사실을 확인해 준다.

첫째, 하나님이 다윗이 성전을 건축하는 일을 허락하지 않으신 것은 그가 피를 너무 많이 흘렸기 때문이라고 한다(7-8절; cf. 왕상 5:3). 역대기 저자가 기록하고 있는 하나님이 다윗이 성전을 건축하는 것을 막으신 이유를 사무엘하 7장과 역대상 17장은 밝히지 않는다. 다윗이 수많은 전쟁을 한 것이 왜 문제가 되는가? 신명기 12:10은 성전을 건축하고 그곳에서만 예배드릴 때에 대해서 "너희가 요단을 건너 너희 하나님 여호와께서 너희에게 기업으로 주시는 땅에 거주하게 될 때 또는 여호와께서 너희에게 너희 주위의 모든 대적을 이기게 하시고 너희에게 안식을 주사 너희를 평안히 거주하게 하실 때"라고 한다. 다윗이 통치하던 시절은 아직도 물리칠 적들이 있었고 안식과 평안이 이스라엘에 깃들지 않은 때이다. 그러므로 하나님이 시기상조라며 성전 건축을 허락하지 않으신 것이다.

둘째, 솔로몬이 성전을 건축하는 것은 하나님이 이미 결정하신 일이다(9-10절). 솔로몬이 다윗의 왕권을 계승 받는 것은 하나님의 섭리이며 다윗은 이러한 하나님의 계획에 순응한 것뿐이다. 하나님이 다윗에게 성전 건축을 허락하시지 않은 이유는 다윗의 시대에 안식과 평안이 없었기 때문이었다. 그렇다면 성전을 건축할 솔로몬 시대에는 이스라엘에 안식과 평안이 전제되어야 한다. 그래서 하나님은 솔로몬이 평안을 누리고 모든 적으로부터 안정을 누리게 될 것을 약속하셨다(9절). 그뿐만 아니라 솔로몬의 이름도 하나님이 지어 주셨다. "솔로몬"(שְׁלֹמֹה)은 "평화"라는 뜻을 지닌 이름이다. 하나님이 솔로몬의 평생 이스라엘에 평화와 안정을 줄 것을 상징하는 의미에서 주신 이름이었다(9절).

셋째, 솔로몬은 하나님과 매우 특별한 관계, 곧 아버지와 아들의 관계를 누리게 될 것이다(10절). 하나님은 어떠한 일이 있어도 솔로몬을 버리지 않으시고, 아버지가 아들을 보살피듯이 그를 보살펴주실 것이라는 약속이다. 솔로몬이 많은 아내로 인해 우상숭배에 이르는 엄청난 죄를 짓고도 즉결심판을 받아 죽지 않았고, 왕권이 흔들리지 않았던 것은 아마도 이와 같은 특별한 관계를 약속하셨기 때문일 것이다.

넷째, 다윗은 솔로몬이 성전을 건축하는 데 필요한 모든 자재를 충분히 준비해 놓았다(14-16절). 금 10만 달란트, 은 100만 달란트, 셀 수 없을 정도로 많은 양의 놋, 쇠, 나무, 그리고 다듬은 돌도 준비했다. 솔로몬은 이 자재들로 일꾼들을 고용해 성전을 건축하면 된다(15절). 한 달란트가 120파운드(54kg)에 달한 점을 감안하면 다윗은 참으로 엄청난 양의 재물을 모아두었다. 대부분의 학자들이 이와 같은 양을 과장으로 생각하지만(Rudolph, Braun, Japhet), 실제량으로 받아들이고 하나님의 특별한 축복의 결과였다고 해석하는 사람들도 많다(Payne, Hill).

다윗은 자기가 준비한 것이 "무수하다/무척 많다"(אֵין מִסְפָּר)(16절)라고 하는데, 모아둔 재물을 두고 하는 말인지 아니면 모집한 기능공을 두고 하는 말인지가 정확하지 않다. 그래서 번역본들도 둘로 나누어진다. 일부는 금과 은 등 재물이 무수히 많다고 하는가 하면(개정; 새번역; NAS; CSB; TNK), 재료들을 다루는 공인이 무수한 것으로 해석하기도 한다(공동; 아가페; 현대인; NIV; ESV). 문맥과 15-16절의 구조를 고려할 때 공인이 무수히 많다는 것을 의미하는 것으로 본다(Curtis & Madsen, Allen).

다윗은 어린 솔로몬에게 무엇이 필요한가를 정확히 알려 준다. 그에게 필요한 것은 "지혜와 총명"(שֵׂכֶל וּבִינָה)이다(12절). 지식과 통찰력을 뜻하는 표현이다(Hill). 성경에서 두 단어가 함께 사용되는 곳은 두로 왕 히람이 솔로몬 왕에게 보낸 서신이 유일하다(대하 2:12). 히람은 이 개념을 사용해 다윗이 솔로몬에게 빌어준 복이 솔로몬의 삶에서 성취되었음을 확인해 주었다.

솔로몬은 지혜와 총명으로 무엇을 해야 하는가? 다윗은 두 가지를 권면한다. 첫째, 이 지혜와 총명으로 백성들을 다스리라(12a절). 이스라엘이 한 국가로 자리 잡아감에 따라 인구도 늘어나고 통치자가 해결해야 할 문제도 다양해진다. 그래서 다윗은 솔로몬에게 하나님이 주신 지혜와 총명으로 이스라엘을 바르게 통치해나갈 것을 권면한다. 둘째, 하나님이 주시는 지혜와 총명으로 하나님의 율법을 지키라(12b절). 하나님이 주신 은사는 하나님의 말씀을 깨닫고 순종하는 일에 사용하는 것이 바람직하다. 이스라엘의 왕은 열방의 왕과는 달리 온 백성들에게 믿음의 모범이 되어야 한다(신 17:14-20). 또한 모든 지혜의 근원인 하나님의 말씀을 더 깊이 깨달을수록 더 많은 지혜와 총명을 얻게 된다.

본문에서 다윗이 솔로몬을 권면하는 일은 모세가 여호수아를 권면하는 것을 연상시킨다(cf. 신 31장; 수 1장). 모세와 다윗은 가장 사모했던 일을 하나님이 허락하지 않으셔서 할 수 없었다는 공통점을 지녔다. 또한 여호수아와 솔로몬은 이스라엘을 "안식과 축복"의 시대로 인도하는 역할을 맡았다. 모세와 다윗이 후계자들을 권면하면서 사용한 언어도 비슷하다. "여호와께서 함께하실 것이다"(11절; cf. 신 31:6, 8, 23; 수 1:5, 9), "강하고 담대하여 두려워하지 말고 놀라지 말라"(13절; 신 31:7, 23; 수 1:6, 7, 9). 성전을 건축하는 일은 마치 이스라엘이 요단 강을 건너 가나안 땅에 입성한 일처럼, 이전 시대를 이어가면서도 동시에 획기적인 전환점이 될 것을 시사한다. 성전 건축에 있어서 다윗과 솔로몬의 역할은 또한 신약의 바울과 아볼로의 역할과도 비슷하다. "나는 심었고 아볼로는 물을 주었으되 오직 하나님께서 자라나게 하셨나니"(고전 3:6).

II. 통일왕국의 역사(9:35–대하 9:31)
2장. 다윗의 통치(11:1–29:30)
4. 다윗의 업적(21:1–29:30)
(2) 성전 건축 준비와 증언(22:2–23:1)

③ 다윗이 지도자들을 권면함(22:17–19)

17 다윗이 또 이스라엘 모든 방백에게 명령하여 그의 아들 솔로몬을 도우라 하여
이르되 18 너희 하나님 여호와께서 너희와 함께 계시지 아니하시느냐 사면으로 너

희에게 평온함을 주지 아니하셨느냐 이 땅 주민을 내 손에 넘기사 이 땅으로 여호와와 그의 백성 앞에 복종하게 하셨나니 [19] 이제 너희는 마음과 뜻을 바쳐서 너희 하나님 여호와를 구하라 그리고 일어나서 여호와 하나님의 성전을 건축하고 여호와의 언약궤와 하나님 성전의 기물을 가져다가 여호와의 이름을 위하여 건축한 성전에 들이게 하라 하였더라

다윗은 솔로몬에게 권면한 다음 이스라엘의 원로들을 불러 솔로몬의 성전 건축을 도우라고 당부했다(18절). 다윗의 스피치의 요지는 하나님이 이스라엘이 성전을 건축하기에 적합한 모든 여건을 마련해 주셨다는 내용이다. 첫째, 이스라엘은 사방으로 전에 없었던 평화를 누리고 있다(18a절). 전에는 이방인들의 끊임없는 침략과 착취에 신음하던 자들이(cf. 사사기), 지금은 이방인의 침략을 전혀 두려워하지 않고 살고 있다. 둘째, 이스라엘은 주변 지역을 호령하는 국가로 발돋움했다(18b절). 다윗은 이스라엘이 이와 같은 영광과 평화를 누리게 된 것은 전적인 하나님의 축복이라고 주장한다. 그러므로 이와 같은 축복을 받은 이스라엘이 온 힘을 합해서 하나님의 성전을 건축하는 것은 당연한 일이자 이스라엘만이 누릴 수 있는 특권이다.

지도자들을 중심으로 온 이스라엘은 마음과 정성을 다해 전에 누리지 못했던 평안과 안정을 내려주신 하나님을 찾고 성전을 건축해야 한다(19절). 성전을 건축하는 일에 있어서 결코 개인행동이나 마음대로 작업하는 것이 허락되어서는 안 된다(McConville). 은혜를 입은 사람들로서 모두 힘을 합하여 함께해야 한다. 성전을 건축하는 것뿐만 아니라 그곳에 하나님의 법궤와 성소 기구들이 영원히 안치될 수 있도록 힘써야 한다. 비록 솔로몬이 이 모든 일을 총괄하고 지휘하지만, 백성들의 동조와 협력이 필수적이다. 성전 건축은 솔로몬 혼자 할 수 있는 일이 아니며, 혼자 해서도 안 된다. 온 이스라엘의 정성과 사랑을 담아서 이뤄내야 하는 일인 것이다.

Ⅱ. 통일왕국의 역사(9:35–대하 9:31)
2장. 다윗의 통치(11:1–29:30)
4. 다윗의 업적(21:1–29:30)
(2) 성전 건축 준비와 증언(22:2–23:1)

④ 다윗이 솔로몬을 왕으로 세움(23:1)

1 다윗이 나이가 많아 늙으매 아들 솔로몬을 이스라엘 왕으로 삼고

다윗이 솔로몬과 지도자들을 불러다 권면한 후 얼마나 시간이 흘렀는지 모른다. 그러나 다윗은 늙어 죽기 전에 솔로몬을 후계자로 왕위에 세웠다(cf. 왕상 1-2장). 리더십 공백이 생기지 않도록 한 것이다. 열왕기는 아도니야와 솔로몬이 왕위 승계를 놓고 일종의 경합을 벌였고, 경합에서 패한 아도니야가 결국 솔로몬에게 죽임을 당했다는 내용을 기록하고 있지만, 본문은 이와 같은 내용을 전혀 언급하지 않는다. 솔로몬이 다윗을 계승하는 것은 하나님이 결정하신 일이기 때문에 과정에 대한 별다른 설명이 필요 없다고 생각했다. 솔로몬이 왕위를 계승한 이야기는 29:22b-25에서 계속된다.

다윗은 살아있는 동안에 솔로몬을 왕으로 세워 17장에 기록된 "다윗과 그의 후손들이 영원히 다스릴 것"이라는 하나님의 약속이 처음으로 성취됨을 확인하고 하나님이 앞으로 자손 대대로 그렇게 해 주시길 기대한다. 또한 하나님이 성전 건축을 실현하는 자로 직접 지명하신 솔로몬(cf. 22:9)을 왕위에 올려 성전 건축 준비가 차질 없이 진행되도록 했다. 이처럼 이스라엘의 왕권이 뿌리를 내리는 일과 하나님의 성전을 건축하는 일이 맞물려 있는 것은, 이스라엘의 왕권과 성전이 독립적으로 존재하는 것이 아니라 이스라엘에 하나님 나라를 성립해 나가는 일에 있어 파트너임을 뜻한다(Selman, Hill).

(3) 성직자 조직(23:2-26:32)

다윗은 성전 건축에 필요한 모든 자재와 돈을 준비하는 데 멈추지 않고 더 나아가 앞으로 세워질 성전에서 사역할 레위 사람들과 제사장들의 역할과 구조를 개편했다. 일종의 종교 개혁을 단행한 것이다. 성전이 완성되면 제사장들의 사역은 원래 하던 것에서 크게 달라지지 않지만, 레위 사람들의 경우 큰 변화가 있을 수밖에 없다. 레위 사람들의 주요 사역 중 하나가 성막과 법궤와 성소 도구들을 운반하는 일이었는데, 성전이 완성되면 이런 사역은 더 이상 필요가 없기 때문이다. 그러므로 이런 일을 맡았던 레위 사람들을 재배치할 필요가 생긴 것이다.

레위 사람들을 새로운 사역에 배치하기 위해서는 먼저 그들의 현황을 파악해야 했고, 이를 위해 다윗은 다시 인구조사를 한다. 이 인구조사는 정당한 것이었으며 21장에 기록된 것과는 전혀 달랐다. 이스라엘 인구조사는 조사하는 것 자체가 문제가 아니라 조사를 하는 절차와 목적이 문제가 될 수 있었던 것이다.

본 텍스트는 다음과 같이 구분할 수 있다.

A. 레위 사람들(23:2-32)

B. 제사장들과 레위 사람들(24:1-31)

C. 찬양대(25:1-31)

D. 성전 문지기들(26:1-19)

E. 성전 회계들(26:20-28)

F. 재판관과 관료들(26:29-32)

II. 통일왕국의 역사(9:35–대하 9:31)
2장. 다윗의 통치(11:1–29:30)
4. 다윗의 업적(21:1–29:30)
(3) 성직자 조직(23:2–26:32)

① 레위 사람들(23:2–32)

다윗은 성전 건축을 위해서 자재들을 충분히 비축하고 행정적인 절차에도 만반의 준비를 갖춘 다음, 레위 사람들의 사역 쇄신에 눈을 돌렸다. 더 이상 필요 없는 사역(viz., 법궤와 기구 운반 사역)은 없애고 남은 인력을 새로운 사역(viz., 찬양대, 성전 관리 등)에 투입하였다. 성전 건축을 기해서 레위 사람들도 새로운 역할과 정체성을 갖게 된 것이다. 본 텍스트는 다음과 같이 나눌 수 있다.

A. 서론(23:2-5)

B. 집안별 분리(23:6-24)

C. 레위 사람들의 임무(23:25-32)

II. 통일왕국의 역사(9:35–대하 9:31)
2장. 다윗의 통치(11:1–29:30)
4. 다윗의 업적(21:1–29:30)
(3) 성직자 조직(23:2–26:32)
① 레위 사람들(23:2–32)

i. 서론(23:2–5)

2 이스라엘 모든 방백과 제사장과 레위 사람을 모았더라 3 레위 사람은 삼십 세 이
상으로 계수하니 모든 남자의 수가 삼만 팔천 명인데 4 그 중의 이만 사천 명은 여
호와의 성전의 일을 보살피는 자요 육천 명은 관원과 재판관이요 5 사천 명은 문
지기요 사천 명은 그가 여호와께 찬송을 드리기 위하여 만든 악기로 찬송하는 자
들이라

다윗은 30세가 넘은 레위 사람의 수를 파악했다(2절). 구약에 의하면 지파별로 인구를 계수할 때에는 항상 20세를 기준으로 한다. 이때가 전쟁에 나갈 수 있는 나이기 때문이다. 그러나 레위 지파에 관해서는 세 개의 나이 기준이 있다. 성소 사역을 위해 레위 사람들을 계수할 때 가장 자주 등장하는 나이는 30세이다(민 4:3, 23, 30 등등). 전쟁에 나가는 것과 성소에서 사역하는 것은 매우 다른 일이다. 성소에서의 사역은 삶을 더 경험하여 신중하고 차분한 면이 형성된 다음에 시작하게 하려고 30세로 한 듯하다. 그러나 종종 25세(민 8:24)와 20세(스 3:8; 대상 23:24, 27; 대하 31:17)도 레위 사람들의 인구조사 기준으로 사용된다.

많은 학자가 이와 같은 차이를 정경이 서로 다른 전승을 반영하고 있기 때문이라고 설명한다. 그러나 성경 안에 서로 다른 기준이 공존하는 것을 설명하는 일은 그리 어렵지 않다. 레위 사람들이 사역을 시작하는 기준은 30세였지만, 시대 형편에 따라(viz., 나이가 든 레위 사람들이 부족하거나 갑자기 많은 레위 사람이 필요할 때), 기준이 낮아지기도 했던 것으로 생각한다(Japhet).

유태인들의 전승에 따르면 제사장의 자손들은 어렸을 때부터 율법으로 읽고 쓰는 법을 배우면서 율법 교육을 받았다. 그러다가 20세가 되면 성전에 출입하면서 제사장 사역을 돕는 견습생 일을 했다. 드디어 30세가 되면 정식으로 제사장에 등극했다. 아마도 10년이나 되는 긴 시간을 견습 기간으로 둔 것은 이와 같은 상황에 대비하기 위한 것으로 생각된다. 또한 동일한 기준이 비제사장계 레위 사람들에게도 적용되었을 것이다.

그러나 이 숫자들(30, 25, 20)이 한 텍스트 안에서 함께 사용될 때에는 해석에 어려움을 더한다. 본문도 이와 같은 문제를 안고 있다. 3절은 30세 이상 레위 사람들을 조사했다고 하는데, 24절과 27절은 20세 이상이라고 한다. 대부분 사람들이 이와 같은 차이를 텍스트의 보존 문제와 연결하려 한다. 본문이 잘 보존되지 않다 보니 생긴 문제라고 보는 것이다(cf. Japhet).

필자는 다른 해석을 제안한다. 정경에서 레위 사람들의 수가 언급되는 때는 항상 30세를 기준으로 한 인구수가 제시된다. 반면에 20세나 25세를 기준으로 한 수는 밝히지 않는다. 이러한 현상은 아마도 레위 지파의 인구조사가 실행될 때 지파의 여력을 확인하는 차원에서 20세 이상을 모두 계수하지만, 수를 보고할 때에는 율법에 따라 30세 이상만 보고하기 때문일 것이다. 본문도 20세 이상의 레위 사람들은 몇 명이었는지는 밝히지 않고 오직 30세 이상만을 언급한다.

30세가 넘은 레위 사람의 수가 총 3만 8,000명에 달했다. 출애굽 이후 광야생활 당시 레위 사람이 8,580명이었으므로(민 4:48), 네 배 이상 증가한 것이다. 다윗이 헤브론에 있을 때 그를 찾아온 레위 사람도 4,600명에 불과했으며(대상 12:26), 포로생활에서 돌아온 레위 사람은 733명이었다(스 2장). 이와 같은 정황을 고려할 때에 3만 8,000명은 매우 많은 수이다. 그래서 대부분의 학자들이 이 숫자를 문자적으로 받아들이지 않는다(cf. Allen). 특히 숫자가 "1,000" 단위로 언급되는 것을 문제 삼는데, "1,000"(אֶלֶף)을 몇십 명 단위를 뜻하는 용어로 간주한다(Selman). 이들이 제안하는 다른 대안은 "3만 8,000"을 일종의 과장법(Japhet) 혹은 역대기 저자가 생각하는 이상적인 레위 사람의 수로 취급하는 것이다(Johnstone, Hill). 현실적으로 생각할 때 "1,000"을 수십 명에 달하는 단위로 취급하는 것이 바람직해 보인다.

거의 모든 번역본이 숫자 1,000으로 간주하는 히브리어 단어(אֶלֶף)를 소규모의 "유닛"(unit)으로 본문을 해석하면, 레위 지파에는 38유닛이 있었고, 이 38유닛은 다음과 같이 세분된 그룹으로 구성되었다. (1) 성전의 전반적인 일을 진행하는 사람 24유닛, (2) 서기관과 재판관 6유닛, (3) 문지기 4유닛, (4) 찬양대 4유닛이다. 맡은 사람들의 수가 많은 임무에서 적은 임무 순으로 나열하고 있다.

> II. 통일왕국의 역사(9:35–대하 9:31)
> 2장. 다윗의 통치(11:1–29:30)
> 4. 다윗의 업적(21:1–29:30)
> (3) 성직자 조직(23:2–26:32)
> ① 레위 사람들(23:2–32)

ii. 집안별 분리(23:6–24)

6 다윗이 레위의 아들들을 게르손과 그핫과 므라리에 따라 각 반으로 나누었더

라 [7] 게르손 자손은 라단과 시므이라 [8] 라단의 아들들은 우두머리 여히엘과 또 세
담과 요엘 세 사람이요 [9] 시므이의 아들들은 슬로밋과 하시엘과 하란 세 사람이
니 이는 라단의 우두머리들이며 [10] 또 시므이의 아들들은 야핫과 시나와 여우스
와 브리아이니 이 네 사람도 시므이의 아들이라 [11] 그 우두머리는 야핫이요 그 다
음은 시사며 여우스와 브리아는 아들이 많지 아니하므로 그들과 한 조상의 가문
으로 계수되었더라 [12] 그핫의 아들들은 아므람과 이스할과 헤브론과 웃시엘 네 사
람이라 [13] 아므람의 아들들은 아론과 모세이니 아론은 그 자손들과 함께 구별되어
몸을 성결하게 하여 영원토록 심히 거룩한 자가 되어 여호와 앞에 분향하고 섬기
며 영원토록 그 이름으로 축복하게 되었느니라 [14] 하나님의 사람 모세의 아들들은
레위 지파 중에 기록되었으니 [15] 모세의 아들은 게르솜과 엘리에셀이라 [16] 게르솜
의 아들중에 스브엘이 우두머리가 되었고 [17] 엘리에셀의 아들들은 우두머리 르하
뱌라 엘리에셀에게 이 외에는 다른 아들이 없고 르하뱌의 아들들은 심히 많았으
며 [18] 이스할의 아들들은 우두머리 슬로밋이요 [19] 헤브론의 아들들은 우두머리 여
리야와 둘째 아마랴와 셋째 야하시엘과 넷째 여가므암이며 [20] 웃시엘의 아들들은
우두머리 미가와 그 다음 잇시야더라 [21] 므라리의 아들들은 마흘리와 무시요 마흘
리의 아들들은 엘르아살과 기스라 [22] 엘르아살이 아들이 없이 죽고 딸만 있더니
그의 형제 기스의 아들이 그에게 장가 들었으며 [23] 무시의 아들들은 마흘리와 에
델과 여레못 세 사람이더라 [24] 이는 다 레위 자손이니 그 조상의 가문을 따라 계수
된 이름이 기록되고 여호와의 성전에서 섬기는 일을 하는 이십세 이상 된 우두머
리들이라

이 섹션은 레위 지파 사람들을 전통적인 세 자손인 게르손, 그핫, 므라리 자손(cf. 출 6:16-19; 민 3-4장; 대상 6장)으로 정리해 놓았다(6절). 본문이 조금은 혼선이 있지만 게르손 자손 열 집안, 그핫 자손 아홉 집안, 므라리 자손 다섯 집안 등 총 스물네 집안을 언급하는 것은 확실하다. 모세의 자손들(15-17절)을 제외하고 각 집안 자손들을 모두 3대로 정리하고 있다.

저자는 게르손 자손들에 관한 이야기로 섹션을 시작한다(7-11절). 전통적으로 게르손의 아들로는 립니와 시므이가 등장하는데(출 6:17; 민 3:18; 대상 6:17), 본문은 립니 대신 라단을 언급한다. 립니가 라단의 다른 이름이거나(Kimchi, Hill), 립니의 자손 중 라단이 유력해서 그의 이름이 선조의 이름을 대신한 것으로 생각된다(cf. 대상 26:21).

9절을 시작하는 "시므이의 아들들은"이라는 말이 문제를 안고 있다. 시므이의 아들들이라며 제시하는 세 사람이 끝에 가서 "라단의 우두머리들"이라고 하기 때문이다(9b절). 게다가 10절이 다시 시므이의 아들들을 언급한다. 이러한 정황을 감안할 때 9절을 시작하는 "시므이의 아들들은"은 텍스트가 부패한 결과로 시므이의 아들이 아니며, 원래 8절이 언급하는 세 사람 중 한 사람의 이름이었을 것으로 본다(Japhet).

이렇게 이해하면 본문이 언급하는 게르손 집안의 족장은 열 명에 달한다. 시므이의 네 아들 중 여우스와 브리아는 아들이 많지 않아서 한 조상의 가문으로 계수되었다(11절). 비록 열 명의 족장 이름이 제시되지만, 효력은 아홉 명과 같다는 것이다. 어찌 되었건 가장 큰 규모이다. 게르손 자손들을 정리해보면 〈그림 56〉과 같다.

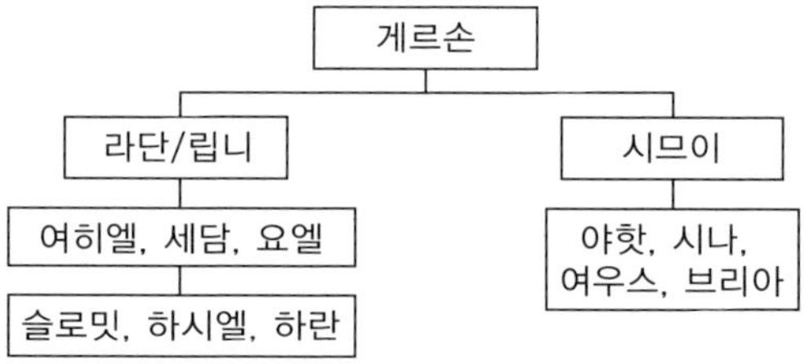

〈그림 56〉

그핫의 자손(12-20절) 중에는 이스라엘 역사에 길이 빛나는 모세와 아론이 있다. 저자는 아론과 후손이 하나님 곁에서 사역하도록 특별히 "구별되었다"(קֹדֶשׁ קָדָשִׁים)고 하지만(13절), 자손의 이름은 전혀 언급하지 않는다. 반면에 "하나님의 사람"(אִישׁ הָאֱלֹהִים)이었던 모세의 자손들의 이름은 밝힌다(14-15절). 비록 모세가 하나님과 특별한 관계를 누린 사람이었지만, 형 아론의 자손이 누린 특권에 비하면 모세의 자손들은 그저 평범한 레위 사람들이었다. 저자가 이 섹션에서 언급하는 그핫 자손의 족장은 아홉 명에 달한다. 내용을 정리해보면 〈그림 57〉과 같다.

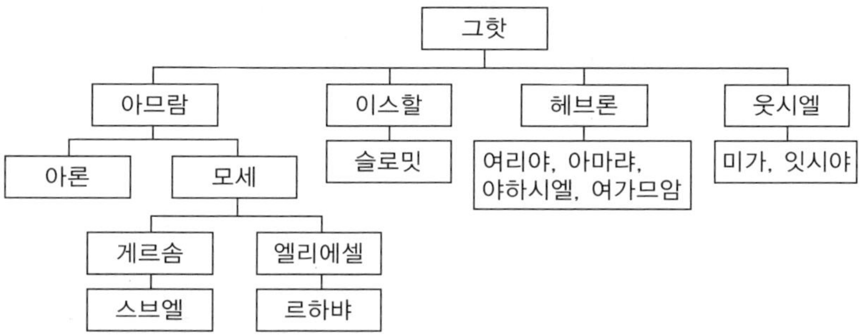

〈그림 57〉

므라리 자손들의 족장 목록(21-24절)이 가장 짧다. 마흘리의 아들 엘르아살은 아들이 없이 딸만 두었다. 이런 경우 율법은 아들을 두지 않고 죽은 사람의 유산이 지파/집안 내에 머물게 하려면 딸들은 자기 친족들과 결혼해야 한다고 한다(cf. 민 27장). 그러나 레위 사람들은 남겨줄 유산이 없다는 점을 감안하면, 엘르아살의 딸들이 사촌들과 결혼한 것은 아버지의 이름을 보존하기 위해서였을 것이다(22절). 일종의 "데릴사위"가 행해지고 있는 것이다(cf. Japhet). 저자는 므라리 집안 족장 다섯 명의 이름을 언급한다. 내용을 정리해보면 〈그림 58〉과 같다.

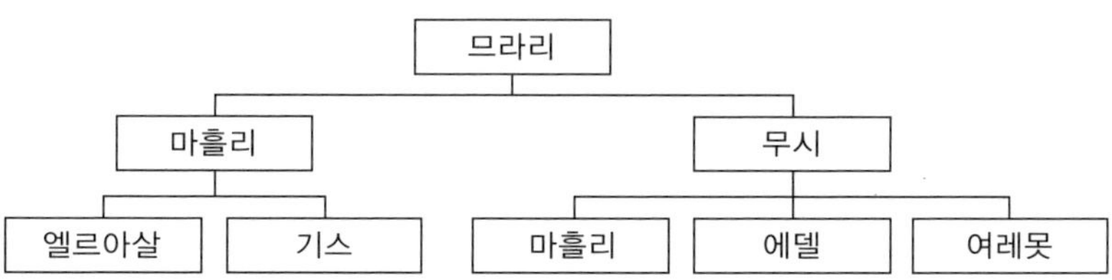

〈그림 58〉

II. 통일왕국의 역사(9:35-대하 9:31)
2장. 다윗의 통치(11:1-29:30)
4. 다윗의 업적(21:1-29:30)
(3) 성직자 조직(23:2-26:32)
① 레위 사람들(23:2-32)

iii. 레위 사람들의 임무(23:25-32)

25 다윗이 이르기를 이스라엘 하나님 여호와께서 평강을 그의 백성에게 주시고 예
루살렘에 영원히 거하시나니 26 레위 사람이 다시는 성막과 그 가운데에서 쓰는 모
든 기구를 멜 필요가 없다 한지라 27 다윗의 유언대로 레위 자손이 이십 세 이상으
로 계수되었으니 28 그 직분은 아론의 자손을 도와 여호와의 성전과 뜰과 골방에서
섬기고 또 모든 성물을 정결하게 하는 일 곧 하나님의 성전에서 섬기는 일과 29 또
진설병과 고운 가루의 소제물 곧 무교전병이나 과자를 굽는 것이나 반죽하는 것
이나 또 모든 저울과 자를 맡고 30 아침과 저녁마다 서서 여호와께 감사하고 찬송
하며 31 또 안식일과 초하루와 절기에 모든 번제를 여호와께 드리되 그가 명령하신
규례의 정한 수효대로 항상 여호와 앞에 드리며 32 또 회막의 직무와 성소의 직무
와 그들의 형제 아론 자손의 직무를 지켜 여호와의 성전에서 수종드는 것이더라

레위 사람들의 주요 임무 중 하나는 성막과 성막 기구들을 운반하는 일이었다. 그러나 법궤가 영구적으로 안치될 성전이 마련되면 레위 사람들이 이런 일을 할 필요가 없게 된다(25절). 그래서 다윗은 레위 사람들의 사역을 재정비할 필요를 느꼈다. 시대의 변화에 따라 사역이 바뀌어야 한다는 것이다. 다윗은 레위 사람들의 사역을 크게 세 가지로 정리한다. 첫째, 레위 사람들은 여호와의 성전과 뜰과 골방에서 섬기고 모든 성물을 정결하게 하는 일 곧 하나님의 성전에서 섬기는 일을 해야 한다(28절). 이 일은 주로 문지기들이 했던 일이다.

둘째, 제사장들을 도와 진설병과 고운 가루의 소제물 곧 무교전병이나 과자를 굽는 것이나 반죽하는 것이나 또 저울로 재고 다는 일 등 성전에서 행해지는 일상적인 일을 해야 한다(29절). 이 일은 주로 일반적인 레위 사람들이 했던 일이다.

셋째, 제사장들이 제사를 드릴 때 옆에서 항상 감사와 찬송을 부르는 일을 한다(30-31절). 이 일은 찬양대로 임명받은 레위 사람들이 했던 일이다. 모세오경에 정의된 레위 사람들의 임무와 비교할 때 이 일들은 모두 새로운 사역이다. 광야생활 중에는 생각하지도 못했던 사역이며, 모두 성막과 기구들을 더 이상 운반할 필요가 없게 된 것에서 비롯한 업무이다(Japhet).

다윗이 제사장도 아니면서 왜 이런 일을 도맡아 했을까? 종교와 정치를 철저하게 분리하는 오늘날 기준으로 보면 종교계에 일종의 정치적 간섭이 행해지고 있다고 여길 수도 있다. 그러나 이스라엘은 신정국가를 지향했기 때문에, 종교적 이슈가 곧 정치적 이슈고 정치적 이슈가 곧 종교적 이슈이기도 했다. 종교와 정치의 구분이 확실치 않았다. 다윗은 법궤를 예루살렘으로 운반해올 때 제사장이 해야 할 일을 스스로 했던 사람이었다(cf. 15:25-16:7). 이러한 정황을 고려하면 다윗이 앞장서서 종교 개혁을 단행한 일을 별 어려움 없이 받아들일 수 있다.

Ⅱ. 통일왕국의 역사(9:35-대하 9:31)
2장. 다윗의 통치(11:1-29:30)
4. 다윗의 업적(21:1-29:30)
(3) 성직자 조직(23:2-26:32)

② 제사장들과 레위 사람들(24:1-31)

앞 장에서 레위 자손들에 대해서 전반적으로 언급한 저자가 이 장에서는 제사장들에 대해서 논한다. 그런 다음에 다시 레위 사람들에 대해서 언급한다. 이처럼 저자가 제사장들에 대해서 논하면서 레위 자손-제사장-레위 자손 순서로 이야기를 진행하는 것은 제사장들의 특별한 지위를 강조시키기 위한 것으로 간주하는 학자도 있지만(Johnstone), 제사장을 특별한 계층으로 취급하기보다 레위 지파에 속한 한 부분/집안 정도로 간주했던 포로기 이후 시대의 정서를 반영하는 것으로 생각한다(cf. Hill). 본문은 크게 두 섹션으로 구분한다.

A. 제사장들(24:1-19)

B. 레위 사람들(24:20-31)

II. 통일왕국의 역사(9:35-대하 9:31)
2장. 다윗의 통치(11:1-29:30)
4. 다윗의 업적(21:1-29:30)
(3) 성직자 조직(23:2-26:32)
② 제사장들과 레위 사람들(24:1-31)

i. 제사장들(24:1-19)

1 아론 자손의 계열들이 이러하니라 아론의 아들들은 나답과 아비후와 엘르아살과
이다말이라 2 나답과 아비후가 그들의 아버지보다 먼저 죽고 그들에게 아들이 없
으므로 엘르아살과 이다말이 제사장의 직분을 행하였더라 3 다윗이 엘르아살의 자
손 사독과 이다말의 자손 아히멜렉과 더불어 그들을 나누어 각각 그 섬기는 직무
를 맡겼는데 4 엘르아살의 자손 중에 우두머리가 이다말의 자손보다 많으므로 나
눈 것이 이러하니 엘르아살 자손의 우두머리가 열여섯 명이요 이다말 자손은 그
조상들의 가문을 따라 여덟 명이라 5 이에 제비 뽑아 피차에 차등이 없이 나누었으
니 이는 성전의 일을 다스리는 자와 하나님의 일을 다스리는 자가 엘르아살의 자
손 중에도 있고 이다말의 자손 중에도 있음이라 6 레위 사람 느다넬의 아들 서기관
스마야가 왕과 방백과 제사장 사독과 아비아달의 아들 아히멜렉과 및 제사장과 레
위 사람의 우두머리 앞에서 그 이름을 기록하여 엘르아살의 자손 중에서 한 집을
뽑고 이다말의 자손 중에서 한 집을 뽑았으니 7 첫째로 제비 뽑힌 자는 여호야립이
요 둘째는 여다야요 8 셋째는 하림이요 넷째는 스오림이요 9 다섯째는 말기야요 여
섯째는 미야민이요 10 일곱째는 학고스요 여덟째는 아비야요 11 아홉째는 예수아요
열째는 스가냐요 12 열한째는 엘리아십이요 열두째는 야김이요 13 열셋째는 훕바
요 열넷째는 예세브압이요 14 열다섯째는 빌가요 열여섯째는 임멜이요 15 열일곱째
는 헤실이요 열여덟째는 합비세스요 16 열아홉째는 브다히야요 스무째는 여헤스겔
이요 17 스물한째는 야긴이요 스물두째는 가물이요 18 스물셋째는 들라야요 스물넷
째는 마아시야라 19 이와 같은 직무에 따라 여호와의 성전에 들어가서 그의 아버지
아론을 도왔으니 이는 이스라엘의 하나님 여호와께서 명하신 규례더라

레위 사람 중에서도 아론의 자손들만이 제사장 사역을 할 수 있다. 아론에게는 나답, 아비후, 엘르아살, 이다말 등 네 아들이 있었는데(cf. 출 6:23), 이 중 나답과 아비후는 자식을 남기지 못하고 아버지보다 먼저

죽었다(2절). 민수기 3:2-4에 의하면 이들은 하나님께 경건하지 못한 불을 드리다가 죽었다. 그래서 결국 제사장은 엘르아살과 이다말 집안에서만 나올 수 있었다. 저자가 이와 같은 사실을 언급하지 않는 것은 독자들이 이 일에 대해서 잘 알고 있기 때문일 것이다(Williamson).

다윗 시대에 이르러서 엘르아살 집안의 후손 사독(cf. 대상 6:4-12, 50-53)과 이다말의 후손 아히멜렉(cf. 대상 18:16; 삼하 8:17)이 집안의 우두머리가 되어 다윗을 도왔다(3절; cf. 왕상 1:8; 2:35). 다윗 시대에 활동했던 이다말 집안의 대표로 아비아달이 아니라 아히멜렉이 언급되는 것이 상당히 예외적이다. 사독은 항상 아비아달과 함께 다윗을 도운 제사장으로 언급되기 때문이다(삼하 15:35; 왕상 4:4). 아비아달이 왕권을 두고 솔로몬과 경쟁했던 아도니야를 도운 일을 못마땅하게 여긴 결과일 수 있다(Selman). 사독이 속한 엘르아살의 자손이 이다말 집안사람들보다 더 번성했기 때문에 그의 집안에서는 16명의 족장이, 이다말 집안에서는 8명의 족장이 선출되었다(4절, cf. 7-18).

다윗이 제사장 중 24명의 족장을 세웠지만, 독단적으로 하지 않았다. 레위 지파 지도자들을 충분히 배석시킨 다음, 그들 앞에서 공정하게 이 일을 진행했다(6절). 제비뽑는 일도 레위 사람 서기관 스마야가 하게 했다. 모든 과정과 결과가 레위 지파 안에서 결정되게 했다. 많은 이권이 개입될 수 있는 일이기 때문이기도 하겠지만, 무엇보다 이 일에 있어서 하나님 앞에서 공정하게 행하여 여호와의 뜻이 온전히 이루어지도록 하기 위함이었다.

7-18절에 기록된 24 족장의 이름이 어떤 규칙을 따라 나열되고 있는지 확실하지 않다. 일부 학자들은 처음부터 수가 많은 엘르아살 자손 두 그룹과 이다말 자손 한 그룹 등 세 그룹이 한 번씩 돌아가며 족장을 뽑은 것을 기록한 것이라고 생각한다(Rudolph). 다른 주석가들은 처음 16명까지는 엘르아살과 이다말 자손 중에서 돌아가며 뽑고, 17번째에서 24번째까지는 엘르아살 자손 중에서만 뽑은 자들이라고 한다(Japhet,

Hill). 찬양대에 대한 기록을 담고 있는 25장이 두 번째 방식을 사용하고 있는 것으로 보아, 후자가 더 가능성 있어 보인다. 순서에 따라 뽑힌 제사장들의 이름은 다음과 같다.

1	여호야립	9	예수아	17	헤실
2	여다야	10	스가냐	18	합비세스
3	하림	11	엘리아십	19	브다히야
4	스오림	12	야김	20	여헤스겔
5	말기야	13	훕바	21	야긴
6	미야민	14	예세브압	22	가물
7	학고스	15	빌가	23	들라야
8	아비야	16	임멜	24	마아시야

이들 중 2, 3, 5, 6, 8, 10, 15번 등 일곱 명은 본문과 평행을 이루고 있는 느헤미야 12장에 언급된다. 느헤미야 12장은 스물두 명의 제사장 이름을 제시하는데 이 목록과 상당히 다르다. 아마도 세월이 지나면서 유력해진 집안들이 달라 경우에 따라서는 새로운 족장을 세우기도 하고, 때로는 약화한 둘을 하나로 묶기도 한 결과일 것이다(Japhet). 제사장 4, 13, 14, 18, 22번 등 다섯 명은 이곳에만 이름을 올린 제사장들이며 정경 다른 곳에는 언급되지 않는다. 정경의 다른 곳에서 제사장이 아닌 일반인으로 등장하는 이름은 17, 19, 23번 등 세 명이다. 정경 다른 곳에서 독립적으로 등장하는 제사장은 7, 9, 12, 20, 21번 등 다섯 명이다. 여호야립(1번)은 셀리우쿠스 왕조의 안티오쿠스 4세에게 대항했던 마카비의 계보에 조상으로 기록되었다(마카비 1서 2:1).

제사장들을 그룹으로 나누어 돌아가면서 사역하게 하거나 특정한 기간에 사역을 하게 한 것은 고대 근동 사회에서 흔히 있었던 일이다(Myers). 이스라엘에서도 중간사 시대에 접어들어서는 1년이 48주로 되어 있는 음력달력을 기준으로 제사장들이 1주일씩 번갈아가며 사역했다. 저자가 제사장들을 스물네 그룹으로 나누었다고 하는 것은 이 그룹들이 24주에 한 번씩 돌아가면서 일주일 동안 성전에서 드려지는 제사를 집례했음을 시사한다(Hill). 대부분의 제사장이 1년에 2주 정도를 성전의 제단 앞에서 사역했다.

Ⅱ. 통일왕국의 역사(9:35-대하 9:31) 2장. 다윗의 통치(11:1-29:30) 4. 다윗의 업적(21:1-29:30) (3) 성직자 조직(23:2-26:32) ② 제사장들과 레위 사람들(24:1-31)

ii. 레위 사람들(24:20-31)

20 레위 자손 중에 남은 자는 이러하니 아므람의 아들들 중에는 수바엘이요 수바
엘의 아들들 중에는 예드야며 21 르하뱌에게 이르러는 그의 아들들 중에 우두머리
잇시야요 22 이스할의 아들들 중에는 슬로못이요 슬로못의 아들들 중에는 야핫이
요 23 헤브론의 아들들은 장자 여리야와 둘째 아마랴와 셋째 야하시엘과 넷째 여
가므암이요 24 웃시엘의 아들들은 미가요 미가의 아들들 중에는 사밀이요 25 미가
의 아우는 잇시야라 잇시야의 아들들 중에는 스가랴이며 26 므라리의 아들들은 마
흘리와 무시요 야아시야의 아들들은 브노이니 27 므라리의 자손 야아시야에게서
난 자는 브노와 소함과 삭굴과 이브리요 28 마흘리의 아들 중에는 엘르아살이니
엘르아살은 아들이 없으며 29 기스에게 이르러는 그의 아들 여라므엘이요 30 무시
의 아들들은 마흘리와 에델과 여리못이니 이는 다 그 조상의 가문에 따라 기록한
레위 자손이라 31 이 여러 사람도 다윗 왕과 사독과 아히멜렉과 제사장과 레위 우
두머리 앞에서 그들의 형제 아론 자손처럼 제비 뽑혔으니 장자의 가문과 막내 동
생의 가문이 다름이 없더라

본 텍스트는 "조상의 가문에 따라 기록한 레위 자손 목록"(cf. 30절)의 부패한 조각이다(Japhet). 또한 본문은 23:6-23과 밀접한 관계를 맺고 있다. 저자는 독자들이 이 텍스트의 내용을 알고 있는 것을 전제로 한다(Hill). 그래서 23:6-23은 본문의 부패한 부분을 재구성하는 데 도움을 준다. 그러나 23장과 비교할 때 일부 집안이 부각되는 반면 일부는 간

략하게 묘사되는 것으로 보아 텍스트가 구성될 당시 집안들의 상승과 쇠퇴를 반영하고 있는 듯하다(Japhet).

본문과 23장의 가장 큰 차이점은 게르손 자손(23:7-11)에 대한 언급이 빠져있다는 점이다. 아마도 원문 보존이 잘되지 않아서 생긴 현상일 것이다. 또한 일부 집안 자손들에 대해 23장보다 한 세대를 더 언급하는 점과 10개의 새로운 이름이 등장한 것으로 보아 본문은 23장의 내용을 새로이 갱신한(update) 것으로 생각된다(Japhet).

이들도 사역을 배정할 때 제사장들처럼 제비뽑아 공평하게 했다. 모든 집안이 사람 수에 따라 공평하게 할당을 받았다(31절). 저자는 성전 사역에서 공평이 중요함을 강조한다. 어느 집안도 작다고 해서 차별받아서는 안 된다. 하나님이 허락하신 자손들의 수에 따라 모든 집안이 성전 사역에서 동참할 수 있는 공평한 기회를 얻어야 한다. 오늘날 정황으로 생각해 보면 몇몇 교인이 교회의 일을 도맡아 하는 것이 바람직하지 않다는 점을 시사한다. 가장 이상적인 교회는 모든 사람이 각자 하나님이 주신 소명과 직분에 따라 움직이고 사역하는 공동체이다.

본문의 내용을 정리해보면 〈그림 59〉와 같다(cf. Johnstone). 괄호 안의

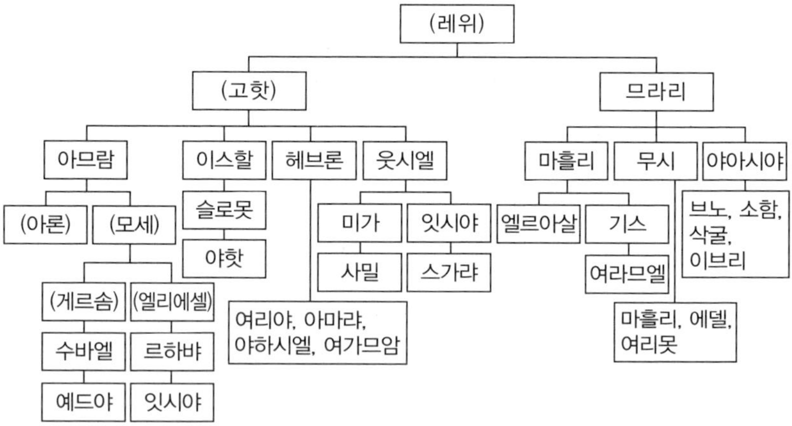

〈그림 59〉

이름들은 본문에서는 언급되지 않지만, 다른 정경 텍스트들을 바탕으로 재구성한 것이다.

Ⅱ. 통일왕국의 역사(9:35–대하 9:31)
2장. 다윗의 통치(11:1–29:30)
4. 다윗의 업적(21:1–29:30)
(3) 성직자 조직(23:2–26:32)

③ 찬양대(25:1–31)

제사장과 레위 사람들 전반에 관한 내용에 이어 성전 찬양대를 소개한다. 본문은 찬양대가 언제, 어떻게 조직되었는가를 회고하며 대장들의 이름도 구체적으로 밝히고 있다. 이 섹션에서도 강조되는 점은 찬양대 역시 제비뽑기를 통해 공평하게 세워졌다는 사실이다(8절). 본문은 다음과 같이 두 섹션으로 구분한다.

A. 찬양대 소개(25:1-7)

B. 스물네 개 찬양대(25:8-31)

Ⅱ. 통일왕국의 역사(9:35–대하 9:31)
2장. 다윗의 통치(11:1–29:30)
4. 다윗의 업적(21:1–29:30)
(3) 성직자 조직(23:2–26:32)
③ 찬양대(25:1–31)

i. 찬양대 소개(25:1–7)

1 다윗이 군대 지휘관들과 더불어 아삽과 헤만과 여두둔의 자손 중에서 구별하여
섬기게 하되 수금과 비파와 제금을 잡아 신령한 노래를 하게 하였으니 그 직무대
로 일하는 자의 수효는 이러하니라 2 아삽의 아들들은 삭굴과 요셉과 느다냐와 아
사렐라니 이 아삽의 아들들이 아삽의 지휘 아래 왕의 명령을 따라 신령한 노래를
하며 3 여두둔에게 이르러서는 그의 아들들 그달리야와 스리와 여사야와 시므이
와 하사뱌와 맛디디야 여섯 사람이니 그의 아버지 여두둔의 지휘 아래 수금을 잡
아 신령한 노래를 하며 여호와께 감사하며 찬양하며 4 헤만에게 이르러는 그의 아
들들 북기야와 맛다냐와 웃시엘과 스브엘과 여리못과 하나냐와 하나니와 엘리아
다와 깃달디와 로맘디에셀과 요스브가사와 말로디와 호딜과 마하시옷이라 5 이

> 는 다 헤만의 아들들이니 나팔을 부는 자들이며 헤만은 하나님의 말씀을 가진 왕
> 의 선견자라 하나님이 헤만에게 열네 아들과 세 딸을 주셨더라 6 이들이 다 그들
> 의 아버지의 지휘 아래 제금과 비파와 수금을 잡아 여호와의 전에서 노래하여 하
> 나님의 전을 섬겼으며 아삽과 여두둔과 헤만은 왕의 지휘 아래 있었으니 7 그들과
> 모든 형제 곧 여호와 찬송하기를 배워 익숙한 자의 수효가 이백팔십팔 명이라

다윗이 찬양대를 세운 일을 기록하는 이 섹션은 매우 특이한 단어를 사용해 시작한다. 다윗과 지도자들이 찬양대를 "뽑아 세웠다"(בדל)(1절, 새번역)라는 동사는 특별한 임무나 사역을 위해서 구별한 것을 뜻한다(cf. HALOT). 구약에서는 레위 사람들과 제사장들이 하나님의 일을 하도록 일반인들로부터 구별된 점을 강조하면서 사용했다(민 16:9; 신 10:8; 민 8:14). 역대기 안에서도 이와 같은 의미로 사용했다(대상 23:13). 저자는 다윗이 찬양대를 임명한 일을 회고하면서 이 동사를 사용하여 이들의 사역이 제사장들과 레위 사람들의 사역과 동등하게 구별된 중요한 사역이며, 다윗이 이 제도를 처음으로 시작했음을 강조한다(Japhet).

다윗은 찬양대를 세우는 일을 "군대 지휘관들"(שָׂרֵי הַצָּבָא)(cf. 개역; 새번역; NIV; NAS; NRS; TNK)과 함께했다고 하는데(1절), 군대 지휘관들이 찬양대 임명에 개입한 일이 이해가 되지 않는다. 이러한 해석은 사용된 히브리어 단어(צָבָא)가 "군대"를 뜻하는 것으로 이해해서 발생한 것이다(cf. HALOT). 그러나 오경에서 이 단어는 레위 사람들의 사역을 뜻하며 사용하기도 한다(민 4:3, 23, 30, 35; 8:24, 25). 그러므로 본문에서는 이 문구가 "군대 지휘관들"을 뜻하는 것이 아니라 "사역 리더들", 곧 "레위 사람들의 사역을 지휘하는 자들"을 뜻한다(공동; ESV; Japhet).

다윗과 사역 책임자들은 아삽과 헤만과 여두둔의 자손들을 뽑아 임무를 맡겼다(1절). 그들은 수금과 비파와 제금으로 신령한 노래를 부르는 임무를 맡았다(1절; cf. 2, 3, 5절). "신령한 노래를 부르는 것"(הַנְּבִאִים)을 문자적으로 해석하면 "예언하는 일"이다. 이 외에도 역대기 저자는 아

삽(대하 29:30), 헤만(5절), 여두둔(대하 35:15)을 모두 선견자(חֹזֶה)라고 부른다. 선견자라는 호칭은 잇도, 예후 등 실제 선지자 사역을 했던 선지자들을 칭하는 말이다(대상 21:9; 29:29; 대하 9:29; 12:15; 19:2; 33:18). 찬양대로 임명된 사람들의 사역이 예언하는 일을 포함하고 있다는 뜻이다.

그렇다면 어떻게 찬양대가 선견자/선지자 역할을 했단 말인가? 아마도 성전에서 사용될 찬양을 저작한 것이 근거가 된 것으로 생각한다. 성전에서 불린 노래 중의 상당수가 시편에 기록되어 있다. 이것들의 내용을 살펴보면 단순한 찬양 수준을 넘어서서 하나님의 섭리와 성품에 대한 계시를 포함한다. 이 노래들은 하나님의 영감에 의해서 쓰인 작품들이다. 이런 차원에서 새 노래를 지어 여호와께 불러드렸다는 것은 곧 선지자의 사역이었다.

또한 부른 노래 중 상당수가 이미 선포된 하나님의 말씀을 음악으로 표현한 것들이었다. 선지자의 가장 핵심적인 사역이 하나님의 말씀을 선포하고 가르친다는 점을 감안할 때, 하나님의 뜻과 섭리를 음악으로 표현한 이들의 노래는 예언이라 할 수 있다(Japhet). 그래서 저자는 찬양대를 선지자들이라고 부른 것이다.

찬양대장 아삽과 그의 네 아들 삭굴, 요셉, 느다냐, 아사렐라는 찬양대 사역을 하였다(2절). 여두둔 집안에서는 그달리야, 스리, 여사야, 시므이, 하사뱌, 맛디디야 등 여섯 명의 아들들이 그와 함께 사역했다(3절). 역대기 저자가 처음으로 찬양대를 언급하는 역대상 6장에서는 에단과 자손들이 여두둔을 대신하고 있다(cf. 6:44). 아마도 다윗이 처음에 이들을 찬양대로 임명할 때에는 여두둔의 집안이 유력했지만, 세월이 지나면서 이 집안이 쇠퇴했고 역대기 저자 시대에는 에단의 집안이 유력했던 점을 반영하는 것으로 생각된다(Gese, Williamson).

헤만 집안에서는 북기야, 맛다냐, 웃시엘, 스브엘, 여리못, 하나냐, 하나니, 엘리아다, 깃달디, 로맘디에셀, 요스브가사, 말로디, 호딜, 마하시옷 등 열네 아들이 아버지와 함께 사역했다(4절). 헤만의 아들들이 가장 수가 많고 그의 집안이 저자의 특별한 관심을 받는다(5-6절). 저자가 역대기를 집필한 때에 헤만 집안이 셋 중 가장 왕성했음을 암시한다. 이렇게 해서 총 24명(아삽 집안 4명, 여두둔 집안 6명, 헤만 집안 14명)의 찬양대장을 선발했다.

다윗이 임명한 찬양대의 수는 총 288명에 달했다(7절). 잠시 후에 소개할 24개의 찬양대가 각각 12명으로 구성한 것을 예고한다. 모두 제비 뽑아서 임무를 맡겼으며, 경력이나 실력에 따라 차별하지 않았다(8절). 역시 공평이 제일 중요한 이슈이다. 하나님을 찬양하는 일을 음악적인 재능이 있는 사람들에게만 제한한다면 좌절감을 느낄 사람이 많을 것이다. 찬양만큼은 하나님을 사랑하고 그분을 찬양하고 싶은 간절한 마음이 있다면 누구에게라도 기회가 주어져야 한다. 하나님을 찬양하는데 가장 중요한 것은 기술과 기교가 아니라 마음이기 때문이다.

ii. 스물네 개 찬양대(25:8–31)

**8 이 무리의 큰 자나 작은 자나 스승이나 제자를 막론하고 다같이 제비 뽑아 직
임을 얻었으니 9 첫째로 제비 뽑힌 자는 아삽의 아들 중 요셉이요 둘째는 그달리
야이니 그와 그의 형제들과 아들들 십이 명이요 10 셋째는 삭굴이니 그의 아들들
과 형제들과 십이 명이요 11 넷째는 이스리이니 그의 아들들과 형제들과 십이 명
이요 12 다섯째는 느다냐니 그의 아들들과 형제들과 십이 명이요 13 여섯째는 북기
야니 그의 아들들과 형제들과 십이 명이요 14 일곱째는 여사렐라니 그의 아들들과
형제들과 십이 명이요 15 여덟째는 여사야니 그의 아들들과 형제들과 십이 명이요
16 아홉째는 맛다냐니 그의 아들들과 형제들과 십이 명이요 17 열째는 시므이니 그
의 아들들과 형제들과 십이 명이요 18 열한째는 아사렐이니 그의 아들들과 형제들
과 십이 명이요 19 열두째는 하사뱌니 그의 아들들과 형제들과 십이 명이요 20 열**

셋째는 수바엘이니 그의 아들들과 형제들과 십이 명이요 21 열넷째는 맛디디야니
그의 아들들과 형제들과 십이 명이요 22 열다섯째는 여레못이니 그의 아들들과 형
제들과 십이 명이요 23 열여섯째는 하나냐니 그의 아들들과 형제들과 십이 명이요
24 열일곱째는 요스브가사니 그의 아들들과 형제들과 십이 명이요 25 열여덟째는
하나니니 그의 아들들과 형제들과 십이 명이요 26 열아홉째는 말로디니 그의 아들
들과 형제들과 십이 명이요 27 스무째는 엘리아다니 그의 아들들과 형제들과 십이
명이요 28 스물한째는 호딜이니 그의 아들들과 형제들과 십이 명이요 29 스물두째
는 깃달디니 그의 아들들과 형제들과 십이 명이요 30 스물셋째는 마하시옷이니 그
의 아들들과 형제들과 십이 명이요 31 스물넷째는 로맘디에셀이니 그의 아들들과
형제들과 십이 명이었더라

제비뽑기로 선출한 24명의 찬양대장이 지휘하는 찬양대는 각각 12명으로 되어 있으며 총 288명에 달했다. 이들은 제비뽑아 각 찬양대의 순번을 정했다. 제사장들처럼 차례로 24주 사이클로 돌아가며 사역을 했다. 내용을 정리해보면 다음과 같다. 사이클의 앞부분은 아삽 자손들이, 사이클의 뒷부분은 헤만 자손들이 중심을 이룬다.

아삽 집안과 순번	여두둔 집안과 순번	헤만 집안과 순번
1. 요셉	2. 그달리야	
3. 삭굴	4. 이스리	
5. 느다냐		6. 북기야
7. 여사렐라	8. 여사야	9. 맛다냐
	10. 시므이	11. 아사렐
	12. 하사뱌	13. 수바엘
	14. 맛디디야	15. 여레못
		16. 하나냐
		17. 요스브가사
		18. 하나니

아삽 집안과 순번	여두둔 집안과 순번	헤만 집안과 순번
		19. 말로디
		20. 엘리아다
		21. 호딜
		22. 깃달디
		23. 마하시옷
		24. 로맘디에셀

II. 통일왕국의 역사(9:35–대하 9:31)
2장. 다윗의 통치(11:1–29:30)
4. 다윗의 업적(21:1–29:30)
(3) 성직자 조직(23:2–26:32)

④ 성전 문지기들(26:1–19)

1 고라 사람들의 문지기 반들은 이러하니라 아삽의 가문 중 고레의 아들 므셀레먀
라 2 므셀레먀의 아들들인 맏아들 스가랴와 둘째 여디야엘과 셋째 스바댜와 넷째
야드니엘과 3 다섯째 엘람과 여섯째 여호하난과 일곱째 엘여호에내이며 4 오벧에
돔의 아들들은 맏아들 스마야와 둘째 여호사밧과 셋째 요아와 넷째 사갈과 다섯
째 느다넬과 5 여섯째 암미엘과 일곱째 잇사갈과 여덟째 브울래대이니 이는 하나
님이 오벧에돔에게 복을 주셨음이라 6 그의 아들 스마야도 두어 아들을 낳았으니
그들의 조상의 가문을 다스리는 자요 큰 용사라 7 스마야의 아들들은 오드니와 르
바엘과 오벳과 엘사밧이며 엘사밧의 형제 엘리후와 스마갸는 능력이 있는 자이니
8 이는 다 오벧에돔의 자손이라 그들과 그의 아들들과 그의 형제들은 다 능력이
있어 그 직무를 잘하는 자이니 오벧에돔에게서 난 자가 육십이 명이며 9 또 므셀
레먀의 아들과 형제 열여덟 명은 능력이 있는 자라 10 므라리 자손 중 호사에게도
아들들이 있으니 그의 장자는 시므리라 시므리는 본래 맏아들이 아니나 그의 아
버지가 장자로 삼았고 11 둘째는 힐기야요 셋째는 드발리야요 넷째는 스가랴이니
호사의 아들들과 형제들이 열세 명이더라 12 이상은 다 문지기의 반장으로서 그
형제처럼 직임을 얻어 여호와의 성전에서 섬기는 자들이라 13 각 문을 지키기 위

하여 그의 조상의 가문을 따라 대소를 막론하고 다 제비 뽑혔으니 14 셀레마는 동
쪽을 뽑았고 그의 아들 스가랴는 명철한 모사라 모사를 위하여 제비 뽑으니 북쪽
을 뽑았고 15 오벧에돔은 남쪽을 뽑았고 그의 아들들은 곳간에 뽑혔으며 16 숩빔과
호사는 서방을 뽑아 큰 길로 통한 살래겟 문 곁에 있어 서로 대하여 파수하였으
니 17 동쪽 문에 레위 사람이 여섯이요 북쪽 문에 매일 네 사람이요 남쪽 문에 매
일 네 사람이요 곳간에는 둘씩이며 18 서쪽 뜰에 있는 큰 길에 네 사람 그리고 뜰
에 두 사람이라 19 고라와 므라리 자손의 문지기의 직책은 이러하였더라

성전 문지기들은 고라 자손 중 므셀레마와 친족들, 그리고 므라리의 자손 중 호사와 친족들에서 선발했다. 저자는 먼저 문지기들의 이름을 나열한다(1-12절). 그다음 제비뽑기를 통해 정해진 사역지에 대해서 언급한다(13-19절).

고라 가문에서 문지기로 선발된 자는 아삽 가문 중 고레의 아들 므셀레마와 아들들이었다. 그의 일곱 아들이 모두 아버지와 함께 문지기가 되었다. 스가랴, 여디야엘, 스바댜, 야드니엘, 엘람, 여호하난, 엘여호에내이다. 므셀레마가 에스라-느헤미야서에서는 살룸(스 2:42, 10:24; cf. 대상 9:17, 19) 혹은 므술람(느 12:25)으로 알려졌다. 역대기의 다른 곳에서는 므셀레마가 셀레마로 불리기도 한다(대상 26:14, cf. 대상 9:21). 므셀레마의 아들과 형제들은 총 18명에 달했다(9절).

므셀레마와 아들들에 관한 이야기가 갑자기 멈추고 오벧에돔과 아들들의 이야기가 나온다(4절). 역대기 안에서 오벧에돔은 문지기(15:18, 24)와 찬양대(16:5)로 기록되어 있지만, 레위 사람일 가능성은 희박하다(Hill, cf. Johnstone). 그는 레위 사람이 아니면서도 레위 사람의 지위와 대우를 받은 것이다. 아마도 "하나님이 그에게 복을 주셨기 때문"(5절)일 것이다(Japhet, Hill).

법궤가 오벧에돔의 집에서 3개월을 머문 일이 있었다(cf. 13:14). 그는 하나님의 법궤를 보관하게 된 일로 인해 특별한 은총을 입은 것이다.

저자는 오벧에돔의 아들 8명을 언급하지만(4절), 이들 중 스마야는 따로 가지를 쳐서 취급한다(6절). '7'이라는 숫자가 대세인 것이다(Japhet). 아버지와 함께 문지기가 된 오벧에돔의 아들 7명은 다음과 같다(4-5절). 여호사밧, 요아, 사갈, 느다넬, 암미엘, 잇사갈, 브울래대이다. 오벧에돔의 장남 스마야와 함께 문지기가 된 그의 아들들 6명은 다음과 같다. 오드니, 르바엘, 오벳, 엘사밧, 엘리후, 스마갸(6-7절). 이들을 포함해 오벧에돔 집안에 딸린 사람 수는 모두 62명이었다(8절).

므라리의 자손 중에서 호사의 아들 중 시므리가 장자가 되었다. 그는 맏아들이 아니었지만 그의 아버지가 집안의 장자로 삼았다(10절). 호사의 형제 중에는 힐기야, 드발리야, 스가랴 등이 있었으며 모두 13명이었다(13절). 므셀레먀 집안의 18명, 오벧에돔 집안의 62명, 호사 집안의 13명을 더하면 총 93명의 문지기가 있었다. 그러나 이 수는 성경의 다른 곳에서 제시되는 문지기의 수에 비하면 상대적으로 적다. 바빌론에서 돌아온 문지기들은 139명에 달했으며(스 2:42; cf. 느 7:45), 역대상 9:22은 212명의 문지기를 언급한다. 게다가 25장이 언급하는 찬양대는 288명에 달한다. 이런 점을 감안할 때 다윗이 문지기들을 처음 세울 때 그들의 수가 많지 않았음을 시사한다. 이들은 제사장들과 찬양대처럼 공평하게 제비뽑아 지킬 문을 배정했다(13절). 결과는 다음과 같다(cf. 14-19절).

위치	담당자	비고
동쪽 문	(므)셀레먀	매일 6명이 지킴
북쪽 문	스가랴	매일 4명이 지킴
남쪽 문	오벧에돔	매일 4명이 지킴
곳간	오벧에돔의 아들들	매일 각각 2명이 지킴
서쪽 문과 살래겟 문	숩빔과 호사	매일 큰 길 7명, 뜰 2명이 지킴

동쪽 문에 제일 많은 문지기를 배정한 것은 이 문이 성전의 가장 중요한 관문이기 때문이다. 서쪽 문을 맡게 된 숩빔은 지금까지 언급한 문지기가 아니다. 아마도 원문 보존의 문제로 본다(Hill). 그러나 본문이 밝히지 않는 호사의 형제 중 하나일 수도 있다(cf. 11절). 살래겟 문에 대한 언급은 성경에서 이곳이 유일하며, 성전 서쪽에 있지만, 더 이상의 정보는 알려 주지 않는다.

II. 통일왕국의 역사(9:35-대하 9:31) 2장. 다윗의 통치(11:1-29:30) 4. 다윗의 업적(21:1-29:30) (3) 성직자 조직(23:2-26:32)

⑤ 성전 회계들(26:20-28)

20 레위 사람 중에 아히야는 하나님의 전 곳간과 성물 곳간을 맡았으며 21 라단의
자손은 곧 라단에게 속한 게르손 사람의 자손이니 게르손 사람 라단에게 속한 가
문의 우두머리는 여히엘리라 22 여히엘리의 아들들은 스담과 그의 아우 요엘이니
여호와의 성전 곳간을 맡았고 23 아므람 자손과 이스할 자손과 헤브론 자손과 웃
시엘 자손 중에 24 모세의 아들 게르솜의 자손 스브엘은 곳간을 맡았고 25 그의 형
제 곧 엘리에셀에게서 난 자는 그의 아들 르하뱌와 그의 아들 여사야와 그의 아들
요람과 그의 아들 시그리와 그의 아들 슬로못이라 26 이 슬로못과 그의 형제는 성
물의 모든 곳간을 맡았으니 곧 다윗 왕과 가문의 우두머리와 천부장과 백부장과
군대의 모든 지휘관이 구별하여 드린 성물이라 27 그들이 싸울 때에 노략하여 얻
은 물건 중에서 구별하여 드려 여호와의 성전을 개수한 일과 28 선견자 사무엘과
기스의 아들 사울과 넬의 아들 아브넬과 스루야의 아들 요압이 무엇이든지 구별
하여 드린 성물은 다 슬로못과 그의 형제의 지휘를 받았더라

레위 사람 중 성전 회계로 지명된 사람들의 임무는 크게 두 가지로 구분된다. 첫째, 성전 곳간들을 관리하여 성물로 구별한 것들이 오염되거나 거룩하지 않은 것과 섞이는 것을 사전에 방지하는 것이었다(22, 26절). 여기에 저장된 것들은 백성들이 정기적으로 드리는 제물과 십일조

등이었으며, 성전에서 일상적으로 드려지는 예배 등에 필요한 것들이었다(Selman, Japhet). 둘째, 사람들이 하나님께 바친 물건들을 모아놓은 곳간의 책임자로서 물질이 사역을 위해서 적절하게 잘 쓰일 수 있게 했다(20, 26절). 개인적인 서원이나 그 외 하나님께 자원해서 드린 것들을 이곳에 보관했다. 첫 번째 곳간을 성전의 "일반계좌"라고 한다면 이곳은 특별 헌금을 다루는 "특별계좌"였던 것이다(Selman, Hill).

우리말 성경 중에는 공동번역이 가장 확실하게 밝혀주는데, 모든 창고의 총관리인(נָגִיד)은 모세의 손자, 게르솜의 아들 스브엘이었다(24절, 공동번역). 스브엘의 지휘하에 게르손 자손들은 성전 곳간들을 관리했으며(21-22절), 아므람 자손 중에서는 엘리에셀 집안의 슬로못이 하나님께 바쳐진 물건들이 소장된 곳간을 관리했다(25-26절). 거룩한 성물과 하나님께 드린 선물들이 소장되었던 곳간들을 맡아 관리했던 자들은 모두 모세의 후손이라는 공통점이 있다.

모세의 아버지 아므람(cf. 23절)이 레위의 아들 그핫에서 비롯되었다는 점을 감안하면, 저자는 레위에서 다윗 시대에 성전 회계를 맡게 된 슬로못까지를 10대로 정리하고 있다. 레위-(그핫)-아므람-모세-엘리에셀-르하뱌-여사야-요람-시그리-슬로못(23-25절). 저자가 계보를 10대로 정리하는 경우는 역대기 안에서 흔히 발견되는 현상이다(cf. 대상 3:3ff.; 6:1ff.; 7:20ff.).

백성들, 특히 지도자들이(cf. 26절) 하나님께 특별히 바친 물건들을 모아놓는 곳간에는 전쟁에서 빼앗은 노획물이 많이 있었다(27절). 이것들은 성전 건축과 수리 등을 위해서 지도자들이 특별히 선물한 것들이었다(27절). 다윗뿐만 아니라(26절) 사무엘, 사울, 아브넬, 요압 등이 바친 것들도 이곳에 보관되었다(28절). 이 곳간은 일종의 이스라엘 전쟁기념관이 되었던 것이다.

II. 통일왕국의 역사(9:35-대하 9:31)
2장. 다윗의 통치(11:1-29:30)
4. 다윗의 업적(21:1-29:30)
(3) 성직자 조직(23:2-26:32)

⑥ 재판관과 관료들(26:29-32)

29 이스할 자손 중에 그나냐와 그의 아들들은 성전 밖에서 이스라엘의 일을 다스
리는 관원과 재판관이 되었고 30 헤브론 자손 중에 하사뱌와 그의 동족 용사 천 칠
백 명은 요단 서쪽에서 이스라엘을 주관하여 여호와의 모든 일과 왕을 섬기는 직
임을 맡았으며 31 헤브론 자손 중에서는 여리야가 그의 족보와 종족대로 헤브론
자손의 우두머리가 되었더라 다윗이 왕 위에 있은 지 사십 년에 길르앗 야셀에서
그들 중에 구하여 큰 용사를 얻었으니 32 그의 형제 중 이천칠백 명이 다 용사요
가문의 우두머리라 다윗 왕이 그들로 르우벤과 갓과 므낫세 반 지파를 주관하여
하나님의 모든 일과 왕의 일을 다스리게 하였더라

레위의 후손 중 헤브론 집안에 속한 두 사람의 자손들이 다윗 정권의 일반 행정을 맡았다(29절). 하사뱌가 요단 강 서쪽의 책임자가 되었고(30절), 여리야가 요단 강 동편 지역의 책임자가 되었다(31절). 이 섹션은 레위 자손 중 상당수가 재판관과 서기관이 되었다는 23:4의 말씀과 연관된다.

그러나 많은 학자가 본문에 대해서 두 가지 문제를 제기한다. 첫째, 레위 사람들에게 국가의 일반 행정을 맡기는 일(viz., 오늘날의 공무원)은 포로기 이후에 있었던 일이지 다윗 시대에는 없었던 일이다(cf. 대하 19:8-11; 느 11:16). 그러나 성경을 살펴보면 이스라엘이 이집트를 떠나온 이후 모세가 광야에서 인구조사를 했을 때 그를 도왔던 자들이 레위 사람들이었다(cf. 민 1:44). 이 점을 생각해 보면 모세시대 때부터 이미 레위 사람들이 이스라엘 사회의 행정 일부를 맡았던 것으로 본다. 또한 이스라엘 사람들 사이에 생긴 소송이 상소 될 경우 최종적인 재판은 제사장과 재판관들이 함께 하게 되어 있다(cf. 신 19장). 제사장을 포함한 레위 사람들이 벌써 민사에 깊이 연루되어 있었음을 암시한다. 다윗 시대에 이르러 레위 사람들의 법궤 운반 임무가 마무리된 상황에서 이들이 이스라엘 사회의 행정에 더 깊이 연루되었다는 점은 별로 문제가 되지 않는다.

둘째, 본문에 의하면 요단 강 동편에서 행정을 보았던 레위 사람들의 수가 강 서편에서 사역했던 사람들보다 월등히 많다는 점이 이해가 가지 않는다. 다윗은 헤브론 자손 중에서 하사뱌와 그의 동족 1,700명에게 요단 강 서편의 행정을 맡게 했고(30절), 2,700명을 선발하여 요단 강 동편에 뿌리내린 르우벤, 갓, 므낫세 반 지파를 담당하도록 했다(32절). 지파나 인구수를 생각할 때 서쪽에 더 많은 사람이 필요할 텐데 다윗은 동쪽에 더 많은 레위 사람들을 두어 일을 하도록 했다. 다윗이많은 군사와 지도자들을 거느리고 강 서편 중앙에 있는 예루살렘에 거하고 있는 점을 감안하면, 더 멀리 떨어져 있어 통제가 쉽지 않았던 요단 강 동편에 많은 레위 사람들을 배치한 것은 문제로 보이지 않는다. 오히려 당연한 처사라고 생각된다.

II. 통일왕국의 역사(9:35-대하 9:31)
2장. 다윗의 통치(11:1-29:30)
4. 다윗의 업적(21:1-29:30)

(4) 사회 조직(27:1-34)

다윗은 레위 사람들의 사역을 조정한 다음 통치체제의 전반적인 구조도 정비했다. 이 섹션은 다윗이 어떤 제도적 도구들을 사용해서 이스라엘을 통치했는가를 보여주며, 열왕기에서는 찾아볼 수 없는 내용으로 구성되어 있다. 그러나 여기에 언급된 네 가지 제도가 어떻게 서로 연결되어 하나의 조직체가 되었는가는 알 수 없다. 본 텍스트는 다음과 같이 네 파트로 구분한다.

A. 군대 조직(27:1-15)

B. 지파별 지도자들(27:16-24)

C. 왕실 재산 관리자들(27:25-31)

D. 다윗의 개인 고문들(27:32-34)

Ⅱ. 통일왕국의 역사(9:35–대하 9:31)
2장. 다윗의 통치(11:1–29:30)
4. 다윗의 업적(21:1–29:30)
(4) 사회 조직(27:1–34)

① 군대 조직(27:1–15)

[1] 이스라엘 자손의 모든 가문의 우두머리와 천부장과 백부장과 왕을 섬기는 관원
들이 그들의 숫자대로 반이 나누이니 각 반열이 이만 사천 명씩이라 일 년 동안 달
마다 들어가며 나왔으니 [2] 첫째 달 반의 반장은 삽디엘의 아들 야소브암이요 그의
반에 이만 사천 명이라 [3] 그는 베레스의 자손으로서 첫째 달 반의 모든 지휘관의
우두머리가 되었고 [4] 둘째 달 반의 반장은 아호아 사람 도대요 또 미글롯이 그의
반의 주장이 되었으니 그의 반에 이만 사천 명이요 [5] 셋째 달 군대의 셋째 지휘관
은 대제사장 여호야다의 아들 브나야요 그의 반에 이만 사천 명이라 [6] 이 브나야는
삼십 명 중에 용사요 삼십 명 위에 있으며 그의 반 중에 그의 아들 암미사밧이 있
으며 [7] 넷째 달 넷째 지휘관은 요압의 아우 아사헬이요 그 다음은 그의 아들 스바
댜이니 그의 반에 이만 사천 명이요 [8] 다섯째 달 다섯째 지휘관은 이스라 사람 삼
훗이니 그의 반에 이만 사천 명이요 [9] 여섯째 달 여섯째 지휘관은 드고아 사람 익
게스의 아들 이라이니 그의 반에 이만 사천 명이요 [10] 일곱째 달 일곱째 지휘관은
에브라임 자손에 속한 발론 사람 헬레스이니 그의 반에 이만 사천 명이요 [11] 여덟
째 달 여덟째 지휘관은 세라 족속 후사 사람 십브개이니 그의 반에 이만 사천 명이
요 [12] 아홉째 달 아홉째 지휘관은 베냐민 자손 아나돗 사람 아비에셀이니 그의 반
에 이만 사천 명이요 [13] 열째 달 열째 지휘관은 세라 족속 느도바 사람 마하래이니
그의 반에 이만 사천 명이요 [14] 열한째 달 열한째 지휘관은 에브라임 자손에 속한
비라돈 사람 브나야이니 그의 반에 이만 사천 명이요 [15] 열두째 달 열두째 지휘관
은 옷니엘 자손에 속한 느도바 사람 헬대니 그 반에 이만 사천 명이었더라

군대는 다윗이 거느린 조직 중에 규모가 가장 크고 체계적인 조직이

었다. 다윗은 열두 부대를 두어 매년 한 달씩 번갈아가면서 자신을 돕도록 했다. 그러나 직업 군인이 아니라 오늘날로 말하면 일종의 "예비군"이었다(cf. Hill). 다윗의 군대는 세 용사, 삼십 두목, 그렛 사람, 블렛 사람, 가드 사람 등으로 구성되어 있었다(cf. 삼하 23:23; 15:18). 또한 본문이 언급하는 부대들이 일 년 중 한 달 동안만 왕을 보좌하는 일을 했던 점도 이와 같은 해석을 지지한다. 각 부대가 2만4천 명의 군인으로 구성되었다고 하는데(1절), 이 수는 실제 군인수라기보다는 이상적인 수로 이해한다(Johnstone, Japhet, Hill).

본문이 언급하는 열두 부대의 대장들은 모두 다윗의 용장 목록(11:11-47)에 이름이 있는 사람들이다(cf. 삼하 23:8-39). 본문과 11:11-47은 매우 깊은 연관성을 유지하고 있다. 그러나 일부 정보는 서로 일치하지 않는다. 본문은 야소브암(2절)을 삽디엘의 아들이라고 하는데, 11:11은 학몬 사람의 아들이라고 한다. 물론 삽디엘이 학몬 사람이라고 볼 수도 있다. 또 한 예로 이곳에 있는 이스라 사람 삼훗(8절)이 용장 목록에서는 하롤 사람 삼훗으로 알려졌다(11:27). 2월에서 4월에 왕을 돕는 부대는 대장(지휘관)과 부대장(부지휘관)을 두었다. 내용을 정리해보면 다음과 같다. 셋째 달 부대를 지휘하는 브나야의 용맹이 가장 집중적인 조명을 받는다(cf. 6절).

월	지휘관	부지휘관
1	삽디엘의 아들 야소브암	
2	아호아 사람 도대	미글롯
3	여호야다의 아들 브나야	브나야의 아들 암미사밧
4	요압의 동생 아사헬	아사헬의 아들 스바댜
5	이스라 사람 삼훗	
6	드고아 사람 익게스의 아들 이라	
7	발론 사람 헬레스	

8	후사 사람 십브개	
9	아나돗 사람 아비에셀	
10	느도바 사람 마하래	
11	비라돈 사람 브나야	
12	느도바 사람 헬대	

Ⅱ. 통일왕국의 역사(9:35-대하 9:31)
2장. 다윗의 통치(11:1-29:30)
4. 다윗의 업적(21:1-29:30)
(4) 사회 조직(27:1-34)

② 지파별 지도자들(27:16-24)

16 이스라엘 지파를 관할하는 자는 이러하니라 르우벤 사람의 지도자는 시그리의
아들 엘리에셀이요 시므온 사람의 지도자는 마아가의 아들 스바댜요 17 레위 사람
의 지도자는 그무엘의 아들 하사뱌요 아론 자손의 지도자는 사독이요 18 유다의 지
도자는 다윗의 형 엘리후요 잇사갈의 지도자는 미가엘의 아들 오므리요 19 스불론
의 지도자는 오바댜의 아들 이스마야요 납달리의 지도자는 아스리엘의 아들 여레
못이요 20 에브라임 자손의 지도자는 아사시야의 아들 호세아요 므낫세 반 지파의
지도자는 브다야의 아들 요엘이요 21 길르앗에 있는 므낫세 반 지파의 지도자는 스
가랴의 아들 잇도요 베냐민의 지도자는 아브넬의 아들 야아시엘이요 22 단은 여로
함의 아들 아사렐이니 이들은 이스라엘 지파의 지휘관이었더라 23 이스라엘 사람
의 이십 세 이하의 수효는 다윗이 조사하지 아니하였으니 이는 여호와께서 전에
말씀하시기를 이스라엘 사람을 하늘의 별 같이 많게 하리라 하셨음이라 24 스루야
의 아들 요압이 조사하기를 시작하고 끝내지도 못해서 그 일로 말미암아 진노가
이스라엘에게 임한지라 그 수효를 다윗 왕의 역대지략에 기록하지 아니하였더라

저자는 이어 지파별 지도자/영도자(נָגִיד)의 이름을 기록하는데, 정확히 어떤 역할을 했는지 알 수 없다. 대체로 각 지파를 대표하는 지도자는 장로(זָקֵן)인데(cf. 11:3), 저자는 여기서 다른 용어를 사용하고 있기 때문이다. 다윗이 인구조사를 할 때 그를 도왔던 지파별 지도자들이라는

해석이 있다(Hill). 그러나 인구조사에서 제외되었던 레위 지파와 베냐민 지파의 지도자들이 포함된 것으로 보아 그들이 아니다(Selman). 아마도 이들은 다윗이 각 지파를 통치하기 위해서 파견한 사람들로 각 지파가 자체적으로 지도자로 세웠던 장로와는 다른 임무를 맡았을 것이다. 다윗 시대에 접어들어 이스라엘은 점차 중앙통치 체제를 갖추어 갔다(Japhet, cf. 왕상 4:7-28). 내용을 정리해보면 다음과 같다.

지파	지도자	부지휘관
르우벤	시그리의 아들 엘리에셀	
시므온	마아가의 아들 스바댜	미글롯
레위	그무엘의 아들 하사뱌	브나야의 아들 암미사밧
아론*	사독	아사헬의 아들 스바댜
유다	다윗의 형 엘리후	
잇사갈	미가엘의 아들 오므리	
스불론	오바댜의 아들 이스마야	
납달리	아스리엘의 아들 여레못	
에브라임	아사시야의 아들 호세아	
므낫세 반(서)	브다야의 아들 요엘	
므낫세 반(동)	스가랴의 아들 잇도	
베냐민	아브넬의 아들 야아시엘	
단	여로함의 아들 아사렐	

아론 자손들의 경우 레위 지파에서 독립적으로 취급되며, 지도자 사독은 아버지의 이름이 주어지지 않는다(17절). 워낙 유명한 사람이었기 때문에 추가 설명이 필요 없다. 모든 지파의 지도자들이 "누구의 아들"로 소개되는데, 유다 지파의 지도자인 엘리후만 "다윗의 형/형제"로 소개한다(18절). 역시 다윗의 명성 때문에 예외적으로 취급한다.

그런데 사무엘상 16장과 역대상 2:13-15에 기록된 다윗의 형제들 이름에는 엘리후가 빠져있다. 세 가지 해석이 가능하다. 첫째, 엘리후(אֱלִיהוּ)는 다윗의 만형 엘리압(אֱלִיאָב)을 다르게 표기한 것이다(LXX). 둘째, 다윗의 일곱 번째 형제이다(cf. 삼상 16:10-11; 17:12). 셋째, "다윗의 형/형제 중 〔하나〕"(מֵאֲחֵי דָוִיד)라는 말을 "친척/친족"개념으로 넓게 해석한 것이다(Japhet). 정황을 고려할 때 첫 번째, 엘리후가 엘리압을 다르게 표기해 놓은 것이라는 해석이 제일 무난해 보인다.

저자는 지파별 지도자 목록에 다윗의 인구조사 이야기를 더한다(23-24절). 하나님이 이스라엘 백성들을 얼마나 많게 하셨던지 다윗은 20세 이하 사람들은 아예 처음부터 계수하지 않았다. 하나님이 아브라함에게 약속하신 많은 자손은 이미 다윗 시대에 이르러 성취된 것이다(cf. 창 15장). 그러나 하나님의 진노로 요압이 중간에 인구조사를 멈췄고, 이러한 이유로 다윗 통치 당시 이스라엘의 인구가 얼마나 되었는지는 역대지략에 기록되지 않았다(24절).

다윗의 인구조사를 민수기에 나오는 모세의 인구조사와 같은 비중으로 해석하는 것(cf. Williamson)은 설득력이 없어 보인다. 저자가 지파별 지도자들을 나열한 다음에, 인구가 너무 많아서 20세 이상 사람들만 조사했다는 말을 더하는 이유는 하나님이 아브라함에게 하신 약속을 이루셔서 이스라엘이 수를 셀 수 없을 정도로 번성하게 되었다는 점을 강조하기 위해서이다.

II. 통일왕국의 역사(9:35-대하 9:31)
2장. 다윗의 통치(11:1-29:30)
4. 다윗의 업적(21:1-29:30)
(4) 사회 조직(27:1-34)

③ 왕실 재산 관리자들(27:25-31)

25 아디엘의 아들 아스마웻은 왕의 곳간을 맡았고 웃시야의 아들 요나단은 밭과
성읍과 마을과 망대의 곳간을 맡았고 26 글룹의 아들 에스리는 밭 가는 농민을 거
느렸고 27 라마 사람 시므이는 포도원을 맡았고 스밤 사람 삽디는 포도원의 소산

포도주 곳간을 맡았고 28 게델 사람 바알하난은 평야의 감람나무와 뽕나무를 맡았
고 요아스는 기름 곳간을 맡았고 29 사론 사람 시드래는 사론에서 먹이는 소 떼를
맡았고 아들래의 아들 사밧은 골짜기에 있는 소 떼를 맡았고 30 이스마엘 사람 오
빌은 낙타를 맡았고 메로놋 사람 예드야는 나귀를 맡았고 하갈 사람 야시스는 양
떼를 맡았으니 31 다윗 왕의 재산을 맡은 자들이 이러하였더라

고대 근동에서 왕은 백성들에게 엄청난 돈을 세금으로 거두어들여 정권을 유지하는 일에 썼다. 또한 부족한 액수를 자신의 개인 사업과 재산에서 충당하는 것은 고대 근동 사회의 관례였다(cf. Japhet, Hill). 왕들은 보통 전쟁을 통해서 많은 재산을 얻었고, 이렇게 얻은 재산 일부를 정치자금으로 사용하였다. 다윗도 많은 전쟁을 한 사람이었다. 그만큼 전쟁을 통해서 얻은 재산도 많았다(cf. 22:3-4; 29:1-9).

다윗은 12명의 관리를 두어 자신의 재산을 관리하도록 했다. 본문이 언급하는 12명 중 아스마웻(27절; cf. 11:33) 외에는 성경 어디에도 다시 등장하지 않는 사람들이다. 왕의 "곳간"(25절)은 예루살렘뿐만 아니라 곳곳에 있는 왕족 창고였다(Hill). 다윗은 이스라엘 곳곳에 재산을 두었으며, 재산 관리자들은 네 종류로 구분할 수 있다. (1) 곳간 관리자(25절), (2) 농민/농업 관리자(26절), (3) 포도주와 기름 관리자(27-28절), (4) 가축 관리자(29-31절)이다.

내용을 정리해보면 다음과 같다. 여러 사람이 분업화된 상황에서 일하였고, 모든 사람의 아버지/출신지가 언급되는데 요아스만 유일하게 아버지나 출신지가 빠져있다. 특별히 잘 알려진 사람도 아닌데 정보가 빠진 것으로 보아 이는 원문 보존의 문제로 본다.

	관리자 이름	맡은 일
1	아디엘의 아들 아스마웻	왕의 곳간 관리
2	웃시야의 아들 요나단	밭, 성읍, 마을, 망대 등에 있는 곳간 관리

3	글룹의 아들 에스리	농민/농업 관리
4	라마 사람 시므이	포도원 관리
5	스밤 사람 삽디	포도주 곳간
6	게델 사람 바알하난	감람나무와 뽕나무 관리
7	요아스	기름 곳간
8	사론 사람 시드래	사론에서 먹이는 소 떼 관리
9	아들래의 아들 사밧	골짜기에 있는 소 떼 관리
10	이스마엘 사람 오빌	낙타 관리
11	메로놋 사람 예드야	나귀 관리
12	하갈 사람 야시스	양 떼 관리

II. 통일왕국의 역사(9:35–대하 9:31)
2장. 다윗의 통치(11:1–29:30)
4. 다윗의 업적(21:1–29:30)
(4) 사회 조직(27:1–34)

④ 다윗의 개인 고문들(27:32–34)

32 다윗의 숙부 요나단은 지혜가 있어서 모사가 되며 서기관도 되었고 학모니의
아들 여히엘은 왕자들의 수종자가 되었고 33 아히도벨은 왕의 모사가 되었고 아렉
사람 후새는 왕의 벗이 되었고 34 브나야의 아들 여호야다와 아비아달은 아히도벨
의 뒤를 이었고 요압은 왕의 군대 지휘관이 되었더라

다윗은 사적(私的)으로 네 명의 참모관을 두어 통치 전반에 관한 일을 의논했다. 조금은 겹치는 부분이 있지만, 이들은 공식 각료들(cf. 18:14-17)과는 다른 사람들이었다.

다윗의 삼촌으로 소개된 요나단은 모사며 서기관이었고 지혜가 있는 사람이라고 한다(32절). 역대기의 원문 보존이 잘되지 않은 점을 감안할 때, "숙부"란 말이 특별한 의미를 지니지 않는 표현이기에 이 사람이 다윗의 형제 시므아의 아들 요나단일 수도 있고(cf. 대상 20:7), 다윗의 형 삼마의 아들 요나단(cf. 삼하 21:21)일 가능성도 있다(Japhet). 사무엘하

13:3에 의하면 다윗의 형제 시므아에게는 요나답이라는 아들도 있었다. 그렇다면 요나답과 요나단은 형제였을 것이다. 사무엘서 저자는 요나답이 매우 교활한/지혜로운 자였다고 한다.

학모니의 아들 여히엘은 왕자들을 돌보는 일을 했다(32절). 왕자들을 가르치는 일을 했는지, 아니면 보호하는 일을 했는지는 확실하지 않다. 학모니는 또 하나의 유명한 아들을 두었다. 그의 아들 야소브암은 다윗의 용장 중 하나였다(cf. 대상 11:11).

아히도벨과 후새는 함께 언급되는데(33절), 아히도벨은 다윗의 고문(יוֹעֵץ)으로, 후새는 왕의 친구로 소개된다. 본문이 사용하는 단어 “벗”(רֵעַ)은 종종 일반명사가 아닌 호칭/명칭으로 해석하기도 한다(Donner). 두 사람의 활약은 압살롬 이야기에 잘 묘사되어 있다(cf. 삼하 15-16장).

원래는 위와 같이 네 명이 다윗의 개인적인 고문으로 활동했는데, 아히도벨의 자리를 브나야의 아들 여호야다와 아비아달이 채웠다(34절). 저자는 아히도벨에게 무슨 일이 생겨서 두 사람이 자리를 대신했는지 말하지 않지만, 압살롬 사건에서 그는 자살했다(cf. 삼하 17:15-29). 저자는 요압의 이름을 더함으로써(34절) 이 섹션에 언급한 사람들의 수를 7명으로 끌어올린다. 다윗 주변 인물 중 가장 중요한 사람들이 바로 이 일곱 사람이었다는 것이다(Japhet). 현명한 통치자는 주변에 좋은 조언자들을 두어서 함께 일한다. 또한 자신에게 항상 좋은 말만이 아니라 직언을 할 수 있게 하고, 그 말을 귀담아듣는 사람이다. 그런 통치자야말로 좋은 정치를 할 수 있다.

II. 통일왕국의 역사(9:35–대하 9:31)
2장. 다윗의 통치(11:1–29:30)
4. 다윗의 업적(21:1–29:30)

(5) 청사 건축과 솔로몬 즉위(28:1-29:25)

역대상 28:1-29:25은 하나로 묶여있는 텍스트이며 성전 건축의 마지막 준비와 솔로몬 즉위에 대해서 회고한다. 또한 다윗 왕정에 대한 마지막 언급을 한다. 여러 가지 면에서 11장에서 시작한 다윗 이야기가 막을 내리고 있다. 이 섹션은 다음과 같이 구분한다.

A. 다윗의 스피치(28:1-10)

B. 성전 건축 계획 위임(28:11-21)

B'. 성전 건축을 위한 헌물(29:1-9)

A'. 다윗의 마지막 말(29:10-20)

C. 솔로몬 즉위(29:21-25)

Ⅱ. 통일왕국의 역사(9:35-대하 9:31)
2장. 다윗의 통치(11:1-29:30)
4. 다윗의 업적(21:1-29:30)
(5) 청사 건축과 솔로몬 즉위(28:1-29:25)

① 다윗의 스피치(28:1-10)

다윗은 예루살렘에 이스라엘의 모든 지도자를 모아놓고 솔로몬이 하게 될 성전 건축에 대해서 다시 한 번 권면했다. 그는 이 스피치에서 왜 자신이 성전 건축을 위해서 만반의 준비를 했음에도 불구하고 실제로 건축을 할 수 없는지 설명한다. 온 이스라엘의 지도자들이 모두 모였으니 마치 온 백성에게 선언하는 것과 같은 의미를 지닌다. 본문은 다음과 같이 두 파트로 나눌 수 있다.

A. 백성들에게(28:1-8)

B. 솔로몬에게(28:9-10)

Ⅱ. 통일왕국의 역사(9:35-대하 9:31)
2장. 다윗의 통치(11:1-29:30)
4. 다윗의 업적(21:1-29:30)
(5) 청사 건축과 솔로몬 즉위(28:1-29:25)
① 다윗의 스피치(28:1-10)

i. 백성들에게(28:1-8)

1 다윗이 이스라엘 모든 고관들 곧 각 지파의 어른과 왕을 섬기는 반장들과 천부장들과 백부장들과 및 왕과 왕자의 모든 소유와 가축의 감독과 내시와 장사와 모

든 용사를 예루살렘으로 소집하고 2 이에 다윗 왕이 일어서서 이르되 나의 형제
들, 나의 백성들아 내 말을 들으라 나는 여호와의 언약궤 곧 우리 하나님의 발판
을 봉안할 성전을 건축할 마음이 있어서 건축할 재료를 준비하였으나 3 하나님이
내게 이르시되 너는 전쟁을 많이 한 사람이라 피를 많이 흘렸으니 내 이름을 위하
여 성전을 건축하지 못하리라 하셨느니라 4 그러나 이스라엘 하나님 여호와께서
전에 나를 내 부친의 온 집에서 택하여 영원히 이스라엘 왕이 되게 하셨나니 곧
하나님이 유다 지파를 택하사 머리를 삼으시고 유다의 가문에서 내 부친의 집을
택하시고 내 부친의 아들들 중에서 나를 기뻐하사 온 이스라엘의 왕을 삼으셨느
니라 5 여호와께서 내게 여러 아들을 주시고 그 모든 아들 중에서 내 아들 솔로몬
을 택하사 여호와의 나라 왕 위에 앉혀 이스라엘을 다스리게 하려 하실새 6 내게
이르시기를 네 아들 솔로몬 그가 내 성전을 건축하고 내 여러 뜰을 만들리니 이는
내가 그를 택하여 내 아들로 삼고 나는 그의 아버지가 될 것임이라 7 그가 만일 나
의 계명과 법도를 힘써 준행하기를 오늘과 같이 하면 내가 그의 나라를 영원히 견
고하게 하리라 하셨느니라 8 이제 너희는 온 이스라엘 곧 여호와의 회중이 보는
데에서와 우리 하나님이 들으시는 데에서 너희 하나님 여호와의 모든 계명을 구
하여 지키기로 하라 그리하면 너희가 이 아름다운 땅을 누리고 너희 후손에게 끼
쳐 영원한 기업이 되게 하리라

본문이 묘사하는 사건이 정확히 언제 있었던 일인지 알 수 없지만, 저자는 이 일이 다윗이 죽기 직전에 있었던 일이었음을 암시한다. 다윗은 이스라엘의 모든 고관 곧 각 지파의 어른, 왕을 섬기는 반장들, 천부장들, 백부장들, 왕과 왕자의 모든 소유와 가축의 감독과 내시와 장사와 모든 용사 등 최소한 여덟 가지로 구분할 수 있는 직책을 맡은 사람들을 모두 예루살렘으로 소집했다(1절). "온 이스라엘"이 예루살렘에 모인 것이다(Japhet).

다윗은 예루살렘에 모인 이스라엘 지도자들에게 지난날 자신이 성전을 건축하려 했지만 할 수 없었던 역사적 정황을 설명했다. 다윗은 많

은 전쟁으로 피를 너무 많이 흘렸기 때문에 하나님이 성전 건축을 허락하지 않으셨다(3절). 하나님은 이스라엘에 전쟁이 완전히 끝나고 나라가 안정될 때가 성전을 건축할 때라고 말씀하셨다(cf. 신 12:10). 다윗 시대는 아직도 격동의 시대, 전쟁의 시대였으므로 신명기가 선언한 성전 건축을 위한 때가 아니었던 것이다. 그래서 하나님은 다윗에게 성전 건축하는 일을 허락하지 않으셨다. 성전 건축은 하나님이 허락하시고 축복하셔야만 가능한 일이며, 분명히 인간이 하는 일이지만 하나님의 주도 아래에서만 진행될 수 있는 일이다.

자신이 왜 성전을 건축할 수 없었는가에 관해서 설명을 마친 다윗은 다윗 언약(cf. 삼하 7장; 대상 17장)의 내용을 간략하게 회고한다(4절). 하나님이 다윗과 그의 자손이 영원히 통치할 수 있도록 해주셨다는 것이다. 이 시점에서 다윗 언약을 언급하는 것은 차기 이스라엘 왕이 될 솔로몬이 성전을 건축하게 될 것인데, 이 일은 이미 하나님이 오래전에 다윗에게 주신 약속의 실현임을 강조하기 위해서이다(5-6절).

저자는 다윗 언약의 효력에 대해서 언급하면서 한 가지 조건을 붙인다. "그가 만일 나의 계명과 법도를 힘써 준행하기를 오늘과 같이 하면"(7절). 다윗 언약이 처음 선포될 때에는 어떤 조건도 제시하지 않았는데 지금은 '순종'이라는 조건이 붙었다. 다윗은 이 조건을 온 백성에게도 적용한다(8절). 그들이 하나님의 말씀대로 사는 것에 열심을 내면 하나님은 그들과 그 자손들이 두고두고 이 땅을 누리게 해주실 것이라고 한다. 하나님의 축복은 조건적인 성향을 지니고 있다는 것이다. 우리가 하나님께 순종하는 동안에는 복을 누리며 살 수 있지만, 불순종할 때에는 그 어떠한 복도 누릴 수 없다는 뜻이다. 이 땅을 자손들에게 길이길이(עַד־עוֹלָם) 물려줄 수 있다(새번역)는 것은 드디어 이 땅에 안식과 평안이 임했음을 암시한다(Japhet). 성전을 건축할 때가 이르렀음을 알려 준다.

ii. 솔로몬에게(28:9–10)

9 내 아들 솔로몬아 너는 네 아버지의 하나님을 알고 온전한 마음과 기쁜 뜻으로
섬길지어다 여호와께서는 모든 마음을 감찰하사 모든 의도를 아시나니 네가 만
일 그를 찾으면 만날 것이요 만일 네가 그를 버리면 그가 너를 영원히 버리시리라
10 그런즉 이제 너는 삼갈지어다 여호와께서 너를 택하여 성전의 건물을 건축하게
하셨으니 힘써 행할지니라 하니라

지도자들에게 지금까지의 일을 설명한 다윗은 이제 "알라(דַּע); 섬기라(וְעָבְדֵהוּ); 삼가 살피라(רְאֵה); 힘을 다하라(חֲזַק); 행하라(וַעֲשֵׂה)"는 명령어들을 사용해 솔로몬을 권면한다. 가장 먼저 사용된 것이 하나님을 알라는 명령이다. 먼저 하나님을 알아야 제대로 잘 섬기는 일이 가능하기 때문이다(Japhet). 다윗은 솔로몬이 이스라엘의 통치자로서 가장 신경 써야 할 부분이 바로 하나님의 말씀에 순종하는 것임을 확인한다. 이 점을 강조하기 위해서 다윗은 "온전한 마음"(בְּלֵב שָׁלֵם)과 "기쁜 뜻"(בְנֶפֶשׁ חֲפֵצָה)이라는 표현을 사용해 그의 아들을 권면한다(9절).

솔로몬은 즐거운 마음으로 심혈을 기울여 하나님의 말씀에 순종해야 한다. 여호와 하나님은 "모든 마음을 감찰하시고"(כָל־לְבָבוֹת דּוֹרֵשׁ), "모든 의도를 아시기"(כָל־יֵצֶר מַחֲשָׁבוֹת מֵבִין) 때문이다(9절). 하나님이 "살피신다"(דרשׁ)는 것은 사람들의 의도/목적을 간파하신다는 뜻이다(Selman). 그러므로 마지 못해서 억지로 하는 순종은 바람직하지 않을 뿐만 아니라, 하나님이 이러한 사실을 아신다는 것도 부담으로 작용할 수 있다. 하나님이 가장 기뻐하시는 순종은 기쁜 마음으로 즐거이 말씀대로 살아가는 것이다. 불행하게도 솔로몬은 온전한 마음으로 하나님을 섬기지 못했다. 그래서 결국 나라가 나누어지는 결과를 초래했다.

다윗은 솔로몬에게 "네가 만일 그를 찾으면 만날 것이요 만일 네가 그를 버리면 그가 너를 영원히 버리시리라"며 권면한다(9절). 하나님은 솔로몬을 통해서 성전을 지으실 정도로 그를 사랑하시지만(10절), 그 사랑은 무조건적이지 않다. 솔로몬이 온 마음과 정성을 다해 하나님을 사랑하면 걱정할 필요가 전혀 없지만, 만일 하나님께 등을 돌리면 하나님도 외면하실 것이라는 경고이다. 그러니 솔로몬은 성전 건축에 열심을 낼 뿐만 아니라 하나님의 말씀에 순종하는 일에서도 그 누구보다 모범이 되어야 한다. 사역자들도 하나님을 위해서 사역을 하는 것만큼이나 말씀에 대한 개인적인 순종이 중요함을 늘 마음에 새겨야 한다.

Ⅱ. 통일왕국의 역사(9:35-대하 9:31)
2장. 다윗의 통치(11:1-29:30)
4. 다윗의 업적(21:1-29:30)
(5) 청사 건축과 솔로몬 즉위(28:1-29:25)

② 성전 건축 계획 위임(28:11-21)

백성들과 솔로몬에게 성전 건축에 대한 권면을 마친 다윗은 성전 도면과 각 기구에 관한 상세한 정보를 솔로몬과 지도자들에게 준다. 저자는 다윗이 "성령께서 그에게 가르쳐 준 대로"(cf. 개역; NIV; TNK) 정리한 것이라고 한다(12절). 『개역개정』은 "그가 영감으로 받은 모든 것"이라고 번역한다. 반면에 다른 번역본들은 "〔다윗이〕 생각했던 대로"라고 번역했다(공동; NAS; NRS; ESV). 이와 같은 번역의 배경이 되는 히브리어 문구(אֲשֶׁר הָיָה בָרוּחַ עִמּוֹ)를 문자적으로 풀이하면 "영으로〔영을 통해〕 그와 함께한 것"이다. 성경이 성전 도면과 기구들을 언급할 때 하늘의 것을 복사하거나 바탕으로 한 것임을 전제하는 것으로 보아, 성전 조감도와 기구들의 설계는 다윗의 개인적인 생각이나 바람에서 비롯된 것이 아니라 하나님의 지혜에서 비롯된 것으로 간주하는 것이 바람직하다. 그러므로 이 문구는 "영감으로 받은 것"이라고 번역하는 것이 적절하다(cf. 19절). 본문은 다음과 같이 두 파트로 구분한다.

A. 구체적인 청사진(28:11-19)

B. 다윗의 권면(28:20-21)

Ⅱ. 통일왕국의 역사(9:35-대하 9:31)
2장. 다윗의 통치(11:1-29:30)
4. 다윗의 업적(21:1-29:30)
(5) 청사 건축과 솔로몬 즉위(28:1-29:25)
② 성전 건축 계획 위임(28:11-21)

i. 구체적인 청사진(28:11-19)

**11 다윗이 성전의 복도와 그 집들과 그 곳간과 다락과 골방과 속죄소의 설계도를
그의 아들 솔로몬에게 주고 12 또 그가 영감으로 받은 모든 것 곧 여호와의 성전의
뜰과 사면의 모든 방과 하나님의 성전 곳간과 성물 곳간의 설계도를 주고 13 또
제사장과 레위 사람의 반열과 여호와의 성전에서 섬기는 모든 일과 여호와의 성
전을 섬기는 데에 쓰는 모든 그릇의 양식을 설명하고 14 또 모든 섬기는 데에 쓰
는 금 기구를 만들 금의 무게와 모든 섬기는 데에 쓰는 은 기구를 만들 은의 무게
를 정하고 15 또 금 등잔대들과 그 등잔 곧 각 등잔대와 그 등잔을 만들 금의 무게
와 은 등잔대와 그 등잔을 만들 은의 무게를 각기 그 기구에 알맞게 하고 16 또 진
설병의 각 상을 만들 금의 무게를 정하고 은상을 만들 은도 그렇게 하고 17 갈고리
와 대접과 종지를 만들 순금과 금 잔 곧 각 잔을 만들 금의 무게와 또 은 잔 곧 각
잔을 만들 은의 무게를 정하고 18 또 향단에 쓸 순금과 또 수레 곧 금 그룹들의 설
계도대로 만들 금의 무게를 정해 주니 이 그룹들은 날개를 펴서 여호와의 언약궤
를 덮는 것이더라 19 다윗이 이르되 여호와의 손이 내게 임하여 이 모든 일의 설계
를 그려 나에게 알려 주셨느니라**

저자는 다윗이 솔로몬에게 준 정보를 "설계도"(תַּבְנִית)라고 부른다(11, 12, 18, 19절). 다윗이 매우 구체적이고 세부적인 내용을 솔로몬에게 넘겨주었다는 뜻이다. 내용을 살펴보면 성전 복도, 집, 곳간, 다락, 골방, 속죄소, 성전 뜰, 사면의 모든 방, 성전 곳간, 성물 곳간 등의 설계를 담고 있었다(11-12절). 이 설계도는 다윗이 혼자 생각해낸 것이 아니라 하나님이 영감을 통해 그에게 주신 것이다. 성경에는 성전이 하늘에 있는 참 성전의 모형이란 점을 누누이 강조한다.

히브리서 기자는 예수 그리스도의 희생으로 이루어진 속죄를 설명하면서 다음과 같은 언급을 한다. "그러므로 하늘에 있는 것들의 모형은

이런 것들로써 정결하게 할 필요가 있었으나 하늘에 있는 그것들은 이런 것들보다 더 좋은 제물로 할지니라 그리스도께서는 참 것의 그림자인 손으로 만든 성소에 들어가지 아니하시고 바로 그 하늘에 들어가사 이제 우리를 위하여 하나님 앞에 나타나시고"(히 9:23-24; cf. 히 8:5; 9:11). 히브리서 저자는 이 세상의 성전은 하늘나라에 있는 본체의 모형이라고 주장한다. 물론 우리는 하늘에 있는 성전이 솔로몬 성전과 비교했을 때 어떤 면이 비슷하고 어떤 면이 달랐는지는 전혀 알 수 없다. 그러나 한 가지 확실한 것은 두 성전은 분명히 깊은 연관성이 있다는 사실이다. 그렇다면 히브리서 기자의 이러한 주장이 구약에서도 발견되는가?

하나님은 모세를 시내 산으로 부르셔서 앞으로 백성들이 건축할 성막에서 사용할 도구들을 어떻게 만들어야 하는가를 가르쳐 주셨다(출 25장). 구체적인 규격을 상세히 가르쳐 주신 다음 하나님은 모세에게 다음과 같이 당부하셨다. "너는 삼가 이 산에서 네게 보인 양식대로 할지니라"(출 25:40; cf. 출 25:9). 하나님은 모세에게 성전에서 사용할 도구들을 어떻게 만들 것인가를 가르쳐 주시면서 동시에 무언가를 보여주셨다. 히브리서 기자는 이 말씀을 직접 인용하면서 다음과 같이 말한다. "그들이 섬기는 것은 하늘에 있는 것의 모형과 그림자라 모세가 장막을 지으려 할 때에 지시하심을 얻음과 같으니 이르시되 삼가 모든 것을 산에서 네게 보이던 본을 따라 지으라 하셨느니라"(히 8:5). 성경은 이처럼 성전이 하늘에 있는 실체의 복사본/축소판임을 암시한다.

성전은 세상에 속해 있으면서도 세상 것과는 전혀 다른 하늘의 실체를 반영하고 있기에 이스라엘 사람들은 이곳을 세상에서 가장 거룩한 공간으로 간주한다. 백성들은 성전을 보며 하늘의 실체를 상상할 뿐만 아니라 하나님이 계시는 하늘을 맛볼 수 있다. 성전이 하늘나라의 축소판이었기 때문이다. 역대기 저자도 본문에서 이 점을 강조한다.

다윗은 이어 제사장과 레위 사람의 갈래와 집안별로 각각 맡은 임무에 대한 지침을 솔로몬에게 넘겨주었다(13절). 아마도 성전 찬양대, 문지기, 제사장 등등 23-26장에 기록된 내용을 바탕으로 한 내용을 전해 주었을 것이다.

이어서 다윗은 성전에서 사용할 기구들에 대한 도안과 필요한 금과 은을 준비해 주었다. 14-18절에 언급된 기구들은 금 등잔대, 은 등잔대, 진설병 금상, 은상, 금 갈고리와 컵, 금 대접, 은 대접, 금으로 만든 분향단, 금으로 만든 속죄소 등 아홉 가지이다(Japhet). 이와 같은 목록은 성경 다른 곳에서는 발견되지 않는 독특한 것이다. 다른 성경 텍스트와 비교해 볼 때 본문은 몇 가지 차이점이 있다.

첫째, 성전 도구들은 대체로 금이나 놋으로 만들어져 있으며(cf. 왕상 7:15-50), 은 도구들에 대한 언급은 본문이 처음이다. 둘째, 본문이 법궤 뚜껑 역할을 하는 속죄소를 언급할 때 단수를 사용하지만, 그 외 모든 기구에 대해서는 복수를 사용한다. 모세오경은 한 개의 금 촛대, 한 개의 진설병 상 등 몇 가지 도구들이 하나씩 있었다고 한다(cf. 출 25:23-30, 31-39). 반면에 솔로몬 성전에는 열 개의 금 촛대가 있었다고 한다(왕상 7:49). 셋째, 성막에서 흔히 사용되었던 놋을 본문에서는 언급하지 않는다. 아마도 더 진귀한 보배들(금과 은)에 초점을 맞추다 보니 상대적으로 흔한 놋은 언급하지 않은 듯하다.

II. 통일왕국의 역사(9:35-대하 9:31) 2장. 다윗의 통치(11:1-29:30) 4. 다윗의 업적(21:1-29:30) (5) 청사 건축과 솔로몬 즉위(28:1-29:25) ② 성전 건축 계획 위임(28:11-21)

ii. 다윗의 권면(28:20-21)

20 또 그의 아들 솔로몬에게 이르되 너는 강하고 담대하게 이 일을 행하라 두려워하지 말며 놀라지 말라 네가 여호와의 성전 공사의 모든 일을 마치기까지 여호와 하나님 나의 하나님이 너와 함께 계시사 네게서 떠나지 아니하시고 너를 버리지 아니하시리라 21 제사장과 레위 사람의 반이 있으니 하나님의 성전의 모든 공사를 도울 것이요 또 모든 공사에 유능한 기술자가 기쁜 마음으로 너와 함께 할 것이요

또 모든 지휘관과 백성이 온전히 네 명령 아래에 있으리라

다윗은 성전에 대한 모든 정보를 솔로몬에게 넘겨준 다음에 다시 한 번 그를 권면했다. 하나님이 솔로몬을 통해 성전을 건축하시기로 작정하셨고, 이 일을 완수할 때까지 하나님이 도우실 것이니 염려하지 말라는 것이다. 다윗의 권면은 세 요소로 구성한다.

첫째, 강하고 담대하라. 성전을 건축하는 일이 결코 쉽지만은 않을 것을 암시한다(20a절). 그러나 솔로몬은 두려워할 것도, 염려할 것도 없다. 하나님이 소명을 주셨으니 그 소명이 다 이루어질 때까지 하나님이 지켜주실 것이기 때문이다. 옛적에 모세가 죽기 직전에 여호수아에게 권면한 말씀을 떠오르게 한다(신 31:7).

둘째, 하나님이 솔로몬에게 주신 임무가 다할 때까지 그와 함께하실 것이다(20b절). 하나님은 그를 떠나지도 않고 버리지도 않으실 것이다. 비록 솔로몬이 성전을 건축하지만, 하나님이 함께하시며 모든 일을 주관하실 것임을 암시한다. 사람은 하나님이 하나님의 주관대로 이루어 가시는 과정에서 한 역할을 맡는 것뿐이다.

셋째, 하나님이 솔로몬에게 사람을 붙여주셔서 이 일을 함께하게 하실 것이다(21절). 구체적으로 네 가지 부류의 사람들이 솔로몬을 도울 것이다. (1) 제사장과 레위 사람들을 포함한 종교인들, (2) 온갖 일에 능숙한 기술자들, (3) 정치적 지도자들, (4) 백성들이다. 성전을 건축하는 일에 있어서 온 이스라엘이 하나 될 것을 시사한다. 하나님이 가장 기뻐하시는 일은 온 교회가 일치된 마음으로 그분의 사역에 동참하는 일이다.

Ⅱ. 통일왕국의 역사(9:35–대하 9:31)
2장. 다윗의 통치(11:1–29:30)
4. 다윗의 업적(21:1–29:30)
(5) 청사 건축과 솔로몬 즉위(28:1–29:25)

③ 성전 건축을 위한 헌물(29:1–9)

죽음을 앞둔 다윗이 마지막으로 백성들에게 성전 건축 사역에 동참할 것을 권면한다. 성전 건축에 필요한 모든 재물을 다윗이 완벽하게 준비해 두었지만, 백성들에게도 이 영광스러운 사역에 동참할 기회를 주고자 했다. 백성들은 다윗의 제안에 적극적인 반응을 보여 많은 재물을 기증했다. 그들도 성전 건축을 위해서 재물을 드리는 일을 영광스러운 기회로 생각하며 기쁜 마음으로 기꺼이 드렸다. 본 텍스트를 다음과 같이 두 파트로 구분한다.

A. 다윗의 스피치(29:1-5)

B. 백성들의 예물(29:6-9)

Ⅱ. 통일왕국의 역사(9:35–대하 9:31)
2장. 다윗의 통치(11:1–29:30)
4. 다윗의 업적(21:1–29:30)
(5) 청사 건축과 솔로몬 즉위(28:1–29:25)
③ 성전 건축을 위한 헌물(29:1–9)

i. 다윗의 스피치(29:1–5)

1 다윗 왕이 온 회중에게 이르되 내 아들 솔로몬이 유일하게 하나님께서 택하신
바 되었으나 아직 어리고 미숙하며 이 공사는 크도다 이 성전은 사람을 위한 것
이 아니요 여호와 하나님을 위한 것이라 2 내가 이미 내 하나님의 성전을 위하여
힘을 다하여 준비하였나니 곧 기구를 만들 금과 은과 놋과 철과 나무와 또 마노와
가공할 검은 보석과 채석과 다른 모든 보석과 옥돌이 매우 많으며 3 성전을 위하
여 준비한 이 모든 것 외에도 내 마음이 내 하나님의 성전을 사모하므로 내가 사
유한 금, 은으로 내 하나님의 성전을 위하여 드렸노니 4 곧 오빌의 금 삼천 달란트
와 순은 칠천 달란트라 모든 성전 벽에 입히며 5 금, 은 그릇을 만들며 장인의 손
으로 하는 모든 일에 쓰게 하였노니 오늘 누가 즐거이 손에 채워 여호와께 드리겠
느냐 하는지라

다윗은 백성들에게 성전 건축에 대해서 세 가지를 말한다. 첫째, 성전 건축을 도맡아 진행할 솔로몬은 아직 어리고 미숙하다(1절). 이 말은 솔로몬이 어린아이라는 뜻은 아니다. 맡겨진 일에 비해 솔로몬은 한없이 나약하고 경험이 부족하다는 뜻이다. 특히 성전 건축이 인간을 위한 일이 아니라 하나님을 위한 일이라는 점을 생각하면 더욱 그렇다. 그러므로 경험이 풍부한 노련한 지도자들과 백성들이 성전을 건축하는 솔로몬을 적극적으로 도와야 한다.

둘째, 다윗은 성전 건축을 위한 만반의 준비를 해두었다(2절). 그가 정성을 다해 모아놓은 것들은 금, 은, 놋, 철, 나무, 마노, 검은 보석, 채석, 그 외 다양한 보석, 옥돌 등으로 매우 많았다. 우리말 성경에서 말하는 마노(אַבְנֵי־שֹׁהַם)는 오닉스(onyx)를, 검은 보석(אַבְנֵי־פוּךְ)은 안티모니(antimony)를 뜻한다(NAS; NIV; NRS; TNK). 다윗은 이와 같은 물자들을 성전을 건축하기에 충분하게 드렸다. 그리고 또 드렸다. 다윗이 하나님의 성전을 얼마나 사모했는지를 보여준다(3절).

그가 자신의 헌물들에 사용하는 히브리어 단어가 매우 인상적이다. 흔히 "보배"라고 해석하는 이 히브리어 단어(סְגֻלָּה)는 본문에서 "왕의 소유"(HALOT; cf. Baumgartner)라는 뜻을 지니고 있지만, 성경 다른 곳에서는 가장 소중한 소유물이라는 뜻으로 사용된다(cf. 출 19:5; 신 7:6; 14:2; 26:18). 다윗은 자신이 가장 귀하게 여기는 것들을 드렸다. 추가로 드린 것은 3천 달란트에 달하는 오빌의 금과 은 7천 달란트이다. 한 달란트를 54kg으로 계산하면, 금 16만2천 kg과 은 37만8천 kg을 추가로 들여놓았다. 아마도 인부를 고용하는 비용으로 생각된다. 오늘날 시세로 금 한 돈(3.75g)이 20만 원을 호가하는 점을 감안하면 참으로 대단한 선물이다. 다윗이 이처럼 많은 재물을 드렸다는 것은 하나님을 향한 사랑이 어떠했는지 보여준다. 그는 하나님께 드리는 것이라면 세상에 그 어떤 것도 아끼지 않았다.

셋째, 성전 건축에 즐거운 마음으로 참여하고 싶은 사람은 참여하라

(5절). 성전 건축 준비는 이미 다윗이 완벽하게 끝내놓았다. 그러나 다윗은 온 백성들에게 참여할 기회를 주고자 했다. 이 프로젝트는 온 이스라엘의 숙원사업이었기에 다윗은 홀로 그 영광을 독차지하지 않고 형편이 되는 모든 백성이 다 참여할 수 있도록 기회를 준다. 하나님의 사역에 동참하는 것은 부담이나 희생이 아니라 특권이기 때문이다. 다윗의 생각은 오늘날 성도들의 생각과 많이 다르다.

II. 통일왕국의 역사(9:35–대하 9:31) 2장. 다윗의 통치(11:1–29:30) 4. 다윗의 업적(21:1–29:30) (5) 청사 건축과 솔로몬 즉위(28:1–29:25) ③ 성전 건축을 위한 헌물(29:1–9)

ii. 백성들의 예물(29:6–9)

6 이에 모든 가문의 지도자들과 이스라엘 모든 지파의 지도자들과 천부장과 백부
장과 왕의 사무관이 다 즐거이 드리되 7 하나님의 성전 공사를 위하여 금 오천 달
란트와 금 만 다릭 은 만 달란트와 놋 만 팔천 달란트와 철 십만 달란트를 드리고
8 보석을 가진 모든 사람은 게르손 사람 여히엘의 손에 맡겨 여호와의 성전 곳간
에 드렸더라 9 백성들은 자원하여 드렸으므로 기뻐하였으니 곧 그들이 성심으로
여호와께 자원하여 드렸으므로 다윗 왕도 심히 기뻐하니라

다윗의 초청에 도전을 받은 백성들이 기쁜 마음으로 하나님께 재물을 드렸다. 그들은 금 5천 달란트(27만kg), 은 1만 달란트(54만kg), 동 1만8천 달란트(97만2천kg), 철 10만 달란트(540만kg)와 갖가지 보석을 바쳤다. 당시 정황을 고려할 때 귀금속의 양이 너무 많기에 이 숫자들이 과장된 것이라고 주장하는 사람들이 많다.

이들이 바친 재물의 양이 지극히 많다는 점이 매우 인상적이다. 그러나 더 인상적인 것은 그들이 이렇게 많은 재물을 바치면서도 기쁜 마음으로 할 수 있었다는 것이다. 저자는 9절에서 이 점을 네 차례나 강조한다. "그들〔백성들〕이 기뻐했다"(וַיִּשְׂמְחוּ), "자원한 것들이다"(הִתְנַדְּבָם), "온전한 마음으로 자원했다"(בְּלֵב שָׁלֵם הִתְנַדְּבוּ), "〔다윗도〕 매우 기뻐했다"(שָׂמַח שִׂמְחָה גְדוֹלָה). 드린 재물보다 이 재물들을 드린 마음의 아름다움이 더 강조된다.

Ⅱ. 통일왕국의 역사(9:35-대하 9:31)
  2장. 다윗의 통치(11:1-29:30)
    4. 다윗의 업적(21:1-29:30)
      (5) 청사 건축과 솔로몬 즉위(28:1-29:25)

④ 다윗의 마지막 말(29:10-20)

자신의 도전에 백성들이 뜨겁게 호응한 것에 감격한 다윗은 하나님께 감사와 찬양의 기도를 드렸다. 또한 이 기도는 다윗이 역대기에서 남긴 마지막 말이기도 하다. 구약 성경에서 중요한 인물들은 흔히 죽기 직전에 고별사를 남긴다. 야곱(창 49장), 모세(신 33장), 여호수아(수 24장) 등이 그랬듯이 다윗도 이 기도로 자신의 생을 마감한다.

다윗의 기도는 역대기가 기록하는 10개의 "제왕 기도"(royal prayers) 중 하나이다. 제왕 기도는 역대기 저자가 핵심 메시지와 신학을 선포하는 중요한 수단으로 사용한다(Throntveit). 이 기도문에는 하나님의 능력, 인간의 무능함, 그리고 기도의 효력 등 세 주제가 부각된다.

역대기 저자는 두 기도문(16:7-36과 본문)으로 다윗의 일생과 업적의 대부분을 감싸고 있다. 또한 이 기도들이 드려진 시점은 이스라엘 역사에서 괄목할만한 순간들이다. 첫 번째 기도는 이스라엘 예배의 중앙화를 예고하는 법궤의 예루살렘 입성 직후에 드려졌으며 모세의 예언에 따라 시온이 여호와의 거처가 될 것을 선언했다. 본문의 기도는 여호와의 웅장한 궁 하나님의 거처지가 곧 건축되고 여호와께서 영원히 예루살렘과 그의 백성들 사이에 거하실 것을 선언한다. 두 기도는 솔로몬의 시대를 예고하고 있다(Hill).

다윗의 기도는 역대기가 예배의 형식(form)이 아닌 예배의 중심(heart)에 깊은 관심이 있음을 보여준다(Selman). 내용 면에서 이 기도는 시편 145편과 비슷하며 다음과 같이 네 섹션으로 구분할 수 있다.

A. 송축(29:10-13)

B. 감사(29:14-16)

C. 간구(29:17-19)

D. 백성들의 반응(29:20)

II. 통일왕국의 역사(9:35–대하 9:31)
2장. 다윗의 통치(11:1–29:30)
4. 다윗의 업적(21:1–29:30)
(5) 청사 건축과 솔로몬 즉위(28:1–29:25)
④ 다윗의 마지막 말(29:10–20)

i. 송축(29:10–13)

10 다윗이 온 회중 앞에서 여호와를 송축하여 이르되 우리 조상 이스라엘의 하나님
여호와여 주는 영원부터 영원까지 송축을 받으시옵소서 11 여호와여 위대하심과 권
능과 영광과 승리와 위엄이 다 주께 속하였사오니 천지에 있는 것이 다 주의 것이
로소이다 여호와여 주권도 주께 속하였사오니 주는 높으사 만물의 머리이심이니
이다 12 부와 귀가 주께로 말미암고 또 주는 만물의 주재가 되사 손에 권세와 능력
이 있사오니 모든 사람을 크게 하심과 강하게 하심이 주의 손에 있나이다 13 우리
하나님이여 이제 우리가 주께 감사하오며 주의 영화로운 이름을 찬양하나이다

하나님의 비교할 수 없는 능력과 주권을 찬양하는 이 섹션은 같은 유형의 기도문들과 비교했을 때 두 가지의 작은 차이를 보인다. 일반적으로 시편들이 하나님을 송축할 때에 3인칭으로 하는 것에 반해(cf. 시 41:13; 72:19; 89:52 등등), 다윗은 2인칭으로 하나님을 찬양한다. 또한 "이스라엘의 하나님 여호와"(יְהוָה אֱלֹהֵי יִשְׂרָאֵל)에 우리 조상(אָבִינוּ)이라는 말을 더함으로써(10절) 하나님을 국가 이스라엘의 하나님이 아니라 조상 이스라엘(야곱)의 하나님으로 찬양한다. 이와 같은 변화는 다윗의 기도에 개인적/사적인 면모를 더한다(Japhet). 다윗은 이스라엘의 공식적인 하나님이 아니라, 그의 조상을 사랑하신 곧 사적으로 친분이 있는 하나님께 기도를 드리고 있다.

"〔여호와를〕 찬양하다"(ברך)(11절)의 기본적인 의미는 "축복하다" 이지만 목적어가 하나님일 경우 "송축하다"(개역)/"찬양하다"(새번역;

공동)가 적절하다. 다윗은 여호와께서 인간이 누리는 모든 축복의 근원이라는 사실을 고백하기 원한다(Hill). 하나님의 위대하심을 드러내는 명사 여러 개를 나열하며 기도를 시작한다. 위대하심(הַגְּדֻלָּה), 권능(הַגְּבוּרָה), 영광(הַתִּפְאֶרֶת), 승리(הַנֵּצַח), 위엄(הַהוֹד)(11절) 모두 비슷한 말이다. 성경 기자들은 하나님이 질적으로만이 아니라 양적으로도 위대하시다는 점을 강조할 때 이런 표기법을 사용하며, 다윗은 인간 언어의 한계를 초월하여 하나님의 위대하심을 찬양하고자 한다(cf. Johnstone). 이런 표현법은 하나님의 위대하심의 포괄성도 강조하는데, 다윗은 기도문에서 하나님의 포괄적인 위대하심을 더욱더 빛내기 위해서 "모든"(כֹּל)이라는 단어를 10차례 사용한다.

다윗이 드리는 찬양의 핵심은 하나님의 왕권과 영원한 그의 나라에 맞추어져 있다(cf. 11b, 12a절). 다윗은 세상의 모든 만물이 하나님 나라에 속하였으므로 오직 하나님의 권능과 주권을 인정하고 고백하는 권세와 나라만이 세상에서 존재하고 번성할 수 있다고 고백한다(Hill). 그러므로 다윗이 하나님의 영광스러운 이름을 찬양하고 감사하는 것은 당연한 일이다(13절).

Ⅱ. 통일왕국의 역사(9:35-대하 9:31) 2장. 다윗의 통치(11:1-29:30) 4. 다윗의 업적(21:1-29:30) (5) 청사 건축과 솔로몬 즉위(28:1-29:25) ④ 다윗의 마지막 말(29:10-20)

ii. 감사(29:14-16)

14 나와 내 백성이 무엇이기에 이처럼 즐거운 마음으로 드릴 힘이 있었나이까 모든 것이 주께로 말미암았사오니 우리가 주의 손에서 받은 것으로 주께 드렸을 뿐이니이다
15 우리는 우리 조상들과 같이 주님 앞에서 이방 나그네와 거류민들이라 세상에 있는 날이 그림자 같아서 희망이 없나이다
16 우리 하나님 여호와여 우리가 주의 거룩한 이름을 위하여 성전을 건축하려고 미리 저축한 이 모든 물건이 다 주의 손에서 왔사오니 다 주의 것이니이다

여호와의 절대적인 주권과 능력을 찬양한 다윗은 자신과 백성들의 헌물에 대해서 하나님께 감사를 드린다. 온 세상이 하나님께 속하였으므로 자신과 백성들이 노력하여 얻은 재물 일부를 하나님께 드리는 일은 곧 하나님의 것을 하나님께 돌려드리는 것밖에 되지 않는다는 논리다(14b, 16b절). 심지어 이 재물을 기쁘게 드릴 수 있는 마음마저도 하나님이 주셨다는 것이 다윗의 고백이다(14a절).

게다가 다윗은 나그넷길과 같은 우리의 삶을 언급한다(15절). 사람이 죽으면 남겨두고 갈 수밖에 없는 재물을 하나님께 드리는 것이 뭐 그리 대단한 일이냐는 논리를 제시한다. 또한 나그네처럼 이 세상 그 어디, 그 무엇도 의지할 바 없는 보잘것없는 인생들이었던 이스라엘과 그들의 조상들을 하나님이 거두시고 보살펴주시니 더 감사하고 당연하다는 것이 다윗의 고백이다. 다윗은 참으로 인간의 가치와 존엄성이 어디서 시작되는지를 잘 알고 있는 사람이었다. 그는 자신의 가치와 정체성을 하나님과의 관계에서 찾았다.

다윗은 보잘것없는 인생들에게 성전을 건축하는 일에 참여할 수 있는 영광을 주신 하나님께 감사드린다. 게다가 이 일을 위해서 특별한 헌신과 희생을 치러야 하는 것이 아니라, 이미 하나님이 복으로 내려주신 것들의 일부를 주님께 돌려드리는 일로 영광을 누릴 수 있으니 더욱 더 감사하고 감개무량할 뿐이다(16절). 다윗은 참으로 물질에 대한 올바른 가치관을 가진 사람이었다.

그러나 다윗이 가장 감사한 것은 자신과 이스라엘 모든 백성이 참으로 기쁜 마음으로 이 일에 동참했다는 사실이다(17절). 하나님께 헌물을 드리는 마음을 꿰뚫어 보시고 헤아리시는 하나님에게 가장 중요한 것은, 드리는 자의 마음가짐이라는 것을 다윗은 잘 알고 있었다. 그러므로 온 백성이 많은 재물을 드리면서 아까워하거나 부담을 느끼지 않고 흔쾌히 드렸다는 사실에 다윗은 더욱 감격하고 있다.

Ⅱ. 통일왕국의 역사(9:35–대하 9:31)
2장. 다윗의 통치(11:1–29:30)
4. 다윗의 업적(21:1–29:30)
(5) 청사 건축과 솔로몬 즉위(28:1–29:25)
④ 다윗의 마지막 말(29:10–20)

iii. 간구(29:17–19)

17 나의 하나님이여 주께서 마음을 감찰하시고 정직을 기뻐하시는 줄을 내가 아나
이다 내가 정직한 마음으로 이 모든 것을 즐거이 드렸사오며 이제 내가 또 여기
있는 주의 백성이 주께 자원하여 드리는 것을 보오니 심히 기쁘도소이다 18 우리
조상들 아브라함과 이삭과 이스라엘의 하나님 여호와여 주께서 이것을 주의 백성
의 심중에 영원히 두어 생각하게 하시고 그 마음을 준비하여 주께로 돌아오게 하
시오며 19 또 내 아들 솔로몬에게 정성된 마음을 주사 주의 계명과 권면과 율례를
지켜 이 모든 일을 행하게 하시고 내가 위하여 준비한 것으로 성전을 건축하게 하
옵소서 하였더라

겸손하게 하나님의 주권을 고백하고 찬양한 다윗이 간구로 기도를 마친다. 그의 간구는 크게 두 가지를 담고 있다. 첫째, 백성들의 선한 마음이 계속 유지되도록 하나님이 보존해 달라는 염원이다(18절). 성전 건축을 위해 하나님께 예물을 드린 것도 하나님이 하신 일이라며 여호와의 절대적인 주권을 고백한 다윗이 이런 기도를 드리는 것은 당연한 일이다. 그는 인간의 마음이 얼마나 간사하고 변덕이 심한가를 잘 알고 있다. 하나님이 이스라엘 백성들 안에 생성된 선한 마음을 보존해주지 않으시면 그들은 곧바로 딴마음을 품게 될 것도 알았다. 신앙생활도 올바른 마음도 하나님이 주셔야만 가능하다는 것이 다윗의 고백이다.

둘째, 솔로몬이 사명을 잘 감당하도록 지켜달라는 간구이다(19절). 다윗은 자신이 못한 일인 성전 건축을 솔로몬이 잘해낼 것이라고 확신했다. 그러나 솔로몬 스스로 이 일을 할 수 있는 것은 아니다. 하나님이 도우셔야만 가능하다. 다윗은 다시 한 번 하나님의 주권을 인정하고 있다. 그래서 다윗은 솔로몬에게 "온전한 마음"(לֵבָב שָׁלֵם)을 달라고 하나님께 기도한다. 또한 다윗은 솔로몬이 역사적 일을 앞두고 있지만, 무엇보다도 그에게 필요한 것이 하나님의 말씀에 대한 순종이라는 사실을 잘 안다. 그러므로 다윗은 솔로몬이 하나님이 주신 온전한 마음으로 먼저 주님의 말씀에 순종할 수 있게 해 달라고 기도한다. 다윗은 솔로몬이 아무리 훌륭한 성전을 건축한다 해도 그 업적이 결코 하나님께 순종하는 삶을 대신할 수 없음을 그 누구보다도 잘 알고 있다.

이처럼 다윗의 간구는 모두의 마음을 지켜달라는 내용이다. 백성들의 마음을 지켜주시고(18절), 솔로몬의 마음을 보존해 달라는 기도이다(19절). 다윗은 사람의 중심을 보시는 하나님께 가장 중요한 것이 사람의 마음임을 잘 알고 있었다(cf. 14절). 다윗 자신이 어린 목자였을 때 하나님이 그의 마음을 보시고 이스라엘의 왕으로 세우신 일을 경험했기 때문이다(cf. 삼상 16장). 역대기 저자에게 예배의 가장 중요한 요소가 기쁨과 온전한 마음인데 다윗의 기도에서도 이러한 면모가 잘 드러난다.

II. 통일왕국의 역사(9:35–대하 9:31)
2장. 다윗의 통치(11:1–29:30)
4. 다윗의 업적(21:1–29:30)
(5) 청사 건축과 솔로몬 즉위(28:1–29:25)
④ 다윗의 마지막 말(29:10–20)

iv. 백성들의 반응(29:20)

20 다윗이 온 회중에게 이르되 너희는 너희 하나님 여호와를 송축하라 하매 회중이 그의 조상들의 하나님 여호와를 송축하고 머리를 숙여 여호와와 왕에게 절하고

다윗은 하나님께 기도를 드린 다음, 백성들에게 하나님 앞에 무릎을 꿇고 그분을 찬양할 것을 권면했다. 이날까지 이스라엘을 축복하시고 지켜주신 하나님을 찬양하는 것은 당연한 일이다. 그래서 이미 다윗의 기도에 함께했던 백성들이 왕의 권면에 따라 당연히 주님께 무릎을 꿇고 경배하였다. 왕과 온 백성이 하나가 되어 그들을 구원하시고 인도하신 하나님을 찬양한 것이다.

II. 통일왕국의 역사(9:35–대하 9:31)
2장. 다윗의 통치(11:1–29:30)
4. 다윗의 업적(21:1–29:30)
(5) 청사 건축과 솔로몬 즉위(28:1–29:25)

⑤ 솔로몬 즉위(29:21–25)

21 이튿날 여호와께 제사를 드리고 또 여호와께 번제를 드리니 수송아지가 천 마리
요 숫양이 천 마리요 어린 양이 천 마리요 또 그 전제라 온 이스라엘을 위하여 풍
성한 제물을 드리고 22 이 날에 무리가 크게 기뻐하여 여호와 앞에서 먹으며 마셨
더라 무리가 다윗의 아들 솔로몬을 다시 왕으로 삼아 기름을 부어 여호와께 돌려
주권자가 되게 하고 사독에게도 기름을 부어 제사장이 되게 하니라 23 솔로몬이 여
호와께서 주신 왕위에 앉아 아버지 다윗을 이어 왕이 되어 형통하니 온 이스라엘
이 그의 명령에 순종하며 24 모든 방백과 용사와 다윗 왕의 여러 아들들이 솔로몬
왕에게 복종하니 25 여호와께서 솔로몬을 모든 이스라엘의 목전에서 심히 크게 하
시고 또 왕의 위엄을 그에게 주사 그전 이스라엘 모든 왕보다 뛰어나게 하셨더라

백성들은 다음날 다시 모여 하나님께 큰 제사를 드렸다(21절). "이튿날"(הַיּוֹם הַהוּא)이라는 말이 해석에 어려움을 더하지만(21절; cf. Japhet), 번제로 드려진 짐승들의 수가 3천에 달하는 크고 풍성한 예배였다. 무리가 먹고 마시며 크게 기뻐했다(שִׂמְחָה גְדוֹלָה)(22절). 역대기에서 중요한 테마인 기쁨 속에 드려지는 예배가 다시 강조된다.

백성들은 솔로몬을 다시/두 번째로(שֵׁנִית) 왕으로 삼아 그에게 기름을 부어 주님께서 쓰실 지도자가 되게 하였다(22절). 첫 번째는 다윗이 솔로몬을 사석에서 왕으로 임명한 때를 뜻한다(cf. 23:1). 이번에는 솔로몬을 공개석상에서 왕으로 추대한다. 저자는 솔로몬이 오른 왕의 자리가 하나님이 주신 것임을 강조한다(23절). 하나님이 다윗의 후계자로 삼으신 이스라엘의 왕은 분명 솔로몬이며 누구도 하나님이 솔로몬을 위해서 준비하신 이 자리를 탐해서는 안된다.

이날 사독이 제사장으로 세워졌다(22절). 다음 세대를 이끌어갈 정치적·종교적 지도자들이 함께 기름부음을 받은 날이었다. 새 술은 새 부대에 담아야 하듯이 새로운 시대의 이스라엘을 이끌어나갈 가장 중요한 사회적·정치적 리더들이 같은 날 취임했다. 역대기 저자가 사독이 솔로몬이 왕으로 취임한 날 제사장으로 세워졌다고 언급한 것은 한 가지 중요한 의미가 있다. 성경에서 사독 외에 유일하게 기름부음을 받은 것으로 기록된 제사장은 아론뿐이다. 이처럼 제사장이 기름부음을 받았다는 기록이 흔하지 않은 상황에서 사독이 솔로몬 왕과 함께 기름부음을 받았다는 것은 역대기 저자의 왕권과 제사장권에 대한 관점을 암시한다.

이미 서론에서 지적한 것처럼 역대기는 세계 속의 이스라엘의 위치와 역할에 대해서 새로운 설정을 암시하고 있는 책이다. 세상과의 관계에서 이스라엘이 더 이상 왕으로서 세상을 통치하고 지배하는 역할이 아니라, 제사장으로 열방을 하나님께 인도하는 역할을 하는 나라가 되어야 한다는 주장을 담고 있다고 했다. 이러한 상황에서 사독의 기름부음이 솔로몬의 기름부음과 어깨를 나란히 하는 것은 제사장권이 왕권의 대안이 될 수 있음을 암시한다(cf. Johnstone).

다윗의 모든 지도자와 용사들을 포함한 온 이스라엘은 솔로몬에게 전심으로 순종했으며, 솔로몬은 훌륭한 통치를 한다(23-24절). 하나님이 직접 세우신 왕을 누가 반대하겠는가! 또한 솔로몬이 지혜로운 통치를 하니 모든 백성이 행복했을 것이므로 백성들의 지지는 절대적이었을 것이다. 이렇게 해서 솔로몬이 왕으로 취임한 후 온 나라가 하나님 앞에서 하나가 되었다. 이처럼 온 백성이 일치된 마음을 품는 것은 앞으로 솔로몬이 해야 할 일 곧 성전 건축을 앞둔 시점에서 매우 중요하다. 온 나라가 하나가 되어 국가의 숙원사업을 이룩해야 하기 때문이다.

온 나라의 일치됨과 솔로몬의 지혜로운 통치는 곧 하나님의 축복으로 이어졌다(25절). 하나님이 솔로몬의 이름을 크게 높여주시고 큰 영화를 누리게 해주셨다. 명예와 명성은 하나님이 선물로 주시는 것이지, 우리가 억지로 이루어내는 업적이 아니다. 오늘날 많은 사람이 자신을 알리는 데 심혈을 기울이는데 오히려 하나님이 높여주시도록 더욱 순종하고 말씀대로 살아가는 데 시간을 투자하는 것이 더 바람직하다.

II. 통일왕국의 역사(9:35–대하 9:31)
2장. 다윗의 통치(11:1–29:30)
4. 다윗의 업적(21:1–29:30)

(6) 다윗 통치의 끝맺음(29:26-30)

26 이새의 아들 다윗이 온 이스라엘의 왕이 되어 27 이스라엘을 다스린 기간은 사십
년이라 헤브론에서 칠 년간 다스렸고 예루살렘에서 삼십삼 년을 다스렸더라 28 그
가 나이 많아 늙도록 부하고 존귀를 누리다가 죽으매 그의 아들 솔로몬이 대신하
여 왕이 되니라 29 다윗 왕의 행적은 처음부터 끝까지 선견자 사무엘의 글과 선지
자 나단의 글과 선견자 갓의 글에 다 기록되고 30 또 그의 왕 된 일과 그의 권세와
그와 이스라엘과 온 세상 모든 나라의 지난 날의 역사가 다 기록되어 있느니라

저자는 다윗의 통치를 요약하는 것으로 다윗의 이야기를 끝맺는다. 그는 40년 동안 이스라엘을 다스렸으며, 이 중 헤브론에서 7년, 예루살렘에서 33년을 다스렸다(27절). 다윗이 통일왕국의 왕이 되자마자 예루살렘을 정복했음을 암시한다. 그는 죽을 때까지 부귀영화를 누렸고 솔로몬이 대를 이었다(28절). 다윗의 일대기는 선지자 사무엘의 책, 선지자 나단의 책, 선지자 갓의 책에 기록되어 있다(29-30절). 역대기 저자가 이 자료들을 인용해서 다윗의 일생을 그렸음을 암시한다. 비록 저자는 다윗의 시대로부터 수백 년이 지난 때에 살았지만, 그에게는 이 위대한 왕의 일생과 업적을 정확하게 묘사할 수 있는 충분한 자료들이 전수되었다. 안타깝게도 이 문서들은 우리에게까지 전수되지는 못했다.

이렇게 해서 다윗의 일생이 끝나며 동시에 역대상이 끝난다. 역대하가 시작되면서 무대에 등장하는 인물은 솔로몬이다. 역대기는 이처럼 다윗과 솔로몬을 중심으로 상과 하로 나눈다. 역대기 저자에게 가장 중요한 인물들이기 때문이다.